部分插图的彩色效果展示

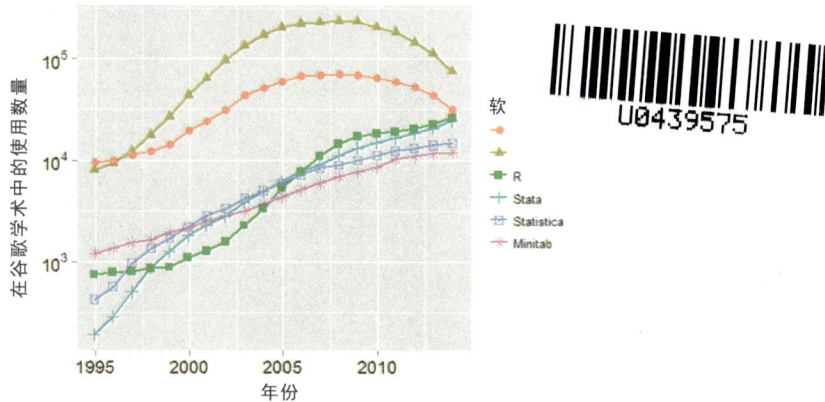

图 1.2 谷歌学术识别的使用统计软件的学术论文数量

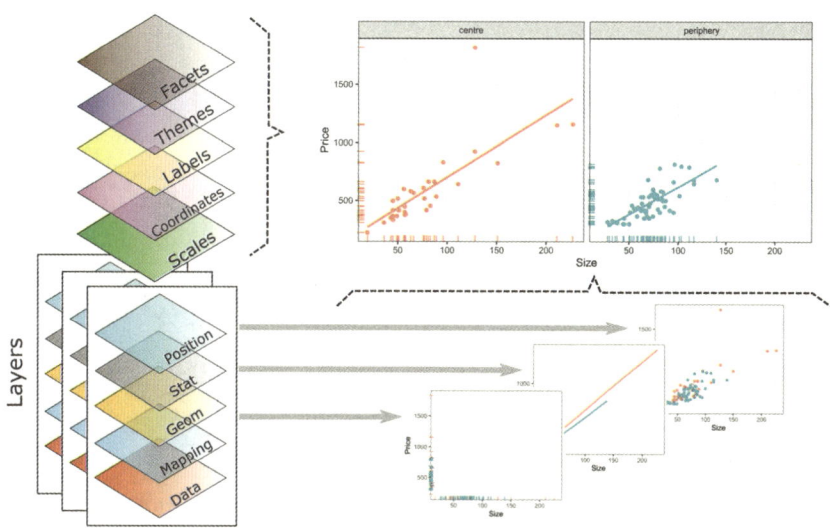

图 5.2 ggplot2 绘制图形的分层语法

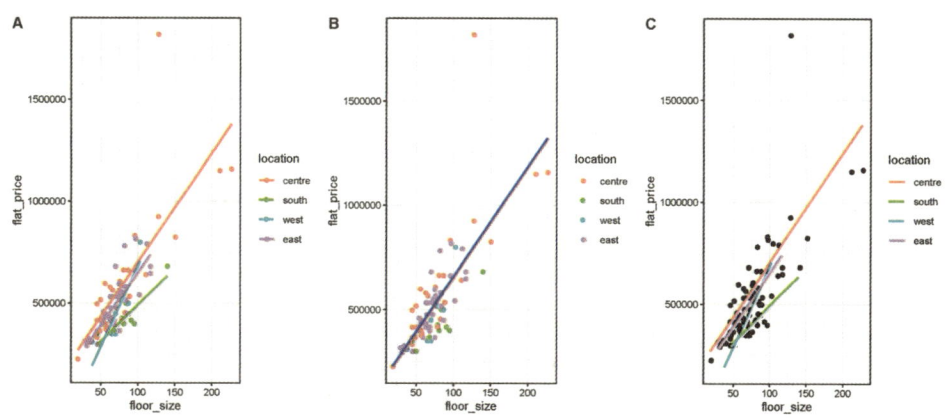

图 5.5 通过设置映射和图形美学而构建的图形

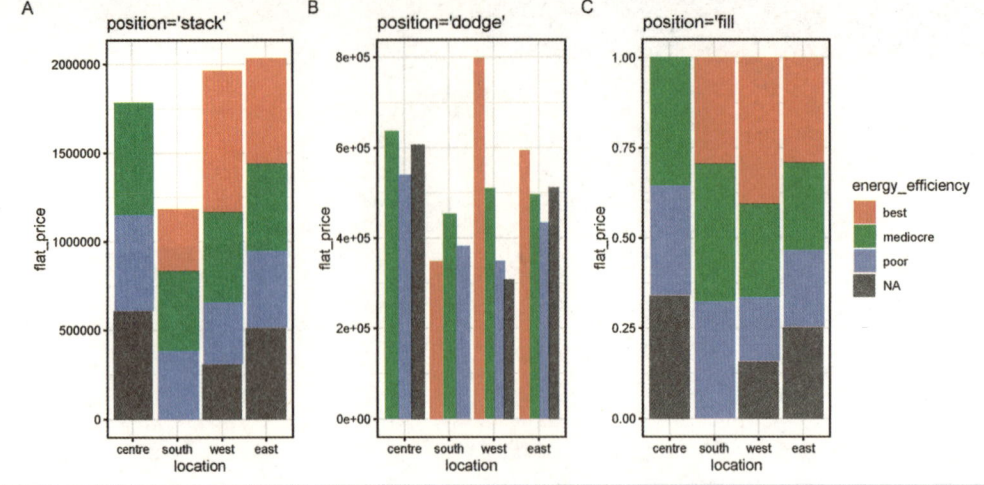

图 5.7 使用 geom 和 stat 函数绘制汇总数据

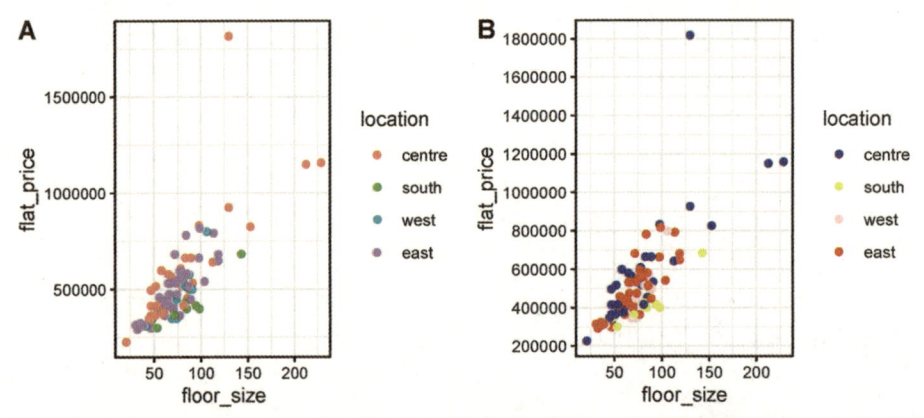

图 5.9 使用标尺修改图形

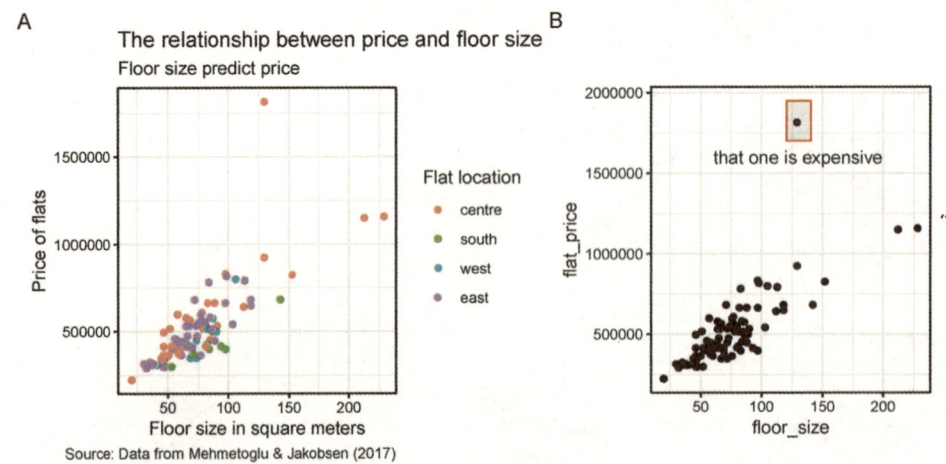

图 5.11 标签和注释的使用

图 5.12　调整各种图形元素

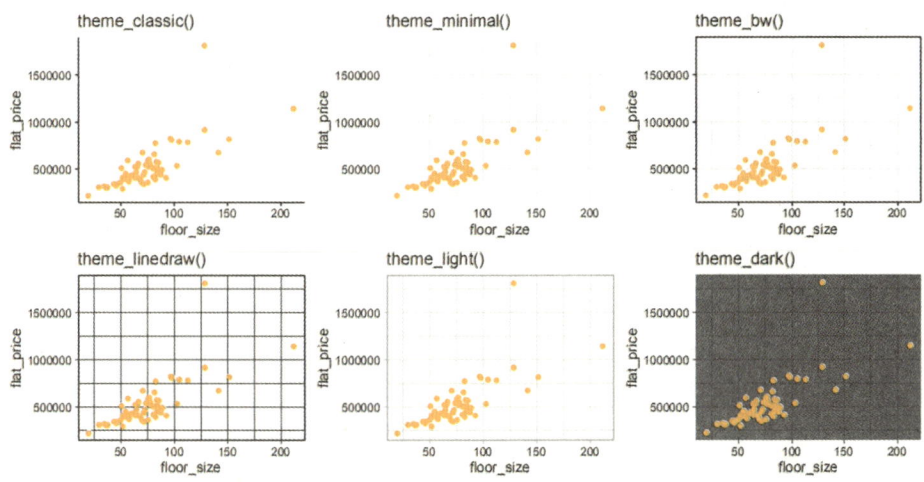

图 5.13　预构建的主题和对应的函数

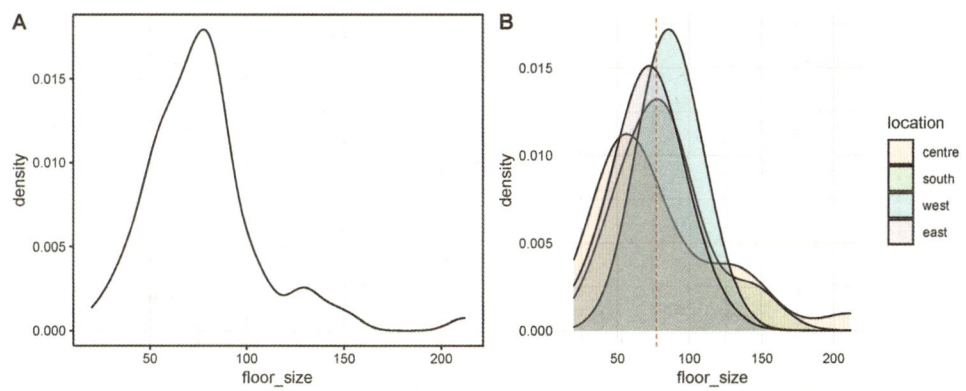

图 5.16　密度图

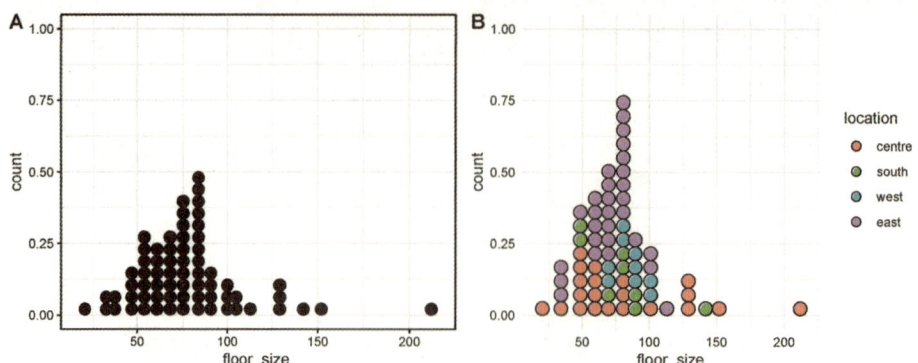

图 5.18　点图

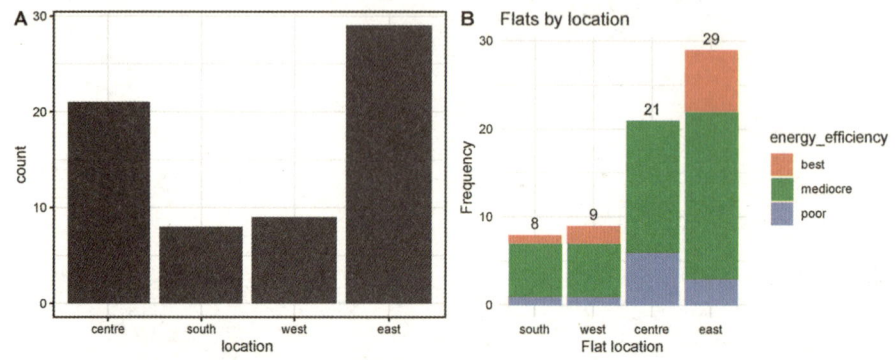

图 5.20　条形图

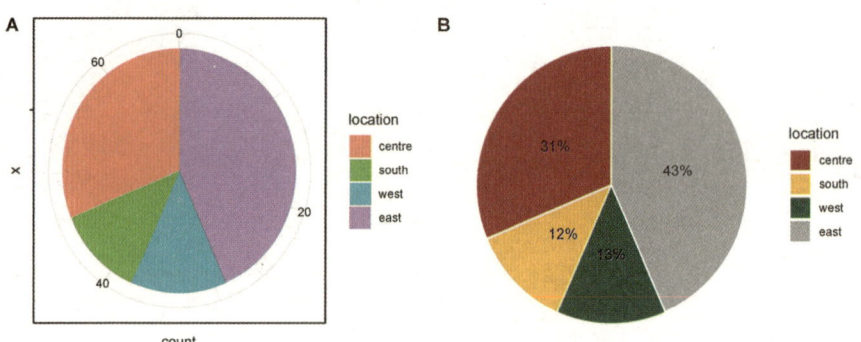

图 5.21　饼图

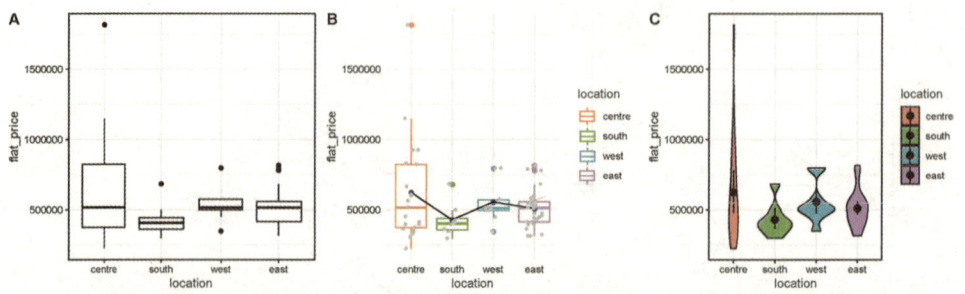

图 5.22　箱线图和小提琴图

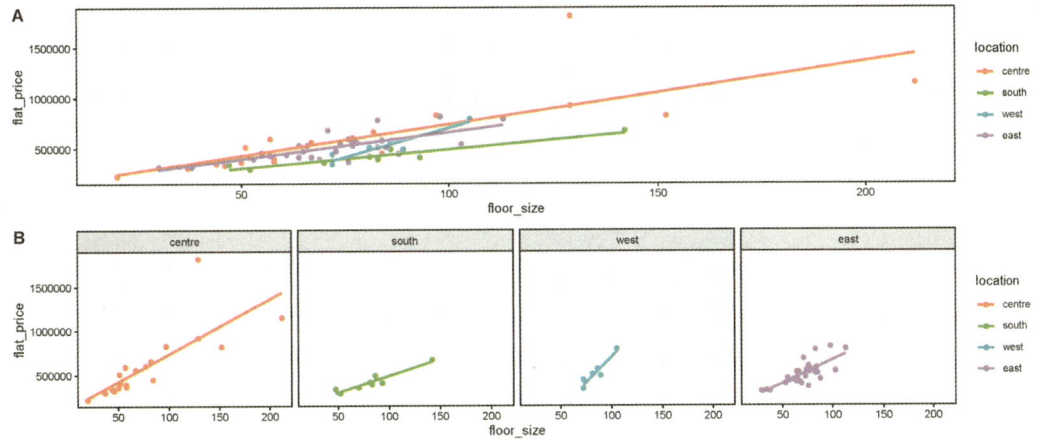

图 5.24 多元图

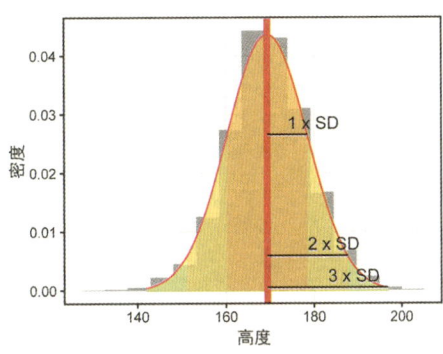

图 6.3 服从正态分布的 height 数据集

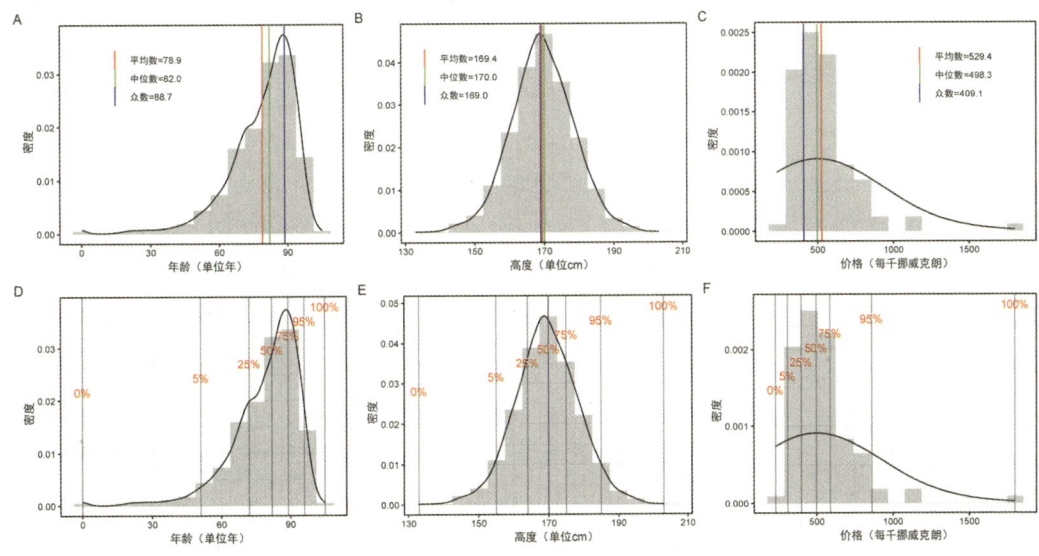

图 6.5 不同偏度变量示例

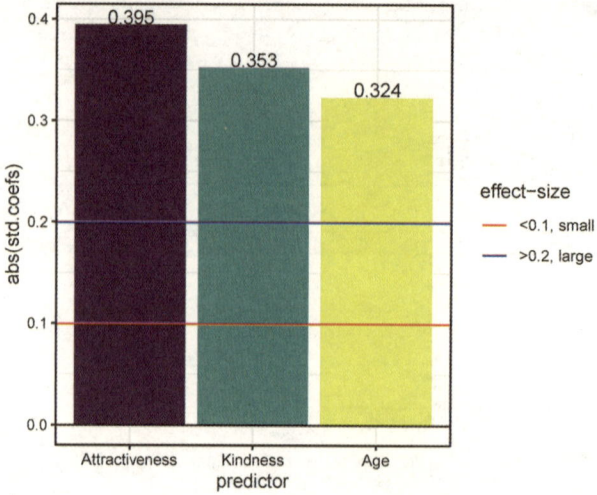

图 8.2 使用 vimp()函数绘制标准化回归系数

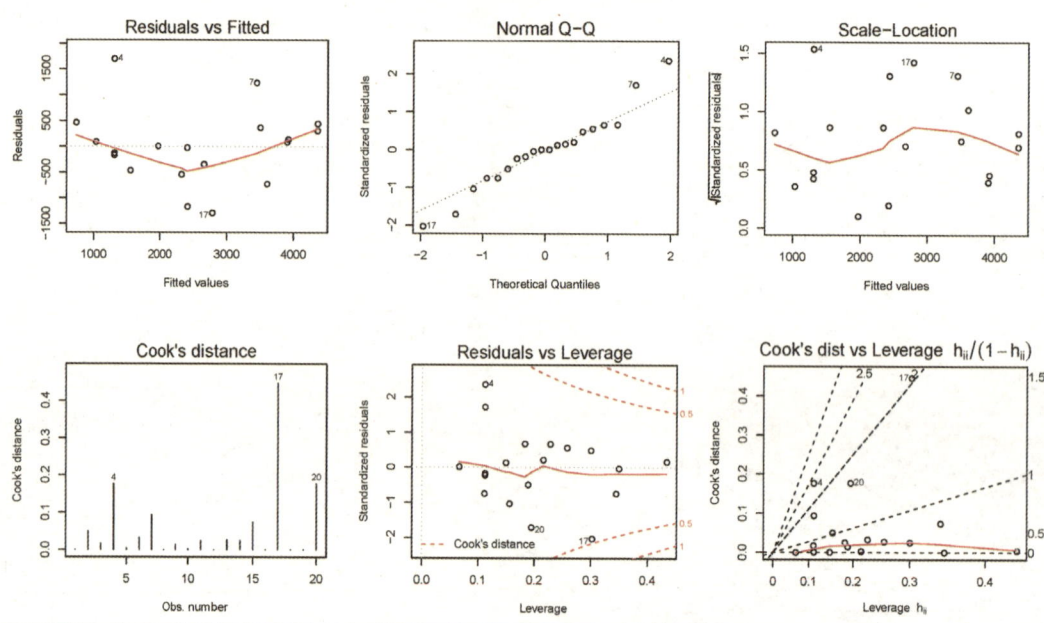

图 8.4 使用 base-R 中 plot（model2）生成的图

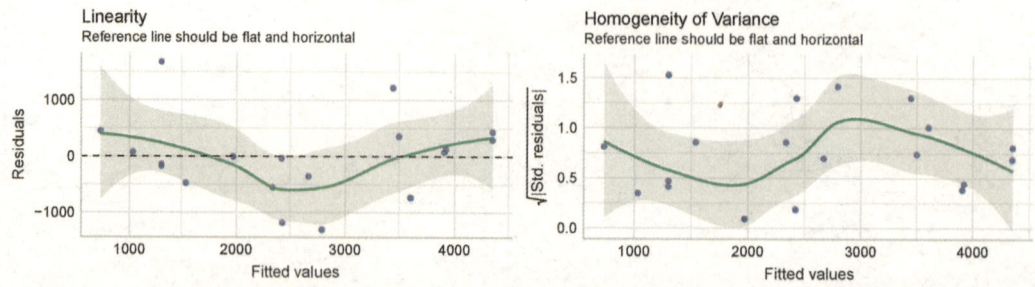

图 8.5 来自 performance 包的 check_model(model2)函数生成的诊断图

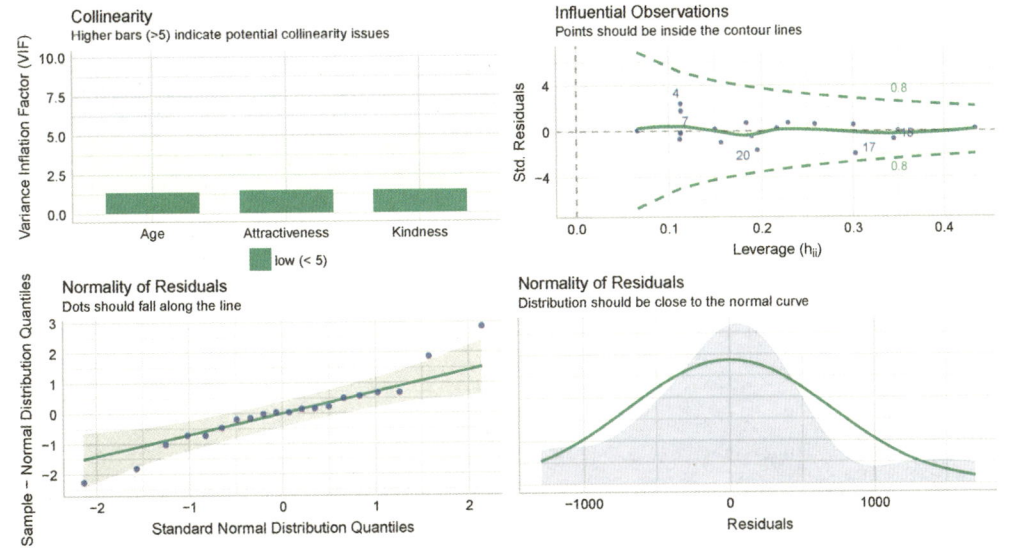

图 8.5　来自 performance 包的 check_model(model2) 函数生成的诊断图（续）

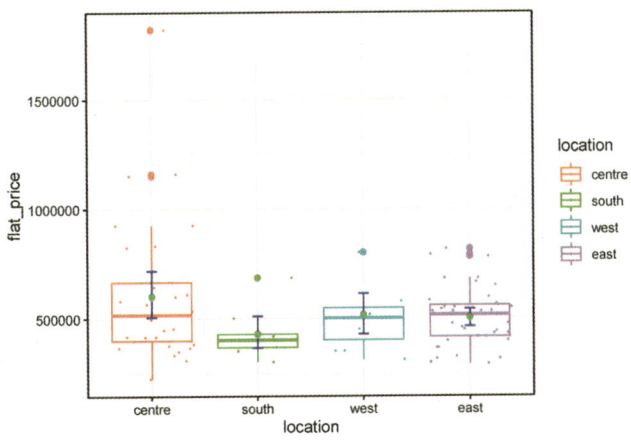

图 9.4　使用 ggplot() 可视化模型预测结果

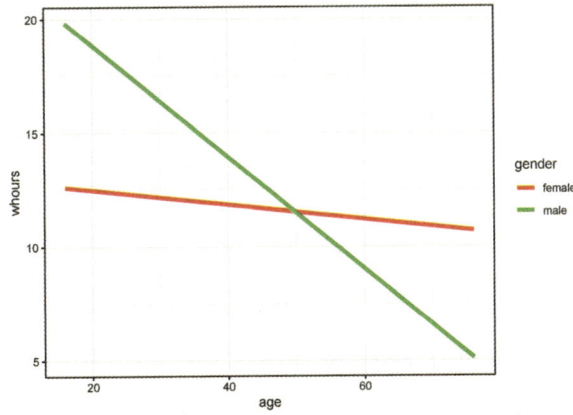

图 10.3　虚拟调节变量和连续预测变量之间交互作用的图形表示

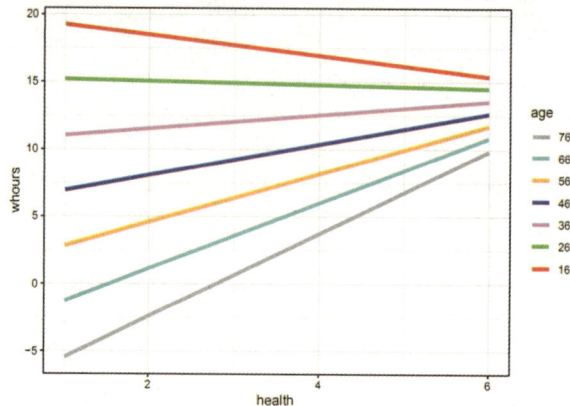

图 10.4　连续调节变量和连续预测变量之间交互作用的图形表示

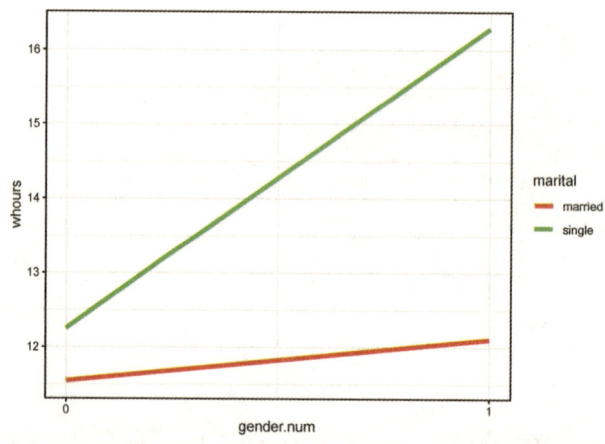

图 10.5　虚拟调节变量和虚拟预测变量之间交互作用的图形表示

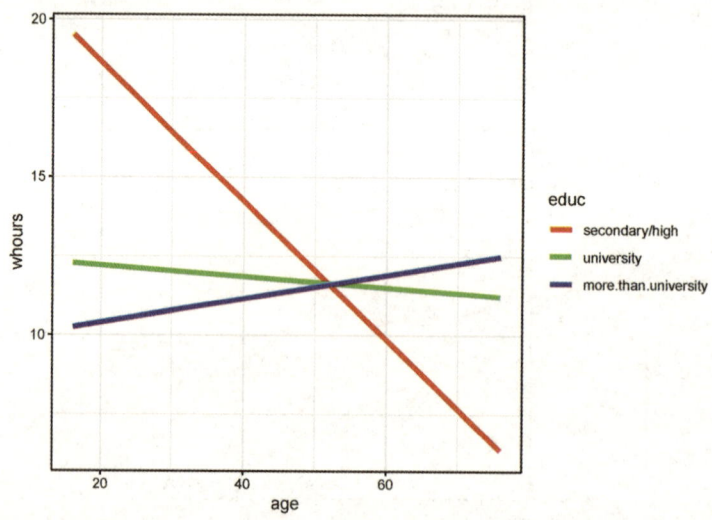

图 10.6　多分类调节变量和连续预测变量之间交互作用的图形表示

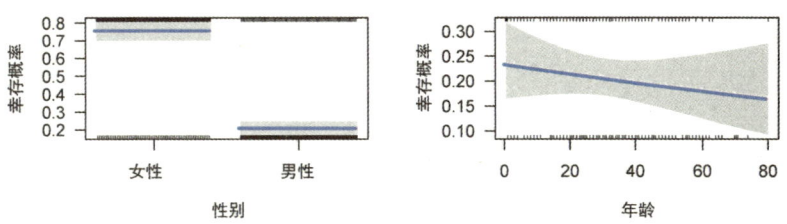

图 11.6　性别和年龄对泰坦尼克数据集中乘客幸存概率的影响

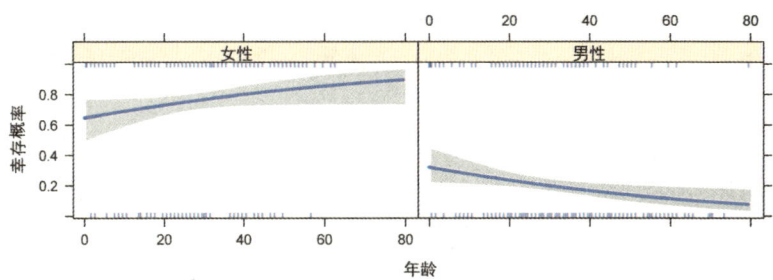

图 11.7　性别和年龄对交互模型幸存概率的影响

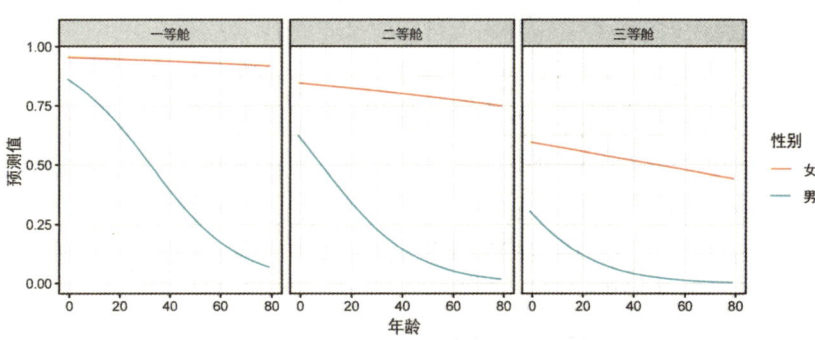

图 11.8　年龄、性别和价格等级的影响

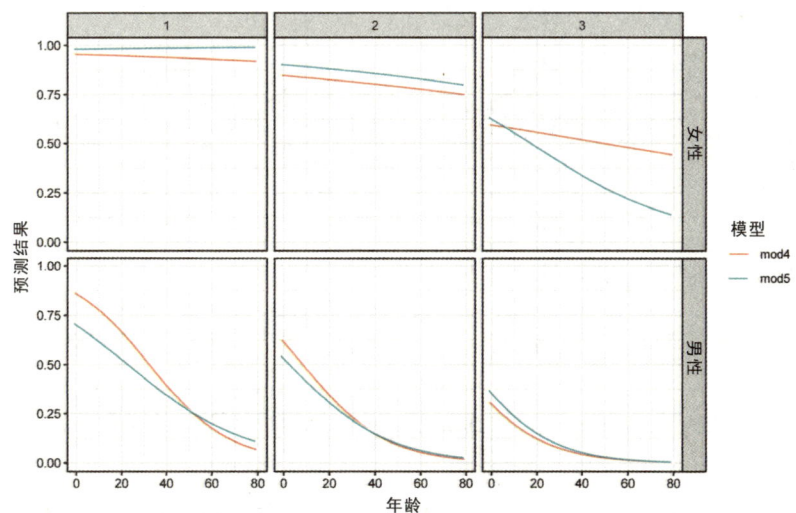

图 11.9　有（蓝色）和没有（红色）三方交互的模型预测比较

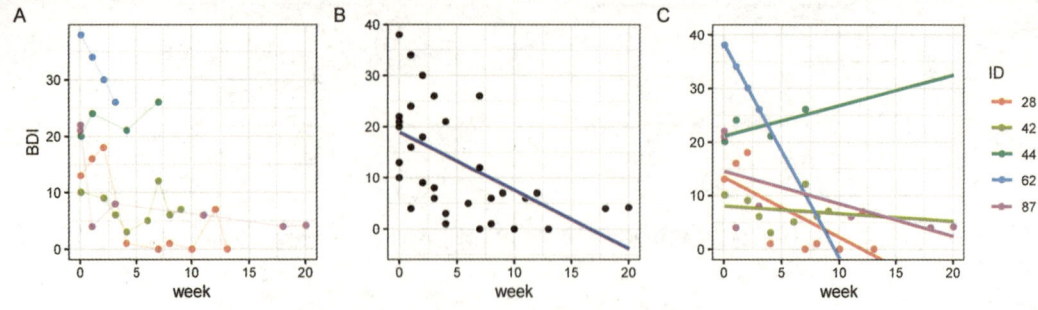

图 12.2 原始数据、完全混合回归和单个（完全不混合）的回归线

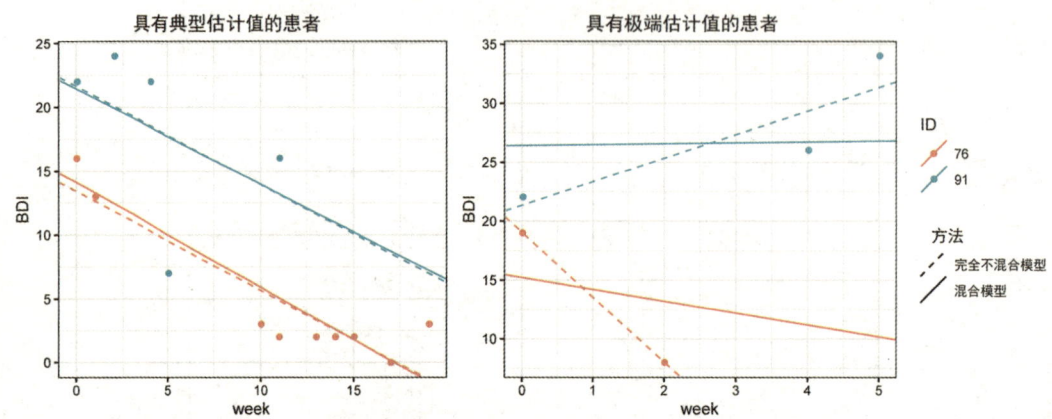

图 12.4 在个体估计值为极端值时，混合模型和完全不混合模型的估计值出现差异

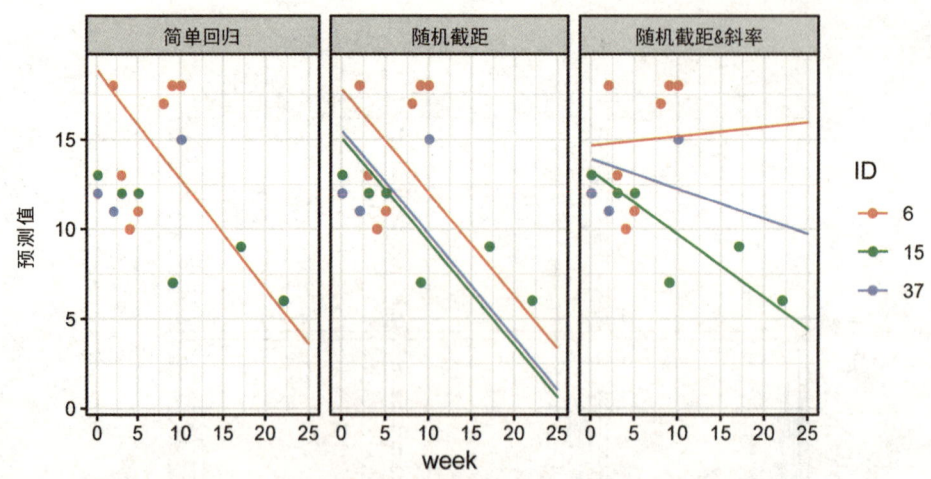

图 12.6 在 depression 数据集的示例对象中比较不同随机结构的模型

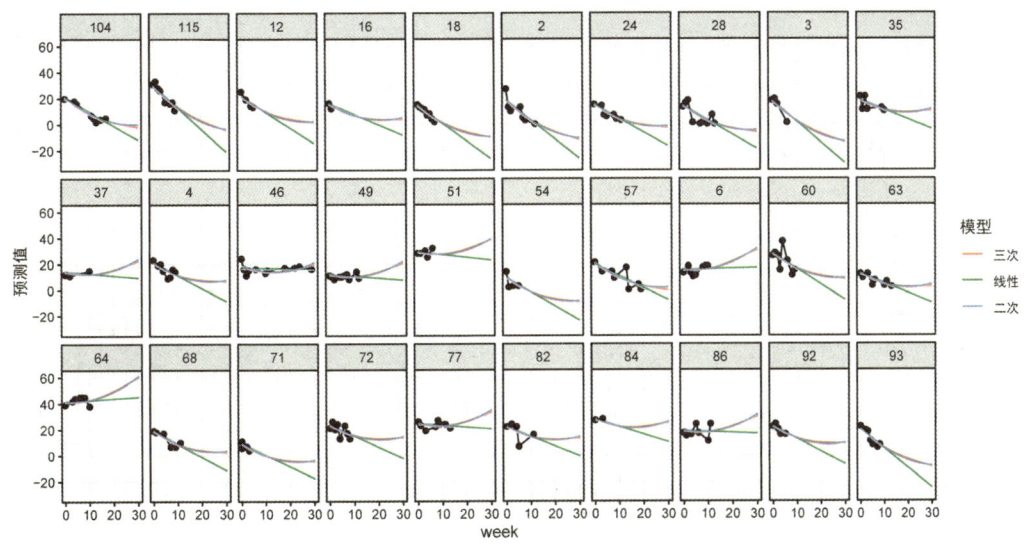

图 12.7 比较线性、二次和三次模型对 depression 数据集的预测结果

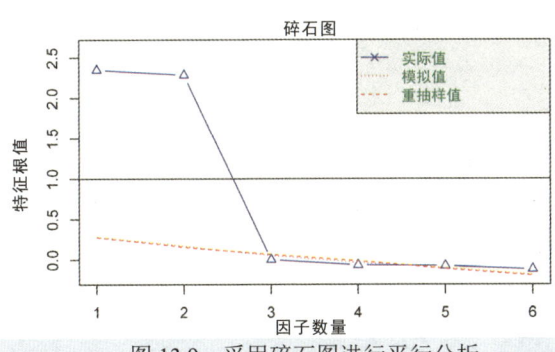

图 13.9 采用碎石图进行平行分析

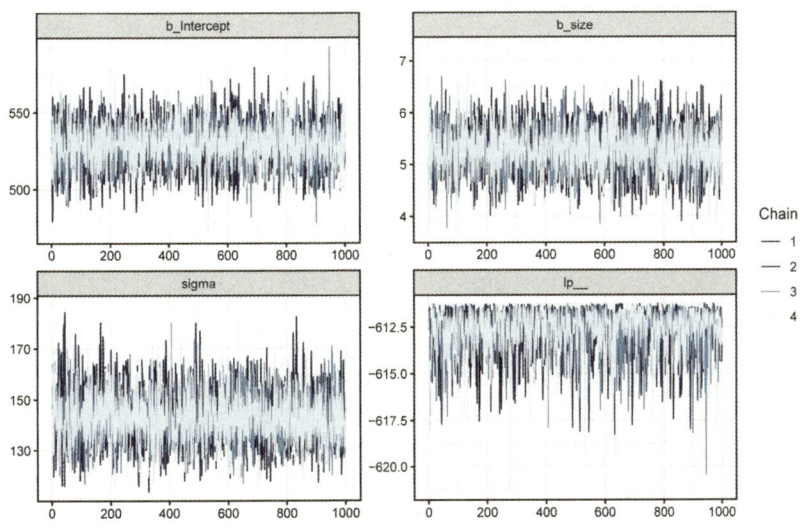

图 15.3 为实现诊断目的绘制 MCMC 链的轨迹图

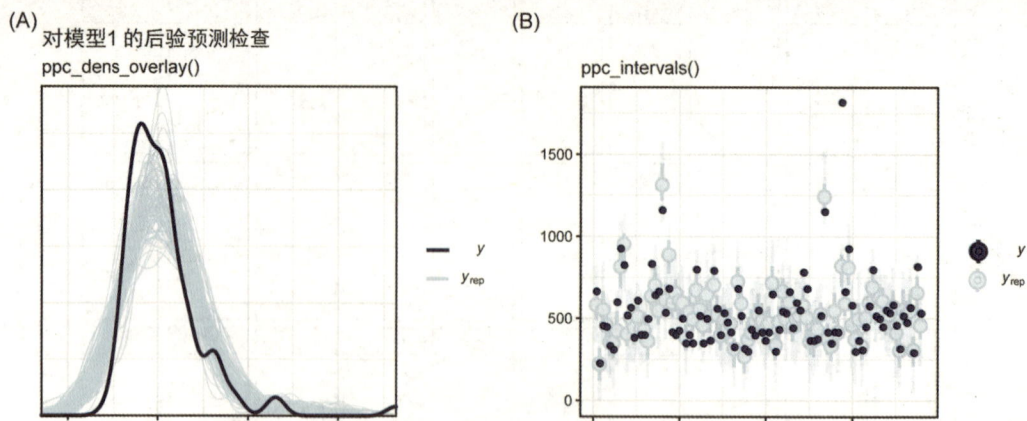

图 15.6　price~size 模型的后验预测检查

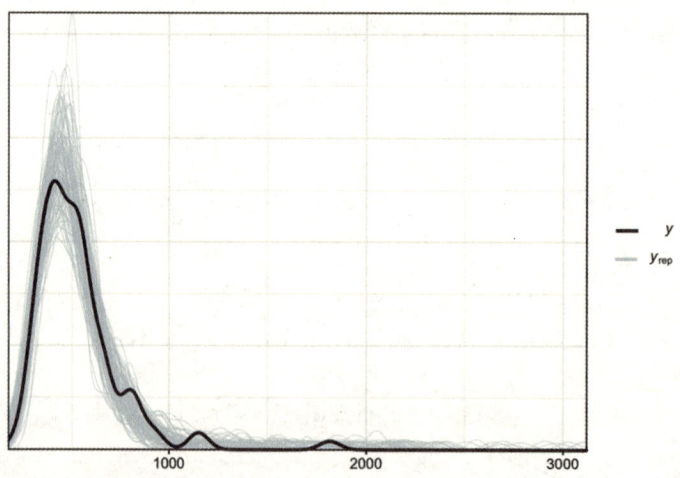

图 15.7　对改进之后的模型进行后验预测检查

R 速成

统计分析和科研数据分析快速上手

Applied Statistics Using R
A Guide for the Social Sciences

[美] Mehmet Mehmetoglu　Matthias Mittner 著
庄亮亮　赵子茜 译

电子工业出版社
Publishing House of Electronics Industry
北京·BEIJING

内 容 简 介

本书的特色在于结合实际案例来展现 R 在数据科学领域的灵活性，不仅能让读者学习统计知识，也能提升代码编写能力。全书共 15 章，第 1 章详细介绍了 R 和 RStudio 的安装方法；第 2 章至第 3 章介绍了导入数据的方法，以及 R 的基本工作原理；第 4 章介绍了 R 中重要的数据管理方法；第 5 章讲解数据可视化的知识；第 6 章至第 15 章介绍了统计知识点，如描述性统计、简单线性回归、多元线性回归、虚拟变量回归等。

为方便读者学习，本书提供了 astatur 包，这个工具包涵盖了本书中使用的所有数据集，以及相关章节中提到的一些补充函数。此外，本书没有过多地介绍复杂的数学公式，对于必备知识点使用了尽可能通俗的语言进行讲解，因此本书适合作为 R 统计分析课程的教科书，也适合数据分析的初学者参考学习。

Applied Statistics Using R: A Guide for the Social Sciences

Copyright © 2022 by SAGE Publications, Inc.

All rights reserved. Except as permitted by U.S. copyright law, no part of this work may be reproduced or distributed in any form or by any means, or stored in a database or retrieval system, without permission in writing from the publisher.

The Translation is published by arrangement with SAGE Publications.

本书简体中文版专有出版权由 SAGE Publications, Inc.授予电子工业出版社。未经出版者预先书面许可，不得以任何方式复制或抄袭本书的任何部分。

版权贸易合同登记号　图字：01-2023-0781

图书在版编目（CIP）数据

R 速成：统计分析和科研数据分析快速上手 /（美）迈赫迈特·迈赫梅托格鲁（Mehmet Mehmetoglu），（美）马蒂亚斯·米特纳（Matthias Mittner）著；庄亮亮，赵子茜译. —北京：电子工业出版社，2023.4
书名原文：Applied Statistics Using R: A Guide for the Social Sciences
ISBN 978-7-121-45188-1

Ⅰ.①R… Ⅱ.①迈… ②马… ③庄… ④赵… Ⅲ.①统计分析—统计程序 Ⅳ.①C819

中国国家版本馆 CIP 数据核字（2023）第 041757 号

责任编辑：张慧敏
印　　刷：天津嘉恒印务有限公司
装　　订：天津嘉恒印务有限公司
出版发行：电子工业出版社
　　　　　北京市海淀区万寿路 173 信箱　邮编：100036
开　　本：720×1000　1/16　印张：26　字数：500 千字　彩插：6
版　　次：2023 年 4 月第 1 版
印　　次：2023 年 4 月第 2 次印刷
定　　价：99.00 元

凡所购买电子工业出版社图书有缺损问题，请向购买书店调换。若书店售缺，请与本社发行部联系，联系及邮购电话：(010) 88254888，88258888。

质量投诉请发邮件至 zlts@phei.com.cn，盗版侵权举报请发邮件至 dbqq@phei.com.cn。
本书咨询联系方式：(010) 51260888-819，faq@phei.com.cn。

译者序

R是数据科学领域的一门大热的编程语言,可以说它是专门为统计分析而生的。相比起其他语言,R简单易学,代码可读性强,并且不需要搭建复杂的编程环境,对初学者非常友好。

本书的特色在于结合实际案例来展现R在数据科学领域的灵活性,不仅能让读者学习统计知识,也能提升代码编写能力。此外,本书没有过多地介绍复杂的数学公式,对于必备知识点使用了尽可能通俗的语言来讲解,因此非常适合作为统计学习的教材。

第1章详细介绍了R和RStudio的安装方法,这是编写代码的前提,建议读者参照本章建议,安装好需要的工具包,以便进行后续的学习。第2章到第3章介绍了导入数据的方法,以及R的基本工作原理。推荐仔细阅读第4章,这些数据管理方法在R中非常重要,如果掌握了这一章,那么恭喜你已经能够读懂大部分的R代码了。第5章的可视化也同样重要,因为在数据分析工作中图形是最直观的解释工具,ggplot2是一个非常强大的可视化工具包,基本能够满足你的一切绘图需求。第6章到第15章,每一章节对应了一个统计知识点,但是不要害怕,它们没有你想象中的那么难,跟着本书一起探索每个案例,你也许会感到这是一项有趣的解谜工作。这就是统计的魅力,从看似枯燥的数字中发现事物的隐藏特征。

为方便读者学习,本书提供了astatur包,这个工具包涵盖了本书中使用的所有数据集,以及相关章节中提到的一些补充函数。当然,本书不止使用了这一个R包,在每一章节前都有提示,你需要按照指示命令进行对应R包的安装和激活,这样才能顺利进行后续的学习。

最后,在此对所有为本书中文版的问世提供帮助的人表示感谢!由于译者水平有限,书中难免有错误和不妥之处,请读者批评、指正。

前言

科学研究的目的是探索各种现象之间的关系。统计学家们经常借助统计工具和分析方法（如 t 检验或回归分析）来研究这些关系。随着分析复杂性和数据集规模不断增加，计算过程完全依赖于专门的软件包来解决，并且软件能为我们提供汇总的结果。其中一个软件是 R，它是一个免费的开源程序，专为统计分析而设计，既通用又灵活。对于新手用户来说，R 的这种多功能性和灵活性是缺点，因为 R 通常有无数的方法可以用来解决某个统计任务。对于经常使用类似 SPSS 软件的用户，会觉得 R 是一种特别难学的语言，因为类似 SPSS 这样的软件，它对用户友好，但不太灵活且软件价格昂贵。

帮助研究人员和学生发现 R 提供的丰富功能是我们写作本书的主要动机。我们希望以这样一种方式来呈现 R 的用处，让学生和研究人员可以很容易地使用它。为了实现这一目标，在本书中我们针对不同的统计操作和分析方法设计了不同的章节，并且基于一些精心挑选的、第三方开发的高效且对用户友好的软件包（如 dplyr），以及 R 中内置的最常见的 base-R 函数（如 lm()）等进行整理。此外，我们为你提供了一些高质量的资源，可以帮助你了解更多有关 R 的特定功能。比如，我们试图创建一条安全、有效的路径，让你可以快速而舒适地穿越"R 丛林"。

本书与其他关于 R 的书的不同之处在于，本书将 R 专门作为统计软件来呈现，重点介绍对来自真实场景的数据集进行实际分析的方法。基于 R 提供的大量功能，它已经在许多不同领域和不同应用程序中流行起来，对于那些希望将数据导入 R 并开始执行描述性分析、可视化和（或）统计分析的初学者来说，这些功能是不必要的。本书对统计分析方法（如线性回归）的处理是通过在每一章中提供尽可能少的数学细节介绍，尽可能使用直观和非正式的语言帮助你进行理解。虽然本书也会提出公式来精确地定义某些概念，但我们将它们保持在易于理解的水平，并避免复杂的数学技术问题（例如，评估过程的细节等）。此外，R 产生的输出和结果并不总是直观和清晰的，通常包含了丰富的信息。因此，本书侧重于输出结果的解释，将会重点介绍如何从 R 的输出结果中轻松地识别和检索重要内容（例如系数、R^2、置信区间等），并为它们的解释提供全面的指导方法。本书不仅适合作为 R 的自学手册，还适合作为基于 R 学习统计分析的教科书。

最后，还应该强调的是，本书还是为那些使用过其他统计软件包（如 SPSS、Stata 或 SAS）的学生和研究人员编写的。因为掌握这些应用程序中的使用方法有助于轻松理解 R 的工作原理，并可用于统计分析和可视化。为了最大化地掌握本书的知识，我们建议你运行每一章中介绍的代码来巩固对章节内容的理解。这样做将帮助你更轻松地使用 R，并能够根据自己的需要和目的调整代码示例。

致谢

首先，我们要感谢来自匿名审稿人的评论和反馈，他们的建议使这本书的质量变得更好。我们还要感谢斯坦因·阿萨瑟对本书的一些章节提出了全面且有益的评论。也非常感谢我们的同事的评论和支持：古德布兰德·连恩、斯泰纳·维卡、耶文·达曼斯基和埃丝彭·比约克达尔。我们还要感谢编辑杰·西迈激励我们写这本书以及她提出的建设性反馈。最后，特别感谢我们的家人（迈赫迈特的家人：维伊和德尼兹；马蒂亚斯的家人莉莉、库诺、约瑟芬和克拉拉），给了我们充足的时间和空间来完成这本书的写作。

本书的使用说明

为了能够使用这本书，首先需要安装 R，然后安装 RStudio。安装说明的详细内容见第 1 章。在 RStudio 中，你可以访问安装 R 时自动附带的所有内置函数和数据集。此外，还应该安装并激活所有需要的软件包（其中也包含各种函数、数据集等），以便跟随本书的进度学习。本书的作者提供了一个名为 astatur 的软件包，这个包包含了本书中使用的所有数据集，以及我们在相关章节中提到的一些补充函数。因此，为了能够使用这些数据集和函数，你需要安装这个包，然后在每次需要使用时加载它。

在 RStudio 的控制台窗口或脚本文件中输入以下命令（将在第 1 章中解释），即可安装 astatur 包：

```
install.packages("devtools")
devtools::install_github("ihrke/astatur")
```

要从 astatur 包访问一个数据集或函数，请使用以下命令加载该包：

```
library(astatur)
```

然后，你可以直接输入数据集的名称（例如，flats 数据集），这样你就可以开始探索和使用它了：

```
flats
```

如果你想查看 astatur 包中所有数据集的说明，那么可以输入以下命令：

```
data(package="astatur")
```

除了我们在书中作为例子使用的各种数据集之外，astatur 包还包括了本书中使用的所有包的列表。这可以帮助你在以下命令下轻松安装本书代码示例中使用的所有包。这将节省你以后的时间，如在本书中遇到这些包时，就不必一个一个地安装它们了：

```
install.packages(astatur.all.used.packages)
```

请注意，此命令将花费相当长的时间，因为需要下载许多软件包并安装到你的本地计算机上。最后，我们还创建了一些自己的函数，并将其发布在 astatur 包中。这些函数将在本书的相关章节中介绍，例如第 8 章中的 vimp() 函数。

如果希望查看 astatur 包中包含的所有函数，那么可以简单地输入：

```
lsf.str("package:astatur")
```

R 中需要了解的常见错误信息

在这里，我们提供了一些你在使用 R 时可能遇到的常见错误消息的概述，以及关于可能出现的错误提示。

The following objects are masked from package：…

当我们激活两个或更多包含同名函数的包时，例如，dplyr 包和 MASS 包中都存在的 select() 函数，就会出现上面的警告信息，即第一个软件包（dplyr）的函数被第二个软件包的函数屏蔽了。这意味着我们不能以通常的方式使用 dplyr 包中的函数，因为任何使用 select() 函数的尝试都将隐式地引用 MASS 包，即使实际上我们可能想要使用的是 dplyr 包。解决这个问题的一种方法是仔细选择加载包的顺序，保证我们希望使用的功能最后被加载。例如，当我们在 MASS 包之后加载 dplyr 包，就可以使用 dplyr 包的 select() 函数。然而，在它们第一次被加载之后，不可能在加载包之间切换。

这意味着，如果我们先加载 dplyr 包，然后加载 MASS 包，我们就不能通过再加载 dplyr 包来掩盖 MASS 包的功能。产生这种效果的原因是，一个包实际上只有在我们第一次调用 library（包名）时才会被加载。如果一个包已经被加载，那么 library() 命令将不会有任何效果。我们仍然可以通过输入包的名称来使用屏蔽函数，然后继续使用 :: 添加函数的名称，例如，dplyr :: select()。通过这样的方式，我们可以显式地指定要从哪个包中使用哪个函数。例如，如果希望使用 MASS 包中的 select() 函数，也可以键入 MASS::select()。

Object '…' not found or could not find function "…"

可以将 R 中的对象视为包含各种东西（如数据集、变量、数字甚至函数）的黑盒。例如，我们可以使用下面的语句将一个包含多个值的变量放入一个这样的盒子（称为 var1）：var1 <- c(2,1,3,2,1,3)。当我们想要用该对象执行一个操作时，例如，计算一个变量的均值，我们就需要引用 var1 对象。如果这个对象在 RStudio 的环境窗口中不存在，当我们尝试使用它时，将得到这样一条错误消息 object 'var1' not found。例如，当我们想运行书中某一章的代码示例时，可能会发生这种情况，该代码示例包含了本章前面创建的对象，而你还没有在自己的环境中执行该对象。在本例中，我们需要找到创建该对象的代码示例并运行相关代码，以避免获得上述错误消息。当我们想要使用的函数在环境窗口中不存在，或者忘记加载该函数所属的包时，同样的情况也会发生。然后我们会得到错误消息如 could not find function "…"，这时我们需要加载包含该函数的相关包，使该函数在 R 中可用。

This package is not available for R version XX

有时，我们可能希望安装一个比当前计算机上安装的 R 包更新的版本。这可能发生在我们没有更新 R 的一段时间，因为 R 是一个快速更新的软件。在这种情况下，我们有两个选择。第一个选项（也是最好的）是重新安装 R 的最新版本，并按照第 1 章所述更新 R 中的所有包。第二个选项（不推荐）是安装与当前 R 版本兼容的早期版本的 R 包。顺便提一下，要找出你正在使用的 R 版本，你可以在 R 提示符中输入 version。此外，要确定一个包（如 MASS）需要哪个版本的 R，你可以输入 packageDescription("MASS", fields = "Depends")。要找出你的计算机上安装了哪个版本的软件包，可以键入 packageVersion("MASS")。

tibble VS data.frame

在 R 中，数据集通常被存储和作为 data.frame（数据框）处理，因此许多需要数据集作为输入参数的函数希望数据集以 data.frame 格式存储。存储数据集的一种新方式是，使用 tidyverse 包中的 tibble 格式。虽然将数据集存储为"tibble"有一些优点，但这可能会导致一些旧函数出现问题。一个典型的例子是，当我们使用不能识别 tibble 而只使用 data.frame 对象的旧 R 包时，如果数据集以 tibble 格式存储，那么可能出现奇怪的错误消息，并且这些函数有时会不起作用。对这个问题的解决方案是通过键入 as.data.frame（datasett3）将 tibble 对象（如 datasett3）转换为 data.frame。我们还可以使用 as_tibble（datasett3）将 data.frame 转换为 tibble 格式（反之亦然）。

Avoid special characters

在 R 中，我们建议不要使用特殊字符，例如，将 Æ/Ä、Ø/Ö 或 Å 作为变量或函数的名称。尽管在大多数情况下，R 能够完全支持 Unicode 标准的特殊字符，但我们了解到还是有问题可能会发生，特别是当你想要在不同配置的计算机上共享脚本或目标文件时（例如，在 Mac 和 Windows 之间）。因此，我们建议你避免使用特殊字符和符号。我们在整本书中都遵循这个建议，以避免任何可能的问题。

Error: unexpected symbol/input in …

如果变量（对象）的名称以包含不允许的符号（如_var、.3var、3var、var%）开头，那么我们会得到上述错误消息。R 中变量的命名规则有点复杂。R 手册对此做了如下说明：一个语法有效的名称由字母、数字、点或下画线字符组成，以字母或点开头，像'.2way'这样的名称无效，保留字也无效。这意味着变量名应该以字母（a~z）或句号（.）开头，变量名中的第一个数字必须在第一个字母之后。你还必须避免使用所谓的保留字作为变量名，保留字是指在 R 中已经指代某些特殊事物的单词。例如，不可能将 function 用作变量名。我们建议 R 中的变量名最好以字母开头，并且可以包含 . 和_ （如 var3, var_3, var.3, spm.var）。

"…": cannot open the connection error

看到这个消息意味着你正在尝试加载一个硬盘上不存在的文件。这可能是由于文件名中的拼写错误导致找不到文件，也可能是文件或文件夹名称包含空格和反斜杠（\），如 C:\My Files\datafile.csv。在这种情况下，需要使用转义符号 \ 来指定实际意义上的空格符号。由于 \ 是转义符号，在某些情况下，我们可能需要使用符号（\\），以便路径正确如 C:\\My\ Files\\datafile.csv。

Non-numeric argument to binary operator

当你遇到这个错误时,你可能正在尝试对一个非数值的变量应用二进制运算符(如+、-、/ 或 *)。其他出现这个错误的场景有:如果你试图添加一个数据集的两个变量,其中一个变量类型为字符(即基于文本的数据)而不是数字数据;又或者,当一个数据文件包含一个不能转换为数字的符号(如缺少文本)时,整个列可能被当作字符变量而不是数字变量读取。通过使用 as.numeric()函数将变量转换为数字变量,可以避免此错误。

Current working directory

在 R 中工作时,可以通过使用 getwd()函数找出当前的工作目录。R 中的当前工作目录是计算机上的目录,它将被用作从 R 中加载或存储文件的默认位置。了解当前的工作目录是非常有帮助的,因为你不必输入完整的路径(包括 C:\等),而只是引用文件名。如果你想要将当前的工作目录更改到另一个目录,那么可以使用 setwd("C:/MyR/working_directory")命令轻松完成。

当你安装 R 时,base-R 以及一些额外的功能会自动安装在你的计算机上。例如,在 Windows 中,你可以在名为 library 的文件夹中找到这些文件。除此之外,还会创建一个类似的文件夹,其中存储了你安装的包。要找出这些文件夹所在的路径,只需输入.libpaths()。如果你想指定一个文件夹来存储你自己的包,那么可以使用.libpaths("C:/mm")(在本例中,使用 install.packages()命令安装的所有新包都将存储在 C:/mm 文件夹中)。此外,如果你想要找出特定的包存储在计算机上的位置,那么可以输入 system.file(package="dplyr")。

方差分析的回归方法

本书是基于"一切都是回归"的格言而写的!如果你学习过标准的统计学课程,这些课程倾向于在单独的模块中教授统计技术,如 t 检验或方差分析(Analysis of Variance,ANOVA)。如果将它们都视为独立的技术,那么这句格言可能会令人惊讶。然而,在入门课程中通常介绍的统计模型实际上是线性回归模型。这意味着,所有类型的方差分析及其扩展都可以使用回归方法轻松地执行。

表 0.1 给出了不同回归模型和相应 ANOVA 模型的概述。所有这些技术都有一个基本的数学理论,即一般线性模型,不同的只是它们适用的变量和数据的类型。例如,如果你希望对独立数据和观察到的变量进行方差分析,那么可以很容易地使用第 9 章介绍的虚拟变量回归方法。这并不意味着你将得到与在典型方差分析中所看到的完全

相同类型的输出。相反，你将得到显示为标准回归的输出。然而，与方差分析的输出结果相比，这个输出提供了更多信息，并且经过一些调整，你将能够从回归分析中提取与方差分析的输出结果中显示的完全相同的数字。或者，你也可以选择使用回归输出，因为它仍然会帮助你回答方差分析的典型问题，即组之间是否存在不同？

表 0.1　方差分析和回归方法的比较

变量类型	回归分析	方差分析	数据类型
观测变量	虚拟变量回归（第 9 章）	- t 检验 - ANOVA（方差分析） - ANCOVA（协方差分析） - 双边方差分析	独立数据
	使用回归法进行交互、调节分析（第 10 章）	- 因子方差分析	
	多层次和纵向分析（第 12 章）	- 配对 t 检验 - 重复测量方差分析 - 重复测量因子方差分析	相关数据
观测/潜变量	结构方程模型（第 14 章）	- MANOVA（多元方差分析） - MANCOVA（多元协方差分析）	独立或相关数据

在某些情况下，在回归方法和方差分析之间进行选择可能听起来像是一个喜好问题，但在其他情况下，选择回归方法为你提供了优势。例如，多级回归优于重复测量的方差分析，特别是当你有不平衡的、缺失的数据或想要处理纵向或嵌套的数据时。同样地，结构方程模型（Structural Equation Modelling，简称 SEM）在许多方面优于多元方差分析（Multivariate ANOVA，简称 MANOVA）。例如，它可以修正某些假设并大大增加建模的灵活性。事实上，从严格意义上讲，这类 SEM 模型可以取代表 0.1 展示的所有技术，因为它既可以包含观察变量，也可以包含潜变量；既可以用于建模相关数据，也可以用于建模独立数据。然而，这种巨大的灵活性确实要求研究人员具有扎实的编程和统计技能，如果回归模型足够解决当前问题，那么建议使用更简单的回归方法。

在我们看来，在方差分析和回归方法之间给出人为区别是相当不必要的，而且大部分内容是由传统理论决定的。我们认为，在 R 中进行回归建模后，通过使用适当的后验函数来计算传统的 ANOVA 分析，有助于逐渐消除这种无益的鸿沟。一个这样的后验功能是使用效应编码而不是默认的虚拟编码进行回归分析，以获得与方差分析完全相同的信息。我们的目标是创建一个一致的学习范式，完全基于相同的理论基础，即线性回归。精通回归将为学习更高级的统计技术如多级分析、潜类分析、SEM 等铺平道路。

我们承认，本书在某种程度上简化了回归方法和方差分析之间的关系。事实上，用 ANOVA 分析的一般线性模型的输出与用回归分析的同一模型的输出有不同的总结方式，两者在实践中可以相互补充。在本书中，我们选择推广更通用的回归方法，以表明这两种技术在本质上是相同的概念。这可能会引起新手学生和研究人员的兴趣，并为他们提供了一种探索已知技术的新视角。

联系作者

如果你想与作者联系，提出你对这本书的意见或建议，那么可发送邮件到以下邮箱：

- 迈赫迈特·迈赫梅托格鲁（Mehmet Mehmetoglu）：mehmetm@ntnu.no
- 马蒂亚斯·米特纳（Matthias Mittner）：matthias.mittner@uit.no

目录

第 1 章　R 简介 1
 1.1　R 是什么？为什么要使用 R？ 2
 1.2　RStudio 是什么？ 5
 1.3　如何安装 R 和 RStudio？ 6
  1.3.1　在 Windows 上使用 R 6
  1.3.2　在 Mac 上使用 R 7
  1.3.3　在 Linux 上使用 R 7
  1.3.4　在 Windows、macOS 和 Linux 上使用 RStudio 8
 1.4　了解 RStudio 9
  1.4.1　脚本窗口 9
  1.4.2　控制台窗口 11
  1.4.3　环境窗口 11
  1.4.4　图形窗口 12
 1.5　R 的线上资源 13
 1.6　R 包的作用 15
 1.7　更新 R、RStudio 和 R 包 17
 1.8　本章小结 18

第 2 章　在 R 中导入和处理数据 21
 2.1　如何在 R 中表示数据集？ 22
 2.2　在 R 中导入数据 23
 2.3　在 R 中输入数据 29
 2.4　如何在 R 中使用数据集？ 33
 2.5　数据类型 35
 2.6　本章小结 39

第 3 章 R 是怎样工作的？ 42
3.1 R 的工作方式 43
3.2 函数是什么？ 44
3.3 对象是什么？ 47
3.3.1 向量 48
3.3.2 数据框 51
3.3.3 矩阵 57
3.3.4 列表 58
3.4 本章小结 60

第 4 章 数据管理 63
4.1 变量的数据管理 64
4.1.1 创建新变量 64
4.1.2 重新编码变量 67
4.1.3 替换变量值 69
4.1.4 重命名变量 72
4.1.5 探索缺失值 73
4.1.6 生成虚拟变量 77
4.1.7 修改变量的数据类型 79
4.1.8 标签变量 80
4.1.9 整理分类变量 81
4.2 对数据集进行数据管理 82
4.2.1 变量的选择和排除 82
4.2.2 选择观察值 85
4.2.3 根据变量合并数据集 87
4.2.4 根据观察值合并数据集 89
4.2.5 对数据集排序 90
4.2.6 重塑数据集 91
4.2.7 给变量排序 92
4.2.8 从数据集中随机抽取样本 94
4.2.9 管道 95
4.3 本章小结 96

第 5 章 用 ggplot2 实现数据可视化 100
5.1 数据可视化在数据分析中的作用 101
5.2 了解 ggplot2 103
5.2.1 层的结构 104
5.2.2 影响所有层的附加组件 114
5.3 R 示例图 122
5.3.1 单变量图 123
5.3.2 二元图 129
5.3.3 多元图 132
5.4 本章小结 133

第 6 章 描述性统计 136
6.1 单变量分析 138
6.1.1 集中趋势的度量 139
6.1.2 散布的度量 142
6.1.3 偏度和峰度 146
6.1.4 离散分布 148
6.1.5 快速描述性分析 151
6.2 描述变量之间的关系 156
6.2.1 相关系数 156
6.2.2 交叉表 160
6.3 分析组间变量 161
6.4 本章小结 165

第 7 章 简单线性回归 167
7.1 什么是回归分析? 168
7.2 简单线性回归分析 169
7.2.1 普通最小二乘法 171
7.2.2 拟合优度 173
7.2.3 回归系数的假设检验 176
7.2.4 线性回归预测 179
7.3 R 语言实例 180
7.4 本章小结 184

第 8 章 多元线性回归 186

8.1 多元线性回归分析 187
8.1.1 参数估计 187
8.1.2 拟合优度和 F 检验 188
8.1.3 调整的 R^2 189
8.1.4 偏斜系数 190
8.1.5 使用多元线性回归进行预测 191
8.1.6 标准化和相对重要程度 192
8.1.7 回归假设和诊断 193
8.2 R 语言实例 194
8.3 本章小结 206

第 9 章 虚拟变量回归 209

9.1 为什么要进行虚拟变量回归? 210
9.1.1 创建虚拟变量 210
9.1.2 虚拟变量回归背后的逻辑 212
9.2 单一虚拟变量回归 212
9.3 一个虚拟变量和一个协变量的回归 215
9.4 多虚拟变量回归 218
9.4.1 R 语言实例 220
9.4.2 比较组间差异 222
9.4.3 成对多重比较调整 226
9.5 有一个以上虚拟变量和一个协变量的回归 228
9.6 两组独立虚拟变量的回归 230
9.7 本章小结 235

第 10 章 使用回归法进行交互、调节分析 238

10.1 交互作用/调节效应 239
10.2 乘积-项方法 240
10.3 连续预测变量与虚拟调节变量的交互作用 242
10.4 连续预测变量和连续调节变量之间的交互作用 246
10.5 虚拟预测变量与虚拟调节变量的交互作用 251
10.6 连续预测变量与多分类调节变量的交互作用 254
10.7 其他注意事项 259

10.7.1 显著与不显著的交互作用 259
10.7.2 中心化和标准化 259
10.8 本章小结 260

第 11 章 Logistic 回归 263
11.1 R 实现简单 Logistic 回归 267
11.1.1 Logistic 回归中系数的含义 270
11.1.2 拟合优度和模型选择 274
11.2 多重逻辑回归 276
11.3 Logistic 回归进行分类 285
11.4 本章小结 291

第 12 章 多层次和纵向分析 294
12.1 嵌套数据结构的表示 296
12.2 完全、部分和无聚集 301
12.3 线性混合模型的显著性检验 308
12.4 纵向混合模型的模型比较 315
12.5 本章小结 319

第 13 章 因子分析 322
13.1 什么是因子分析? 323
13.2 因子分析过程 325
13.2.1 确定因子的数量 326
13.2.2 因子提取 327
13.2.3 因子旋转 330
13.2.4 提炼和解释因子 332
13.3 综合评分和信度检验 333
13.4 R 语言实例 335
13.4.1 确定因子的数量 335
13.4.2 用旋转法提取因子 337
13.5 本章小结 341

第 14 章 结构方程模型 344
14.1 什么是结构方程模型? 345
14.2 确认性因子分析 347

		14.2.1 模型设定 348

      14.2.1 模型设定 348
      14.2.2 模型识别 349
      14.2.3 参数估计 351
      14.2.4 模型评估 352
      14.2.5 模型修正 359
  14.3 潜在路径分析 362
      14.3.1 LPA 模型的定义 363
      14.3.2 测量部分 363
      14.3.3 结构部分 367
  14.4 本章小结 369

第 15 章 贝叶斯统计 373

  15.1 贝叶斯数据分析 376
  15.2 用 R 实现贝叶斯数据分析 377
  15.3 R 语言实例 379
      15.3.1 模型诊断 380
      15.3.2 回归系数的贝叶斯估计 382
      15.3.3 贝叶斯模型的选择 387
      15.3.4 模型检验 391
      15.3.5 先验分布的选择 393
  15.4 本章小结 396

第 1 章
R 简介

在本章中，将会使用以下 R 包：
- astatur：提供本章中使用的数据集。
- haven：提供从外部软件导入数据的函数。

必须先安装和加载上面提到的包才能运行本章提供的代码。可以使用下列命令来进行 R 包的安装：

```
packages <- c("haven", "devtools")
install.packages(packages)
devtools::install_github("ihrke/astatur")
```

【学习成果】

- 介绍使用 R 相对于其他可用软件的优势。
- 了解 R 和 RStudio 之间的区别和关系。
- 熟悉 RStudio 界面。
- 学习如何安装和更新 R 和软件包。
- 学习如何从互联网资源中获得更多关于 R 的知识。

R 是一个免费的基于命令行的统计软件。R 实际上不仅仅是统计软件，因为它还常用于编程任务，如生成 web 界面或图形用户界面（Graphical User Interfaces，GUI）。但是，它的主要用途是数据处理和分析。世界各地有许多志愿的统计人员和计算机程序员直接或间接地为 R 的开发做出了贡献。这个强大的 R 社区加速了 R 的开发，并为几乎任何可以想象的数据相关任务提供了丰富的基础设施。因此，R 是一个完整的、功能齐全的框架。如果你决定深入研究它提供的各种令人兴奋的功能，那么你很快就会发现其他统计软件的局限性。

虽然实际上是 R 在幕后完成了所有的统计计算，但是我们通常选择在另一个应用程序 RStudio 进行交互。RStudio 能让大家更容易、更愉快地使用 R。因此，本章首先详细解释如何安装 R 和 RStudio。然后介绍和解释 RStudio 界面，以便你在继续学习下一章之前熟悉它。最后，本章将解释如何安装和加载可以解锁 R 最强大特性的软件包。

1.1　R 是什么？为什么要使用 R？

在本书中将 R 定义为一种基于命令的软件，用于执行数据分析任务。例如，从简单到高级的统计分析，以及数据管理和操作、数据可视化和制作动态报表。这里所说的基于命令的方法是指，使用命令来完成任务，而不是像在其他软件（如统计软件 SPSS）中使用指向和点击方法。此外，R 是一种免费和开源的软件，可以替代更广为人知的商业统计软件，如 SPSS、Stata、SAS 或 JMP。R 的词根可以追溯到 20 世纪 70 年代。当时，统计学家有一种流行的编程语言，叫作 S（代表统计）。R 的创始人罗斯·伊哈卡和罗伯特·简特曼非常熟悉 S 编程语言，他们从中受到了启发，开发了 S 编程语言的开源版本。这也是为什么 R 经常被认为是 S 语言的一种派生形式。从技术上讲，在 20 世纪 90 年代中期由 GNU-GPL（一种发布和分发自由软件的许可证）免费提供了 R 的源代码[①]。然而，直到 2000 年 2 月，当 R-GUI 的第一个版本（1.0.0）发布时，它才广为人知。GUI 被认为是一个应用程序，它为用户提供了一种更简单的与软件通信的方式。虽然我们可以很容易地在 R-GUI 中使用所有的 R 函数，但它是过时且低效的。当使用 RStudio 时，更容易获取 R 函数，使用起来也更方便。在撰写本书时，R 的最新版本（4.0.4）已于 2021 年 2 月发布（见图 1.1）[②]。近年来，R 在世界各地的

[①] GNU 是自由软件项目的名称，而 GPL 代表通用公共许可证（General Public License）。因此，GNU-GPL 是 GNU 项目中用于授权软件的 GPL。

[②] 你可以在"链接地址"文档中查看 R 所有的历史版本。

研究人员和学生中越来越多。当我们看到关于 R 的图书数量、以 R 为基础的课程，以及使用 R 作为主要软件的科学工作等不断增加时，这种趋势就非常明显了。图 1.2 用一些具体的数字将这一趋势可视化，从图中可以看出，近年来 R 作为统计软件在学术文章中的应用越来越多。与 R 一样，Stata 也经历了这样的趋势，而其他典型的"指向-点击软件"，如 SPSS，则经历了流行度下降的趋势。然而，值得注意的是，SPSS 仍然是使用最广泛的软件。可能是因为它比其他软件出现时间更早。

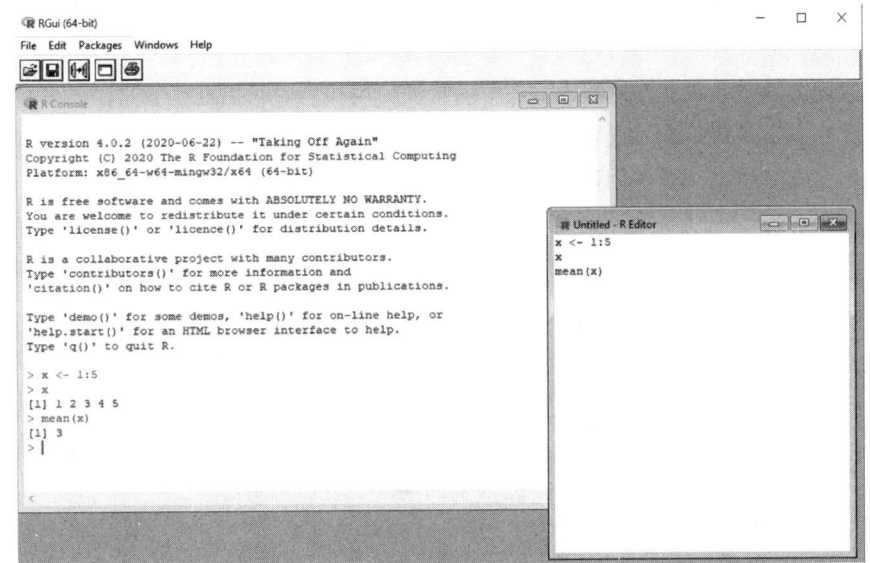

图 1.1　R 的交互界面

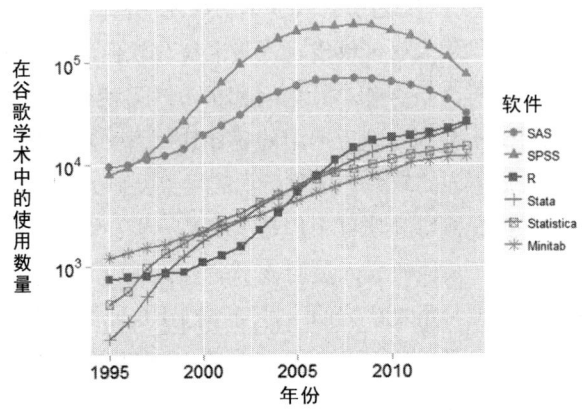

图 1.2　谷歌学术识别的使用统计软件的学术论文数量（见文前彩图）

来源：Muenchen (2019)。

现在，自然科学家和社会科学家都在使用 R，它正在成为各种学科和领域中流行的统计软件，如生物学、心理学、经济学、社会学、政治学、医学、卫生、语言学、市场营销等。本章提供并解释了一些 R 流行的理由，我们认为这些理由对越来越多的学者和实践者开始使用 R 这一事实有很大的影响。也许这些因素也将让你想要开始使用 R！

首先，一个重要的因素是 R 永远是一个自由的软件。这意味着任何人都可以使用它，而无须购买许可证。此外，所有更新、升级和外部贡献的 R 包也是免费的。你可以轻松地安装和使用该软件，而不受任何要求或限制。例如，必须连上互联网、只能使用有限的次数、每三个月输入 16 位的特许使用代码等。更重要的是，R 对免费的定义包括以下内容：你不仅可以使用所有自动安装在 R（称为 base-R）中的统计包和函数，而且还可以额外使用数千个由世界各地的学者和程序员开发并提供的统计包。使用如此丰富的统计软件包将节省你购买和学习用于不同目的的多个统计软件包所需的时间和金钱（如一个程序用于数据可视化，另一个程序用于导入或导出数据，还有一个程序用于结构方程建模）。虽然现在大多数机构和组织（如大学和学院）确实为他们自己的成员购买商业统计软件的许可证，但不能保证他们将来也会继续这样做。此外，你不能想当然地认为你未来的雇主愿意支付昂贵的软件许可证。因此，不要把自己局限在特定的商业软件上，而是去学习如何使用那些保证在未来会持续使用的软件，并且能够在没有任何成本或限制的情况下完美地运行。

其次，如果你和你的同事安装了相同版本的 R，那么你可以共享 R 提供的所有可能性和功能访问。因为 R 可以在 Windows、macOS 或 Linux 操作系统上灵活使用。但对于许多专门针对单一操作系统的商业程序来说，情况并非如此。这样的优点使团队工作变得更容易、高效和透明，因为所有人基本上都使用相同的软件。与此相关的是，世界上许多国家的学者和学生未必能够支付昂贵的统计软件许可证费用。因此，当要实现与来自其他国家的研究人员合作，让所有相关方学习使用 R 或许是一个好的选择，这样联合研究项目就不会因为缺乏通用的统计软件而受到限制甚至受到危害。

R 是能够实现可重复研究的软件。这里所说的可重复研究是指用于统计分析的数据和代码是公开的。这在任何研究项目中都是重要的一步，因为它们为研究者的主张和结论提供了基础。因此，其他研究人员应该不受限制地访问数据和代码，以便他们可以验证和扩展结论。实现可重复研究的一种简单方法是使用脚本文件，其中所有与数据管理和分析相关的指令都以 R 代码的形式存储。这些代码在以后很容易被检索并再次运行，从而为研究人员提供完全相同的结果，这使得研究人员可以很容易地组织和管理他们的发表过程。例如，作为一名研究人员或学生，你可能已经做了大量的数据管理和分析工作，你希望在以后需要时调用这些工作，这可能是因为你需要合并一个额外的数据集。所有这些工作，包括你自己的注释，都可以合并在一起，并保存在脚本文件中供以后使用。重要的是，你甚至可以创建特殊的文档（称为 R Markdown 文件），其中包括文本、表和图形，这些文档可以在代码或数据更改时自动更新。这种方法通常被称为读写编程。

R 是一种软件，它可以解决所有可以想到的与数据分析相关的任务。它提供了一个完整的端到端的解决方案，从导入数据到在科学文章中生成可发表的图表。R 提供了导入几乎任何类型数据的功能，这些数据可以以一种开放的标准格式（csv、XML、yaml）应用于其他商业软件（SPSS、Stata、Excel、SAS），或用于某些特殊应用程序的其他格式（如脑电图、眼球追踪或其他来源的文件）。R 也可以用来从网页中提取数据（这个过程被称为 html-scraping，网页抓取），或者从公开数据库或企业数据库中下载数据。R 还可以用于管理、分析大数据和机器学习应用。

最后，R 的用户社区正在迅速发展，世界各地每天都有新的用户和社区出现。这对作为软件用户的你有一些非常积极的影响。首先，R 无疑是功能最全面、开发速度最快的统计软件之一。由统计人员开发的许多统计方法和程序首先以 R 包的形式公布，使你有可能获得这些创新的统计方法和程序。此外，R 拥有如此庞大的用户社区，也会产生大量有用的资源，如在线课程、互联网问答论坛等。这使得人们很容易寻求关于 R 的使用和统计分析的帮助和建议。最后，所谓的集成开发环境（Integrated Development Environment，IDE），应用程序的出现使得 R 变得更加容易使用。IDE 是一个应用程序，它集成了几个组件（图形、编辑器等）来支持编写 R 脚本文件。最流行的 IDE 应用程序之一是众所周知的 RStudio，我们将在本书中使用它。

1.2 RStudio 是什么？

RStudio 集成并扩展了 R-GUI 的组件，如文本编辑器、控制台、帮助功能等（见图 1.1），使 R-GUI 成为一个更友好、更灵活的应用程序（见图 1.3）。R-GUI 为用户提供了一个与 R 通信的基本用户界面。当提到 R 时，通常指的是编译 R 代码并解决这些代码要执行的任务的软件。当 R-GUI 被安装时，所有必要的 base-R 的组件也会被安装。RStudio 允许我们在图 1.3 中展示的框架中使用 R，而不是在图 1.1 中展示的框架中使用 R。通过比较这两幅图，我们可以理解为什么 RStudio 能让很多人更容易地使用 R。RStudio 的用户界面更加友好，与其他专业程序（如 SPSS 和 Stata）有些相似。RStudio 为用户提供的功能包括颜色突出显示的脚本、集成的图形显示、安装和管理包的可能性、集成的帮助功能等。

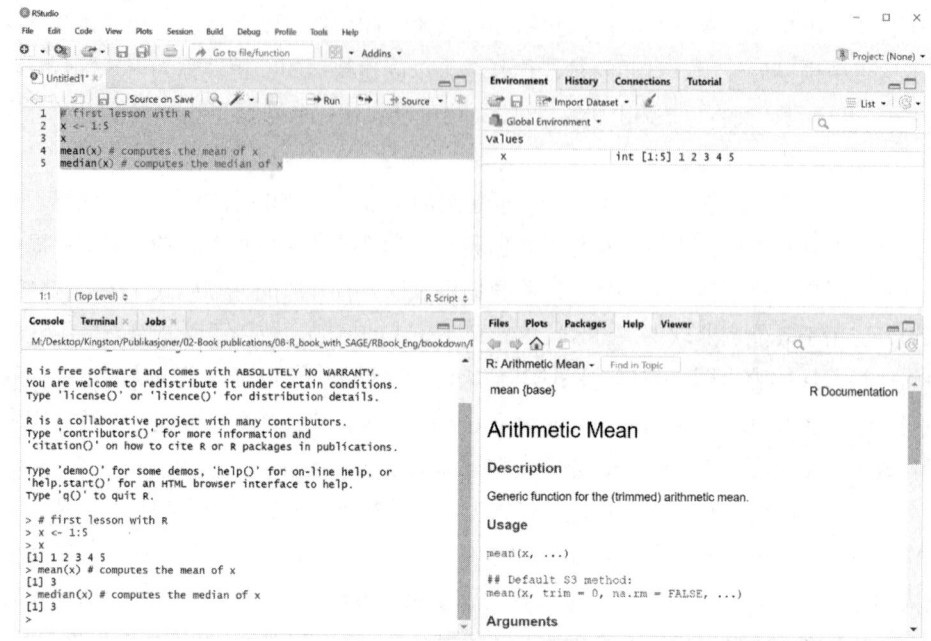

图 1.3　RStudio 的图形界面

必须强调的是，RStudio 要求首先安装 R。如果不安装 R，RStudio 将无法工作，因为在幕后执行统计计算的是 R。换句话说，我们在 RStudio 中输入的代码会被发送到 R 引擎，由它进行必要的计算，再将结果传输回 RStudio，以便它们可以在 RStudio 中显示。RStudio 本身也是一个免费和开源的程序。RStudio 的第一个版本于 2011 年 4 月发布。RStudio 不仅为用户提供了一个吸引人的图形界面，而且还提供了许多 R 用户喜欢的功能和特性。在本章后面介绍 RStudio 时，我们会详细说明。

1.3　如何安装 R 和 RStudio？

本书提供的代码都将使用 RStudio 来编译，所以我们需要在安装 RStudio 之前安装 R。RStudio 将作为主要使用的软件。接下来，我们从 R 的安装开始讲起。

1.3.1　在 Windows 上使用 R

为了能够在 Windows 上安装 R，你需要访问 R 的主页 CRAN[①]。CRAN 是 R 档案综合网络的缩写。该网页将为你介绍如何在三种不同的操作系统上安装 R，即

---

① 可查看"链接地址"文档。

Windows、macOS 和 Linux（见图 1.4）。单击 Windows 的 Download R 选项，你将进入一个包含多个下载选项的页面。在大多数情况下，单击基本选项就足够了。然后你会看到另一个页面，在那里你可以单击 download R x.x.x.for Windows 下载最新版本的 R。这里 x.x.x.表示 R 的版本号。下载完成后，安装过程就开始了。只要按照步骤建议安装软件就可以了。我们建议你选择接受安装说明推荐的所有标准配置。安装完成后，你将能够在桌面上看到 R 的图标。当你单击 R 图标时，R-gui 窗口将出现，它看起来类似于图 1.1。但是，正如前面提到的，你不需要使用 R-gui，因为本书的代码都是在 RStudio 里编译的。接下来我们将介绍 RStudio 的安装方法。

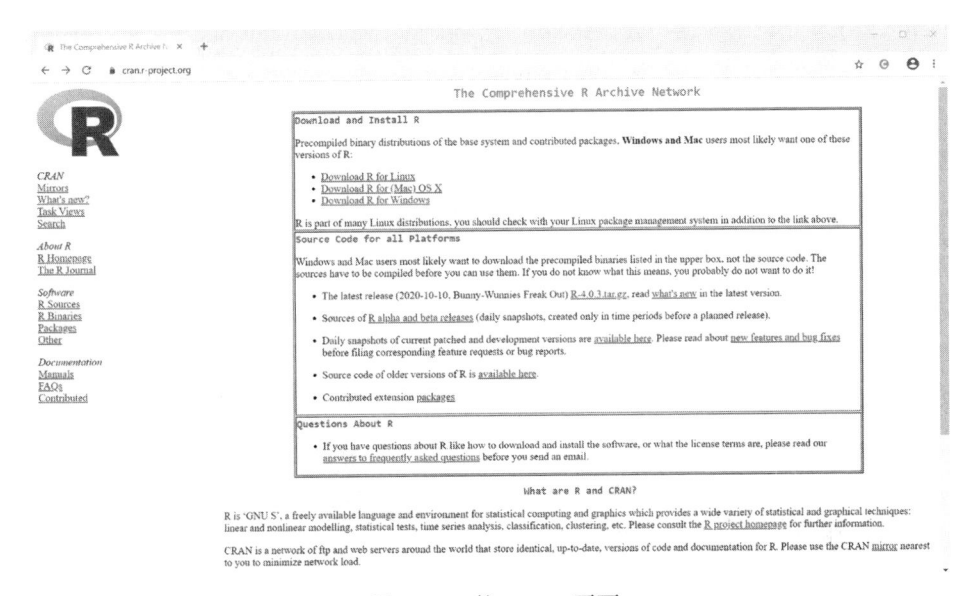

图 1.4　R 的 CRAN 页面

1.3.2　在 Mac 上使用 R

如果需要在 Mac 上安装 R，请访问 R 主页 CRAN。单击"(Mac)OS X"的 Download R 选项，你将被重定向到一个页面，在其中单击选项 R-x.x.x。当安装开始时，你只需按照安装说明进行安装。我们建议你选择接受安装说明推荐的所有标准配置。安装完成后，你可以在 Application 文件夹中看到 R 的图标，你可以通过 Finder 访问它。当你单击 R 图标时，你将看到如图 1.1 所示的屏幕截图。

1.3.3　在 Linux 上使用 R

若要在 Linux 操作系统中安装 R，那么请访问 R 主页 CRAN 单击选项 Download R for Linux。这将引导你进入一个页面，你将在其中找到几个文件夹，每个文件夹都包含根据你运行的 Linux 发行版安装 R 的说明。你选择相关的文件夹，并按照提供的说明进行操作。建议使用操作系统发行版附带的 R 版本。原因是 Linux 发行版的创建方式使得系统库的版本相互匹配。安装过程因 Linux 发行版的不同而有所不同。最有可能的是，用于下载和安装新软件的软件随发行版一起发布，其中也包括 R 和 RStudio。

1.3.4　在 Windows、macOS 和 Linux 上使用 RStudio

安装完 R 后，接下来需要从 web 页面[①]安装 RStudio。在这个网页上，你会看到四种不同的 RStudio 产品。在这里，你选择第一个选项"RStudio Desktop Open Source License/FREE"，然后单击下载按钮将其安装到你的计算机上。RStudio Server 选项提供了通过浏览器在主服务器上使用 RStudio 的功能。与台式机或者笔记本电脑相比，它可以执行更多耗时和高要求的分析工作。剩下的三个选项是提供给企业、组织等的商业 RStudio 产品。然后会跳转到一个新页面（见图 1.5），在这里选择相关的操作系统（Windows、macOS 或 Linux），并单击必要的链接开始安装。当完成安装后，你将能够在你的桌面上看到 RStudio 的图标。单击此图标时，将看到如图 1.3 所示的界面。

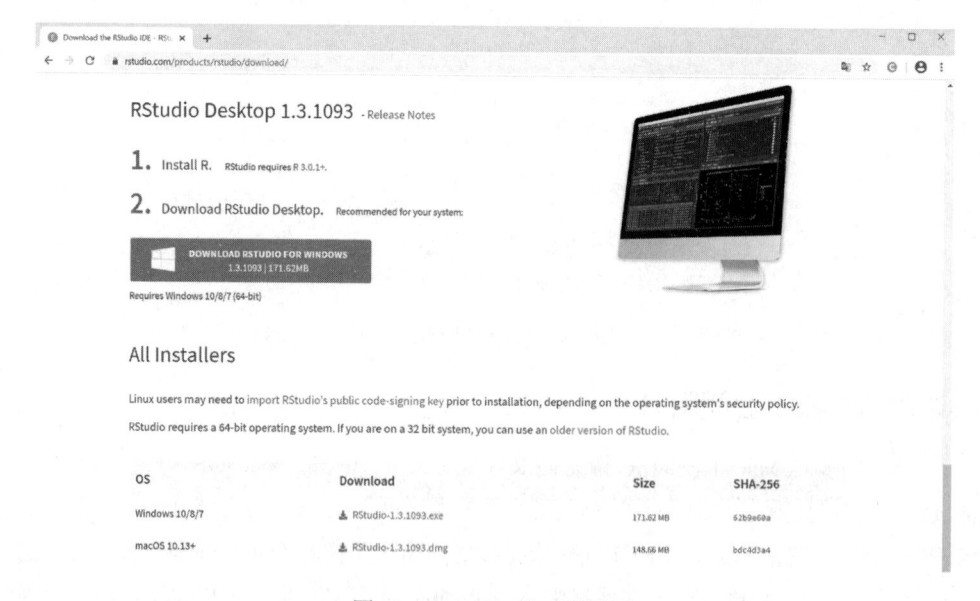

图 1.5　RStudio 的下载页面

---

① 可查看"链接地址"文档。

1.4 了解 RStudio

因为我们每天都要使用 RStudio（而不是 R-GUI），所以本书将主要展示 RStudio 的图形界面和重要功能。为了遵循书中的介绍，建议你将图 1.3 摆在面前，或者在你自己的计算机上打开 RStudio，按照所提供的说明进行操作。RStudio 有四个主窗口，默认情况下排列和显示如图 1.3 所示。当用户打开 RStudio 时，首先只会看到其中的三个主窗口：控制台、环境窗口和图形窗口。通过从文件窗口中打开文件或创建一个新的脚本文件可以打开脚本窗口。然后得到一个类似于图 1.3 的布局，总共有四个窗口。脚本窗口（面板 1 在左上角）也称为文本编辑器或源代码编辑器。控制台面板（面板 2 在左下角）也称为 R 控制台或命令窗口。环境窗口（在右上方窗口 3）也称为环境和历史或工作区和历史面板。还有图形窗口（右下角的窗口 4），它也可以被称为文件、绘图、包和帮助窗口。

通过选择"工具"、"全局选项"和"窗口布局"，你可以轻松地按照自己的喜好重新安排这些窗口的位置。虽然本节详细介绍和描述了 RStudio 的功能，但是只有通过积极地使用它才是最容易掌握它的方式。同样的建议也适用于本书后面章节中描述的过程和分析方法。

1.4.1 脚本窗口

脚本窗口带有一个文本编辑器，我们可以在其中打开和保存一个或多个脚本文件。它的工作方式与其他文本编辑器（如 Windows 的记事本或 macOS X 的文本编辑）完全相同。它是通过在一个脚本文件中输入 R 代码来实现统计操作的，如数据管理、可视化或建模。要打开脚本窗口，可以单击"File"、"New File"和"R script"。在打开的空白脚本文件中，可以继续编写一些简单的 R 命令。

如图 1.3 的左上角窗口所示，首先创建一个变量 x，它包含数值 1、2、3、4 和 5。接下来，通过输入' x '来显示这一系列的数字。最后，分别对 x 应用 mean()和 median()函数来计算这些数字的平均值和中位数。我们可以执行单个命令，如 mean(x)。先用鼠标高亮选中该命令，再单击 Run 按钮。注意，在控制台中得到的不仅仅是结果，整个代码都会被传输到控制台。如果你想运行一行代码，那么你只需要将光标放在该行中的任意位置，而不必突出显示整行。如果你需要运行几个连续的行，则需要选中所有的行（见图 1.3），然后从脚本窗口的工具栏中单击 Run 按钮。

运行命令行的另一种方法是：在 Windows 和 Linux 系统上可以使用 Ctrl+Enter 组合键，在 macOS 系统上可以使用 Command+Enter 组合键，代码会被选中。如果你喜欢使用键盘快捷键而不是工具栏中的按钮，那么你可以在 Web 页面[①]找到 Windows、macOS 和 Linux 的完整快捷键列表。使用键盘快捷键来替代工具栏可以大大提高工作效率，强烈推荐大家使用。此外，通过单击工具栏上的 Source 按钮，还可以一次运行整个脚本文件。

正如你可能已经意识到的，可以在脚本文件中写入几行代码，并将其保存在计算机上的任何文件夹中。后续可以通过检索这个脚本文件来重现原始结果或对数据做进一步的分析工作。在脚本文件中编写代码时，可以利用 RStudio 的一个特性，即代码补充提示功能。当你开始键入命令时，你会立即得到如何完成当前命令的建议。当写出完整的函数名时，还会得到所选函数的简要说明。这使得编写代码更加容易和高效，因为在代码和帮助文档之间来回切换是非常烦琐的。如图 1.6 所示，当我们在界面输入 me… 时，将会得到 8 个不同的建议来完成这个命令。这个工具还可以用来发现新功能。例如，如果你突然想到有一个以 anova 开头的函数，但是无法确定完整名称是什么，那么可以输入"anova"，然后利用 RStudio 的提示功能来确定函数的确切名称。

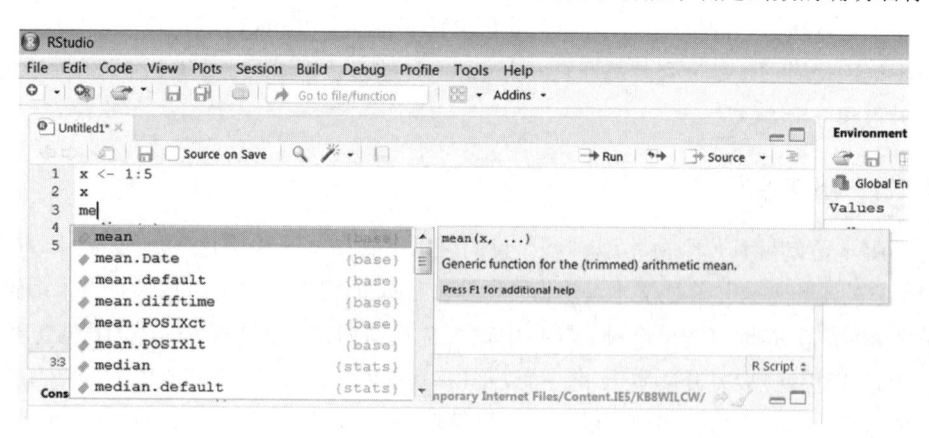

图 1.6　RStudio 中的代码提示功能

此外，当我们将命令写入脚本文件时，还可以在其中添加个人注释。这些注释可以是在命令之后的简短注释，也可以是在命令之前或之后的较长文本。这些注释类型的示例，如图 1.3 所示。我们从 # 符号开始写注释。以注释符号 # 开始的行仍然会在 R / RStudio 中运行，但不会生成结果。在控制台窗口中，你将得到代码和注释，以及这些代码产生的结果（见图 1.3）。在进行分析时，在源代码中编写注释是非常有用的。例如，你可以复制并粘贴一些代码行添加到已有的脚本文件中，然后注释掉其中部分代码并在此基础上进行更改。这样，就可以保留之前使用的命令，而不必中断分

[①] 可查看"链接地址"文档。

析流程，因为 # 符号将使得该命令行不被执行。通过添加注释来说明使用特定的命令或函数的原因是一个很好的习惯。在未来，当你努力回忆几个月前甚至几年前写的这段代码时，如果有几行注释，那么你一定会非常庆幸自己当时加了注释。你还可以通过从工具栏菜单中选择"Code"，再单击"Comment/Uncomment Lines"来对这些代码进行注释或取消注释。

1.4.2　控制台窗口

控制台窗口是 R 执行所有代码的地方。脚本窗口与控制台窗口的不同之处在于，脚本窗口中编写的代码可以保存，而控制台窗口中编写的代码无法保存。此外，在控制台窗口中，每一行代码在该行写完时将立即运行。因此，如果需要对由许多行代码或应用程序组成的工作进行更全面的分析时，建议使用脚本窗口而不是控制台窗口。我们通常只将控制台窗口用于试验和其他短期目的，而脚本窗口用于存储最终的分析。这里所说的短期目的是指某个命令（如计算平均值），可以在控制台窗口输入而不需要保存它。长期目的则是指未来可能需要重复利用的代码和相关的注释。

RStudio 中的控制台窗口是在幕后连接到 R 引擎的组件。因此，它可以执行任何命令，并响应在控制台窗口中直接编写的代码（或从脚本窗口中编写和执行的代码）。这两种方法的示例见图 1.3（在脚本文件和控制台窗口中都编写了相同的代码）。注意，控制台窗口中的每个命令都以 > 开头，它表示就绪符号（提示符）。这个符号只是表示 R 正在等待输入下一个命令。一旦你在这里输入了一个命令，并单击了"Enter"，R 就会立即响应它。需要指出的是，你可以在控制台窗口和脚本窗口之间进行切换，这取决于你在同一个 R 任务中的需要。在控制台窗口上，你还将看到当前的工作目录（见图 1.3）。

1.4.3　环境窗口

在标准布局中，环境窗口有两个重要的选项卡。第一个是 Environment 环境选项卡，注意不要将其与整个环境窗口混淆。第二个是 History 历史记录选项卡。Environment 选项卡用于记录正在运行的 R 会话中在脚本或控制台窗口中创建的所有对象。对象可以包含文本、数字、数据集、函数等。这些对象存储在环境窗口中的两个分栏下：第一个分栏是 Data，这里存储了包含数据集和函数的对象；而第二个分栏是 Values，存储了其余类型的对象。例如，图 1.7 显示了一个数据集（表）被分配给一个命名为 data 的对象，另一个对象是 lm_model，最后是两个变量 x 和 y。事实上，所有的东西都可以存储在对象中，并且我们可以在 RStudio 中随时访问这些对象，这为用户提供了比其他统计软件更大的灵活性。随着本书的深入，这一点会变得更加明显。

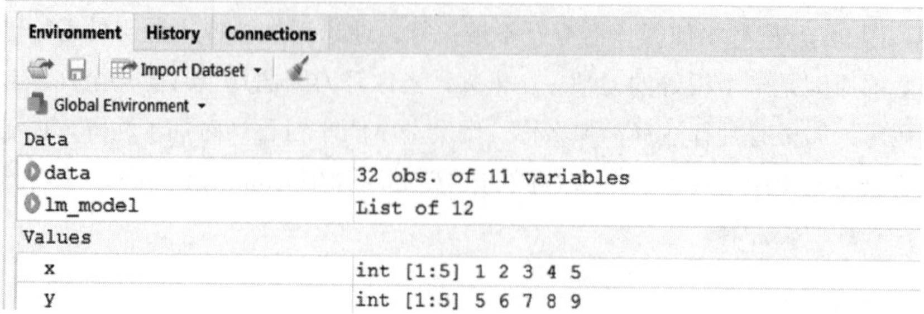

图 1.7　RStudio 环境窗口

History 选项卡也是 RStudio 中一个有用的工具。这个选项卡保存了之前正在进行的 R 会话中在脚本或控制台窗口中运行的所有代码。这使得我们可以返回并调出之前输入的代码。如果需要，还可以将这些代码直接发送到脚本或控制台窗口，以便重新运行。要将代码发送到控制台窗口，请单击工具栏上的"To Console"按钮。以类似的方式，你可以使用"To Source"按钮将代码发送到脚本窗口。除了 Environment 和 History 选项卡，还有一个名为 Connections 的选项卡，用于从数据库导入数据集。根据 RStudio 的配置方式和打开的文件类型，可以在环境窗口中添加多个选项卡。

1.4.4　图形窗口

图形窗口通常由 5 个不同的选项卡组成，分别是 Files（文件）、Plots（绘图）、Packages（包）、Help（帮助）和 Viewer（查看器）。Files 选项卡显示计算机上的文件和目录。当你单击可支持格式的文件时，这些文件将在脚本窗口中直接被打开。其他文件（如 PDF、Word、SPSS 或 Stata 文件）将在各自的应用程序中打开。在 Files 选项卡中，还可以创建新文件夹、删除文件和文件夹或重命名它们。Plots 选项卡用于显示在脚本或控制台窗口中编写的代码生成的图形元素，你还可以在此选项卡中进一步放大、缩小、导出或删除图形。Packages 选项卡列出了计算机上安装的所有软件包。当一个包被选中时，这意味着这个包被激活（也可以说是被加载），表明你可以开始使用这个包的函数。在这里，你可以安装、更新和删除包。在 Help 选项卡中有包和函数的帮助文件。每个函数和数据集都有这样的帮助文件，即主要描述函数、任何相关的参数（选项），以及它的使用示例。在图 1.3 的右下角窗口中，我们看到了 mean() 函数的帮助文件。Viewer 选项卡是用于显示其他内容的，如表格、图形或本地 web 内容。

1.5 R 的线上资源

与商业统计软件不同，R 是由核心研究团队和世界和地的 R 语言爱好者（如研究人员、计算机程序号）共同开发的。R 在世界范围内流行的主要原因是它是免费的和开源的，因此任何拥有扎实编程基础的人都可以随意更改和调整这个软件。这也导致互联网上出现了许多 R 的扩展学习资源，其中一个资源网站[①]包含了许多 R 的说明手册。最新版本的 R 手册也可以在这个网站上找到。作为初学者，你可以在这些手册中搜索有关 R 或数据导入/导出的方法介绍。

我们也可以在谷歌中检索任何关于 R 的信息，因为许多特定的 R 资源已经很好地集成到了谷歌中。麻烦的是，R 只是一个字母，在浏览器中搜索会出现很多无关的搜索结果。克服这种情况的一个技巧是在搜索时添加一些其他的关键字，比如统计。更有效的方法是使用一种叫作 Rseek 的特殊搜索引擎。这是一个用于在互联网上搜索 R 相关信息的专用网站[②]。在图 1.8 中，我们使用这个网站搜索 "logistic regression"（逻辑回归）。如你所见，我们只得到相关的内容。此外，搜索结果是根据与 logistic regression 和 R 相关的文章、书籍和包进行排序的。通常情况下，你不会是第一个遇到特定 R 相关问题的人。因此，这里推荐另外两个有用的网站，它们收集了关于特定 R 主题的问题和答案（Q & A）。第一个网站叫作 stack overflow，这是一个收集关于更广泛的计算机科学领域问题的问答网站。但是，stack overflow 包含了一个专门针对 R 的部分，该部分使用 [r] 标记来识别与 R 相关的问题和答案[③]。在这个页面上，你可以在[r]旁边输入关键字，然后单击 "Enter"，如图 1.9 所示，在这里我们搜索与 R 相关的 "anova"。第二个网站称为 Cross Validated，其工作方式与 stack overflow 完全一样[④]。这个网站致力于解决有关统计的具体问题。如果你在之前的 stack overflow 中找不到答案，那么你可以考虑在这里提交你自己的问题。为此，你需要为这些站点创建一个用户账户，并制定一个包含所有必要信息的问题。通常你会受到社区友好的欢迎，并有可能在这些论坛上进行积极的讨论，获得高质量的答案。本书作者曾多次在提出问题的几分钟内收到他人对问题的讨论结果。这些答案有时会以包含许多不同建议的线程讨论的形式出现，通过这些讨论可以获得真正的信息和启发。

---

① 可查看"链接地址"文档。
② 同上。
③ 同上。
④ 同上。

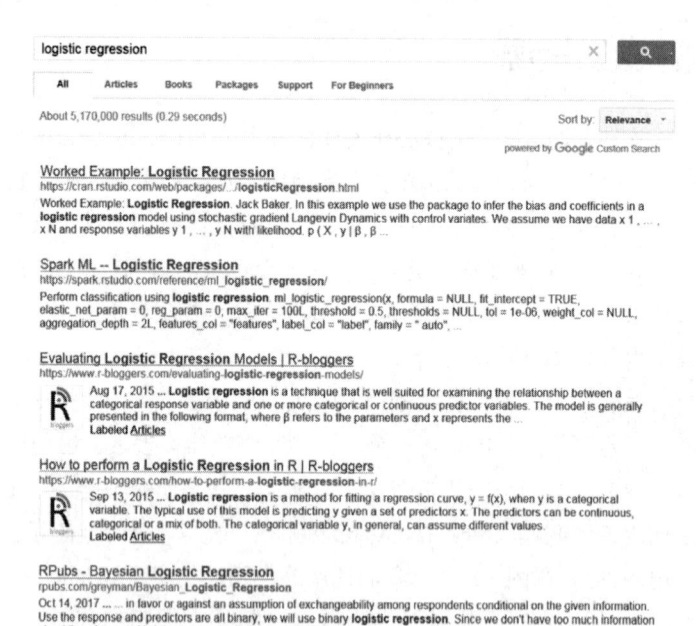

图 1.8 搜索"logistic regression"

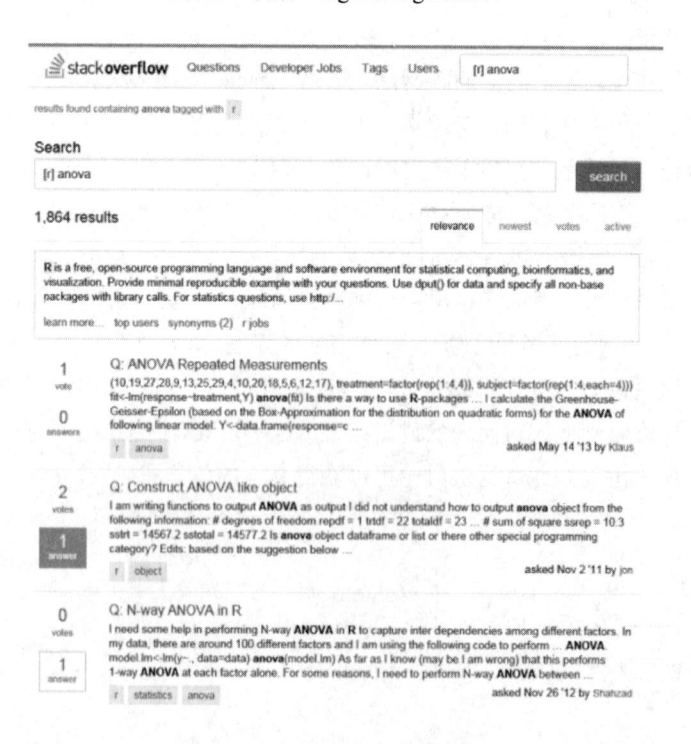

图 1.9 在 stack overflow 上搜索

本书将使用 RStudio 作为主要应用程序，RStudio 网站①能为你的学习提供帮助，在这个网站上可以提交关于 RStudio 的相关问题②。你也可以在这个论坛中搜索 RStudio 相关信息。在这里，你将看到许多开发和使用 RStudio 的人发表的有趣评论和文章。此外，在 RStudio 中有一个 Cheat Sheet（包含了不同主题和包的简要概述）功能，你可以通过单击主工具栏上的 Help 来访问。

1.6 R 包的作用

成功安装 R 并探索了如何通过 RStudio 使用 R 的可能性之后，下一步就是学习安装软件包（R 包）。正是这些软件包使 R 的功能变得强大。一个包由一组或几组函数和命令组成，这些函数和命令用于解决特定的任务（如估计平均值、估计回归系数、绘制直方图），并且具有一般化的形式，这样除了 R 包编写者，其他人也可以使用这个包。在本书中，一组预定义的命令被称为函数。如果你想对函数有更深入的了解，那么可以阅读第 3 章，其中我们详细地解释了函数是什么。简单来说，我们可以认为一个包是一个或几个函数的集合，尽管包也可以包含数据集、类和变量。

当我们安装 R 时，大量有用的标准函数也会被自动安装。这些标准函数被称为 base-R，其中包括由 R 开发核心团队编写的六个主要包。这些包被称为 stats、graphics、grDevices、utils、dataset、methods 和 base。在 R 中，你可以输入 library(help="stats")、library(help="base")，等等，以获得这些包及其各自功能的完整概述。在图 1.10 中，我们展示了 base-R 包含的部分函数。

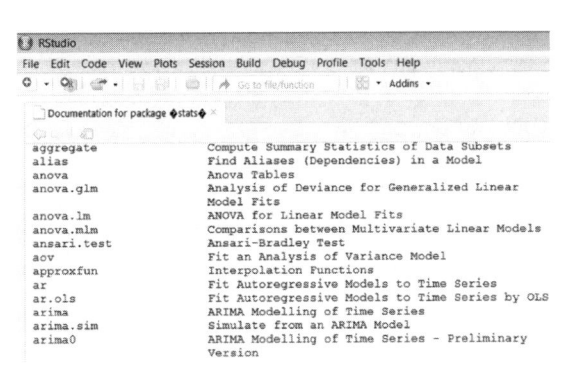

图 1.10　base-R 函数示例

---

① 可查看"链接地址"文档。
② 此外，还有一个专门介绍 R 相关会议的网站。如果你感兴趣，R 也有自己的期刊，其中发布了 R 相关的主题（主要是 R 包和函数），你可以在"链接地址"文档中查看具体地址。

你如果要使用这些 R 包，首先需要安装，然后逐个加载它们。这里所说的安装包是指将包含其功能、帮助文件和其他附加功能（如数据集）的软件包安装在计算机硬盘上。所有安装的包或函数都存储在 Library 文件夹中。当你输入 library() 时，你能够在计算机上看到此文件夹的完整文件路径。虽然你已经在硬盘上安装了 R 包，但在每次使用前都必须先加载 R 包才能使用。在 R 中有大约 17,000 个这样的软件包[1]。通过浏览全部的 R 包找到一个或多个感兴趣的包将是一项耗时的任务。因此，有的网站[2]根据字段对 R 包进行了分类，这降低了用户的搜索难度。顺便说一句，CRAN 收录了很多 R 包，有许多包可以通过一些特定网站来获得[3]。不过，CRAN 上的包是经过了核心团队检查的。但是仍然有许多优秀的包没有被 CRAN 收录。其中一个包是 astatur，本书将对它进行介绍。

> **注意！**
> 每个包需要在使用前逐个加载的一个原因是加载这些包很耗时。如果我们在任务开始时再加载所有的包，那么将会花费很长的等待时间。此外，我们希望避免函数之间出现名称冲突。由于 R 大约有 17000 个包，所以很可能在不同的包中会存在一些具有相同名称的函数。

另一种找到所需函数的方法是利用 help.search() 函数。这是一个非常有用的函数，可以根据一个通用关键字在帮助文件中搜索可能相关的函数。当我们不确定这样一个函数是否存在时，它就特别有用。help.search() 函数将搜索所有安装的帮助文件，并向我们提供包含输入关键字的结果。例如，我们对 R 中关于因子分析的包感兴趣，可以使用以下命令：

```
help.search("factor analysis")
```

也可以输入下面的命令：

```
??"factor analysis"
```

这两个命令在 RStudio 的图形窗口的 Help 选项卡中产生相同的结果。在搜索结果中，我们可以看到与关键字匹配的不同包的帮助文件。每一个包都附加了一个链接（如 psych::fa），包名称后面跟着双冒号和包含关键字的组件。通过单击此链接，可以访问完整的帮助文件。但是，请注意，help.search() 函数只能搜索已安装的包。如果你想搜索所有可用的 R 包，那么你可以在 CRAN 上执行搜索。

---

[1] 要查看完整的和更新的概述，可以访问网页，具体可查看"链接地址"文档。
[2] 可查看"链接地址"文档。
[3] 例如，GitHub 或 Bioconductor。

如果我们想确切地知道所需要的包或函数的名称，那么可以直接使用 help() 函数。例如，我们知道用于方差分析的 anova() 函数。为了获得关于这个函数的所有信息，可输入以下内容：

```
help(anova)
```

或者，还可以输入 ?anova 。请注意，help() 函数要求你所需的包已经被安装并加载。举一个例子，haven 是一个用于将 SPSS、Stata 和 SAS 文件导入 R 的包，它非常有用。可以用下面的命令轻松安装这个包：

```
install.packages("haven")
```

随后，使用以下命令加载这个包：

```
library(haven)
```

注意，在第一个命令中，我们对包名称使用了双引号，而在第二个命令中，则不必这样做。

如果想要卸载一个包，则可以使用命令：

```
remove.packages("haven")
```

如果想从正在运行的 R 会话中移除 haven 包，则可以使用命令：

```
detach("package:haven", unload=TRUE)
```

这条命令很少被用到，但在某些场景很有帮助，例如，当同一个 R 会话中来自不同 R 包的函数具有相同的名称时，会导致名称冲突，这时可以选择卸载一些包来解决问题。

1.7 更新 R、RStudio 和 R 包

到目前为止，我们已经介绍了如何安装 R、RStudio 和 R 包。接下来我们将介绍如何更新这三个重要工具，因为它们都处于不断且迅速的发展中。要跟上软件开发的步伐可能会让人望而却步，但强烈建议你这样做。bug 每天都会被发现和修复，新功能也会不断出现，所以保持软件的更新是一项很好的投资！

下面先从 R 开始，R 是由其核心团队不断改进和更新的。因此，R 更新得相对频繁，大约每年 4~5 次。你可以在 CRAN 页面中找到目前为止发布的所有 R 版本的概述。要升级到最新的 R 版本，我们将遵循本章 1.3 节提供的方法进行操作。这意味着，升级 R 只需要从头开始安装一个更新版本的 R。注意重新安装 R 的缺点是，计算机上

所有以前安装的 R 包将丢失。

由于我们经常需要在 R 中安装软件包，自然希望在更新 R 后也可以使用这些包。自动化这个过程将使我们不必在更新 R 后记住并重新安装每个包，这是一项不必要的耗时且单调的任务。在重新安装新版本的 R 之前，可以使用以下代码获取到所有已安装的 R 包名称。这些名称将单独存储在一个名为 mypackages.RData 的.Rdata 文件中：

```
packages <- installed.packages()
namesofpackages <- rownames(packages)
save(namesofpackages, file="mypackages.Rdata")
```

在我们更新并打开新版本的 R 之后，可以加载这个包含了 R 包名称的.Rdata 文件，然后使用 install.packages() 函数来安装这些包，方法如下：

```
load("mypackages.Rdata")
install.packages(namesofpackages)
```

一旦完成这个操作，就可以再次使用之前安装的所有包。

要更新 RStudio，可以通过在 RStudio 中选择"Help"和"Check for Updates"选项。下载并安装 RStudio 的新版本。与 R 不同，更新 RStudio 不会以任何方式影响已安装的 R 包。如果要更新已经安装的 R 包，那么你可以在 RStudio 中选择"Tools"和"Check for Package Updates"选项。或者，你可以运行下面的命令来更新所有的包：

```
update.packages()
```

顺便说一句，这个函数将请求允许一个一个地更新包。为了避免这种重复出现的消息，可以在函数中添加 ask=FALSE 参数。

1.8 本章小结

本章概述了什么是 R 和 RStudio，以及如何安装它们，还解释了 R 和 RStudio 之间的区别（因为这两个包有时被称为可互换的），并强调 RStudio 是一个应用程序，它作为 R 的前端工作，只有在安装了 R 的情况下才能工作。随着本章的深入，读者也能明白为什么应该使用 RStudio，而不是 R-GUI 和其他类似的文本编辑器或应用程序。因此，本章还介绍了 RStudio 的四个主要窗口和一些附加功能。

学习 R 的一个有效方法，除了阅读本书，就是要学会使用互联网。因此，我们概述了 R 和 RStudio 最常用的互联网资源。本章还强调了 R 包的重要性，并展示了如何安装和加载它们。从这里开始，我们将假设你已经安装了 R 和 RStudio，并为下面的章节做好了准备。下一章将解释 R 是如何思考和工作的。

【核心概念】

控制台：用于编写和运行代码（短期）。
CRAN：R 档案综合网络。
R：免费的基于命令行的统计软件。
R-GUI：R 的一个以图形形式的用户界面。
R 包：由一组预定义的代码（即函数）组成。
RStudio：R-Gui 的一个替代应用程序，使用户更易于使用 R。
脚本文件：写入和存储代码的文件（长期）。
脚本窗口：一个用来打开或保存脚本文件的文本编辑器。

【提问】

1. R 的优势是什么？
2. R、R-Gui 和 RStudio 之间的区别是什么？
3. 如何安装和更新 R、RStudio 和 R 包？
4. 如何开始学习和发现更多关于 R 函数或 R 相关的知识？

【本章使用的函数示例】

base

`install.packages("haven")`

- 安装 haven 包。

`library(haven)`

- 加载 haven 包。

`remove.packages("haven")`

- 卸载 haven 包。

`detach("package:haven")`

- 从正在运行的 R 任务中移除 haven 包。

`update.packages()`

- 更新已安装的所有包。

`save(myinfo, file="myinfo.Rdata")`

- 把 myinfo 对象保存到一个 Rdata 文件中。

`load("myinfo.Rdata")`

- 加载文件。

`library(help="base")`

- 给出 base 包中函数的概述。

`help(haven)`

- 打开 base 包的帮助文件。

`help.search("factor analysis")`

- 搜索相关文件。

第 2 章

在 R 中导入和处理数据

在本章中，将会使用以下 R 包：
- readxl：包含导入 Excel 文件的函数。
- haven：包含从 Stata、SPSS、SAS 导入数据的函数。
- astatur：包含本章使用的数据集。

必须先安装和加载上面提到的包才能运行本章提供的代码。可以使用下列命令来进行 R 包的安装：

```
packages <- c("readxl", "haven", "devtools")
install.packages(packages)
devtools::install_github("ihrke/astatur")
```

【学习成果】

- 学习如何从其他软件导入数据集到 R。
- 掌握如何在 R 中直接输入数据。
- 介绍 R 中最常见的数据类型。
- 介绍 R 中最常见的数据结构。

作为一个 R 新手，所要做的第一件事就是将自己的数据集导入 R 中。也许你以前是一个 SPSS 或 Stata 的用户，并且你的数据格式符合这些程序的要求。或者，你希望从 R 中访问 Excel 文件。另一种情况是，你希望直接将数据输入 R 中。例如，从一堆填好的纸质问卷中整理并输入数据。为了让你尽快开始数据分析工作，本章将演示如何从各种来源导入数据到 R，以及如何直接将数据输入 R。首先讨论数据导入的一个原因是，我们认为快速将数据输入 R 最方便的方法是，先将数据输入 Excel 表格中，然后导入 R 中。另一个原因是，许多人在开始使用 R 之前，可能已经将数据存储在不同软件中。在这种情况下，将数据直接输入 R 通常不是那么容易，但也是存在一些解决方法的。本章还可以帮助大家编辑导入 R 的数据集，最后将介绍处理数据集的不同方法，并展示 R 中最常用的数据类型。

2.1 如何在 R 中表示数据集?

R 的数据可以存储在不同的数据结构中。本节将为大家介绍 R 中的四种重要数据结构，分别是向量、列表、数据框和矩阵。在第 3 章我们将对这些数据结构进行详细描述，以供那些希望深入学习的人使用。实际上，最常见的数据结构是向量。向量是一个一维对象，它可以包含数字或文本数据。你可以将一个向量想象为数据集中的列（即变量）。图 2.1 中展示了一个包含五个不同列向量的示例表。第一个列向量（respid）表示每个被调查者的序号，第二个列向量（hwage）表示时薪，第三个列向量（age）表示年龄，第四个列向量（gender）表示性别，最后一个列向量（educ）表示受教育程度。这五个列向量组成了一个完整的数据集，在 R 中这种结构称为“数据框”（data frame）。

Data Editor

File Edit Help

	respid	hwage	age	gender	educ
1	1	27	34	male	10
2	2	33	46	female	12
3	3	65	51	male	15
4	4	44	39	male	13
5	5	15	22	female	8

图 2.1　R 的一个数据集示例

数据框是 R 中第二种常用的数据结构。数据框与 SPSS、Stata、Excel 等软件中使用的数据集是同义词。因此，我们可以将每一列视为一个变量，而将每一行视为数据框中的一个观察样本。当你从其他软件导入数据集到 R 时，这些数据集会自动转换为数据框。

2.2 在 R 中导入数据

在 R 中导入数据主要有两种方式，一种是使用导入数据的函数，另一种是使用 RStudio 菜单栏中的 Import Dataset 选项。事实上，这两种方法是相同的，因为当你使用 Import Dataset 导入数据集时，RStudio 会在后台使用命令。这种方法的优点是，你不需要知道或记住各种命令。出于这个原因，使用 Import Dataset 进行数据导入似乎很适合新手。然而，学会使用函数将使得数据导入变得更加灵活，特别是当有几个单独的文件需要读入并合并到同一个表中时，这种情况在实验研究中经常发生。避免使用 Import Dataset 的另一个原因是，这会导致分析过程缺少文档读取的步骤。例如，假设你希望与合作者共享原始数据文件和代码。当你使用 Import Dataset 导入数据时，这些步骤将不会包含在脚本文件中，因此你的合作者将无法使用这些步骤。

因此，我们更建议使用代码来导入数据，并将在这里重点介绍这种方法。正如第 1 章所强调的，在分析工作开始之前，首先应该确定所需的 base-R 函数及 R 包。对于这些 R 包，必须先安装并加载它们，然后才能在 R 任务中使用。表 2.1 提供了用于导入不同类型文件的函数的简要说明。这些函数来自 base-R 和三个不同的 R 包（readxl、readr 和 haven）。

表 2.1 支持不同文件格式的数据导入函数

R 包 / 函数	文件格式
Base	
read.table()	扩展名为.txt 和.csv（逗号分隔值）的文本文件
Readr	
read_csv()	是 base-R 函数 read.table()的替代
Readxl	
read_excel()	扩展名为.xls 或.xlsx 的 Excel 文件
Haven	
read_spss()	扩展名为.sav 的 SPSS 文件
read_stata()	扩展名为.dta 的 Stata 文件

想要在计算机上定位和存储文件，必须了解当前工作目录的概念。当启动 R/RStudio 时，程序会将当前工作目录设置为默认值。例如，你的用户目录或 "My Documents" 目录。这意味着 R/RStudio 默认假设该目录是你的工作区，相关文件将会被存储在其中。有时，你需要分析来自不同研究的数据，你可能想将数据保存在不同的目录中并在 RStudio 中切换使用。因此，将工作目录切换到特定于项目的文件夹通常是一个好主意。你可以使用图形窗口中的 Files 选项卡并单击要切换到的目录来进

行更改。一旦你在 Files 选项卡中找到了正确的目录，单击"Session"→"Set Working Directory"→"To Files Pane location"，就可以实现对当前工作目录的更改。

使用 RStudio 项目文件来组织你的工作是非常方便的。当你单击"File"→"New Project"选项卡来创建一个"Project"（项目）时，该项目中的文件将自动保存在当前的工作目录下。此外，在项目内工作时，所做的任何更改都将存储在该项目文件中，并在加载该项目时自动应用。在 Windows 或 macOS 中，只需单击项目文件名，就可以在 RStudio 的文件浏览器中轻松打开该项目。最后，你可以使用两个函数 getwd() 和 setwd() 来打印或更改工作目录。想了解更多详细信息，可以使用命令 help(setwd)。

在下面的例子中，我们将介绍如何导入一个使用";"作为分隔符的文本文件。示例文件的标题为 semicol_sep_data.txt，该文件只有保存在当前工作目录中，代码才能工作。按照下面信息框中给出的说明，你将找到这个文件，以及本章中使用的所有其他文件。建议你打开 RStudio 并加载相关文件，然后按照本章提供的说明进行操作。本章着重介绍代码的实际应用，因此不会详细讨论 R 中的命令是如何构建的。这个问题我们将在第 3 章讨论。

> **注意！**
>
> 本书中使用的所有外部数据集（存储在不同格式的文件中）都可以从网页下载[①]。只有确保这些数据文件都保存在你的工作目录下，才能顺利运行本章的代码。如果你安装了 astatur 包，那么所有这些文件都会自动下载。你可以通过输入命令 system.file("extdata", "semicol_sep_data.txt", package="astatur") 来找到这些文件在计算机上的保存位置。你也可以在代码中直接使用这个命令来访问文件，如下所示：
>
> ```
>     filename <- system.file("extdata", "semicol_sep_data.txt",package="astatur")
>     read.table(filename)
> ```

使用下列命令读取 semicol_sep_data.txt 文件：

```
semicol_sep_data <- read.table("semicol_sep_data.txt", header=TRUE, sep=";")
```

如果后期想要在 RStudio 中查看文本文件的内容，那么可以输入以下命令：

```
View(semicol_sep_data)
```

在上面的 R 代码中，我们首先创建对象 semicol_sep_data 来包含导入的文本文件。操作符 <- 表示给对象命名。我们可以给这个新的 R 对象赋予任何名称，因为它不必

[①] 下载地址可查看"链接地址"文档。

与原始文本文件的名称保持一致。然后利用输入函数 read.table()并使用必要的函数输入（称为函数参数）来补全它。原始文本文件的名称必须添加双引号（如"semiol_sep_data.txt"），以确保 R 可以在硬盘上找到它。注意，成功运行这些代码的前提是假设你的工作目录中已经包含了所有可用的数据集。如果这些文本文件没有保存在当前工作目录下，那么你可以输入完整的文件路径（如 C:/Users/mehmetm/Desktop/semiol_sep_data.txt）。接下来，设置 header = TRUE，这表示将原始文本文件的第一行作为变量名或列名导入。最后，sep=";"表示原始文本文件中的内容是用分号分隔的。整个代码将文本文件转换为一个典型的数据集（见图 2.2）。

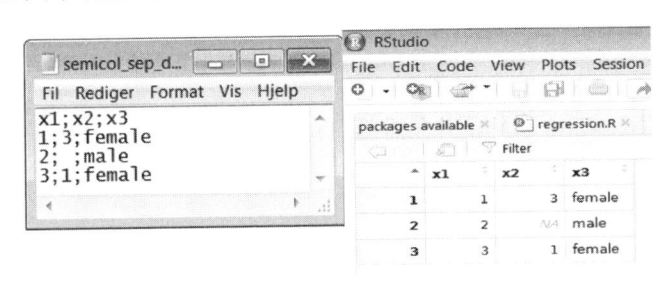

图 2.2　导入 R 之前（左）和导入 R 之后（右）的文本文件

通过使用上面的命令，我们可以导入具有不同类型分隔符号的文本文件，只需要在上面的代码里将参数 sep 的值替换为其他类型的分隔符号。例如，使用逗号分隔符（,）的文本文件通常称为 csv 文件。要导入 csv 文件，我们可以使用下面的代码：

```
csv_data <- read.table("csv_data.csv", header=TRUE, sep=",")
```

> **注意！**
> 虽然基本 R 函数 read.table() 能读取大多数的文件，但在某些情况下它可能会无法运行（特别是当文件包含非 ascii 字符时），并且对于大文件读取速度可能很慢。readr 包是 tidyverse 包的一个组件，它提供了一个更新的、更快的读取文件的函数，即 read_csv()，可用于替代 read.table()。虽然本章的例子都是使用 read.table()函数来读取文件的，但在大多数情况下我们建议使用 read_csv()函数。

即使分隔符不是逗号、冒号或分号，我们仍然可以使用 read.table()函数。下面是一个分隔符为斜杠（/）的例子：

```
slash_sep_data <- read.table("slash_sep_data.txt",header=TRUE, sep="/")
```

为了能够导入格式为.xls 或.xlsx 的 Excel 文件，首先需要安装一个名为 readxl 的 R 包：

```
install.packages("readxl")
```

使用下列命令加载这个包：

```
library(readxl)
```

现在，我们已经准备好使用这个包来导入一个 Excel 文件了。接下来需要编写代码进行导入：

```
excel_data <- read_excel("excel_data.xlsx")
```

在某些情况下，一个 Excel 文件可能包含了多个子表。如果我们想从一个特定的子表中导入数据，那么可以在 read_excel() 函数中添加 sheet 参数，参数值指定想读取的子表位置，如下所示：

```
excel_data2 <- read_excel("excel_data.xlsx", sheet=2)
```

为了能够导入 SPSS 文件，首先需要安装一个名为 haven 的 R 包：

```
install.packages("haven")
```

同样地，需要加载这个包：

```
library(haven)
```

最后，通过输入以下代码导入 SPSS 文件：

```
spss_data <- read_spss("spss_data.sav")
```

此外，haven 包也可以用来导入 Stata 文件，可以使用 read_stata() 和 read_dta() 函数来替代 read_spss() 函数，使用方法与上面命令相同：

```
stata_data <- read_stata("stata_data.dta")
```

从其他软件（如 SPSS）导入数据集的另一种方法是使用 RStudio 下拉菜单中的 Import Dataset。我们只需单击 "File" → "Import Dataset" 选项，如图 2.3 所示。

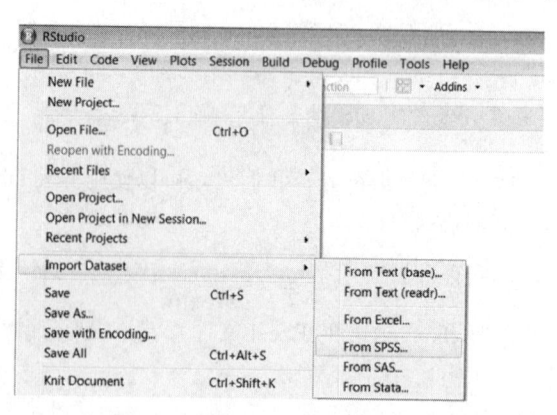

图 2.3　R 菜单栏中的导入数据功能

让我们尝试通过使用菜单功能来导入之前使用 read_spss()命令导入的相同 SPSS 数据集。数据集已经保存在我们的工作目录中，文件名为 spss_data.sav。在图 2.3 中选择了"From SPSS"选项后，将出现一个窗口，单击右上角的"Browse"按钮定位数据集。接下来，单击右下角的"Import"按钮，就能完成数据导入。注意，在图 2.4 中，除非重命名导入的数据集，否则它将以与原始文件（即 spss_data）相同的名称保存。这可以在图 2.4 左下角的环境窗口中看到。此外，我们可以在图 2.4 右上方的控制台窗口中看到用于导入此数据集的代码。

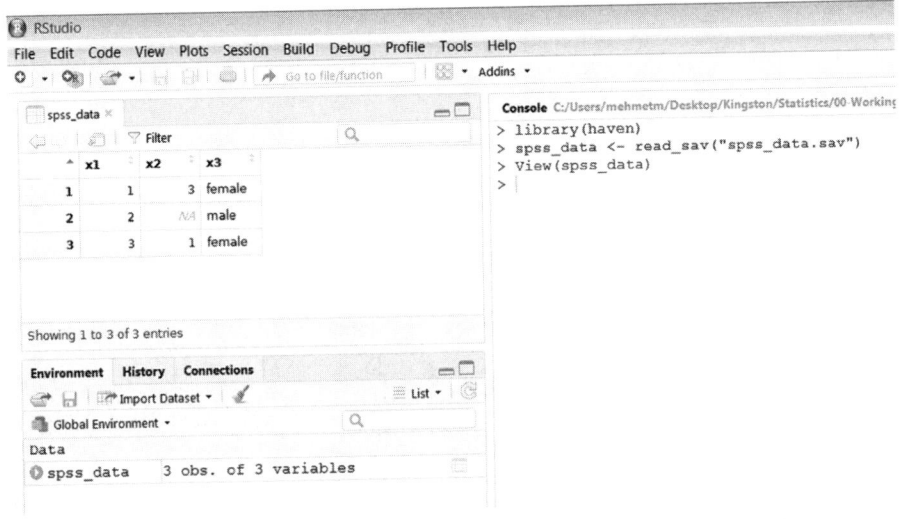

图 2.4　使用 R 的菜单功能来导入数据

这样，我们可以使用菜单功能从许多其他统计程序导入数据集。虽然这种导入数据集的方式看起来很简单，但我们更建议你习惯使用命令进行导入，假如你要导入多个数据集，那么使用命令行将更方便。使用命令而不是单击菜单为导入数据提供了更大的灵活性，因为命令可以包含额外的参数。例如，可能需要使用 stringsAsFactors=FALSE 等附加参数，以避免将文本数据转换为因子变量[①]。

导入数据集后，我们在图 2.2 和图 2.4 中看到，缺失值被自动识别并标记为 NA（Not Available）符号。因为我们已经将数据集导入并保存在 R 中的一个对象中，它将显示在图 2.4 左下角的环境窗格中。如果你想要打开并查看整个数据集，那么你可以使用 view(spss_data)函数，就像我们前面所做的那样，或者单击图 2.4 中数据集前方的圆形

---

① 在 R 4.0.0 的版本中，导入文本变量时会默认将文本变量转换为因子型。为了避免这种行为，有必要在各种函数中添加"stringAsFactors=FALSE"。因此，在运行旧的 R 代码时，你可能需要添加这个表达式。

小图标。

需要强调的是，导入数据集到 R，你对数据集做的任何改变（如重命名变量、重新编码等）将只适用于 R 对象，而不是存储在硬盘上的文件中。这是一个很好的特性，给用户提供了更大的灵活性。但是，它要求我们在使用特定的命令之后，必须手动保存对数据集做的所有更改。例如，你可以基于原始数据集创建一个数据对象 wage_women，在其中保存原始数据集 wage 中的女性工资信息，在另一个对象 wage_men 中保存男性工资信息，如图 2.5 所示。然后可以分别使用这两个数据对象进行分析。

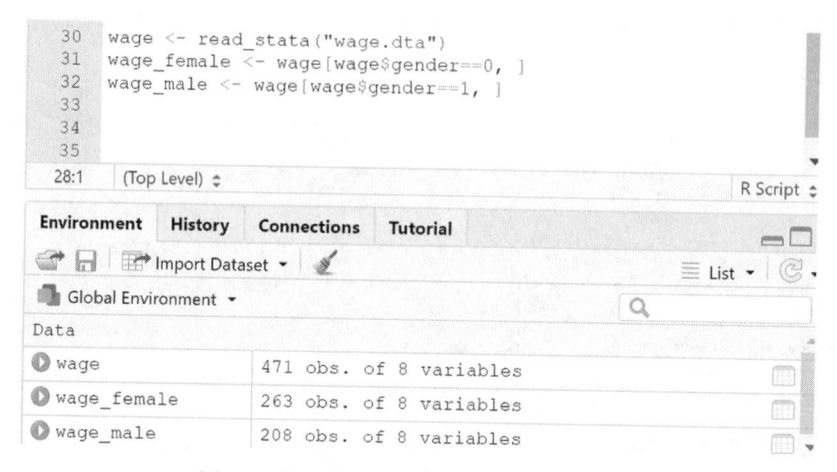

```
30  wage <- read_stata("wage.dta")
31  wage_female <- wage[wage$gender==0, ]
32  wage_male <- wage[wage$gender==1, ]
```

wage	471 obs. of 8 variables
wage_female	263 obs. of 8 variables
wage_male	208 obs. of 8 variables

图 2.5　导入数据集并保存在 R 的数据对象中

由于我们将代码存储在脚本文件中，因此可以轻松地重新运行对原始数据集进行的任何转换和分析。在 R 中很少需要保存包含中间处理步骤的数据集。如果想在 R 中保存数据集，下面是操作方法介绍。假设我们想将女性的工资数据集保存为 R 文件，图 2.5 演示了操作方法，并且女性的工资数据都保存在 wage_women 数据对象中。现在要做的是把这个数据对象放到一个 R 数据文件中，可以使用 save() 函数来完成。

> **注意！**
>
> 可以将一个完整的工作空间（即当前加载的所有变量）保存到一个 .RData 文件中。某些时刻这可能是有用的，例如，当你的工作被打断时，只需保存当前工作空间的副本，第二天仍然可以从停止的地方继续工作。实现此操作的函数为 save.image()，它将输出文件的名称作为参数。在 RStudio 中工作时，你可以设置程序在退出时自动存储工作空间（并在下次打开程序时恢复它）。这个有用的功能可以在菜单栏中的 "Preferences" → "General" 中找到。

也可以将修改后的数据集以原始数据相同的格式保存（如 SPSS 或 .csv 文件）。然而，使用 R 自己的数据格式（.RData）将更方便使用，因为即使你在一个文件中保存了多个数据对象，加载 .RData 文件将更容易实现数据读取：

```
save(wage_women, file="mydata.Rdata")
```

如果你以后想要检索和打开这个数据集，那么可以使用 load()函数：

```
load(file="mydata.Rdata")
```

请注意，尽管数据文件名为 mydata.Rdata，它的内容（如 wage_women 对象）也将被加载并显示在 RStudio 中。为了避免数据混淆，建议在 R 中对文件和数据集使用相同的名称，即 file="wage_women.Rdata"。

> **注意！**
> 我们通常使用扩展的".RData"格式来存储 R 自己的文件。除此之外，还有其他常见的扩展格式，如".rda"、".rdata"和".rdat"。事实上，R 根本不关心扩展格式，它可以加载变量并将其保存到任何格式的文件名中。建议使用默认扩展名，因为这将帮助你更好地识别磁盘上的文件。

2.3 在 R 中输入数据

在 R 中直接输入数据的第一种方法是使用数据编辑器。也就是说，R 有一个数据编辑器（它看起来像一个电子表格），你可以在其中为每个变量（列）和样本（行）输入观察值（数字或文本）。每一列将构成我们所说的变量。R 有一个内置编辑器，如图 2.1 所示。对于图 2.1 中的数据，现在我们可以使用数据编辑器来重新创建它。与 SPSS 和其他类似软件不同，R 的编辑器是无法立即输入数据的，它必须先创建一个包含相关变量的空数据集。执行这一项操作时，还可以指定这些变量的类型（可以是数字、字符等）。下面，我们在 R 中将数据集命名为 wage_data。然后使用 data.frame()函数创建 5 个变量并指定每个变量的名称和类型，通过添加"(0)"进一步表明它们是空值：

```
wage_data <- data.frame(respid=numeric(0),
                        hwage=numeric(0),
                        age=numeric(0),
                        gender=character(0),
                        educ=numeric(0))
```

要打开数据编辑器，需要使用以下命令。注意，我们将数据对象放在 fix()函数中，

结果如图 2.6 所示。打开此窗口后,你才可以开始输入数据:

```
fix(wage_data)
```

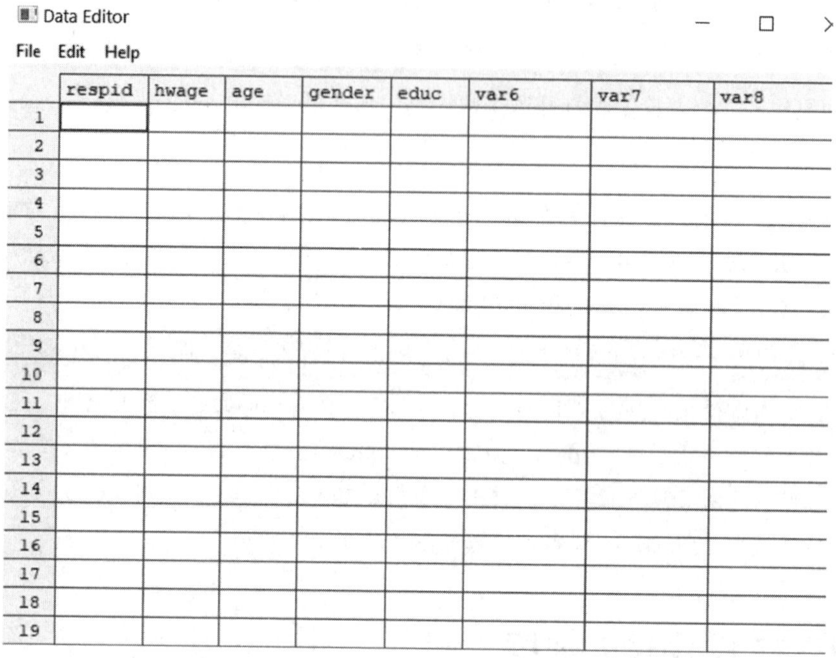

图 2.6　一个包含了 5 个变量(使用数据编辑器指定的)的空数据集

尽管使用 R 的数据编辑器来输入数据比较方便,但我们通常不推荐这样做。首先,在意外关闭窗口时很容易丢失数据。其次,这样的手动操作不会记录在你的 R 脚本中,因此在未来数据创建过程是不可复制的(无论是你自己还是你的合作者)。这里推荐一个更好的解决方案:在电子表格程序(如 Excel)中输入数据后,再以一种容易访问的格式(如.csv)存储数据,或者直接在 R 脚本中创建数据集。

第二种直接在 R 中输入数据的方式适用于不需要读取外部文件的小型数据集。这可以通过为每个变量手动创建一个向量来实现。直接在 R 代码中使用 c()函数指定向量中包含的数值,然后使用 data.frame()函数将这些值放在数据框中:

```
respid <- c(1, 2, 3, 4, 5)
hwage <- c(27.0, 33.0, 65.5, 44.5, 15.0)
age <- c(34, 46, 51, 39, 22)
gender <- c("male", "female", "male", "male", "female")
educ <- c(10, 12, 15, 13, 8)
wage_data <- data.frame(respid, hwage, age, gender, educ)
```

需要指出的是,每个向量必须具有相同的维数,即相同数量的值。正如上面的例子所示，每一列有 5 个数字（相当于变量个数）。没有值的空单元格必须用 NA 填充，否则我们将在 R 中得到以下错误消息：

```
Error in data.frame(respid, hwage, age, gender, educ) :
  arguments imply differing number of rows: 5, 4
```

如果你想看看这个新创建的数据集是什么样子的，那么可以输入以下命令，结果如图 2.7 所示：

```
View(wage_data)
```

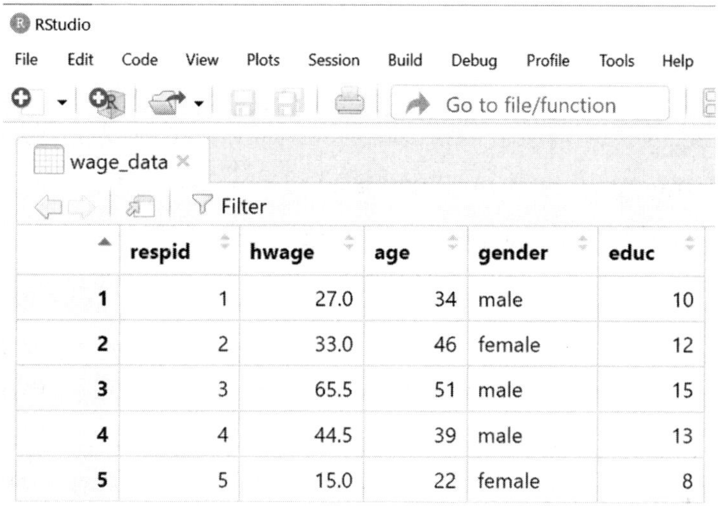

	respid	hwage	age	gender	educ
1	1	27.0	34	male	10
2	2	33.0	46	female	12
3	3	65.5	51	male	15
4	4	44.5	39	male	13
5	5	15.0	22	female	8

图 2.7　使用 View()函数显示的数据集

一旦这些变量被指定为向量，它们将作为对象显示在 RStudio 的 Environment 选项卡中。如果你想删除这些对象（除非你以后想使用它们），那么可以使用下面的命令。这个命令可以用来删除 R 中的任何对象：

```
remove(age, gender, respid, hwage, educ)
```

为了避免每次创建数据集时需要删除太多的临时对象，你也可以使用以下单个命令创建数据集：

```
wage_data <- data.frame(
  respid = c(1, 2, 3, 4, 5),
   hwage = c(27.0, 33.0, 65.5, 44.5, 15.0),
     age = c(34, 46, 51, 39, 22),
   gender = c("male", "female", "male", "male", "female"),
     educ = c(10, 12, 15, 13, 8)
)
```

第三种更直观的方法是使用来自 tibble 包（Müller 和 Wickham，，2020）的 tribble() 函数，它允许你以一种更易于阅读的方式指定数据集，即按行指定，而不是像上面示例中那样按列指定：

```
library(tibble)
wage_data <- tribble(
  ~respid, ~hwage, ~age, ~gender, ~educ,
       1,   27.0,   34,  "male",     10,
       2,   33.0,   46,  "female",   12,
       3,   65.5,   51,  "male",     15,
       4,   44.5,   39,  "male",     13,
       5,   15.0,   22,  "female",    8
)
```

如果你按照上述操作输入了数据，那么我们建议你将其保存为 R 数据文件：

```
save(wage_data, file="wage_data.Rdata")
```

当你想在 R 中加载你的数据集时，可以使用以下命令：

```
load(file="wage_data.Rdata")
```

同样需要强调的是，如果对存储在对象（如 wage_data）中的数据集进行更改，除非在进行更改后将数据集保存在新对象中，否则将丢失该数据集中的原始信息。在下面的示例中，我们将变量名从英语重命名为挪威语，并将结果存储在一个名为 wage_data_nor 的新对象中。这允许你保留原始（英语）和修改后的（挪威语）数据集在两个不同的对象：

```
wage_data_nor <- wage_data
colnames(wage_data_nor) <- c("respnum", "tloenn", "alder", "kjonn",
                             "utdann")
wage_data_nor
## # A tibble: 5 x 5
##   respnum tloenn alder kjonn  utdann
##   <dbl>   <dbl>  <dbl> <chr>  <dbl>
## 1    1     27    34    male     10
## 2    2     33    46    female   12
## 3    3     65.5  51    male     15
## 4    4     44.5  39    male     13
## 5    5     15    22    female    8
```

上述例子中，我们首先创建了原始数据集（wage_data）的副本，并将其保存在了一个新对象中，命名为 wage_data_nor。接下来，我们使用 colnames() 函数重命名变量。如果操作正确，那么我们应该在 RStudio 的环境面板中分别看到原始数据集和新数据集的数据对象。同时拥有相同数据集的不同版本或完全不同的数据集,为以后的分析提供了很大的灵活性。

2.4 如何在 R 中使用数据集?

无论我们是否手动导入或输入数据到 R 中,每一个数据集都会被保存为一个数据框,这是包含数据集中所有变量的一个对象。当我们想要使用一个或多个变量执行统计分析时,必须引用包含这些变量的对象。例如,我们想要计算名为 wage_data 的数据集中可变年龄的平均值。在 R 中,有几种方法可以引用特定数据集中的变量:使用 $ 或 [] 操作符、使用 attach()函数,或者使用 with()或 within()函数。

> **注意!**
>
> 在 R 中必须显式地引用数据集,与在其他统计程序中可以更快地访问变量名相比,这一原则一开始可能会让人感到厌烦。然而,这个特性给了用户巨大的灵活性,因为我们可以在同一个 R 任务中同时使用多个的数据集,尤其是当数据分布在几个单独的文件中而不是同一个文件中时。例如,每个参与者有一个文件,实际上这种情况并不少见。在 R 中,你可以轻松地加载所有这些文件,并在同一个 R 任务中开始使用它们。在其他软件中,你可能要花费大量时间和精力将这些文件导入并合并到同一个数据集中。这就是为什么 R 不能像在 SPSS 和 Stata 等大多数其他程序中那样,可以直接使用变量名而不需要引用数据集。

接下来我们将展示如何将统计函数应用于数据集中的变量。例如,我们可以使用 mean()函数来计算变量的平均值。计算平均值需要先写出函数的名称 mean(),然后用适当的输入(即函数参数)来填充括号之间的空白。想要选中数据集中的一个特定变量,必须先写数据集的名称,然后添加 $ 操作符,最后补充对应的变量名。$ 操作符表示 age 变量来自 wage_data 数据集:

```
mean(wage_data$age)
## [1] 38.4
```

R 还允许使用 [] 操作符从存储为 data.frame(但不是 tibble)的数据集中选择变量。注意,在使用 [] 操作符时,必须将变量名放在引号内,如 wage_data["age"]。虽然知道了 $ 和 [] 操作符可以用于引用数据集中的变量,但它们并不总是有效的。在执行一些更复杂的分析时,这一点尤其明显。在 R 任务中引用变量的一种更有效的方法是使用 attach()函数,但这种方式也并非万能的。这个函数的作用是将数据集中的所有变量作为矢量对象附加到 R 任务中。这样,你不必每次使用数据集中的变量时都引用数据集，而是可以直接键入变量名。这种方法的一个潜在问题是，如果在 R 任务中已经有其他对象与你的变量有相同名称，那么这将会产生名称冲突。通常，R 任务中已经存在的对象将优先于附加数据集中的对象，因此，你执行的操作将优先更改已存在的对象，而不是你数据集中的对象。当在同一个 R 任务中处理多个数据集时，发生这种情况的可能性会增加。这个问题的一个解决方案是当你完成了对特定数据集的分析后，使用 detach() 函数释放数据集。

```
attach(wage_data)
mean(age)
## [1] 38.4
detach("wage_data")
```

使用 attach() 函数引发的相关问题有时非常严重，除非绝对必要，通常不建议使用这个方法。第三种方法是使用 with() 函数。此函数将创建一个本地环境，该环境仅供临时使用，并存储对数据集执行特定统计操作时产生的临时数据集。代码如下所示：

```
with(wage_data, mean(age))
## [1] 38.4
```

我们还可以在 with() 函数中添加多个任务，方法是用花括号{}括起来，代码如下所示：

```
with(wage_data, {
    print(age)
    mean(age)
})
## [1] 34 46 51 39 22
## [1] 38.4
```

此外，后面章节中讨论的许多统计建模函数（lm()、glm()等），都允许通过它们自己的参数直接在函数中指定数据集，这使得上述操作变得不必要。

还有更多的方法可以访问数据集中的变量。要理解这些，首先需要记住数据集实际上只是一个表。可以使用两个索引来引用表中的每个元素（单元格），一个用于索引行号，另一个用于索引列号。例如，在 R 中，我们可以将 wage_data 数据集第二行第三列的值表示为：wage_data[2,3]。在这种方式下，首先使用行索引，然后使用列索引。如果让其中一个索引为空，将会得到整行或整列。比如，想要访问 age 变量，已知 age 变量位于 wage_data 数据集的第三列，那么可以使用以下命令：

```
wage_data[,3]
## # A tibble: 5 x 1
##    age
##   <dbl>
```

```
## 1 34
## 2 46
## 3 51
## 4 39
## 5 22
```

类似地，我们可以使用以下方法提取第三个样本（行）的所有数据：

```
wage_data[3,]
## # A tibble: 1 x 5
##   respid hwage   age gender  educ
##    <dbl> <dbl> <dbl> <chr>  <dbl>
## 1      3  65.5    51 male      15
```

此外，也可以使用列的名称作为索引，选择使用以下命令替代 wage_data[,3]来提取 age 变量：

```
wage_data[,"age"]
## # A tibble: 5 x 1
##     age
##   <dbl>
## 1    34
## 2    46
## 3    51
## 4    39
## 5    22
```

这将与 wage_data[,3]产生相同的结果。第 3 章将对从数据集中提取元素的方法进行更详细的说明。此外，第 4 章中将介绍一个更全面的 R 包（dplyr），它将帮助我们以更直观的方式解决此类数据管理任务。

2.5 数据类型

R 有各种数据类型，可以接受各种变量（向量）。本节将展示五种最常用的数据类型，分别是 numerical（数值型）、integer（整数型）、character（字符型）、factor vector（因子型，即分类变量）和 logical vector（逻辑型，即逻辑向量）。在 R 中可以使用 class() 函数检查数据集的变量或列中的数据类型。变量的类规定了可以对该变量执行的统计操作的类型。

数值型的变量就是常见的实数（即十进制数）。举一个例子，用米来测量人的身高，下面的代码生成了一个包含 5 个人身高的变量：

```
height <- c(1.78, 1.67, 1.87, 1.99, 2.00)
```

使用下面的命令检查 height 的类型：

```
class(height)
## [1] "numeric"
```

控制台窗口中的结果显示，height 为数值型变量。

Counts 和整数型（integer）是数据类型的一个子类，可以存储没有小数的数字（如以年衡量的年龄）。在 R 中，所有数值型数据，不管有或没有小数，都将自动归类为实数数据。原因是在 R 中对实数数据执行数学运算更容易。顺便提一下，当我们使用 read.table()或 read_csv()函数从外部导入数据时，R 将区分实数（十进制）和整数（如表示计数的数字）。另一方面，本章前面使用的 readxl 和 haven 包默认将所有导入的数据规定为实数。如果想让 R 正确识别整数，那么我们可以在向量的每个数字旁边加上 L（L 代表"Long"），如下所示：

```
class(age)
## [1] "integer"
```

另一种方式是显式地告诉 R 向量的数据类型，这是在 as.integer()函数的帮助下完成的，当然也有用于其他类型的函数，如 as.numeric()、as.character()等。使用上面创建的 height 变量作为例子，并将其转换为一个整数向量，代码如下所示：

```
as.integer(height)
## [1] 1 1 1 1 2
```

输出的数值将被截断（而不是四舍五入），因为整数不能表示小数。

包含文本（字符）的变量是另一种类型的数据。在其他一些软件中，这种数据也称为字符串。在 R 中，任何在引号""之间输入的数据，不管是数字还是文本，都将被解释为字符串数据。例如，一个变量包含一个样本人群的性别。下面的代码创建了这样一个变量（列）：

```
gender <- c("male", "female", "male", "male", "female")
```

下面检查 gender 变量的类型。如下所示，gender 是字符型：

```
class(gender)
## [1] "character"
```

当我们使用 readxl 和 haven 包从外部软件导入数据时，所有文本数据都作为字符数据导入 R 中。然而，base-R 的函数 read.table()会自动将所有文本数据作为因子变量导入。也就是说，每个唯一的文本将表示因子变量的一个类别。例如，图 2.2 中的 x3 变量在原始数据文件中包含两个唯一的单词，female（女性）和 male（男性）。这两个词将代表新因子变量的两个类别（1=female，2=male）。类别的顺序是按字母顺序确定的（女性成为第一类，男性成为第二类等）。

因子变量是分类变量，即定量变量或顺序变量。因子变量可以包含由字符串（字符）或数字组成的数据。上面示例中的 gender 变量包含字符串（即单词 male 和 female），因为在这个示例中有五个样本被标识为 male 或 female。我们可以使用 factor() 函数将这个字符变量转换为一个因子变量。严格地说，这是没有必要的，因为在这种情况下只有两个类别。但是，如果有一个变量包括多个类别，而其中一个类别在数据集中根本没有表现出来，这个没有表现出来的类别仍然是量表的一部分。例如，我们可能决定让样本选择将自己归类为"other"，以防他们既不认为自己是男性也不认为自己是女性，或者添加其他选项来表示样本的性别身份。因此，建议显式地列出所有类别，以便表示变量的整个范围：

```
gender <- factor(gender, levels=c("female", "male", "other"))
gender
## [1] male female male male female
## Levels: female male other
```

在 factor() 函数中可以使用 levels 参数，以此指定类别的顺序与 R 默认的顺序保持一致。也就是说，female 被编码为 1，male 为 2，other 为 3。如果我们把 level 写成 c("other", "male", "female")，顺序就会被改变：1 代表其他类别，2 代表男性类别，3 代表女性类别。这是一种改变类别标识的方法，我们将在第 9 章的虚拟变量回归中详细讨论这个知识点。注意，gender 变量不能以任何带有先后顺序意义的方式排序。这些类型的变量被称为名义变量。我们还可以使用 factor() 函数来编码可以排序的分类变量。这些变量通常被称为顺序变量。举一个例子，假设要求受访者回答他们的最高学历，选项有 secondary school（初中）、high school（高中）、bachelor's degree（学士学位）、master's degree（硕士学位）和 doctoral degree（博士学位）：

```
eductype <- c("Doctoral","Master","Bachelor",
              "Bachelor","HighSch")
eductype <- factor(eductype, ordered=TRUE,
   levels = c("Secondary","HighSch","Bachelor",
              "Master","Doctoral"))
eductype
## [1] Doctoral Master Bachelor Bachelor HighSch
## 5 Levels: Secondary < HighSch < Bachelor < ... < Doctoral
```

附加的 ordered=TRUE 参数将 eductype 变量转换为顺序变量（按顺序排序的），而不是 factor() 函数默认的定量变量。正如你在结果中看到的，类别的顺序是有意义的，因为我们在前面的 levels() 函数中指定了它。如果不这样做，类别的顺序就会按字母顺序确定。此外，如果没有使用 levels() 函数，那么只会出现数据集中存在的类别，即

Secondary 将不被包含在数据中。也就是说，我们会得到以下结果：Bachelor < Doctoral < HighSch < Master。

我们还可以将包含数字的变量编码为因子变量。这是通过在 level 参数中使用 labels 参数和类别名称来实现的。例如，调查人们是受雇于公共部门（public）还是私营部门（private）。在这个例子中，我们将在公共部门工作的人编码为 1，在私营部门工作的人编码为 2：

```
pubpriv <- c(2,2,1,1,2)
pubpriv <- factor(pubpriv, levels=c(1,2),
         labels=c("public","private"))
pubpriv
## [1] private private public public private
## Levels: public private
```

正如我们所看到的，level 的名称对应于 lables。因为 public 是最先输入的，所以它代表 1，而 2 代表 private，因为它是最后输入的。如果需要，我们可以很容易地改变这一点。

检查你导入的变量的类型，以便你了解正在处理的数据类型，这是一个很好的习惯。了解一个变量的类型，可以帮你更容易地决定哪种类型的统计分析是合适的，并根据工作需要对变量进行更改。例如，当我们使用 haven 包从 Stata 或 SPSS 导入数据时，所有的数字在 R 中都是作为数值型导入的。但是，实际上其中的一些变量应该被当作因子变量来处理。这时，你可以利用上述知识将这样的变量转换为因子。

在某些情况下，也有必要采取相反的做法。也就是说，我们可能想要将一个因子变量（如上面的 pubpriv 变量）转换为一个数值变量。可以使用 as.numeric()函数：pubpriv <- as.numeric(pubpriv)。如果我们接着输入 pubpriv，那么我们将看到数字形式的结果，而不是文本。

> **注意！**
>
> 需要补充的是，许多 R 函数都需要特定类型的变量。如果 R 识别出来的变量类型不是预期的，那么 R 可能会尝试改变变量类型。在这种情况下，你将收到一条警告消息，说 R 已经更改了变量类型。正如本章所介绍的，决定一个变量应该是什么类型并不总是容易的。因此，R 的自动变化在某些情况下可能是错误的。所以，我们应该始终确保正在使用的变量是预期的类型，并始终检查来自 R 的关于自动更改的警告消息，可以使用 class()函数来实现这一点。

2.6　本章小结

在本章中，我们学习了如何从 SPSS、Excel 等统计软件包中导入数据集到 R。此外，也介绍了如何在 R 中直接输入数据，通常建议先在 Excel 中输入数据表（最好是保存为 csv 文件），再将这些导入 R。本章内容是以你有对数据结构初步了解的基础为前提开展的，尽管我们已经尽了最大的努力来确保即使没有这些基础，你也能理解本章的内容。如果很难跟上本章所介绍的内容，那么可以配合第 3 章帮助理解，在第 3 章中我们将更详细地介绍 R 中最常见的四种数据结构，即向量、数据框架、列表和矩阵。一旦数据集被导入并转换成适当的格式，我们就可以使用它们了。这就是下一章要做的工作。

【核心概念】

数据框：变量的集合，被称为数据集。

数据结构：数据不同的表现形式。R 有四种主要的数据结构：向量、列表、数据框和矩阵。

数据类型：变量可以是数值型、整数型、字符型、因子型或逻辑型的。

值：数据结构中包含的数字或文本。

【提问】

1. 如何将数据集从 SPSS 导入 R？
2. 如何将数据直接输入 R？
3. 如何使用 base-R 函数从数据集中提取变量？
4. 为什么需要知道 R 中变量的数据类型？

【本章使用的函数示例】

base

`read.table("semicol_sep_data.txt", header=TRUE, sep=";")`

- 导入以"；"作为分隔符的文本文件。

`read.table("csv_data.csv", header=TRUE, sep=",")`

- 导入 .csv 文件。

readr
```
read_csv("csv_data.csv")
```
- 使用 readr 包导入 .csv 文件。

readxl
```
read_excel("excel_data.xlsx")
```
- 导入 .xls 或 .xlsx 文件。
```
read_excel("excel_data.xlsx", sheet=2)
```
- 从第二个子表中导入 .xls 或 .xlsx 文件。

haven
```
read_stata("stata_data.dta")
```
- 导入 Stata 文件。
```
read_spss("spss_data.sav")
```
- 导入 SPSS 文件。

base
```
fix(wage_data)
```
- 打开数据编辑器。
```
c(34, 46, 51, 39, 22)
```
- 创建一个向量。
```
data.frame(respid, hwage, age, gender, educ)
```
- 创建数据框，列名为 respid、hwage、age、gender 和 educ。
```
View(wage_data)
```
- 以数据框的形式展示 wage_data。
```
remove(wage_data)
```
- 删除对象 wage_data。
```
colnames(dat) <- c("respno","tloenn","alder","kjonn","utdann")
```
- 修改对象 dat 的列名。
```
attach(wage_data)
```
- 将变量添加到 R 任务的一个数据集中。
```
detach("wage_data")
```
- 从 R 任务中删除添加到数据集中的变量。
```
with(mydata, mean(age))
```
- 对 mydata 数据集的 age 变量求均值。
```
class(dat$age)
```
- 返回变量 age 的数据类型。
```
factor(gender)
```

- 将 gender 的数据类型转化为因子型。

`levels=c(1,2)`

- 指定分类的类别。

`labels=c("male", "female")`

- 指定类别的名称。

第 3 章

R 是怎样工作的?

在本章中,我们只使用 base-R 函数。因此,不需要额外添加 R 包来运行本章中的示例代码。

【学习成果】

- 了解 R 是如何"思考"和工作的。
- 了解函数和对象,以及它们之间的关系。
- 了解向量化的概念及其优点。
- 学习使用 base-R 函数进行数据提取和合并。

第 3 章　R 是怎样工作的？

R 是一个非常灵活的统计软件。要想最大限度地利用 R，了解它的工作原理是非常必要的，这需要我们熟悉 R 中函数和对象的概念。本章将首先解释什么是函数及如何使用函数。此外，还将介绍 R 中一些最常用的内置函数。要学习 R 中的函数，最实用的资源是 R 的帮助文档，我们将通过示例详细介绍它。函数通常应用于数据，而数据存储在对象中。因此，本章会重点解释什么是对象及 R 中存在什么类型的对象。R 中最常用的数据结构是向量、数据框、矩阵和列表。每个结构都通过示例进行了解释。此外，我们还介绍了使用这些对象的方法，例如，访问存储在其中的相关信息。

3.1　R 的工作方式

与其他一些统计程序（如 SPSS）不同，R 是一种全面而强大的编程语言。这为用户提供了很大的灵活性，因为 R 可以用于各种数据分析任务。与此同时，这种复杂性可能会让使用 R 的新手感到不知所措。本书将带领你一步一步地探索 R。

在 R 中一个基本但重要的概念是对象。R 的工作方式是，首先将所有数据或其他输入存储在对象中，然后将函数应用于这些对象。这里的数据或输入可以是单个数字、变量、整个数据集，或者更复杂的信息，比如在估计一个回归模型后得到的结果。当我们将一个函数应用于一个对象时，这个过程称为命令。因此，R 通常被定义为基于命令的统计软件。R 中有各种各样的对象类型和许多不同的函数。接下来我们将解释其中的一部分，在此之前需要先解释将函数应用于对象的含义，这是 R 中分析数据的一般方法[①]。

举一个来自 SPSS 的例子，它也可以使用命令来处理数据。例如，当我们想要计算一个变量的平均值时，先选择变量的名称，并在下拉菜单中勾选"mean"选项。或者，也可以输入特定的语法来完成这个任务。然而，在 SPSS 中实现这个简单任务的命令有些复杂，而且我们似乎不清楚命令的不同元素意味着什么，以及为什么需要这些元素。这可能是软件 GUI 优先设计的结果。也就是说，进行任何分析的主要方法是通过用户界面而不是命令。

相比之下，R 的语法可读性更强且书写简单，因为它被允许直接在命令行中使用。假设我们已经有了一个名为 var1 的变量（见 2.3 节），接下来可以很容易地应用函数

---

① 这涉及一种最常见的以过程为主的编程风格（在 R 中称为"S3"）。还有一种新的编程风格称为"S4"，它支持面向对象编程。这些相当高级的编程方法通常被开发人员和一些高级应用程序所使用。作为 R 初学者，你不必为这些概念费心，因为你只需要将已经开发的函数应用于对象。本书主要关注 S3 编程风格。

mean()，结果将立即显示在控制台窗口中。

```
mean(var1)
## [1] 6.535165
```

由于函数和对象是 R 的两个基本概念，下面我们将更详细地介绍它们。

3.2 函数是什么？

在 R 中，函数几乎可以完成所有的分析工作。在函数的帮助下，我们可以计算描述性统计量、估计统计模型，或者绘制高级图形。直观地说，函数是一组关于如何处理目标对象的指令。在上面的例子中，我们使用了 mean() 函数。这个函数的指令告诉我们，它将计算目标对象（即变量 var1）中所有值的和，并将结果除以值的数量，得到算术平均值。

所有的 R 函数都是按照这样的原理工作的，但是有些函数可能更复杂，比如需要多个对象作为输入。这既适用于内置函数，也适用于来自 R 包的函数。R 中的内置函数是指在安装 R 时自动安装的函数，而 R 包的函数是由第三方编写并提供的函数。图 3.1 提供了一个编写函数的通用模板：将一组参数提交给函数，其中包含如何处理这些参数的方法。该函数返回单个输出对象以进行进一步处理。

每个函数都有一个名称，如 mean，并且后面总是跟着一组圆括号，即()。当我们使用一个函数时，通常需要将一个对象（输入）放在括号中，如 mean(var1)。插入括号之间的输入称为函数参数。参数的数量可以根据函数的复杂程度而变化——甚至有些函数根本不需要任何参数。在一些函数中，要使用函数提供的一个参数还是多个参数取决于工作需要。除非显式指定参数，否则将使用函数的默认参数选项。

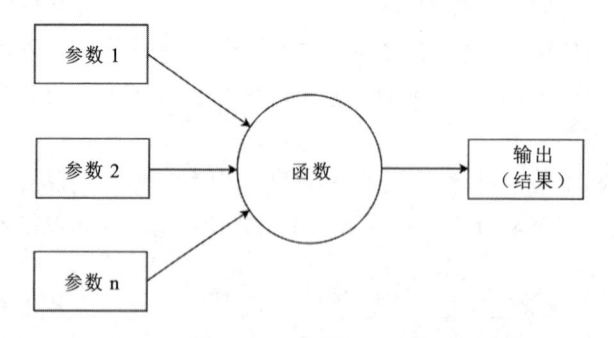

图 3.1 函数的通用结构

但是，函数总是返回单个输出对象（见图 3.1)，其中包含将函数应用到对象时产生的输出。当我们将特定的函数应用于特定的对象时，函数及其参数的这种有点抽象的定义将变得更加具体。如果想要获得函数的功能描述，及其需要输入并返回参数，那么你可以使用 help() 函数访问帮助文档。以 mean() 函数为例，我们使用下面的命令获得 R 提供的帮助文件：

```
help(mean)
```

这将在绘图窗口的 help 选项卡中显示以下帮助文件（见图 3.2）。

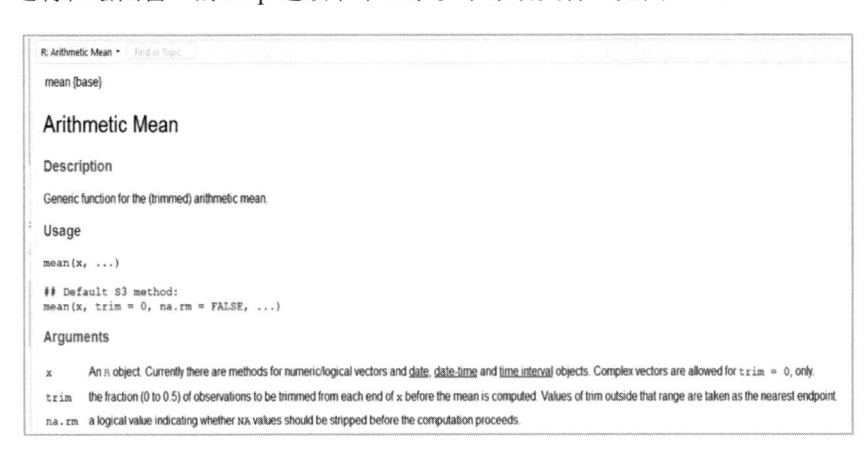

图 3.2　mean() 函数的帮助文件

在图 3.2 中，我们可以看到该函数的语法，以及对所有输入参数的描述和输出对象的规范。在这个文档，描述只是简单的 mean(x,…)。我们知道，mean 是函数的名称，而括号中包含了 x，它需要至少一个参数。如果要计算平均值，那么必须输入一个包含数值的对象，这就是 x 的含义。mean() 函数返回的对象是一个数值对象，其中包括输入参数的平均值。

除了第一个必选参数 x，x 后面还有 3 个点（…），它们指向可与该函数一起使用的其他参数。在 Arguments 标题下列举了其他允许输入的参数。这里有一个 na.rm 参数，它允许用户指定是否需要函数在计算平均值之前删除对象中的缺失值。另一个参数是 trim，使我们能够在计算平均值之前删除输入对象中包含的最大值和最小值。在下面的示例中，我们将展示如何使用带有这两个参数的 mean() 函数。

首先需要创建一个包含一系列数字的对象。按以下方式使用另一个名为 c() 的函数。这个函数会把几个值放在一个向量中（c 代表 combine）：

```
var1 <- c(5,3,NA,1,2,NA,3,1,2,4,3,4)
```

上面的命令为创建了一个包含 12 行的变量，其中有两行缺失，标记为 NA：

```
mean(var1, trim=0.1, na.rm=TRUE)
## [1] 2.75
```

上述例子使用两个附加参数计算了 var1 的均值。我们使用 trim=0.1 删除了 var1 中最小值和最大值的 10%，并使用 na.rm=TRUE 删除了 var1 中缺失的值。注意，从 mean()函数返回的平均值将在输入命令后立即出现。如果想在后续的分析中使用这个平均值，那么可以将其保存在一个对象中。例如，保存在 average 对象中，如下所示：

```
average <- mean(var1, trim=0.1, na.rm=TRUE)
```

到目前为止，我们使用的都是 mean()函数，它属于统计函数组。除此之外，还有许多其他的函数组，如 R 中的数学函数和概率分布函数。此外，还有一些可以应用于字符对象的函数，我们可以称之为字符函数。表 3.1 提供了这些函数组中最常用的一些函数的概述。除了这些内置 R 函数，还有数以千计的其他内置 R 函数和 R 包函数。每个函数的工作方式都与上面的 mean() 类似。本章主要提供部分函数的概述，帮助你更熟悉函数的概念。在这个阶段，你不需要记住或使用所有这些函数。如果想了解更多有关函数的信息，那么请查阅相关函数的帮助文件（如 help(round)）。

表 3.1　R 中的部分函数

统计函数	
mean()	求平均值
median()	求中位数
sd()	求标准差
var()	求方差
数学函数	
abs()	求绝对值
round()	取整
log()	取对数
sqrt()	求平方根
分布函数	
rnorm()	服从正态分布的数值
runif()	服从均匀分布的数值
rbeta()	服从贝塔分布的数值
rchisq()	服从卡方分布的数值
字符函数	
nchar()	对象中包含的字符数量
substr()	从字符对象中提取元素
paste()	将文本元素放在一起
tolower()	将字母转化为小写形式

3.3 对象是什么？

在 3.2 节中，我们学习了函数可以应用于对象。既然现在了解了函数，接下来将定义和解释什么是对象。对象是在 R 任务中被赋予唯一名称的容器，它以某一种形式存储数据。这意味着函数本身也是 R 中的对象。因此，可以有接受函数对象作为参数的函数，如 apply()和 lapply()函数。存储在对象中的数据可以是任何形式的，从简单的数字到整个数据集，甚至到数据库或网页的连接。当你创建对象时，它们会立即保存在正在运行的 R 任务的内存中，并显示在环境窗口中。这些对象被临时存储在内存中，并在你退出 RStudio 时自动消失，除非你将它们保存在一个单独的文件中。如果有需要，可以通过单击 RStudio 环境面板中的 save 按钮来保存正在运行的 R 任务中的对象。让我们先用一些简单的例子来说明对象背后的逻辑：

```
hourwage <- 34.5
```

只输入对象的名称后，再输入 Enter，效果与输入 print(hourwage) 相同，后者将 print()函数应用于 hourwage 对象。

如果将新内容分配给与另一个已存在对象同名的对象，则新内容将替换旧内容。这意味着存储在该对象中的先前数据将在没有任何警告消息的情况下被覆盖。在上面的例子中，34.5 可能代表大学副教授的小时工资（美元，USD）。假设我们想要将这个值转换为挪威克朗（NOK），即 343.6。然后，你将在环境窗口中看到旧对象 hourwage 的内容从 34.5 更改为 343.6：

```
hourwage <- 343.6
```

如果你想保留两个对象，即以 USD 和 NOK 表示的小时工资，你需要将新内容分配给一个具有不同名称的对象，即 hourwage_nor。然后，你将在环境面板中看到 hourwage 和 hourwage_nor：

```
hourwage_nor <- 343.6
```

记住 R 区分小写字母和大写字母（即它是区分大小写的）。如果你将 34.5 赋值给名为 "Hourwage" 的新对象，这将生成另一个对象，但没有替换 "hourwage" 对象。R 会认为这是两个不同的对象，因为名称中存在大写字母和小写字母的区别。

在创建另一个对象时，也可以使用一个对象作为输入。例如，我们可以取以美元为单位的 hourwage 对象，并将其直接乘以 9.96（这是美元与挪威克朗之间的汇率），然后将这个新对象称为 hourwage_nor，如下所示：

```
hourwage_nor <- hourwage*9.96
hourwage_nor
```

```
## [1] 343.62
```

如你所见,上面的结果中有两个小数。在创建新对象时,可以使用round()函数(见表3.1)对结果进行四舍五入:

```
hourwage_nor <- round(hourwage*9.96)
hourwage_nor
## [1] 344
```

当我们只有一个数值(34.5USD)需要转换成不同的货币时,上述操作似乎有些复杂。但是想象一下,如果不是要将一个值转换为 NOK,而是要将数百个值转换为 NOK(这是经常发生的情况)。即使在这种情况下,你也可以使用上面的代码,几乎没有任何更改。这说明这个命令实际上是非常有效的。

到目前为止,我们已经使用了包含数值的对象。同样,我们也可以创建包含文本的对象。存储在对象中的文本必须使用双引号或单引号标记。如下所示:

```
gender <- "female" # 'female' in single quotes works just as well
gender
## [1] "female"
```

到目前为止,我们分别在两个对象中存储了一个数字值和一个单词。然而,在现实中,我们经常需要处理更复杂的数据。例如,我们可能想要统计和处理 R 中成千上万人的小时工资和性别。此外,我们有时可能想处理这些数据的其他信息(如相关性)而不是原始数据。

不同的分析过程要求数据存储在特定类型的对象(容器)中,并将多个对象放在一起。最常见的对象形式是向量、数据框、列表和矩阵。在 R 中,将这些数据结构称为"class"(类)。顺便提一下,可以通过对对象应用 class() 函数来确定它是什么类:

```
class(gender)
## [1] "character"
class(hourwage)
## [1] "numeric"
```

> **注意!**
>
> 从概念上区分数据类型(字符、整数、数值、逻辑和因子)、数据结构(向量、数据框、矩阵和列表)是很重要的,尽管我们可以使用相同的 class() 函数提取这两种类型的信息。

3.3.1 向量

对于初学者来说,把向量看作数据集中的列通常是最容易理解的。那么,向量就是一个包含相同数据类型（通常是数字或文本）的多个元素的对象。但是，数字数据和文本数据永远不能混合在一个向量对象中。包含数字数据的向量称为数值向量，包含文本数据的向量称为字符向量。在上面的例子中，当我们创建一个只包含一个数字或一个单词的对象时，我们可以简单地输入数字（34.5）或文本（"female"），并将其分配给一个对象（hourwage 或 gender）。当创建包含多个数字的向量对象时，需要使用 c() 函数将多个值组合成一个向量：

```
hourwage <- c(27.0, 33.0, 65.5, 44.5, 15.0)
hourwage
## [1] 27.0 33.0 65.5 44.5 15.0
```

在这里，我们创建了一个对象（hourwage），它包含 5 个不同人的时薪。然后，可以输入对象的名称来打印它。在输出结果中，向量前面的 "[1]" 被称为下标，它指示了向量中第一个数字的位置。如果我们用更多的数字来扩充这个向量，那么这样输出的就不止一行数据，我们会得到更多的指标来告诉数字在下一行上的位置：

```
hourwage1 <- c(27.0, 33.0, 65.5, 44.5, 15.0, 27.7, 33.8, 60.5,
               41.5, 15.9, 27.9, 33.9, 55.5, 34.5, 45.0, 27.4,
               63.0, 85.5, 74.5, 15.9, 27.8, 39.0, 85.5, 48.5,
               75.0)
hourwage1
## [1] 27.0 33.0 65.5 44.5 15.0 27.7 33.8 60.5 41.5 15.9 27.9 33.9 55.5 34.5 45.0
## [16] 27.4 63.0 85.5 74.5 15.9 27.8 39.0 85.5 48.5 75.0
```

到目前为止，我们已经使用了数值向量，并且可以用同样的方法创建字符向量。假设这次想登记 5 个人的性别。可以这样做：

```
gender <- c("male", "female", "male", "male", "female")
```

下面，我们可以看到这个向量对象在输入对象名称后的结果：

```
gender
## [1] "male" "female" "male" "male" "female"
```

向量化

向量化是 R 的一个非常强大和有用的特性。这意味着当你将一个函数应用于一个向量对象时，该函数会自动应用于向量的每个元素，而不需要创建循环。之前，我们将美元计算的小时工资乘以汇率，换算成挪威克朗。向量化允许输入与之前完全相同的代码，使用新的 hourwage 对象，该对象在向量中包含 5 个不同人的小时工资：

```
hourwage*9.96
## [1] 268.92 328.68 652.38 443.22 149.40
```

因此，这个向量中的每个数字都将乘以 9.96。另一个例子是当我们想要计算上述 hourwage 向量对象中每个值的对数时，只需要将 hourwage 写入 log()函数就足够了：

```
log(hourwage)
## [1] 3.295837 3.496508 4.182050 3.795489 2.708050
```

从向量中提取值

有时，需要从向量中选择一个或几个元素。例如，进一步处理单个数据。可以使用方括号 [] 和索引一起从 R 的向量中提取值。假设我们想从名为 hourwage3 的向量中提取第四个元素：

```
hourwage3 <- c(27.0, 33.0, 65.5, 44.5, 15.0, 27.7, 33.8, 60.5, 41.5)
hourwage3[4]
## [1] 44.5
```

我们看到结果是 44.5，这是 hourwage3 的第四个元素。如果要提取多个元素，则使用方括号中的 c()函数。例如，从 hourwage3 中提取第二个和第五个元素：

```
hourwage3[c(2, 5)]
## [1] 33 15
```

我们也可以从向量中排除一个或多个元素，并返回所有其他元素。仍然可以使用方括号，但这一次需要在想要排除的值之前插入一个减号。例如，可以从 hourwage3 向量中排除第三个和第六个元素：

```
hourwage3[-c(3, 6)]
## [1] 27.0 33.0 44.5 15.0 33.8 60.5 41.5
```

正如我们在上面的输出中看到的，向量中的第三个（65.5）和第六个（27.7）值被删除了。如果后期想使用这个简化后的向量，那么可以将其输出并放入一个新对象中，如下所示：

```
hourwage4 <- hourwage3[-c(3, 6)]
```

现在，这个新对象 hourwage4 包含了原始向量 hourwage3 的简化数据。

```
hourwage4
## [1] 27.0 33.0 44.5 15.0 33.8 60.5 41.5
```

我们也可以使用方括号来修改向量中的元素。假设想要将 hourwage4 向量中的第四个（15.0）和第六个（60.5）值分别更改为 55.5 和 44.4：

```
hourwage4[c(4,6)] <- c(55.5,44.4)
```

当你输入 hourwage4 时，你会看到这两个值被修改了：
```
hourwage4
## [1] 27.0 33.0 44.5 55.5 33.8 44.4 41.5
```

如果对现有对象（hourwage）进行更改，建议保留原始对象（hourwage1）的副本，保留原始和修改过的对象以供将来参考。

3.3.2 数据框

数据框可以被理解成传统数据集，就像我们从其他统计软件（如 SPSS）中所了解的那样。R 中的数据框由多列组成，由于前面将向量定义为列，因此数据框包含多个向量。因此，数据框可以看作是具有相同长度的向量的集合（列表）。本节将一个一个地创建向量，并将它们整合在一起，利用 data.frame() 函数将这些向量存储在一个数据框中，其中行和列分别表示观察值和变量。

假设有一个小型数据集（只包含 5 个样本），包括受访者的身份证号码、小时工资、年龄、性别和完成教育的年限。首先，我们将为每个变量创建一个向量。记住，每个向量都应该是数值类型或字符类型：

```
respid <- c(1,2,3,4,5)
hourwage <- c(27.0, 33.0, 65.5, 44.5, 15.0)
age <- c(34, 46, 51, 39, 22)
gender <- c("male", "female", "male", "male", "female")
educ <- c(10, 12, 15, 13, 8)
```

一旦创建了向量，我们就会在环境窗口中看到它们。随后我们可以把这些向量放在一个数据框中。这是通过以下命令实现的：

```
data.frame(respid, hourwage, age, gender, educ)
##   respid hourwage age gender educ
## 1      1     27.0  34   male   10
## 2      2     33.0  46 female   12
## 3      3     65.5  51   male   15
## 4      4     44.5  39   male   13
## 5      5     15.0  22 female    8
```

这个命令将立即生成一个数据集。将这个数据集保存在一个对象中，以便后期可以使用它进行进一步的处理，所以我们将把这个数据集分配给一个名为 wage_data 的对象：

```
wage_data <- data.frame(respid, hourwage, age, gender, educ)
```

与 R 中的所有其他对象一样，只需输入对象的名称就可以访问它的内容：

```
wage_data
## respid hourwage age gender educ
## 1 1 27.0 34 male 10
## 2 2 33.0 46 female 12
## 3 3 65.5 51 male 15
## 4 4 44.5 39 male 13
## 5 5 15.0 22 female 8
```

我们还可以使用 R 中的另一个函数 str() 来检查对象的内容。这个函数提供了关于对象更全面的信息。在本例中，我们将对上面创建的 wage_data 对象应用此函数：

```
str(wage_data)
## 'data.frame': 5 obs. of 5 variables:
## $ respid  : num 1 2 3 4 5
## $ hourwage: num 27 33 65.5 44.5 15
## $ age     : num 34 46 51 39 22
## $ gender  : chr "male" "female" "male" "male" ...
## $ educ    : num 10 12 15 13 8
```

输出结果显示对象是一个数据框，包含 5 个观察结果和 5 个变量。$符号表示出现在它后面的变量是 wage_data 对象中的元素。此外，我们还可以看到每个变量的数据类型（数值、整数或因子），并且显示了每个列的前几个值。str()提供的信息与单击环境窗口中变量名旁边的小箭头符号时提供的信息完全相同。

从数据框中提取行和列

从数据框（数据集）中提取值是根据工作需求来选择特定的变量（列）或者观察值（行）。

> **注意！**
>
> 从数据框中提取变量（列）或观察值（行）是早期数据分析的一个常见任务。为此，开发人员设计了一个非常灵活和成熟的 R 包 dplyr，第 4 章将详细介绍这个 R 包。尽管如此，我们仍然希望展示如何使用 base-R 函数来完成这种数据管理工作，因为这一知识对于其他软件来说也是必不可少的。

我们可以从前面存储在 wage_data 对象中的数据框中提取变量。假设想要从 wage_data 中提取 age 变量，可以使用 $ 操作符从特定数据集中提取该变量：

```
wage_data$age
## [1] 34 46 51 39 22
```

正如前面所介绍的，可以通过给新对象分配一个新名称，以此将输出结果保存到一个新对象中，例如，age_from_wd：

```
age_from_wd <- wage_data$age
age_from_wd
## [1] 34 46 51 39 22
```

我们可以通过使用 [] 和要选择的列的索引来实现相同的目的。在数据框中进行选择时，方括号中的第一个数字表示观测的样本数（即行数），第二个数字表示变量数（即列数）。如果将逗号前或后的空格留空，则将分别选择所有的行或列。或者，可以使用行或列的索引号来指定它们。接下来演示如何从 wage_data 中提取 age 变量：

```
age_from_wd <- wage_data[ ,3]
```

这里我们插入的列索引号是 3，因为变量 age 在数据框中的第三列。此外，还可以将变量名直接写在方括号中：

```
age_from_wd <- wage_data[ ,"age"]
age_from_wd
## [1] 34 46 51 39 22
```

如果希望从 wage_data 对象中同时提取多个变量，则遵循相同的过程。下面演示提取 hourwage 和 gender 变量的方法：

```
hwgen_from_wd <- wage_data[ ,c("hourwage","gender")]
```

或者，也可以这样做：

```
hwgen_from_wd <- wage_data[ ,c(2,4)]
```

不管使用哪种方法，都会得到相同的结果，输出的是一个只包含我们想要提取的变量的数据框：

```
hwgen_from_wd
##   hourwage gender
## 1   27.0   male
## 2   33.0   female
## 3   65.5   male
## 4   44.5   male
## 5   15.0   female
```

到目前为止，我们已经从数据框中提取了变量。接下来将介绍如何从数据框中提取观察值（即行）。假设我们想从 wage_data 数据框中提取第四个观察值：

```
wage_data[4,]
##   respid hourwage age gender educ
## 4    4    44.5    39  male   13
```

如果将方括号中逗号后的空格留空，那么将保留所有变量。然而，我们经常想要从一个数据集中提取多个观察结果。比如这次，要求提取第二行到第四行的观察值：

```
wage_data[2:4,]
## respid hourwage age gender educ
## 2  2     33.0   46  female  12
## 3  3     65.5   51  male    15
## 4  4     44.5   39  male    13
```

冒号前面的数字 2 表示 "from"，冒号后面的数字 4 表示 "to"。这也是在 R 中使用冒号（:）的标准方式。尽管在上面的例子中，我们处理的是一个小数据集，但同样的原则也适用于更大的数据集。有时可能需要提取不按顺序排列的观测结果。下面展示了一个例子，其中我们提取了第一个、第四个和第五个观察值：

```
wage_data[c(1,4:5),]
## respid hourwage age gender educ
## 1  1     27.0   34  male    10
## 4  4     44.5   39  male    13
## 5  5     15.0   22  female  8
```

如果想要根据选择标准提取观察结果，应该怎样做呢？假设我们只想从 wage_data 中提取有关男性的数据：

```
male <- wage_data[ ,"gender"]=="male"
wage_data[male,]
## respid hourwage age gender educ
## 1  1     27.0   34  male    10
## 3  3     65.5   51  male    15
## 4  4     44.5   39  male    13
```

在这个例子中，首先创建了一个筛选条件，以识别数据框中的男性样本。我们使用比较操作符==将变量 gender 中的值与单词 male 进行比较。然后，通过在行单元格中的方括号中的逗号之前插入男性对象，将这个筛选条件应用于整个数据框。像往常一样，如果想在 R 中进一步使用它们，那么可以将提取后的输出保存在新的对象中。例如，你可能想创建一个只包含男性或女性观察结果的子数据集，以便根据性别进行单独的分析。

筛选条件相当于一个向量，表明需要包含和排除哪些行。当我们查看 male 对象中包含的内容时，就更能清楚地理解筛选条件的含义了。

```
male
## [1] TRUE FALSE TRUE TRUE FALSE
```

这实际上是一个逻辑向量，它的每个元素都包含 TRUE 或 FALSE。这个向量表示：包括第一行（TRUE），排除第二行（FALSE）和包括第三行（TRUE），以此类推。

添加观察值和变量

我们可以使用 rbind() 和 cbind() 函数分别将观察值和变量添加到 R 中的数据框中。函数名 rbind 代表 "行绑定"，即将数据集的观察值按行绑定在一起；cbind 表示 "列绑定"，即绑数据集的变量按列绑定在一起。

向现有数据集添加观察结果实际上等价于合并两个数据集，这个过程也被称为垂直合并。为了垂直地合并两个数据集，两个数据集必须包含完全相同的变量。假设我们想合并如下创建的 wage_data 和 wage_data2 数据集：

```
print(wage_data)
## respid hourwage age gender educ
## 1  1  27.0  34  male    10
## 2  2  33.0  46  female  12
## 3  3  65.5  51  male    15
## 4  4  44.5  39  male    13
## 5  5  15.0  22  female   8
print(wage_data2)
## respid hourwage age gender educ
## 1  6  59.0  43  female  15
## 2  7  49.6  64  male    10
## 3  8  48.0  55  female  11
## 4  9  38.9  59  male     9
## 5 10  29.9  24  female   7
```

我们观察到两个数据集包含相同的变量，但具有不同的观察值。两个数据集中变量的顺序可以不同，因为在合并过程中，它们将根据名称进行匹配。现在，可以使用以下命令将这两个数据集合并为一个：

```
wage_data_m <- rbind(wage_data, wage_data2)
wage_data_m
## respid hourwage age gender educ
## 1   1  27.0  34  male    10
## 2   2  33.0  46  female  12
## 3   3  65.5  51  male    15
## 4   4  44.5  39  male    13
## 5   5  15.0  22  female   8
## 6   6  59.0  43  female  15
## 7   7  49.6  64  male    10
## 8   8  48.0  55  female  11
## 9   9  38.9  59  male     9
## 10 10  29.9  24  female   7
```

这两个数据集现在存储在一个新的数据集中，我们将其命名为 wage_data_m，以避免覆盖两个原始数据集中的一个。

向现有数据集添加变量与扩展数据集观察值的方法相同，这个过程称为水平合并。假设有另一个变量存储在一个名为 marstat 的对象中（表示被调查者的婚姻状态），并且我们想要将这个变量添加到刚刚生成的 wage_data_m 数据集中。在合并之前，首先查看一下 marstat 变量的内容：

```
marstat <- c("single","married","married","married","single")
```

然后，可以使用 cbind()函数合并 wage_data_m 和 marstat：

```
wage_data_mars <- cbind(wage_data, marstat)
wage_data_mars
##   respid hourwage age gender educ marstat
## 1      1     27.0  34   male   10  single
## 2      2     33.0  46 female   12 married
## 3      3     65.5  51   male   15 married
## 4      4     44.5  39   male   13 married
## 5      5     15.0  22 female    8  single
```

如前所述，我们将此输出保存在一个名为 wage_data_ mars 的新对象中，以确保保留两个原始的数据对象。

请注意，在使用 rbind()函数合并行时，需要保证合并的数据集有相同的列数；在使用 cbind()函数合并列时，必须保证合并的数据集有相同的行数。当然，R 也支持合并行或列仅部分重叠或顺序不同的数据集。为此，我们可以使用 base_R 中的 merge()函数或 dplyr 包中更方便的 full_join()函数。我们把对这些更高级特性的讨论留到第 4 章。

重命名变量

使用 colnames()函数结合方括号 [] 可以很容易地对数据集中的变量或列进行重命名。例如，想要将列的名称更改为不同的语言种类，可以回想一下之前介绍的将 wage_data 中的英文列名翻译成挪威语的例子中的做法。让我们首先看看当对 wage_data 数据集应用 colnames()函数时，得到的输出结果是什么：

```
colnames(wage_data)
## [1] "respid"   "hourwage" "age"      "gender"   "educ"
```

可以看到，变量（列）的名称是一组字符向量。如本章前面提到的，可以通过索引和重新赋值来轻松更改向量中的元素：

```
colnames(wage_data)[3] <- "alder"
```

索引[3]指示了 age 变量，它是数据集中的第三个变量。然后，我们将变量的新名称（alder，在挪威语中是年龄的意思）写在双引号中，表示用它来替换原始名称（age）。

最后，在输入 wage_data 时，我们看到列名中的"age"已按要求更改为"alder"。这里，使用了一个新函数 head()，它只显示数据集的第一行以节省空间。函数的附加参数（即数字 3）表示我们希望显示的行数：

```
head(wage_data, 3)
## respid hourwage alder gender educ
## 1 1 27.0 34 male 10
## 2 2 33.0 46 female 12
## 3 3 65.5 51 male 15
```

也可以使用 c() 函数同时重命名多个变量：

```
colnames(wage_data) <- c ("respnum","timeloenn","alder",
 "kjonn","utdann")
head(wage_data,3)
## respnum timeloenn alder kjonn utdann
## 1 1 27.0 34 male 10
## 2 2 33.0 46 female 12
## 3 3 65.5 51 male 15
```

到目前为止，我们主要介绍了两种最常见的对象类型：向量和数据框。在 base-R 中还有另外两种重要的对象类型，即矩阵和列表。接下来将简要介绍这两种对象类型。

3.3.3 矩阵

一个矩阵可以看成是一个二维的向量，其中行表示第一个维度，列表示第二个维度。矩阵由多个单元格（其中行和列相交）组成，这些单元格称为元素。矩阵中的所有元素必须具有相同的数据类型（数值、字符或逻辑），这是它们与可以保存不同类型列的数据框的区别。可以使用 matrix() 函数创建矩阵。下面是一个简单的数字矩阵的例子：

```
mat1 <- matrix(1:9, ncol=3)
```

这里，输入了一串从 1 到 9 的数字，我们想把它们分布在三列中。默认情况下，在 R 中该函数将按列分布，如下所示：

```
mat1
## [,1] [,2] [,3]
## [1,] 1 4 7
## [2,] 2 5 8
## [3,] 3 6 9
```

如果我们将数据按行分布，则需要在 matrix() 函数中添加额外的参数

byrow=TRUE。这将产生以下输出：

```
mat2 <- matrix(1:9, ncol=3, byrow=TRUE)
mat2
##      [,1] [,2] [,3]
## [1,]    1    2    3
## [2,]    4    5    6
## [3,]    7    8    9
```

虽然矩阵和数据框是两种不同类型的对象，但在从矩阵中提取元素和合并矩阵（以水平或垂直的方式）时，可以选择本章前面处理数据框时使用的相同函数：使用方括号[]进行提取，使用 cbind()和 rbind()分别进行水平和垂直合并。此外，还可以使用 colnames()函数重命名矩阵的列。要更改矩阵中的行名，可以应用 rownames()函数，其工作方式与 colnames()函数相同。

3.3.4 列表

列表可以看作是一个多样化的盒子，我们可以把所有类型的对象放在里面。这意味着进入列表的对象不必具有相同的类型或相同的维度。这就是列表在 R 中如此受欢迎的主要原因。更具体地说，列表可以包含向量、数据框、矩阵，这三个对象的组合或任何其他对象类型。一个列表甚至可以包括其他列表。例如，我们创建了一个向量、一个数据框和一个矩阵，并将所有这些都放在一个列表中，这样就可以更清楚地看到列表这个对象类型背后的逻辑：

```
v <- c(200, 345, 500, 100, 444)
d <- data.frame(x1=c(1:5), x2=c(6:10))
m <- matrix(1:9, ncol=3)
```

在这里，我们已经创建了向量（v）、数据框（d）和矩阵（m）。正如我们所看到的，这些对象都有不同的维数。现在，使用 list()函数来创建第一个列表对象，并将其命名为下面的 mylist：

```
mylist <- list(v, d, m)
```

这里，我们创建了列表对象 mylist，它由三个单独的对象组成，每个对象都被称为 mylist 的一个组件。我们可以对这些进入列表的对象进行重命名：mylist2 <- list(myvec=v, mydf=d, mymat=m)。

```
mylist
## [[1]]
## [1] 200 345 500 100 444
## 
## [[2]]
```

```
## x1 x2
## 1 1 6
## 2 2 7
## 3 3 8
## 4 4 9
## 5 5 10
##
## [[3]]
##      [,1] [,2] [,3]
## [1,]    1    4    7
## [2,]    2    5    8
## [3,]    3    6    9
```

与处理向量、数据框和矩阵一样，我们可以从列表中提取组件（元素）。从输出结果可以看到 mylist 包含一个向量、一个数据框和一个矩阵。在本例中，我们将提取其中一个对象及列表中每个对象的元素。要提取对象（组件），可以使用操作符 [] 或 [[]]。假设我们想要从 mylist 中提取矩阵对象，可以这样做：

```
mylist[3]
## [[1]]
##      [,1] [,2] [,3]
## [1,]    1    4    7
## [2,]    2    5    8
## [3,]    3    6    9
```

上例通过在方括号中插入数字 3 来提取整个矩阵对象，因为我们知道这个矩阵对象是 mylist 中的第三个组件。当我们使用单一的方括号 [] 来提取元素时，输出结果为一个包含单个元素的列表。然而，当我们使用双方括号[[]]时，输出结果看起来是相同的，但它将显示为一个矩阵（即与原始对象类型相同）。下面举例说明一下：

```
mylist[[3]]
##      [,1] [,2] [,3]
## [1,]    1    4    7
## [2,]    2    5    8
## [3,]    3    6    9
```

是否使用 [] 或 [[]] 取决于我们想对输出做什么，也就是说，是想把输出写成列表的形式还是矩阵的形式。如果想要从 mylist 矩阵对象中提取值，那么可以扩展上面的命令。例如，想从矩阵对象中提取数值 8。上文已经使用 [] 和 [[]] 提取了矩阵对象。如果先将这些输出分配给新对象，随后再从中提取感兴趣的数字，事情就会简单得多：

```
m1 <- mylist[3]
```

现在，我们已经将输出赋给了 m1 对象。在这里，可以看到矩阵对象 m1 中的索引是 [[1]]。然后以通常的方式输入[8]，以提取矩阵中数值为 8 的元素：

```
m1[[1]][8]
## [1] 8
```

如果想通过 [[]] 提取感兴趣的值，那么还可以将输出赋给一个新对象，这次我们将其命名为 m2：

```
m2 <- mylist[[3]]
```

当得到矩阵形式的输出时，可以将索引[8]直接写在 m2 旁边，以提取数值为 8 的元素：

```
m2[8]
## [1] 8
```

由于 m2 是一个矩阵，我们也可以使用矩阵或数据框的知识进行元素提取。换句话说，可以使用下面的命令获得相同的输出：

```
m2[2,3]
## [1] 8
```

当将单个索引应用于矩阵对象时，将按列使用它来选择相应的元素。

3.4 本章小结

在本章中，我们通过关注函数和对象之间的交互，学习了 R 内部是如何工作的。希望这些知识能帮助你更快速地学习 R。当你基本了解了 R 的使用方法时，就可以更容易地自主学习更多关于 R 的知识。本章为理解下一章，以及更好地理解前一章中使用的命令奠定了基础。在本章介绍了对四种数据结构向量、数据框、矩阵和列表的基本操作。然而，要完全理解这些数据结构，还需要进行更多的研究。因此，我们希望读者能参考这些数据结构的帮助文件。例如，要了解更多关于数据框的信息，可以输入 help(data.frame)，并以同样的方式请求其他数据结构的帮助文件。

【核心概念】

数据框：可以视为包含列向量（变量）的列表。
函数：用来处理一个对象的指令。
列表：可以包含不同类型对象（数据结构）的对象。

矩阵：一个二维表（行和列）。
对象：以某一种形式包含数据。
向量：包含同一类型数据（如数字或文本）的顺序值的对象。
向量化：可以实现对向量中的每个元素应用函数。

【提问】

1. 函数的具体含义是什么？
2. 对象的具体含义是什么？
3. "将一个函数应用到一个对象"是什么意思？
4. 什么是向量化？
5. 如何从 R 的数据框中提取变量？

【本章使用的函数示例】

base
```
hourwage <- c(27.0, 33.0, 65.5, 44.5, 15.0)
```
- 一个数值型向量。
```
log(hourwage)
```
- 通过向量化对向量中的每一个元素取对数。
```
gender <- c("male","female","male","male","female")
```
- 一个字符型向量。
```
hourwage[4]
hourwage[c(2,4)]
hourwage[-c(1,3,5)]
```
- 从向量中提取元素。
```
hourwage[c(1,3)] <- c(26.9,65.4)
```
- 改变向量的值。
```
wage_data <- data.frame(hourwage, gender, age)
```
- 构建一个数据框并存储在一个对象中。
```
str(wage_data)
```
- 提供对象的相关信息。
```
wage_data$gender
wage_data[ ,"gender"]
wage_data[ ,2]
wage_data[ ,c("gender","age")]
wage_data[ ,c(2,3)]
```

- 从数据框中提取列变量。
```
wage_data[4, ]
wage_data[4:6, ]
wage_data[c(1,4:6), ]
wage_data[ ,"gender"]=="male"
```
- 从数据框中提取行样本。
```
rbind(wage_data, wage_data2)
```
- 按行合并数据框的观察值。
```
cbind(wage_data3, wage_data4)
```
- 按列合并数据框的变量。
```
colnames(wage_data)[3] <- "alder"
colnames(wage_data) <- c("timeloenn","kjonn","alder")
```
- 重命名变量。
```
head(wage_data, 3)
```
- 显示数据框的前三行。
```
m <- matrix(1:9, ncol=3)
m <- matrix(1:9, ncol=3, byrow=T)
```
- 创建矩阵。
```
myl <- list(hourwage, m, wage_data)
```
- 创建列表。
```
myl[2]
```
- 以列表的形式输出结果。
```
myl[[2]]
```
- 以矩阵的形式输出结果。

第 4 章

数据管理

在本章中，将会使用以下 R 包：
- Hmisc：包含标签变量。
- forcats：用来处理因子变量。
- psych：包括本章使用的示例数据集。
- summarytools：包含描述性统计函数。
- dplyr：包含一系列处理数据的函数。
- tidyr：重塑数据集。
- astatur：包含本章使用的数据集。

必须先安装和加载上面提到的包才能运行本章提供的代码。可以使用下列命令来进行 R 包的安装：

```
packages <- c("Hmisc", "forcats", "psych",
              "summarytools", "dplyr", "tidyr",
              "devtools")
install.packages(packages)
devtools::install_github("ihrke/astatur")
```

【学习成果】

- 掌握基于变量的最常见的数据管理任务，如重命名、重新编码等。
- 掌握数据集最常见的数据管理任务，如选择、过滤等。
- 学习如何使用 dplyr 包高效地完成这些任务。

数据分析由多个阶段组成。数据管理，也常被形象地称为"数据争辩"，是需要研究人员花费大部分时间和精力（也经常受挫）的第一阶段。数据管理主要是为了描述性分析、可视化和统计建模等工作准备数据集及其变量。R 是一个灵活的程序，它提供了许多不同的选项来使用 base-R 函数和 R 包进行有效的数据管理。本章将介绍最常用的 R 包和相关函数，它们可用于不同类型的数据管理任务，如变量记录、按变量或观测数据分割数据集、数据行列转换等。数据管理任务可以分为两类：一类是单独影响变量的任务；另一类是影响整个数据集的任务。

> **注意！**
>
> 本章中所有的数据管理任务都可以使用 base-R 函数来完成。然而，这种方法有时会很困难和具有挑战性，特别是对于那些对 R 的使用经验有限的人。本章将使用流行的 R 包 dplyr 中的函数，它将使数据管理任务变得更加容易。除了 dplyr，我们还使用了一些其他同样有用的包，如 tidyr 和 forcats。它们都属于 Hadley Wickham 开发的包 tidyverse。根据任务需要，可以单独安装和加载这些包（dplyr、tidyr 和 forcats），也可以使用 tidyverse 包来共同加载它们。

4.1 变量的数据管理

在分析数据时，经常需要对数据集中的单个变量进行一些数据管理操作。最常见的任务是生成新的变量，例如，通过使用转换对变量进行重新编码、替换变量中的值、重命名变量，以及探索和纠正变量中的缺失值。

4.1.1 创建新变量

出于统计或理论的原因，研究人员可能偶尔需要通过转换数据集中已有的变量来生成新的变量。这种情况的例子有：几个分数需要加在一起形成一个求和分数时（例如，问卷中的问题答案），或者需要对一个变量取对数时。后者可以用于将一个偏态分布变量转化为近似正态分布变量（见第 6 章）。接下来，让我们使用 dplyr 包中的 mutate() 函数来实现这一点。为了能够使用这个函数，必须先安装 dplyr 包。只要在脚本文件或控制台窗口中输入 install.packages("dplyr")，就可以很容易地完成这一操作（回想一下第 1 章的内容）。此外，必须在开始工作之前加载该 R 包：
`library(dplyr)`

在示例中，我们将使用一个名为 ChickWeight 的数据集，它是 R 的示例数据集之一，因此已经安装在你的计算机上了。如果想了解这个数据集的更多信息，可以输入

help(ChickWeight, package="datasets")来访问它的帮助页面。简单地说，这个数据集包含了一个关于不同饲料对雏鸡早期生长影响的实验数据。

> **注意！**
> 可以在控制台窗口简单地输入数据集的名称（如 ChickWeight），来访问任何 R 自带的数据集。也就是说，这些数据集在 R 任务中是自动可用的。如果还想在 RStudio 的环境窗口中看到作为对象存储的数据集，那么我们可以输入 data(ChickWeight)。

在下面的命令中，我们创建了一个新对象，并将其命名为 ChickWeight2。然后，将使用 mutate() 更改后的数据赋值给这个新对象，并将此更改（即 log_weight）添加到原始数据集（ChickWeight）中。生成新变量的方法是将必要的参数作为表达式键入 mutate()。也就是说，mutate() 的第一个参数是希望修改的原始数据集 ChickWeight。其余参数是要创建的新变量的表达式。在这里，我们创建了一个名为 log_weight 的新变量，并使用表达式 log_weight=log(weight) 声明该变量应该等于原始变量权重的对数：

```
ChickWeight2 <- mutate(ChickWeight, log_weight = log(weight))
```

注意，我们不需要使用操作符 "$" 来告诉 R 变量 weight 属于哪个数据集。原因是，mutate() 已经知道当前使用的是哪个数据集，因为第一个参数就是数据集的名称。因此，当在 mutate() 函数中指定表达式时，可以显式地使用 ChickWeight 数据集中的所有变量。

使用 head() 函数，可以检查刚刚创建的新数据集 ChickWeight2 中的前 6 行。我们看到新生成的变量（log_weight）已经被添加到这个数据中了（但请注意，它未被添加到原始对象 ChickWeight 中）：

```
head(ChickWeight2)
## weight Time Chick Diet log_weight
## 1 42 0 1 1 3.737670
## 2 51 2 1 1 3.931826
## 3 59 4 1 1 4.077537
## 4 64 6 1 1 4.158883
## 5 76 8 1 1 4.330733
## 6 93 10 1 1 4.532599
```

在下面的命令中，将按照与上面完全相同的过程生成另一个新变量。这一次，我们创建了一个交互项（即变量 time 和 weight 的乘积），可将其称为 int_time_weight，并将其添加到数据集：

```
ChickWeight2 <- mutate(ChickWeight2,
```

```
                      int_time_weight = Time*weight)
head(ChickWeight2)
## weight Time Chick Diet log_weight int_time_weight
## 1 42 0 1 1 3.737670 0
## 2 51 2 1 1 3.931826 102
## 3 59 4 1 1 4.077537 236
## 4 64 6 1 1 4.158883 384
## 5 76 8 1 1 4.330733 608
## 6 93 10 1 1 4.532599 930
```

正如我们所看到的，数据集 ChickWeight2 现在包括刚刚生成的变量（int_time_weight）和上一个示例中的变量（log_weight）。这是因为我们选择了将由 mutate() 返回的新生成的数据集，赋值给予输入数据集同名的对象。注意，由于在第一个示例中，dplyr 包已经被加载，除非我们结束了当前的工作任务，否则在使用这个包中的函数时，不需要使用 library(dplyr) 再次加载这个包。变量可以使用哪些操作取决于变量的类型。因此，在继续介绍数据管理操作之前，我们希望先概述 R 中可用的不同变量类型。在图 4.1 中，展示了两种主要的变量类型：离散变量和连续变量。主要的区别是离散变量由可数的数字集合组成（例如，从 1 到 N 的计数，或类别变量如女性和男性等），而连续变量可以测量到任意精度。离散变量的类别包括计数变量（如整数）、顺序变量（如 Likert-type 量表）和类别变量（如性别）。类别变量和顺序变量也被称为分类变量或定性变量，因为它们将一个事件划分给了不同的类别。连续

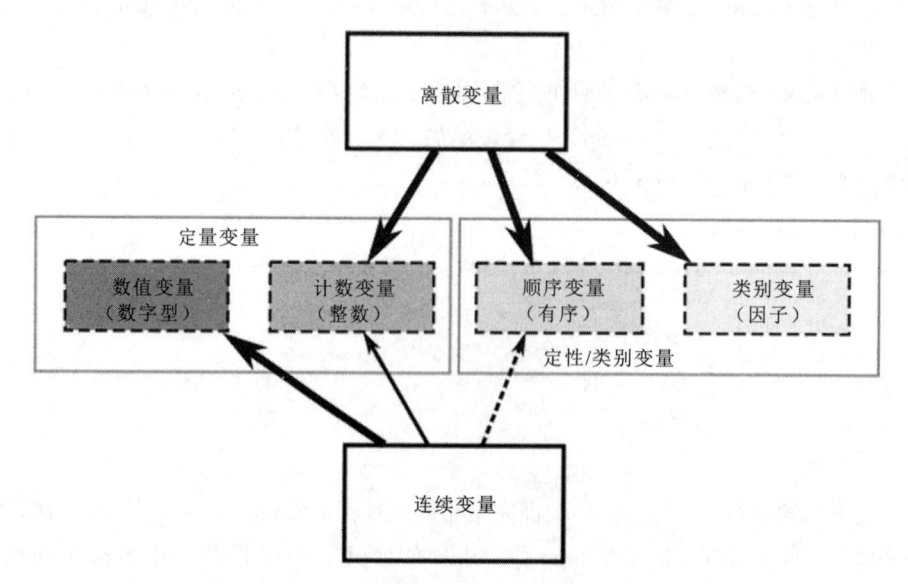

图 4.1　变量类型及其在 R 中的表示

变量的特点是，可以在刻度上的任意两个值之间加上额外的数。例如，在数字 1.4 和 1.5 之间，还有无限多个其他值（1.41、1.462 等）。这些变量代表了诸如体重、年龄或温度等数值上的可观测值，与计数变量一起也被称为定量变量，因为它们可以被解释为数量。在 R 中，我们使用数字、整数、有序和因子分别表示数值变量、计数变量、顺序变量和类别变量。在某些情况下，可以将整数和有序变量视为准连续变量，换句话说，假设它们是连续的而不是离散的，这样就可以将针对连续变量开发的统计方法应用于它们。甚至分类变量通常也被编码为连续的（如虚拟变量编码，见第 9 章）。

4.1.2 重新编码变量

研究人员偶尔需要重新编码变量，以便改变变量的数据类型。对变量进行重新编码的一种常见情况是，通过将值对应到一个类别中，将一个连续变量变成一个分类变量。这里，我们展示了一个使用来自数据集 ChickWeight2 的 weight 变量的示例。通过使用命令 class(ChickWeight2$weight)，可以知道这个变量是一个数值变量。还可以看到，weight 的极差是 338（即 373-35）。

例如，我们想要生成一个新变量，它只包含 5 个类别，这些类别是通过将原始变量 weight 的不同值分组来创建的。为了能够进行这种重编码,我们将结合使用 mutate() 函数和另一个 dplyr 函数 case_when()。

> **注意!**
> 尽管我们在这里向你展示了如何从连续变量中创建一个分类变量，但我们想强调的是，将连续变量离散化通常不是一个好主意，因为这种做法容易导致信息丢失。

在下面的命令中，通过应用 mutate()函数创建新变量之后，再利用所做的更改来替换旧对象，从而更新数据集（ChickWeight2）。在 mutate()函数中，我们插入原始数据集的名称（ChickWeight2）作为第一个参数，然后再插入想要创建的新变量的名称（weight5）[1]作为第二个参数。最后使用 case_when()函数，通过指定间隔和类别值将连续变量 weight 的数值离散为 5 个类别。该函数涉及多个参数，每个参数由一个条件和一个相关联的目标值组成。例如，在第一行中，我们将 weight 变量的值小于或等于 50 的观察值重新赋值为 1。条件和值由波浪符号~分隔。其他类别以类似的方式创建。最后，通过代码 TRUE~5 将 weight 变量中其余值赋值为 5。条件 TRUE 可以被解释为"else"或"其他形式"。

---

[1] 我们也可以通过使用相同的名称来覆盖原来的 weight 变量，但通常建议保留原来的变量。这就是为什么称这个新的变量为 weight5。

```
ChickWeight2 <-
  mutate(ChickWeight2,
         weight5 = case_when(weight <= 50 ~ 1,
                             weight > 50 & weight <= 100 ~ 2,
                             weight > 100 & weight <= 150 ~ 3,
                             weight > 150 & weight <= 200 ~ 4,
                             TRUE ~ 5))
```

下面，我们打印新数据集的前 15 行，从输出结果中可以看到，这个新数据集还包括了对原始变量 weight 重新编码后生成的新变量 weight5。通过比较这两个变量，我们还可以检查重新编码是否正确。

```
head(ChickWeight2, 15)
##    weight Time Chick Diet log_weight int_time_weight
## 1      42    0     1    1   3.737670               0
## 2      51    2     1    1   3.931826             102
## 3      59    4     1    1   4.077537             236
## 4      64    6     1    1   4.158883             384
## 5      76    8     1    1   4.330733             608
## 6      93   10     1    1   4.532599             930
## 7     106   12     1    1   4.663439            1272
## 8     125   14     1    1   4.828314            1750
## 9     149   16     1    1   5.003946            2384
## 10    171   18     1    1   5.141664            3078
## 11    199   20     1    1   5.293305            3980
## 12    205   21     1    1   5.323010            4305
## 13     40    0     2    1   3.688879               0
## 14     49    2     2    1   3.891820              98
## 15     58    4     2    1   4.060443             232
##    weight5
## 1        1
## 2        2
## 3        2
## 4        2
## 5        2
## 6        2
## 7        3
## 8        3
## 9        3
## 10       4
## 11       4
## 12       5
## 13       1
## 14       1
## 15       2
```

虽然我们已经离散了 weight 变量，但 weight5 变量仍然是数字型。可以使用命令 class(ChickWeight2$weight)来检查这一点。如果要将这个整数变量转换为真正的分类（因子）变量，可以运行下面的命令。在这个命令中，将使用 mutate()函数进行另一次迭代，因为需要生成另一个新变量，即 weight5_2。通过使用 base-R 中的 factor()函数将 weight5 转换为因子变量来生成这个变量。在这个函数中，首先将变量 weight5 的值赋值给 levels 参数，然后在 labels 参数中为每个值加上标签（例如，1 表示"verylittle"等）：

```
ChickWeight2 <-
  mutate(ChickWeight2,
         weight5_2 =
           factor(weight5,
                  levels = c(1, 2, 3, 4, 5),
                  labels = c("very little", "little",
                             "medium", "big", "very big")))
```

通过键入 class(ChickWeight2$weight5_2)，我们可以看到 weight5_2 变量的数据类型已经被更改为因子变量，现在它可以用作统计分析中的分类变量。此外，还可以将该因子变量转换为有序（即顺序）因子变量，这个做法在本例中是有意义的。要实现这一目标，只需在上述命令的 labels 参数后添加参数 ordered = TRUE 即可。

> **注意！**
>
> 在离散化之后，如果仍然想使用离散化的变量作为准连续变量（如在线性回归中），则此时需要保存它的数值。另一方面，如果想比较不同的类别（如在方差分析中），则必须把它变成一个因子变量。最后，如果想使用离散变量作为序数因变量（如在序数回归中），则必须将它进一步转换为有序因子变量。

4.1.3 替换变量值

有时需要将变量中的现有值替换为新值。假设出于某种原因，我们想用 144 来替换 weight 变量中的 42。可以通过组合 dplyr 包中的 mutate()函数和 base-R 中的 replace()函数来实现这一点。mutate()函数可以帮助我们更改原始变量（weight）。此外，我们希望替换 weight 变量中的一些值，只需相应地将 weight 变量作为第一个参数调用 replace()函数。然后，可以使用语法 weight==42,144 指定要替换的内容，这意味着找到 weight 中等于 42 的值，并将它们替换为 144。

```
ChickWeight2 <- mutate(ChickWeight2,
                       weight = replace(weight, weight==42,144))
```

```
head(ChickWeight2)
## weight Time Chick Diet log_weight int_time_weight weight5
## 1 144 0 1 1 3.737670 0 1
## 2 51 2 1 1 3.931826 102 2
## 3 59 4 1 1 4.077537 236 2
## 4 64 6 1 1 4.158883 384 2
## 5 76 8 1 1 4.330733 608 2
## 6 93 10 1 1 4.532599 930 2
```

可以看到，第一个权重值原来是 42，现在被替换为 144。事实上，weight 变量中值为 42 的所有观察值现在都更改为了 144。mutate()函数并不局限于一次只改变一个变量，它可以同时替换多个变量中的值。例如，一次改变 3 个变量的值：

```
ChickWeight2 <- mutate(ChickWeight2,
                       weight = replace(weight, weight==93, 555),
                       Time = replace(Time, Time==0, 30),
                       Diet = replace(Diet, Diet==1, 2))
head(ChickWeight2)
## weight Time Chick Diet log_weight int_time_weight weight5
## 1 144 30 1 2 3.737670 0 1
## 2 51 2 1 2 3.931826 102 2
## 3 59 4 1 2 4.077537 236 2
## 4 64 6 1 2 4.158883 384 2
## 5 76 8 1 2 4.330733 608 2
## 6 555 10 1 2 4.532599 930 2
## weight5_2
## 1 very little
## 2 little
## 3 little
## 4 little
## 5 little
## 6 little
```

结果显示，ChickWeight2 数据集中的值都是按指定的方式更改的。

同样可以根据包含多个变量的条件替换变量值。假设我们想要将变量 Time 中值为 8、变量 Diet 中值为 2 的观测值（行）更改为 2222。我们可以将这两个条件用&（其含义是"and"）操作符连接：

```
ChickWeight2 <- mutate(ChickWeight2,
              weight = replace(weight, Time==8 & Diet==2, 2222))
```

在下面的输出结果中，我们观察到至少有一种情况满足将值更改为 2222 的两个条件，它是第 5 个观察值（行）。如果数据集中满足相同条件的情况更多，则这些变量中的值也都将被替换为 2222。

```
head(ChickWeight2)
## weight Time Chick Diet log_weight int_time_weight weight5
## 1  144  30 1 2 3.737670   0   1
## 2   51   2 1 2 3.931826 102   2
## 3   59   4 1 2 4.077537 236   2
## 4   64   6 1 2 4.158883 384   2
## 5 2222   8 1 2 4.330733 608   2
## 6  555  10 1 2 4.532599 930   2
## weight5_2
## 1 very little
## 2 little
## 3 little
## 4 little
## 5 little
## 6 little
```

最后一个常见的例子是，有时我们希望用缺失值替换某些变量中的值。例如，可以使用这种方法来标记离群值（即超过某个阈值的数值），或者可能由于某些原因发现一些数据是无效的。缺失数据在 R 中由 NA 表示，我们可以使用 replace() 函数来定位适当的值，并将其替换为 NA：

```
ChickWeight2 <- mutate(ChickWeight2,
                       weight = replace(weight, weight < 60, NA),
                       Time = replace(Time, Time >= 10, NA))
```

正如我们在下面看到的，根据上面命令中的请求，现在有几个值被替换为缺失值（NA）：

```
head(ChickWeight2)
## weight Time Chick Diet log_weight int_time_weight weight5
## 1  144  NA 1 2 3.737670   0   1
## 2   NA   2 1 2 3.931826 102   2
## 3   NA   4 1 2 4.077537 236   2
## 4   64   6 1 2 4.158883 384   2
## 5 2222   8 1 2 4.330733 608   2
## 6  555  NA 1 2 4.532599 930   2
## weight5_2
## 1 very little
## 2 little
## 3 little
## 4 little
## 5 little
## 6 little
```

4.1.4 重命名变量

通常情况下，我们可能需要重命名数据集中的变量。这样做的原因是希望缩短或翻译变量名，或者现有的变量名可能不能很好地反映内容。为了能够重命名变量，需要使用 dplyr 包中的 rename()函数。我们通过使用数据集 ChickWeight2 来说明这一点。输入数据集名称（ChickWeight2），可以看到数据集中变量的名称。其中一个变量叫作 Chick。假设我们想要将这个名称更改为 Chick_number，那么可以通过以下命令实现这一点：

```
ChickWeight2 <- rename(ChickWeight2, Chick_number = Chick)
head(ChickWeight2)
##   weight Time Chick_number Diet log_weight int_time_weight
## 1    144   NA            1    2   3.737670               0
## 2     NA    2            1    2   3.931826             102
## 3     NA    4            1    2   4.077537             236
## 4     64    6            1    2   4.158883             384
## 5   2222    8            1    2   4.330733             608
## 6    555   NA            1    2   4.532599             930
##   weight5 weight5_2
## 1       1 very little
## 2       2 little
## 3       2 little
## 4       2 little
## 5       2 little
## 6       2 little
```

这里创建了一个新对象，用来存储 rename()函数的结果。在 rename()函数中，我们先编写了数据集的名称，然后是变量的新名称（Chick_number），最后是变量的原始名称（Chick）。如果需要，还可以使用同一个函数同时重命名多个变量，通过使用和上面完全一样的程序。如下所示，在 rename()函数中增加了用逗号分隔的两行：

```
ChickWeight2 <- rename(ChickWeight2, weight_gr = weight,
                                     days = Time,
                                     diet_rec = Diet)
head(ChickWeight2)
##   weight_gr days Chick_number diet_rec log_weight
## 1       144   NA            1        2   3.737670
## 2        NA    2            1        2   3.931826
## 3        NA    4            1        2   4.077537
## 4        64    6            1        2   4.158883
## 5      2222    8            1        2   4.330733
## 6       555   NA            1        2   4.532599
##   int_time_weight weight5 weight5_2
```

```
## 1 0 1 very little
## 2 102 2 little
## 3 236 2 little
## 4 384 2 little
## 5 608 2 little
## 6 930 2 little
```

4.1.5 探索缺失值

在研究工作中，通常很难获得完整的数据集，总会存在某些变量的个别值是缺失的情况。出现缺失值的常见原因有：受访者可能选择不回答问卷中的一些问题；数据可能由于一些技术问题而没有被登记等。因此，在进行更深入的统计建模之前，在数据管理阶段必须要检查缺失值的分布情况，尽管有时缺失值可能是统计分析的一部分。在 R 中，不管缺失值是数值还是字符，都用特殊限定符 NA 标记。虽然原始数据集 ChickWeight 不包含缺失值，但在本章前面的一个例子中，我们用 NA 替换了一些值，并将结果数据集保存为 ChickWeight2。接下来，我们可以开始研究 ChickWeight2 数据集中的缺失值了。

在准备分析一个数据集之前，首先需要了解：（1）是否存在缺失值？（2）有多少个缺失值？（3）哪些变量的缺失值比较多？

在 is.na()函数和 colSums()函数的帮助下，我们可以回答所有这些问题。

is.na()函数能检验数据集中每个值是否是缺失。当一个值缺失时，存储结果的向量将把这个数值对应的结果标记为 TRUE，如果值存在，则标记为 FALSE。colSums()函数将统计结果向量中包含 TRUE 的行数。事实上，colSums()函数是在计算列中所有值的和，正如函数名所表达的那样。在 R 中，TRUE 表示数值 1，FALSE 表示数值 0，因此对这样包含逻辑值（即 TRUE、FALSE）的列求和等于统计该列中所含 TRUE 的个数。将这两个函数一起应用于 ChickWeight2 数据集，就能计算出该数据集中各个变量所含缺失值的总数：

```
colSums(is.na(ChickWeight2))
## weight_gr days Chick_number
## 111 381 0
## diet_rec log_weight int_time_weight
## 0 0 0
## weight5 weight5_2
## 0 0
```

正如上例所示，weight_gr 和 days 变量分别有 111 和 381 个缺失值，而其余变量都没有缺失值。在工作中，有时可能还希望找出包含这些缺失值的样本（行）。通过将which()和is.na()函数结合起来，就可以解决这个问题，具体命令如下：

```
which(is.na(ChickWeight2$weight_gr))
##   [1]   2   3  13  14  15  25  26  27  38  39  49  51  61
##  [14]  62  63  73  74  75  86  97  98 108 109 110 120 121
##  [27] 132 133 134 144 145 146 156 157 168 169 170 176 177
##  [40] 178 179 181 182 184 195 196 197 198 199 209 210 211
##  [53] 212 221 222 233 234 245 246 258 259 269 270 282 283
##  [66] 293 294 295 305 306 307 317 318 319 330 331 342 353
##  [79] 354 365 366 377 378 389 390 401 402 413 414 415 425
##  [92] 426 438 449 450 462 474 486 498 507 508 519 520 531
## [105] 532 543 544 555 556 567 568
```

which()函数是一个非常有用的工具，它可以识别满足某个条件的行号。本例中，我们使用它来查找包含缺失值的样本（行）：输出结果显示了weight_gr变量包含缺失值的所有行号。

> **注意！**
>
> 这里需要补充一点，使用variablename==NA这种看起来更直观的方式来判断变量中是否存在缺失值，不会获得你想要的结果。因为，任何值与特殊符号NA的比较都将始终返回NA。当你了解了NA的实际含义时，原因就变得显而易见了。NA表示我们不知道这个值是什么！当你不知道这个值是什么时，你也同样不知道该如何将它与另一个值进行比较。这就是必须使用固定函数is.na(variablename)来判断缺失值是否存在的原因。

colSums(is.na())的函数组合可以用来统计每个变量中包含的缺失值数量。我们还可以构造相反的命令，以便获得每个变量中完整数值的数量。可以使用下面的命令来实现这一点，其中使用了否定操作符"!"（可以将其读为not）来实现反转查询：

```
colSums(!is.na(ChickWeight2))
##    weight_gr       days  Chick_number
##          467        197           578
##     diet_rec  log_weight int_time_weight
##          578        578           578
##      weight5   weight5_2
##          578        578
```

从输出结果可以看到weight_gr和days变量的完整值比数据集中其他变量的完整值要少，这是因为我们在这两个变量中输入了一些缺失值。换句话说，这个结果和之前得到的是一致的。

进一步了解数据集中完整案例或观察样本的数量是有意义的。完整案例是指单个观察样本在任何变量中都没有存在缺失的情况（例如，之前举例的 ChickWeight2 数据集）。根据前面的分析，我们不知道是只有少数的观察样本在几个变量上缺失了值，还是有许多观察样本在一个变量上缺失了值。要找出数据集包含完整案例的数量，可以使用简单的 complete.cases()函数，如下所示：

```
sum(complete.cases(ChickWeight2))
## [1] 124
```

complete.cases()函数将返回一个逻辑向量（TRUE 或 FALSE），每个逻辑值对应一个观察样本。这个值表示对应的观察样本在任何变量中是否存在一个 NA 值。正如前面所做的，可以将 sum()函数应用于这个逻辑向量来统计完全案例的数量。

既然我们已经对不同变量中缺失值和完整值都有了一个概述，下一步就是学会如何处理它们。在 R 中，许多分析方法（如线性回归）都假设数据是完整的，如果数据存在缺失值，就会违反分析方法的假设。有两种常见的处理缺失值的方法：一种方法是删除包含缺失值的观察样本；另一种方法是使用简单的方法（例如，用变量的平均值替代缺失值的平均值）或更高级的技术，如近邻插补法或多重插补法来替换缺失值。

> **注意!**
> 本章只提供了一些基本方法来获取关于数据集中缺失值的信息。更全面的处理方法可以参考 naniar 包，它专门用于缺失值的图形统计分析。在缺少数据的情况下，另一个有用的包是 mi 包，它实现了用多重插补法来填补缺失值。

本节将介绍第一种处理缺失值的方法：在开始分析工作之前，先删除缺失值所在的观察样本。这意味着在数据集中，如果一个观察样本的某个变量存在缺失值，那么该缺失值所在的行将被完全删除，即使该样本中的其他变量的数据都是完整的。这个过程被称为基于列表或基于案例的删除方法。

在 R 中，虽然我们可以使用 complete.cases()函数对整个数据集进行列表删除，但通常不推荐这样做。第一个原因是，许多统计分析函数允许存在缺失值或提供不同的方式处理它们。第二个原因是，在估计一个统计模型（如回归模型）时，需要的变量只是一部分，并不是所有的变量都被使用。在这种情况下，我们应该只对模型中使用的变量而不是整个数据集应用列表删除，以避免删除更多的观察数据。

接下来，将继续使用上面的 ChickWeight2 数据集，并以计算变量 weight_gr 的平均值为例。需要用到的是 mean()函数：

```
mean(ChickWeight2$weight_gr)
## [1] NA
```

这个命令得到的结果是 NA，这表明变量中至少存在一个缺失值。请注意，无论哪个统计函数应用于包含 NA 值的向量，其结果都将是 NA。这是一个意料之中的结果，因为 NA 意味着缺少关于某个值的信息。因此，当我们在计算过程中遗漏了一个数字的信息时，所得结果也将缺少这个数字的信息。然而，mean()函数有一个名为 na.rm 的内置参数（即删除 NA），确保在估计过程中剔除缺失值。

```
mean(ChickWeight2$weight_gr, na.rm=TRUE)
## [1] 278.3833
```

要确定函数是否包含处理缺失值的特定参数，只需获取并查询函数的帮助文件。例如，我们可以通过输入 help(mean)来检索 mean()函数的帮助文件，文件中介绍了参数 na.rm 和它的使用说明。除此之外，还有一些函数在默认情况下会删除缺失值，例如，summary()函数。当使用这个函数时，输出结果将包含缺失值的平均值和数量：

```
summary(ChickWeight2$weight_gr)
## Min. 1st Qu. Median Mean 3rd Qu. Max. NA's
## 60.0 98.0 144.0 278.4 199.5 2222.0 111
```

以上两个函数都只适用于单变量，即单变量分析。当然，也有可以同时使用多个变量的函数，例如，用于计算相关性的 cor()函数或用于回归分析的 lm() 函数（在第 7 章详细介绍）。lm()函数默认使用列表删除来处理缺失值。lm()函数中使用的变量 weight_gr 和 days 总共有 492 个缺失值。由于这些值中有 38 个重叠，因此将删除 454 个观察值。这在 summary()函数产生的输出中显示为一个注释：由于缺失而删除了 454 个观察值（输出底部第 3 行）：

```
summary(lm(weight_gr ~ days, data=ChickWeight2))
## 
## Call:
## lm(formula = weight_gr ~ days, data = ChickWeight2)
## 
## Residuals:
## Min 1Q Median 3Q Max
## -1077.3 -398.2 -383.4 288.0 1064.7
## 
## Coefficients:
## Estimate Std. Error t value Pr(>|t|)
## (Intercept) -1598.40 272.85 -5.858 4.06e-08 ***
## days 344.47 41.88 8.226 2.44e-13 ***
## --
## Signif. codes:
## 0 '***' 0.001 '**' 0.01 '*' 0.05 '.' 0.1 ' ' 1
## 
## Residual standard error: 733.9 on 122 degrees of freedom
## (454 observations deleted due to missingness)
```

```
## Multiple R-squared: 0.3567,Adjusted R-squared: 0.3515
## F-statistic: 67.66 on 1 and 122 DF,  p-value: 2.437e-13
```

虽然我们不建议在统计建模前按列表删除缺失值，但有时它可能是必需的。可以使用 na.omit()函数，它将按列表删除缺失值：

```
na.omit(ChickWeight2)
```

实际上，这个函数与从数据集中保存包含完整案例的行（即 complete.cases()将返回 TRUE）的作用是相同的：

```
ChickWeight2[complete.cases(ChickWeight2),]
```

正如下面输出结果所示，有 124 个完整的观测。dim()函数给出了行数（观察值）和列数（变量）。请注意，我们已经将所有完整的观察结果放在一个名为 ChickWeight3 的数据对象中。这样做是为了保证原始数据集（ChickWeight2）的完整性，因为它还包含了最初的所有缺失值。

```
ChickWeight3 <- na.omit(ChickWeight2)
dim(ChickWeight3)
##[1]124 8
```

最后，我们想讲一下，有一些非常好的包是专门为探索、可视化和处理 R 中的缺失值而构建的。naniar 就是这样一个 R 包，它绝对值得探索，因为它提供了更多全面检查缺失值的方法。

4.1.6　生成虚拟变量

有时我们可能需要从一个分类变量（因子）中生成一组虚拟变量，例如，估计回归模型或执行方差分析时。虚拟变量是一个二分变量（即它只包含两个值 0 和 1），表示一个观察样本是否属于某一个类别。例如，当我们为包含 4 个类别的因子变量生成虚拟变量时，需要先创建一个表示第一个类别的虚拟变量，该类别编码为 1，其余为 0。以同样的方式，我们为第二个类别创建一个虚拟变量，同样将其编码为 1，其余为 0。对因子变量的剩余两个类别做同样的处理。这个过程将产生 4 个虚拟变量，得到的虚拟变量可以用于不同的分析目的。

> **注意!**
> 在建模过程中，将其中 3 个虚拟变量作为自变量放入回归模型中，并排除其中一个作为参考类别的情况是时有发生的。事实上，在 R 中有一种更简单的处理方法，我们将在本书的第 9 章详细说明。

现在让我们通过一个例子来解释虚拟变量的工作原理。下面将使用本章前面创建的数据集 ChickWeight2 中的一个因子变量，这个变量叫作 diet_rec，包括 4 个类别。当我们输入 str(ChickWeight2)时，可以看到数据集中各个变量的信息。在下面的命令中，我们首先创建一个可以被视为临时数据集（数据框）的对象，这样就可以将得到的虚拟变量放入其中。为了创建这些虚拟变量，我们在波浪号（~）后面输入因子变量的名称，作为 model.matrix()函数的参数。我们可以进一步添加+0 项，以避免在回归模型中得到一个额外的虚拟变量，该虚拟变量仅由 1 组成，表示回归方程的截距（常数）。

```
dummy <- model.matrix(~ ChickWeight2$diet_rec + 0)
```

在下面的输出中，可以看到 dummy 数据集中新生成的 4 个虚拟变量。为了简洁起见，我们使用了 head()函数，因此输出结果中只能看到前 6 个观察值。下一步是将这些虚拟变量添加到工作数据集 ChickWeight2 中，也就是之前介绍的按列合并两个数据集，本章后面将对这部分内容进行更详细地介绍。

```
head(dummy)
##   ChickWeight2$diet_rec1 ChickWeight2$diet_rec2
## 1                      0                      1
## 2                      0                      1
## 3                      0                      1
## 4                      0                      1
## 5                      0                      1
## 6                      0                      1
##   ChickWeight2$diet_rec3 ChickWeight2$diet_rec4
## 1                      0                      0
## 2                      0                      0
## 3                      0                      0
## 4                      0                      0
## 5                      0                      0
## 6                      0                      0
```

思考一下上面的命令实际完成了什么工作，这可能对你会有一些启发意义。正如我们所看到的，根据因子变量 diet_rec 的值生成了 4 个变量。这意味着，原则上，我们可以使用 dplyr 包中的 mutate()和 if_else()函数手工创建这些变量，如下面的示例所示：

```
Chickweight2 <- mutate(ChickWeight2,
                       diet_rec1=if_else(diet_rec==1, 1, 0),
                       diet_rec2=if_else(diet_rec==2, 1, 0),
                       diet_rec3=if_else(diet_rec==3, 1, 0),
                       diet_rec4=if_else(diet_rec==4, 1, 0))
```

if_else()函数验证一个条件是否为真，如果为真，则返回一个值；如果不为真，则返回另一个值。在这个例子中，我们将验证 diet_rec 是否等于 4 个可能值中的一个（1~4），如果 diet_rec 与指定的值匹配成功，则插入 1，否则为 0。前一种方法（使用 model.matrix()函数）的优点是通用性更强，适用于有多个类别的变量，并且需要的编码更少。

4.1.7 修改变量的数据类型

到目前为止，我们已经在本书中使用了字符、因子和数字等数据类型。在研究工作中，有时可能需要更改变量的数据类型。为了说明这一点，下面我们将创建一个小型示例数据集，其中包含这 3 种不同数据类型的 3 个变量。为此，我们创建了 3 个独立的向量，然后将它们放入名为 ex_data 的数据框中：

```
ex_data <- data.frame(
  Age = c(28, 35, 45, 29, 43, 50, 32),
  NumSub = factor(c(5, 8, 9, 8, 12, 15, 9)),
  Degree = c("econ","psy","lit","lit","econ","soc","geog"))
```

在下面的输出中，可以看到 ex_data 数据集及其所有变量和数据类型的概述。我们发现 Age 变量是数值型，NumSub 变量是因子型，Degree 变量是字符型：

```
str(ex_data)
## 'data.frame': 7 obs. of 3 variables:
## $Age :num 28 35 45 29 43 50 32
## $ NumSub: Factor w/ 5 levels "5","8","9","12",..: 1 2 3 2 4 5 3
## $ Degree: chr "econ" "psy" "lit" "lit" ...
```

当需要更改变量的数据类型时，可以先从将字符变量转换为分类变量开始练习。下面我们将使用 ex_data 数据集中的字符变量 Degree，并通过使用 as.factor()函数实现这个更改操作。因为这个操作本质上等同于生成一个新变量并将其添加到当前数据集，所以我们可以像本章前面所做的那样使用 mutate()函数：

```
ex_data <- mutate(ex_data,
                  Degree = as.factor(Degree))
```

再次使用 str(ex_data) 命令检查数据集时，可以看到 Degree 变量的数据类型已经从 character（字符型）变为 factor（因子型）。顺便说一句，R 将按字母顺序排列输入的字符变量（现在已经更改为分类变量了）。也就是说，当 R 将变量转换为因子时，econ、geog、lit、psy 和 soc 分别被编码为 1、2、3、4 和 5。

有时，我们也可能希望将变量的数据类型从类别更改为数值型（即从因子型更改为数值型）。我们可以通过将两个函数嵌套来实现这一点。例如，as.numeric(as.character())。

这里个命令的含义是，变量首先被 as.character()函数转换为一个字符变量，然后，在下一步中，这个字符变量被 as.numeric()函数转换为一个数值型变量。使用这种双重转换是由于 R 中存在因子对象的内部表示。每当 R 创建因子时，它会在内部创建一个"字典"，将整型数值转换为正确的因子型。因此，在 R 内部，因子与数值变量相同，只是每个数值都通过该字典转换为文本标签。当使用显示命令 as.numeric() 而不是 as.character()将因子转换为数值时，R 内部产生的"字典"将被丢弃。这使得内部值不一定与分配给它们的标签匹配，因此，可能会面临不正确转换的风险。这个例子说明了为什么我们总是需要在转换后检查变量的值，以确保正确地进行转换！现在让我们将 NumSub 变量从因子型更改为数值型：

```
ex_data <- mutate(ex_data,
                  NumSub = as.numeric(as.character(NumSub)))
```

当我们输入 str(ex_data)时，可以看到 NumSub 变量的数据类型确实按照要求从因子型更改为数值型。

as.numeric()函数将字符变量（由 as.character()生成）转换为数值变量。这只在输入的字符看起来像数字时有效。如果我们使用 as.numeric()函数与包含字母的字符一起使用，则结果将得到 NA，如下面的命令所示：

```
as.numeric(c("hundred", "eleven", "ten", "10", "11.4"))
## [1] NA NA NA 10.0 11.4
```

最后一个示例将展示如何将变量的数据类型从数值型更改为类别型（即从数值型更改为因子型）。这一次，我们将在示例中使用 Age 变量：

```
ex_data <- mutate(ex_data,
 Age = as.factor(Age))
```

输入 str(Age)后，我们将看到 Age 变量已被转换为一个因子变量。在这里，R 将对新因子变量中的值进行从小到大的编码：即 1、2、3、4、5、6 和 7，分别表示原始值 28、29、32、35、43、45 和 50。

4.1.8　标签变量

给变量附加标签可能是有意义的，这样标签可以包含关于变量的重要信息，例如，可以告诉我们这个变量使用了什么样的刻度。下面使用另一个变量（Motivation）来扩展上面的 ex_data 数据集，并使用从 1 到 5 的李克特量表进行度量（1=完全没有动力，5=非常有动力）：

```
ex_data <- mutate(ex_data,
 Motivation = c(2, 5, 4, 2, 1, 5, 3))
```

我们可以创建一个标签，其中包括这个刻度的信息。在缺乏这些信息的情况下，对数据集中所有变量使用的不同刻度可能是一项困难的任务，特别是当数据集中有许多带有自定义刻度的变量时。要创建标签，可以使用 Hmisc 包中的 label() 函数：

```
library(Hmisc)
label(ex_data$Motivation) <-
"1 = not motivated at all, 5 = very motivated"
```

当查看新数据集（使用 str(ex_data)）的信息概述时，我们注意到变量 Motivation 被标记为一个数值变量，并附有对其使用规模的解释。标签也出现在 RStudio 的数据查看器中，我们可以用命令 View(ex_data) 打开它。当我们处理分类或有序变量时，这尤其有用，在统计分析（如回归）中经常将这些变量视为准连续的[①]。当然，我们可以把这些度量变量转换成因子变量，这样就可以表示因子中的度量标签。然而，在这种情况下，我们将不能将它们作为准连续变量使用。

4.1.9　整理分类变量

当在处理分类变量时，有时可能需要重新组织因子的级别。例如，我们可能需要合并几个类别，并为其他类别重新编码类别名称。对于这些类型的任务，我们提倡使用一种称为 forcats 的 R 包，它被包含在总体包 tidyverse 中。forcats 包提供了许多用于转换因子变量的有用函数。这个包中的函数很容易识别，因为它们都以前缀 fct_ 开头。

让我们假设受访者都回答了关于他们出生在哪个国家的问题。回复框是一个自由文本字段，因此参与者可以自己填写国家名称。正如我们在下面的 country 变量中看到的，尽管产生了一系列不同的回答，但基本上只涉及两个不同的国家，英国和荷兰（尽管使用了不同的名称）。如果我们不做任何整理，那么这个多变的 country 变量有 4 个类别，这可能会使得后续的分析工作变得复杂：

```
country <- factor(c("UK", "United Kingdom", "Holland",
                    "Netherlands", "Holland", "UK",
                    "United Kingdom"))
```

在这里，我们使用 fct_recode() 函数指定 UK 和 United Kingdom 表示同一个国家，而 Holland 和 Netherlands 也将被视为相同的国家：

```
library(forcats)
fct_recode(country,
```

[①] 虽然这种方法确实非常常见，但它肯定不是最优的，在某些情况下，可能会导致错误的结论。一般来说，有序数据使用序数回归模型进行最优分析。

```
              Netherlands="Holland",
              `United Kingdom`="UK")
## [1] United Kingdom United Kingdom Netherlands
## [4] Netherlands Netherlands United Kingdom
## [7] United Kingdom
## Levels: Netherlands United Kingdom
```

如果我们的因子变量包含的内容更加混乱，那么使用 fct_collapse()函数可能是一个更好的主意，它可以用于将几个相似的类别合并为一个。例如，我们有更多的名称用于同一个国家或位于不同国家的地区：

```
country <- factor(c("Dutch", "Wales", "Scotland",
                    "Holland", "Netherlands",
                    "United Kingdom", "England",
                    "Northern Ireland"))
```

使用下面的命令，我们可以将每个唯一国家的所有不同名称存储到 country 变量中：

```
country <- fct_collapse(country,
          Netherlands = c("Friesland", "Holland", "Netherlands"),
          `United Kingdom` = c("Wales", "Scotland",
                               "United Kingdom", "England",
                               "Northern Ireland"))
country
## [1] Netherlands United Kingdom United Kingdom
## [4] Netherlands Netherlands United Kingdom
## [7] United Kingdom United Kingdom
## Levels: Netherlands United Kingdom
```

4.2 对数据集进行数据管理

在实际工作中，研究人员在开始分析数据集之前，经常需要对其先进行一些准备工作。例如，数据清理、整理、更改等。由于一些实际原因，比如与使用不同编码风格的研究人员合作等，这使得数据编辑的需求出现了。一些最常见的编辑任务有合并两个数据集、精简数据集，或者更改数据集的表示形式（从宽到长或从长到宽）。

4.2.1 变量的选择和排除

对于一个数据集，我们通常只需要部分变量用于特定的分析工作。原因在于，许多研究都尽可能多地收集有关某一研究主题的信息（如社会心理工作环境）。当研究人员不需要使用整个数据集时，只选择那些想要处理的变量是非常高效的。本节我们将使用 dplyr 包中的 select()函数来进行变量选择。

为了演示本节中的示例，我们将使用具有多个变量的数据集，这个数据集叫作 msq，包含在 astatur 包中[①]。要想使用这个数据集，必须先加载它所在的 R 包。数据集名为 msq，是 motivational state questionnaire（动机状态调查问卷）的缩写，它包含了 92 个关于动机和个性特征的变量。要了解关于这个数据集的更多信息，我们只需键入 help(msq,package="astatur")来打开它的帮助文件。此外，还可以通过以下方式查询和查看数据集中变量的名称：

```
names(msq)
## [1] "MSQ_Time" "active" "afraid"
## [4] "alert" "alone" "angry"
## [7] "aroused" "ashamed" "astonished"
## [10] "at-ease" "at-rest" "attentive"
## [13] "blue" "bored" "calm"
## [16] "clutched-up" "confident" "content"
## [19] "delighted" "depressed" "determined"
## [22] "distressed" "drowsy" "dull"
## [25] "elated" "energetic" "enthusiastic"
## [28] "excited" "fearful" "frustrated"
## [31] "full-of-pep" "gloomy" "grouchy"
## [34] "guilty" "happy" "hostile"
## [37] "inspired" "intense" "interested"
## [40] "irritable" "jittery" "kindly"
## [43] "lively" "lonely" "nervous"
## [46] "placid" "pleased" "proud"
## [49] "quiescent" "quiet" "relaxed"
## [52] "sad" "satisfied" "scared"
## [55] "scornful" "serene" "sleepy"
## [58] "sluggish" "sociable" "sorry"
## [61] "still" "strong" "surprised"
## [64] "tense" "tired" "unhappy"
## [67] "upset" "vigorous" "wakeful"
## [70] "warmhearted" "wide-awake" "anxious"
## [73] "idle" "cheerful" "inactive"
## [76] "tranquil" "EA" "TA"
## [79] "PA" "NegAff" "Extraversion"
## [82] "Neuroticism" "Lie" "Sociability"
## [85] "Impulsivity" "MSQ_Round" "scale"
## [88] "ID" "exper" "condition"
## [91] "TOD" "TOD24"
```

[①] 该数据集以前与 psych 包一起发布，但在软件包的最新版本中该数据集已被删除。因此，为了方便起见，我们将这个数据集保存在 astatur 包中。

接下来让我们用一个例子来说明如何从这个数据集中选择一组与人格特质有关的变量。使用下面的命令，首先创建一个名为 personality 的数据对象，它将用来存储所有选定的变量。然后，与 dplyr 包的其他所有函数用法一样，这里以 select() 函数为例，首先添加原始数据集 msq 的名称，然后再输入想要选择的变量的名称：

```
personality <- select(msq,
                      Extraversion, Neuroticism,
                      Lie, Sociability, Impulsivity)
```

在执行任何编辑任务之后，检查输出是否符合预期是一个非常好的习惯。例如，对于新生成的 personality 数据集，我们需要确认它含有的观察值数量（即 3896）是否与原始数据集相等，以及它包含的变量个数（即 5）是否等于所选的变量数。可以通过下面的命令获得 personality 数据集的维度信息：

```
dim(personality)
## [1] 3896 5
```

从输出结果中，我们看到 personality 数据集的维度与预期一致。dim() 函数给出了输入对象的行数（观察值）和列数（变量）。

我们也可以用一种稍微不同的方式来选择变量。尽管在本节选用的例子中，不一定要这样做，但如果想要选择更多的变量，下面的命令就非常有用了。这里要做的是写出序列的第一个和最后一个变量的名称，并在它们之间插入操作符 ":"。产生的结果是这两个变量之间的所有列（包括两个端点）都会被选中：

```
personality2 <- select(msq,
                       Extraversion:Impulsivity)
dim(personality2)
## [1] 3896 5
```

我们还可以使用带减号操作符 "-" 的 select() 函数，用来从数据集中删除变量。上文中，我们已经创建了一个具有可管理变量数量的 personality 数据集，接下来让我们继续使用这个数据集演示变量管理操作。我们知道 personality 数据集包括 Extraversion（外向性）、Neuroticism（情绪稳定性）、Lie（说谎）、Sociability（社交性）和 Impulsivity（冲动）等变量。使用以下命令，可以删除 Lie 和 Sociability 变量，并将结果数据集保存在 personality 3 对象中：

```
personality3 <- select(personality,
                       -Lie, -Sociability)
```

下面通过使用 names() 函数，我们还可以检查这两个变量是否确实被排除在新数据集 personality 3 之外。输出结果表明我们正确地完成了任务：

```
names(personality3)
## [1] "Extraversion" "Neuroticism" "Impulsivity"
```

当按顺序选择变量时使用的操作符 ":"，也可以在删除变量时使用。例如，-c(happy:sociable) 表示将 happy 和 sociable 之间的变量全部删除（包括 happy 和 sociable）。

4.2.2 选择观察值

在实际工作中，研究人员不仅要从数据集中选择变量（列），有时还要选择观察值（行）。这种选择，通常称为"过滤"，是基于一些特定条件来提取相应的数据子集。这些条件可以是简单的，也可以是复杂的。本节中，我们将使用来自 psych 包的数据集。这个数据集被称为 bfi（big five items，五大项目），它总共包含 2800 个观察数据，28 个关于人格特征的变量，以及一些人口统计数据。要了解关于这个数据集的更多信息，可以输入 help(bfi,package="psych") 来访问这个数据集的帮助文件。

假设我们只想研究这个数据集中的女性受访者，那么可以使用 dplyr 包中的 filter() 函数来获得这个数据子集。由于我们希望将这些新的观测数据存储在一个新的数据对象中，所以创建了一个名为 fembfi 的新对象来表示这个数据集。通过调用 filter() 函数，并使用原始数据集的名称作为它的第一个参数。filter() 函数的剩余参数用来指定要选择的行的条件。这里我们设置了一个单一的条件，gender==2，即选择 gender 变量中值为 2 的观测值。在这个数据集中，gender 变量中的值 2 指定了观察值来自女性参与者。该信息包含在 bfi 数据集的帮助文件中。

```
library(psych)
fembfi <- filter(bfi,
                 gender == 2)
```

通过下面的命令，我们可以看到新数据集 fembfi 中的观测值数量为 1881：

```
dim(fembfi)
## [1] 1881 28
```

我们可以通过查询原始数据集 bfi 中 gender 变量的频率分布来检查 filter()命令是否成功。为此，我们使用了 summarytools 包中的 freq()函数，这个函数必须先安装和加载 summarytools 包才能使用。我们将在 6.1.5 节中更详细地介绍 summarytools 包。此外，还可以使用 base-R 中的 table()函数，它给出了频率表的一个更基本的表示。

```
library(summarytools)
freq(bfi$gender, report.nas = FALSE)
```

```
## Frequencies
## bfi$gender
## 
## Freq  %  %  Cum.
## ----------- ------ -------- --------
## 1    919  32.82  32.82
## 2   1881  67.18 100.00
## Total 2800 100.00 100.00
```

从输出中我们可以看到，第二类（即女性）的观察值数量是 1881，这一结果证实了上例中基于 gender 的选择是正确的。既然我们已经了解了基于条件选择的逻辑，下面可以继续演示一个更高级的示例。假设我们希望创建一个数据集，其中包含具有高中学历的女性受访者，此外还包括所有年龄大于 40 岁的受访者，可以使用下面的命令来完成此操作：

```
fem40high_bfi <- filter(bfi,
                        gender==2 & education==2 & age>40)
dim(fem40high_bfi)
## [1] 44 28
```

在这里，我们看到只有 44 个观察值满足上述条件。使用逻辑操作符"&"（和）将个别条件（女性、高中学历和年龄在 40 岁以上）结合起来。这个操作符表示必须同时满足所有条件。也可以使用逗号来分隔逻辑语句，而不是使用操作符"&"。在这种情况下，filter()将收集满足所有条件的观察值。还有一个逻辑操作符"|"（或），通常用于条件选择。例如，我们可以选择所有年龄在 20 岁以下或大于 40 岁的受访者：

```
dim(filter(bfi, age<20 | age>40))
## [1] 1004 28
```

注意，在上面的示例中，我们创建了一个临时数据对象来存储过滤后的变量，因为后续不需要再使用它。

有时，我们可能还需要根据观测值的行数来选择观测值，而不是使用条件选择。dplyr 包为此提供了另一个有用的函数，即 slice()。有个例子可以很好地说明这一点。假设我们想从 psych 包中选择 bfi 数据集中的前 50 个观察值，可以使用下面的命令来完成此操作。这里我们将输出的新数据集存储在一个对象中，然后在函数 slice() 中写入原始数据集的名称，最后用冒号（:）分隔开始和结束的行号，以此表示所选观察值的范围。

```
first50 <- slice(bfi,
                 1:50)
```

检查新数据集 first50 的维度，可以看到确实有 50 个观测结果，表示我们已经正

确地选择了观察值:

```
dim(first50)
## [1] 50 28
```

如果我们需要以不连续的行顺序选择观察值，那么我们可以在 slice()函数中嵌套 c()函数，如下所示：

```
nonseqdata <- slice(bfi,
            c(5, 12, 27, 44, 66, 234, 555, 600, 734, 891))
```

检查 nonseqdata 的维度，可以看到它包含了 10 个观察值，这个结果与预期是一致的，因为我们的目标是选择 c()函数生成的向量中以行号为索引的 10 行：

```
dim(nonseqdata)
## [1] 10 28
```

4.2.3 根据变量合并数据集

在某些情况下，研究人员可能需要在不同的场合中，收集来自相同受访者的数据。例如，我们可以直接从雇主那里获取第一组数据，其中包含一个雇员样本的人口统计学特征（如性别、年龄等）。此外，我们可以通过问卷从同一批员工那里收集有关工作环境的数据（如满意度、生产率等），并将这些数据存储在第二个数据集中。这样，我们将拥有两个来自同一样本的包含不同信息（如变量）的数据集。对于许多分析来说，将这两个数据集合并为一个是有益的，这可以通过 R 中一些函数来完成。

下面可以用一个特定的例子来说明这种方法。为此，我们创建了两个小型数据集，并分别命名为 dataset1 和 dataset2。这些数据集都包含很少的观测数据，以便我们更容易地跟踪各个值。

```
dataset1 <- data.frame(height = c(178, 193, 165, 185, 170),
                       age = c(18, 23, 21, 35, 66))
dataset2 <- data.frame(gender = c("M", "M", "F", "M", "F"),
                       weight = c(92, 105, 57, 88, 60))
```

接下来我们可以很容易地合并这两个数据集！假设两个数据集中的行序列相同，最简单的方法是使用 dplyr 包中的 bind_cols()函数。首先写入新数据集的名称，我们称之为 dataset3。接下来，在 bind_cols()函数中，写入要合并的两个数据集（dataset1 和 dataset2）的名称：

```
dataset3 <- bind_cols(dataset1, dataset2)
dataset3
## height age gender weight
## 1 178 18 M 92
```

```
## 2 193 23 M 105
## 3 165 21 F  57
## 4 185 35 M  88
## 5 170 66 F  60
```

从上面 dataset3 的概述可以看到，它包含了我们想要合并的两个数据集。如果我们想要进一步包含额外的数据集，那么可以向 bind_cols()函数添加任意数量的数据集。但是请注意，bind_cols()函数并不会以任何方式检查所合并的数据集变量顺序是否匹配。如果第一个数据集在构建表时使用了与第二个数据集不同的变量序列，那么最终输出的是不匹配的观察结果。

为了避免这种情况并确保所有变量都正确匹配，数据集通常包含一列，其中包含每个个体的标识符（例如，数字、名称或代码）。dplyr 包中包含一个后缀为 _join() 的函数族，它允许我们在合并数据集时，先将单个行与含有一个或多个标识符的列进行匹配，匹配成功后再进行数据集合并。下面的例子将通过扩展上面构造的 dataset1 和 dataset2 数据集（在其中添加索引列）来演示这个方法：

```
dataset1 <- mutate(dataset1, ID=1:n())
dataset1
## height age ID
## 1 178 18 1
## 2 193 23 2
## 3 165 21 3
## 4 185 35 4
## 5 170 66 5
```

在这里，我们使用了 mutate()函数来添加一个名为 ID 的新变量，并使用了 n()函数来构造一个含有标识符的列，该列从 1 开始计算行数。对 dataset2 执行相同的操作，只是按降序计数：

```
dataset2 <- mutate(dataset2, ID=n():1)
dataset2
## gender weight ID
## 1 M 92  5
## 2 M 105 4
## 3 F 57  3
## 4 M 88  2
## 5 F 60  1
```

如果我们像以前一样简单地使用 bind_cols()函数合并这两个数据集，那么就会错误地将参与者 5 的值赋给参与者 1，等等。但是，在使用 full_join()函数时，可以通过在 by=参数中指明所要匹配的变量：

```
full_join(dataset1, dataset2, by="ID")
```

```
## height age ID gender weight
## 1 178  18  1   F     60
## 2 193  23  2   M     88
## 3 165  21  3   F     57
## 4 185  35  4   M    105
## 5 170  66  5   M     92
```

可以看到匹配是成功的,并且正确的值被分配给了正确的个体。正如前面所说的,使用 help(full_join)查看 full_join()的帮助文档时,你将看到用于连接数据集的一整套函数。其他函数 left_join()、right_join()和 inner_join(),在两个数据集中有重叠但不完全相同的情况下非常有用。例如,并不是所有从雇主那里得到基本人口统计数据的雇员都回答了问卷。在这种情况下,这 4 个函数的不同之处在于处理这种不匹配数据的方式:left_join()函数包括第一个数据集中记录的所有观察值;right_join()函数包括第二个数据集中记录的所有观察值;full_join()函数记录来自两个数据集的所有观察值,即使它们在另一个数据集中是缺失的;Inner_join()只包含同时出现在两个数据集中的观察值。在上述函数中,只要在一个数据集中存在缺失值的变量都会被设置为 NA。

4.2.4 根据观察值合并数据集

有时,我们也可能需要收集来自不同时间点或地点的不同受访者的数据(例如,通过问卷,此时每个样本的变量都是相同的)。例如,通过两个不同的数据收集平台,我们收集了来自两所不同大学的学生信息。在这种情况下,我们获得了两个数据集,它们包含相同的变量,但数据来自不同的样本。当我们想要将这些数据集合并成一个数据集时,只需将两个数据集"黏合"在一起。

我们将借助下面创建的两个新数据集来说明这种类型的数据合并。同样,为了便于使用,我们将创建两个数量非常小的数据集,称为 data1 和 data2。下面是生成这两个包含相同变量数据集的命令:

```
data1 <- data.frame(workout.hours = c(2, 1, 0, 5, 8, 22),
                    age = c(66, 34, 39, 25, 27, 21))
data2 <- data.frame(workout.hours = c(5, 15, 3, 4, 7, 18),
                    age = c(22, 25, 50, 44, 33, 21))
```

现在我们可以将上述数据集合并为一个主数据集。为此,我们使用 dplyr 包中的 bind_rows()函数。首先创建一个数据对象,即 data3,来表示生成的主数据集。然后在 bind_rows()函数中写入要合并的数据集(data1 和 data2)的名称:

```
data3 <- bind_rows(data1, data2)
data3
## workout.hours age
## 1   2  66
```

```
## 2   1 34
## 3   0 39
## 4   5 25
## 5   8 27
## 6  22 21
## 7   5 22
## 8  15 25
## 9   3 50
## 10  4 44
## 11  7 33
## 12 18 21
```

从输出结果中可以看到，这两个数据集确实是根据我们要求的观察结果合并的。如果我们想要合并额外的数据集，则只需按以下方式在函数中添加这些额外数据集的名称：bind_rows(data1,data2,⋯,⋯)。

4.2.5 对数据集排序

在一些场景中，我们需要重新排列数据集的顺序。对数据集进行排序是指基于数据集中的一个变量对观测数据进行排序（升序或降序）。我们将使用前面创建的 dataset3 来展示这个操作。假设我们想对 dataset3 中的观测数据进行排序，其中最矮的样本排在前面，最高的样本排在最后（即根据 height 变量按升序排列）。为此，需要用到 dplyr 包中的 arrange() 函数。在下面的命令中，我们创建一个新的数据对象（data_asc_height），它将包含排序后的数据集。然后，在 arrange() 函数中，写入原始数据集（dataset3）的名称，然后是我们想要排序的变量名称（即 height）。最后，输入新数据集的名称，检查对数据集的排序是否正确。

```
data_asc_height <- arrange(dataset3, height)
data_asc_height
##   height age gender weight
## 1    165  21      F     57
## 2    170  66      F     60
## 3    178  18      M     92
## 4    185  35      M     88
## 5    193  23      M    105
```

正如输出结果所示，这些行是按照 height 升序排序的。默认情况下，arrange() 函数都进行了升序排序。如果我们想按降序排列观察结果，那么可以将变量名添加到 desc() 函数中。也就是说，在上面的命令中写入 desc(height)。此外，还可以按照多个变量进行排序。例如，我们可以按性别对数据集进行排序，这样女性和男性（数据中仅有的两个类别）就会按顺序排序，然后再按体重对女性和男性进行排序。我们只需

按相应的顺序将变量添加到 arrange()函数中就可以实现这一点:

```
arrange(dataset3, gender, weight)
## height age gender weight
## 1 165 21 F 57
## 2 170 66 F 60
## 3 185 35 M 88
## 4 178 18 M 92
## 5 193 23 M 105
```

4.2.6 重塑数据集

另一个有用且常见的数据管理任务是将数据集从宽格式重新塑造为长格式,或者从长格式塑造为宽格式。宽格式的数据集是指:每个观察样本只有一行,属于这个观察样本的所有变量分布在各列之间。相应地,长格式的数据集可以通过创建一个额外的变量来表示每个值属于哪个观察样本,即在每个变量下包含几个观察值。下面提供了这两种格式的示例。

相同数据的不同表现形式之所以重要,主要原因是有一些统计分析要求数据为宽格式,而另一些分析方法要求数据为长格式。现在,我们将演示如何在 R 中高效地完成数据重塑。要说明这一点,我们先创建一个小型数据集,以便轻松地检查数据是否被正确重塑。首先创建一个宽格式的数据集,这个数据集表示有 4 个人在 4 个不同的时间点(t1、t2、t3、t4)测量了他们承受的压力等级(1 表示完全没有压力,10 表示极度压力)。

```
wide_data <- data.frame(person = c(1, 2, 3, 4),
                        t1 = c(5,3,2,6),
                        t2 = c(6,4,6,5),
                        t3 = c(6,5,6,7),
                        t4 = c(7,6,8,9))
wide_data
## person t1 t2 t3 t4
## 1 1 5 6 6 7
## 2 2 3 4 5 6
## 3 3 2 6 6 8
## 4 4 6 5 7 9
```

为了将此数据集转换为长格式,其中一个变量表示时间点,另一个变量表示该时间点对应的压力等级值,我们使用 tidyr 包中的 gather()函数。这个函数将时间点变量(t1、t2、t3 和 t4)堆叠在一个新变量中,并在数据集中创建额外的行(因此称为长格式)。下一段代码说明了如何使用 gather()函数。我们再次创建一个表示新数据集的新数据对象,称之为 long_data。接下来,我们写入要更改的数据集名称(即 wide_data)。

然后，并指定两个新变量的名称，一个变量称为 time.point，表示新数据集中的 4 个时间点；另一个表示 stress.level，以包含测量值。最后，我们指定从原始数据集 wide_data 中回收（t1:t4）的变量名：

```
library(tidyr)
long_data <- gather(wide_data, time.point, stress.level, t1:t4)
head(long_data)
## person time.point stress.level
## 1 1 t1 5
## 2 2 t1 3
## 3 3 t1 2
## 4 4 t1 6
## 5 1 t2 6
## 6 2 t2 4
```

输出结果表明，数据集确实已经变成了长格式。接下来，我们展示如何将数据集更改回宽格式。为此，需要用到 tidyr 包中的 spread()函数。

当我们使用 spread()函数时，首先写入长格式数据集的名称，因为我们希望将其更改为宽格式。接下来，我们写入想要在宽格式数据集中包含的变量名称（time.point），然后写入在不同时间点包含不同度量值的变量名称。换句话说，将长格式中 time.point 变量包含的数值重新分布在宽数据集中的 4 个新变量中。这就是函数被称为 spread() 的原因。

```
wide_data2 <- spread(long_data, time.point, stress.level)
```

如果没用写错代码，那么新生成的 wide_data2 数据集应该与初始的 wide_data 数据集相同。通过使用 all()函数，我们可以很容易地验证两个数据集是否相同。由于我们使用表达式 wide_data2==wide_data 来比较两个数据集，因此可以通过将其包装到 all()函数中来查看所有行和列是否相同。这个函数将会验证根据表达式判定的所有值是否都为 TRUE。

```
all(wide_data2==wide_data)
## [1] TRUE
```

在这里，我们只考虑了在长格式和宽格式之间进行转换的最基本情况。在真实的数据集中，转换可能更复杂，例如，要求多个变量必须同时分布时。我们将在 12.1.1 节介绍几个更高级的案例。

4.2.7 给变量排序

有时我们可能想要改变数据集中变量的顺序（即列的顺序，与我们在 4.2.5 节中讨论的行顺序不同）。通过使用 dplyr 包中的 select()函数，我们可以很容易地做到这一点。为了演示这个操作，我们将使用前面用到的 bfi 数据集。bfi 数据集包含了 28 个关于人格特征和人口统计学特征的变量。这里要做的第一步是查看 bfi 数据集中的变量名及其在数据集中的顺序。通过使用 base-R 中的 names()函数来实现这一点：

```
names(bfi)
## [1]  "A1" "A2" "A3" "A4"
## [5]  "A5" "C1" "C2" "C3"
## [9]  "C4" "C5" "E1" "E2"
## [13] "E3" "E4" "E5" "N1"
## [17] "N2" "N3" "N4" "N5"
## [21] "O1" "O2" "O3" "O4"
## [25] "O5" "gender" "education" "age"
```

假设我们想把人口统计变量（性别、教育和年龄）移到数据集的开头。下面，我们创建一个名为 bfi_ord 的新数据对象，然后在 select()函数中写入原始数据集的名称和人口统计变量的名称，最后调用 everything()函数。everything()函数相当于一个占位符，用于标明数据集中之前未被选中的其他所有列：

```
bfi_ord <- select(bfi, gender, education, age, everything())
```

当我们再次对新的数据集 bfi_ord 应用 names()函数时，我们会看到变量的顺序已经按照预期改变了：

```
names(bfi_ord)
## [1]  "gender" "education" "age" "A1"
## [5]  "A2" "A3" "A4" "A5"
## [9]  "C1" "C2" "C3" "C4"
## [13] "C5" "E1" "E2" "E3"
## [17] "E4" "E5" "N1" "N2"
## [21] "N3" "N4" "N5" "O1"
## [25] "O2" "O3" "O4" "O5"
```

此外，还可以使用前缀匹配的方式来更改变量的顺序。假设我们想在数据集中拥有所有以 N 开头的变量，那么可以使用如下所示的 starts_with()函数来实现这一点：

```
bfi_ord2 <- select(bfi, starts_with("N"), everything())
names(bfi_ord2)
## [1]  "N1" "N2" "N3" "N4"
## [5]  "N5" "A1" "A2" "A3"
## [9]  "A4" "A5" "C1" "C2"
## [13] "C3" "C4" "C5" "E1"
## [17] "E2" "E3" "E4" "E5"
## [21] "O1" "O2" "O3" "O4"
## [25] "O5" "gender" "education" "age"
```

除了在 select()函数中使用 starts_with()函数来匹配变量名前缀,还可以以同样的方式使用 ends_with()函数来匹配变量名的结尾,甚至可以使用 contains()函数来查找包含特定单词或字符串的变量。

4.2.8 从数据集中随机抽取样本

在工作中,有时需要从数据集中提取随机样本。例如,我们可能想应用一种基于交叉验证的技术(即以探索的方式分析一部分数据,并试图看看这些发现是否可以推广到数据集的其他部分,见 11.3 节),或者我们可能需要对数据集的一个简化样本进行复杂地模型分析,因为将这样的模型应用于整个数据集可能需要很长时间。然后,我们可以通过指定随机抽取样本的数量,或者想要抽取的样本占总体的百分比,以此从数据集中抽取一个随机样本。为实现这些任务,可以使用 dplyr 包中的 sample_n() 和 sample_frac()函数。

为了演示这些函数的用法,我们将使用 R 自带的一个数据集,即 Orange。这个数据集包含 35 个观测数据和 3 个描述橘子树生长的变量。要了解关于这个数据集的更多信息,请键入 help(Orange, package="datasets")。

假设我们想从这个数据集中随机抽取 10 个观测数据。下面,首先创建一个对象(Orange_10),它将包含输出的结果数据。接下来,我们写入原始数据集的名称(即 Orange)和想要抽取的观测数据的数量:

```
Orange_10 <- sample_n(Orange, 10)
```

我们可以通过查看 dim()函数产生的第一个值来检查抽样结果的数量。在这里,我们看到它确实是 10,符合我们的要求:

```
dim(Orange_10)
## [1] 10  3
```

如果我们想要基于整个数据集的百分比进行随机抽样,那么可以使用 sample_frac()函数。这个函数的工作原理与 sample_n()函数类似,只是需要指定样本大小及其占整个数据集的比例。

```
Orange_40p <- sample_frac(Orange, 0.4)
```

在下面的结果中,我们可以看到 dim()产生的第一个值是 14,对应主数据集中总观测次数 35 的 40%:

```
dim(Orange_40p)
## [1] 14  3
```

4.2.9 管道

到目前为止，我们已经在单独的命令中使用了 dplyr 包中的一些函数实现了单独的数据管理任务（如 mutate()、select()或 filter()）。事实上，这不是这些函数的使用方式，因为这些函数的设计初衷是被用于 chain（链式）操作符的。这个操作符，通常被称为 pipe（管道）操作符，在 R 中用%>%表示。它可以将几个单独的数据管理任务（如过滤、选择、切片等）联系在一起，形成一个所谓的处理链。对这些链我们乍一看不太熟悉。它提供了一个强大的工具来提供全面、灵活和易于理解的数据管理方式。通过一些示例可以更好地说明这一点。为此，我们将使用之前示例中的 ChickWeight 数据集。首先，需要获得并查看这个数据集中变量的信息：

```
head(ChickWeight)
##   weight Time Chick Diet
## 1     42    0     1    1
## 2     51    2     1    1
## 3     59    4     1    1
## 4     64    6     1    1
## 5     76    8     1    1
## 6     93   10     1    1
```

管道操作符"%>%"是 magrittr 包的一部分，因此在使用它之前必须安装和加载该包。dplyr 包也会自动加载它。因此，如果你已经加载了 dplyr 包，那么就没有必要再加载 magrittr 包。

> **注意！**
>
> magrittr 的管道在 R 社区中非常流行，并改变了许多用户使用的编码风格。事实上，R 的核心开发团队最近已经实现了管道的 base-R 版本，可能最终会取代 magrittr 管道。而这个操作符将被 |> 取代，我们在写这篇文章的时候还没有被正式采用。但当你读这篇文章的时候，它可能已经被包含在 base-R 中了。

让我们从一个简单的数据管理任务开始，不使用 %>% 操作符。下面，我们选择在实验中使用第一种饮食方法的观察样本，并将其保存在一个新的数据集 Diet1Chicks 中：

```
Diet1Chicks <- filter(ChickWeight,Diet == 1)
```

如果想要对数据集进行更多地修改或编辑，那么我们将不得不使用一个新的命令，并继续修改刚刚创建的 Diet1Chicks 数据集。每当我们进行一个新的操作时，都必须创建临时数据集，用以保存以前计算的结果。通过将各个任务与%>%操作符链接在一起，可以避免创建所有的临时对象，如下面的例子所示。在这里，首先我们简单地指定输入数据集 ChickWeight，并通过"管道"将其发送到下一个函数 filter()。获取该函数的输出之后，再将其发送到下一个函数 mutate()，依此类推。简单来说，这个操作的含义为：首先获取数据集，然后筛选出使用了第一种饮食方法的观察样本，然后根据体重的对数生成一个新的变量，称之为"logweight"。然后选择变量 logweight。最后从这个数据集中随机抽取 5 个观察样本。正如你注意到的，在这个管道语句中有许多"then"（然后）。这也是为什么 %>% 被非正式地称为 then 的原因，并有助于将 %>% 应用于更复杂的任务而不会混淆。

```
ChickWeight4 <- ChickWeight %>%
         filter(Diet == 1) %>%
         mutate(logweight = log(weight)) %>%
         select(logweight) %>%
         sample_n(5)
```

为了检验分析任务是否正确完成，我们还可以查看上面 %>% 创建的命令生成的结果。从输出结果中可以看到，只剩下 ChickWeight4 数据集中的 logweight 变量和 5 个观察值：

```
ChickWeight4
##   logweight
## 1  4.219508
## 2  3.891820
## 3  5.036953
## 4  4.430817
## 5  4.060443
```

在 R 中，管道在数据管理中扮演着重要的角色。我们将在本书中提供更多关于管道的高级例子。

4.3 本章小结

在本章中，我们学习了如何使用 R 来完成简单的（如重命名一个变量）和高级的（如在长格式和宽格式之间转换）数据管理任务。我们将这些任务根据操作对象分类为变量管理和数据集管理，试图为读者提供一种更简洁的方法来掌握不同的数据管理任务。对于本章中处理的大多数数据管理任务，我们使用了现代的 dplyr 包。这个包提供的功能比本章介绍的功能还要多。因此，我们建议读者参阅此包的帮助文件，以了解其附加功能。此外，我们也鼓励读者创建属于自己的例子，类似于本章中的示例。这种积极的学习方法肯定会让你更快地掌握本章介绍的 R 包和函数。

第 4 章 数据管理

━━━━━━━━━━━━━━━━━ 【核心概念】 ━━━━━━━━━━━━━━━━━

数据集管理：编辑/操作（如合并、重塑等）数据集。
变量管理：编辑/操作（如重新编码、重命名等）变量。
dplyr：一个全面的、现代化的数据管理软件包。
虚拟变量：表示某一类别存在或不存在的变量编码，仅包含值 0 和 1。
缺失值：数据集中不包含值的单元格。
管道结构：同时运行的链式函数（操作）序列。

━━━━━━━━━━━━━━━━━ 【提问】 ━━━━━━━━━━━━━━━━━

1. 如何通过重新编写现有变量来生成新变量？
2. 如何探索数据集中缺失的值？
3. 如何从数据集中选择一组观察数据和变量？
4. 编译合并和重塑数据集的示例。
5. 使用管道链接单独的函数背后的逻辑是什么？

━━━━━━━━━━━━━━━━━ 【本章使用的函数示例】 ━━━━━━━━━━━━━━━━━

dplyr
```
mutate(ChickWeight, log_weight = log(weight))
```
- 创建一个新变量。
```
mutate(ChickWeight2,
       weight5 = case_when(weight <= 50 ~ 1,
                           weight > 50 & weight <= 100 ~ 2,
                           weight > 100 & weight <= 150 ~ 3,
                           weight > 150 & weight <= 200 ~ 4,
                           TRUE ~ 5))
```
- 重新编码现有变量。
```
mutate(ChickWeight2,
       weight = replace(weight, weight==42, 144))
```
- 替换变量中的值。
```
rename(ChickWeight2, Chick_number = Chick)
```
- 重命名变量。

base
```
colSums(is.na(ChickWeight2))
```

- 标识数据集中缺失值的数量。
```
which(is.na(ChickWeight2$weight_gr))
```
- 标识缺失值的分布情况。
```
sum(complete.cases(ChickWeight2))
```
- 统计数据集中完整案例的数量。
```
na.omit(ChickWeight2)
```
- 按列表删除的方式删除缺失值。
```
model.matrix(~ ChickWeight2$diet_rec + 0)
```
- 生成虚拟变量。

dplyr
```
mutate(ChickWeight2,
       diet_rec1=if_else(diet_rec==1, 1, 0) )
```
- 生成一个虚拟变量。

base
```
as.factor(Degree)
```
- 将字符转换为因子变量。
```
as.numeric(as.character(NumSub))
```
- 将因子变量转换为数值。

Hmisc
```
label(ex_data$Motivation) <-
    "1 = not at all motivate, 5 = very motivated"
```
- 给变量添加标签。

forcats
```
fct_recode(country,
           Netherlands="Holland",
           United.Kingdom="UK")
```
- 重新编码因子变量。

dplyr
```
select(msq, Extraversion, Neuroticism, Lie)
```
- 筛选变量。
```
select(personality, -Sociability)
```
- 排除 - 符号后的变量。
```
filter(bfi, gender == 2)
```
- 根据条件筛选观察样本。
```
slice(bfi, 1:50)
```
- 按索引选择观察样本。
```
bind_cols(datasett1, datasett2)
```

- 按变量（列）合并数据。

`bind_rows(data1, data2)`

- 按观察值（行）合并数据。

`arrange(datasett3, height)`

- 对数据集，按照变量值进行升序排序。

`gather(wide_data, time.point, stress.level, t1:t4)`

- 将宽格式转换为长格式。

`spread(long_data, time.point, stress.level)`

- 将长格式转换为宽格式。

`select(bfi, gender, education, age, everything())`

- 改变变量的顺序。

`sample_n(Orange, 10)`

- 生成包含10个元素的随机样本。

`sample_frac(Orange, 0.4)`

- 生成包含一定比例的随机样本数据。

```
ChickWeight4 <- ChickWeight %>%
                filter(Diet == 1) %>%
                mutate(logweight = weight) %>%
                select(logweight) %>%
                sample_n(5)
```

- 管道操作符的一个例子。

第 5 章

用 ggplot2 实现数据可视化

在本章中，将会使用以下 R 包：

- ggplot2：主要用于创建图形（绘图）的 R 包。
- tidyverse：提供数据管理（dplyr、tidyr）和绘图（ggplot2）功能。
- astatur：本书的配套 R 包，包含本章使用的数据集。

必须先安装和加载上面提到的包才能运行本章提供的代码。可以使用下列命令来进行 R 包的安装：

```
packages <- c("ggplot2", "tidyverse", "devtools")
install.packages(packages)
devtools::install_github("ihrke/astatur")
```

【学习成果】

- 了解数据可视化在统计分析中的作用。
- 理解 ggplot2 包背后的逻辑。
- 熟悉 ggplot2 的不同层和组件。
- 学习如何使用 ggplot2 创建不同类型的图形。

在本章中，我们先介绍数据可视化在统计分析中的重要作用。在此之后，我们将通过解释图形分层语法形成的每个组件，来阐明 ggplot2 包背后的逻辑。本章可以让你形成对"图形语法"的理论基础的结构化理解，以及熟悉 ggplot2 使用的创建图形的框架。在此框架中，我们将详细说明绘制几种不同类型的常用图的方法，包括直方图、密度图、点图、条形图、饼图、箱线图和散点图。所有的代码都以同样的方式呈现，这使得代码可读性更强，更容易被读者用于自己的绘图工作。

5.1 数据可视化在数据分析中的作用

数据可视化是将数字和文本蕴含的数据和信息，转换为图形表示的过程。就统计分析而言，数据可视化的一个重要优点是，它可以帮助研究者更加熟悉手头的数据。通过在数据的可视化显示中发现数据潜在的模式，这将为分析师提供更多的支撑证据，以便后续进行更深入地分析。一般来说，对于任何数据分析工作，建议大家"总是先绘制你的数据"！例如，我们来看看著名的"Anscombe's quartet"（安斯科姆四重奏）经典数据集，如图 5.1 所示。令人惊讶的是，图中使用的四种数据集都有一些共同点：它们具有相同的平均值（M_x=9.00, M_y=7.50）、标准偏差（SD_x=3.32, SD_y=2.03），以及相关系数（r=0.82）。你可以通过使用 base-R 中包含的 anscombe 数据集，并计算此数据集中各个变量的描述性统计量来验证这一事实。如果只关注描述性度量和数据概述（见第 6 章），我们可能会得出四个数据集相同的结论。但是通过检查各个数据集的数据分布，结果得到了四幅明显不同的散点图，因此前面提出的四个数据集相同的结论完全是错误的。

在研究复杂的统计模型时，可视化的第二个优势变得很明显。我们可以使用可视化工具更好地理解估计模型的结果，包括诸如交互或调节分析（第 10 章）、非线性转换（例如，逻辑回归模型，第 11 章）或结构方程模型（第 14 章）等复杂模型。对于这样的模型，预测通常是复杂的，因为它们可能包含非线性，而绘制预测图可以作为一个重要的辅助工具。我们还可以使用可视化工具作为一种重要的分析方法，来确定模型与数据集的拟合度（例如，预测性检查，第 15 章）。

此外，数据可视化的一个更重要和不可替代的优势是，它使分析人员能够更容易地将统计分析的结果传达给目标受众。事实上，数据可视化不仅能帮助读者更好地理解统计结果，还能让你更彻底地参与其中。除此之外，数据可视化在教学环境中也是非常重要的，因为它可以帮助学生更好地理解统计概念。数据可视化的统计信息可以使研究人员发现新的数据模式，它是一个重要的探索分析工具，可能会帮助研究人员提出新的研究问题或假设。

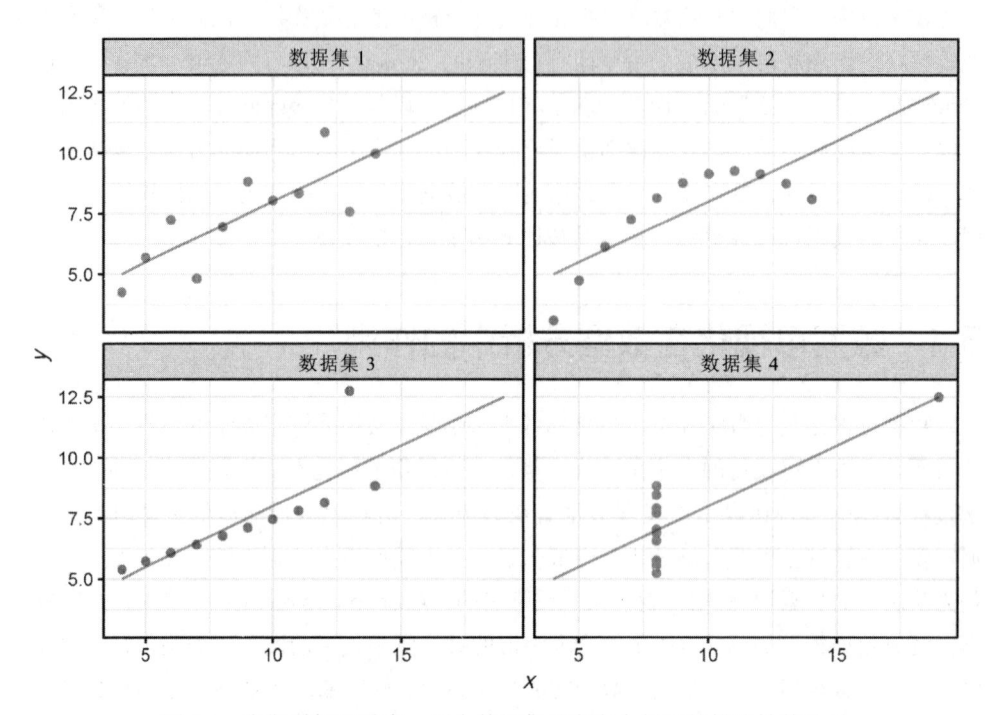

图 5.1　安斯科姆四重奏：四个数据集具有完全相同的描述性统计量
（平均值、标准差和相关性）

虽然前文还没有把数据可视化的优点全部罗列出，但我们已经确信数据可视化在统计分析中发挥着至关重要的作用。尽管数据可视化很重要，但我们观察到，不仅在科学出版物中，而且在学生的学位论文和其他论文中，数据可视化往往没有得到充分利用。出现这种情况的一个可能原因是，许多标准的统计软件包没有提供足够好的工具来从统计分析中生成具有视觉吸引力的图表。然而，一种非常通用和灵活的软件包 ggplot2 最近被开发出来。此外，通过在 ggplot2 上进行构建，工作人员已经为这个包开发了扩展包，进一步扩展了 ggplot2 强大的绘图功能[①]。ggplot2 包及其扩展包使数据可视化工作变得简单而有趣。

> **注意!**
>
> R 有它自己的图形包 graphics，有时被称为 base graphics，它是与 R 一起自动安装的。这个 base-R 包中的绘图函数（例如，lines()、hist()、box()，等等）也可以用来创建各种具有高度灵活性的图形。我们选择 ggplot2 而不是 base-R 图形包的原

---

① 你可以在 ggplot2.extensions 网站上找到这些软件包的完整列表。

因是，前者基于更现代的数据分析方法，更全面、更容易使用。特别是，ggplot2 通常只需要几行易于阅读的代码就可以生成相当复杂和漂亮的图形。但是，如果你想要研究 base-R 图形包，那么可以输入 help("graphics") 来获取它的帮助文件。

本章的剩余内容分为两部分。第一部分为 5.2 节，介绍了 ggplot2 的基础概念，并从 ggplot2 的角度描述了图形的体系结构，通过具体示例展示不同组件协同工作的方式，以及如何创建灵活、漂亮的统计图形。在本章的 5.3 节，我们采用了一种更实用的方法，并为许多不同的、常见的任务提供了一系列解决方案。在这部分内容中，你将发现经过处理的示例代码，你可以根据自己的需求对其进行调整。

5.2 了解 ggplot2

ggplot2 包是由 Wickham 开发的，开发的逻辑主要借鉴了 Wilkinson 提出的"图形语法"。ggplot2 包的主要思想是，统计图是由多个层构建的，这些层相互"叠加"以构成图。每一层由组件数据、映射（通过图形美学）、几何对象、统计转换和位置组成。每一层都通过一个几何对象添加到图形中，该对象指定了图形的形状。我们还可以添加和调整额外的组件，即 Scales、Coordinates、Labels、Themes 和 Facets，以便更改所需图形的样式（例如，着色、布局或坐标转换等，见图 5.2）。

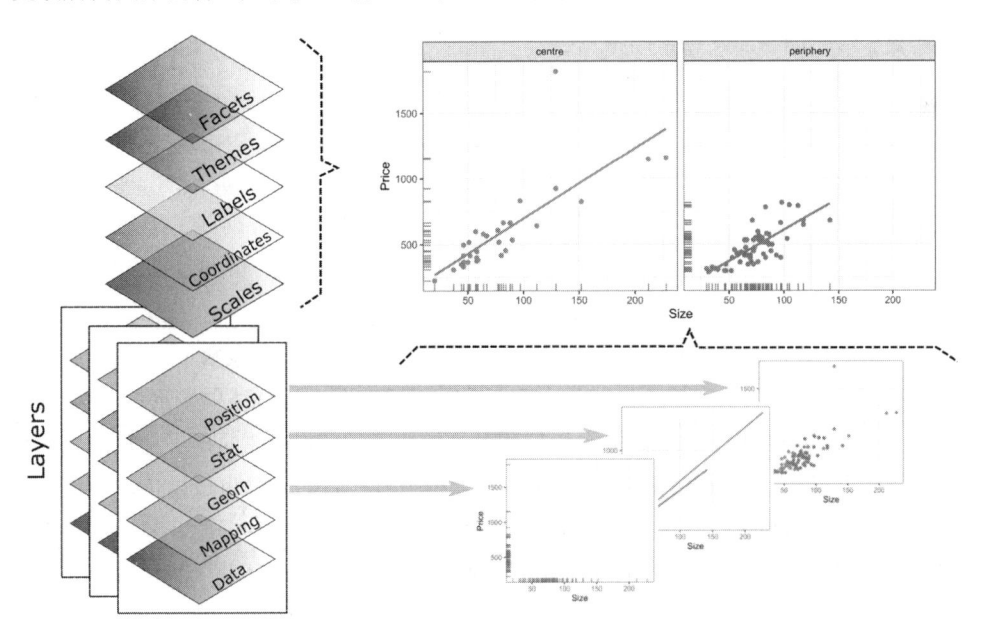

图 5.2　ggplot2 绘制图形的分层语法（见文前彩图）

不像在 SPSS 等其他程序中那样需要遵循一组预定义的模板，在 ggplot2 中我们可以通过组合图形分层语法的组件来创建各种所需的新图形。这个过程指将所需的信息逐层添加，并在操作过程中调整必要的组件。例如，首先选择创建一个变量相对于另一个变量的散点图，将其作为第一层。在第二层，我们可以添加一个模型来拟合数据（如回归线）。在第三层中，我们可以覆盖一组不同的数据点，或者通过注释数据突出需要显示的数据子集。因此，每一层都必须能够访问自己的组件。在下面，我们将解释一个层包含的所有组件（见图 5.2），并介绍如何更改和定制它们，以及描述它们的相互关系。本章使用到的数据集都包含在 astatur 包中。

5.2.1 层的结构

一个层的最重要的 3 个组成部分是所需的数据、对应的映射和几何对象。数据提供了可用于组合图形的基础变量。例如，我们可以让一个层访问来自 astatur 的 flats 数据集。但是，仅仅告诉 ggplot2 它应该使用哪些数据，这并不足以让它绘制一幅精美的图。事实上，有许多方法可以将一个数据集转换为一个图（换句话说，我们可以从同一个数据集创建多个不同的图）。因此，我们需要告诉 ggplot2 包哪个变量应该对应于图的哪个方面，这个过程被称为指定映射。这种映射包括将变量与图形美学进行配对，即绘图的图形参数。例如，我们可以指定希望将 flat_price 变量的值沿 y 轴绘制，而将 floor_price 变量的值沿 x 轴绘制。一旦指定了这个映射，我们就需要第三个关键组件来完成绘图，即需要声明使用什么类型的几何对象来表示数据（见图 5.3）。在下面的示例中，使用点可能是中规中矩的，这样得到的图形将类似于散点图（见图 5.2）。

上一段描述的过程介绍了一个层的构建方式。一旦层构建完成，我们就可以通过重复这个过程轻松地添加另一个层。还可以通过指定不同的数据集来绘制额外的数据，创建将变量映射到图形美学属性的不同方式，并调整用于表示它们的几何对象。例如，我们可以通过使用相同的数据和映射，但使用不同的几何对象，在同一个图形上添加一条回归线（见图 5.2）。

当构建一个具有不同层的图形时，通常我们希望对不同的层使用相同的数据和（或）映射，但绘制不同的几何对象来表示它们（如在上一段描述的图形中）。因此，ggplot()创建了一个继承系统：对于添加到图中的所有新层，在图的顶层指定的数据和映射将被设置为默认值，因此不需要再次指定。但是，我们同样可以覆盖从顶层传递下来的数据集和映射，并自由地调整每个单独的层。在对图形的分层语法进行了相当理论性的描述之后，我们现在转向一个具体的示例，并依次介绍各层包含的每个组件。

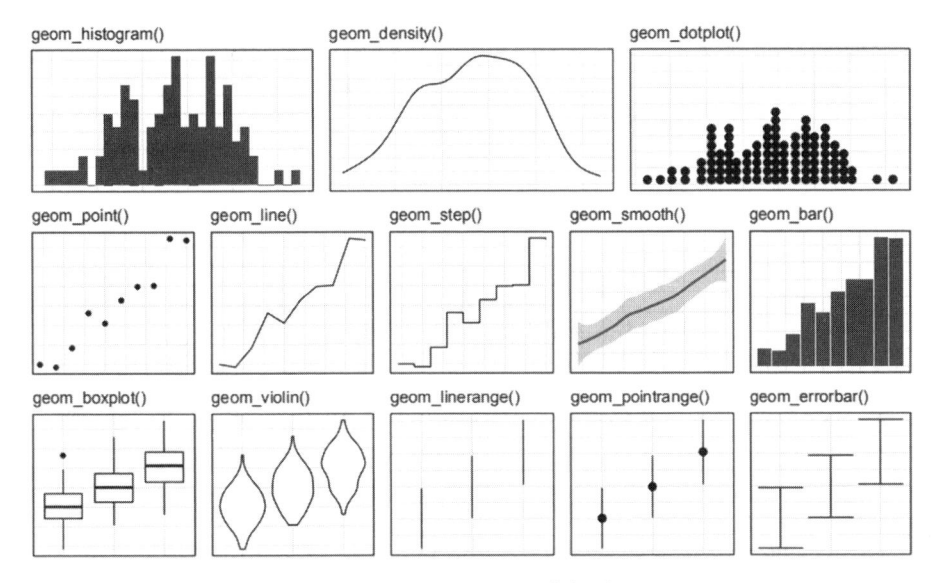

图 5.3 最常用几何对象概览

数据

数据是层的第一个组成部分，由绘制图形所需的变量集合组成。ggplot2 包中用于初始化图形的主要函数为 ggplot()。这个函数需要输入的第一个参数是以数据框形式（或 tibble 对象）存储的数据（即变量）。

```
ggplot(flats)
```

在上面的代码中，我们对 flats 数据框应用了 ggplot()函数。ggplot()函数在第一次被调用时，并不会创建层，而只是"搭建了一个桥梁"，以便后续的层可以在此基础上绘制它们的图形。因此，当你执行上面这个代码行时，并不能生成图形。你将只能看到一个空矩形，如图 5.4 A 所示，这个矩形是一个画布，后续可以在上面使用图层进行图形绘制。现在，还缺少创建图形的另外两个关键元素，即映射和几何对象。

请注意，如果在 ggplot()函数中指定了数据框，那么后续添加的所有层都可以使用该数据（可以理解为这些层"继承"了数据），除非这些层专门覆盖了这个优先级最高的数据集。

映射

在 ggplot2 中，图形美学指的是图的视觉属性（特性），它可以携带有意义的信息。最常见的图形美学包括 x 轴和 y 轴（x 和 y）、图形轮廓的颜色（colour）、图形的填充颜色（fill）、形状（shape）、大小（size），等等。ggplot2 规定，在绘制图形时必须明确指定哪个变量"属于"哪个美学，这个过程称为指定从变量到美学的映射。

变量可以映射到哪些美学特征，这取决于我们想要创建的图形类型。例如，散点图需要 x 轴坐标和 y 轴坐标，而直方图只需要 x 轴坐标。因此，一些美学特征对于一些几何对象来说是必选的，而另一些则是可选的。表 5.1 列举了部分几何对象的美学要求。从表中可以看到，要创建一个散点图，我们至少要将变量映射到 x 轴和 y 轴，并且使用 aes() 函数来指定这个映射。

```
ggplot(flats, aes(x=floor_size, y=flat_price))
```

表 5.1　不同类型图形（即几何对象）的美学要求

几何对象	绘图函数	必选的美学特征	可选的美学特征
密度图	geom_density()	x 或 y	Colour、fill、line type、alpha、size、weight
直方图	geom_histogram()	x 或 y	Colour、fill、line type、alpha、size、weight
点图	geom_dotplot()	x 或 y	Colour、fill、alpha
条形图	geom_bar()	x 或 y	Colour、fill、line type、alpha、size、weight
箱线图	geom_boxplot()	x 或 y	Colour、fill、line type、alpha、shape、size、weight
散点图	geom_point()	x 和 y	Colour、fill、alpha、shape、size
折线图	geom_line()	x 和 y	Colour、alpha、line type、size、group

在这段代码中，可以通过在 aes() 函数中设置美学特征 x=floor_size 和 y=flat_price。这将指示 ggplot() 在 x 轴上使用 floor_size 变量，在 y 轴上使用 flat_price 变量。尽管我们现在已经指定了数据和映射，但是这段代码仍然不能生成一个完整的图，因为还缺少关于图形类型的信息。上述命令将创建一个包含 x 轴和 y 轴的坐标系，如图 5.4 B 所示。

注意，与指定数据集一样，我们在 ggplot() 函数中使用 aes() 函数指定了图形美学映射。因此，这个映射也将传递到下面的层，每一层都将自动应用这个映射来绘制图形。有时，各个层也可以添加或更改一些映射，以获得更复杂的图形。这些特定于层的美学映射将优先于全局指定的映射。要了解 aes() 函数的更多信息，可以执行此命令：?aes。

几何对象

几何对象将决定最终显示的图形类型。在 ggplot2 中，每个几何对象被称为一个 "geom"，并被分配一个特定的函数。例如，如果我们想要创建一个散点图，那么要使用一个由 geom_point() 函数表示的点对象。如果我们想要创建一个直方图，那么要使用 geom_histogram() 函数，等等。用于创建常见图形的 geom 函数已列在表 5.1 中。图 5.3 提供了这些图形的示例。除此之外，还有许多附加的 geom 函数，可以通过键入 "geom_" 来获得完整的函数列表。要想了解更多关于每个 geom 函数的信息，可以输入?geom_point()、?geom_histogram()，等等。

正如前面介绍的，在初始 ggplot() 函数之后添加的所有层，将继承 ggplot() 函数中指定的数据集和映射（如果各层中没有显式覆盖的话）。因此，添加一个层就像在 ggplot() 中调用一个几何对象一样简单：

```
ggplot(flats, aes(x=floor_size, y=flat_price)) +
  geom_point()
```

在下面的例子中，我们像之前一样重现对 ggplot() 的调用，并在其中指定数据集和映射，其中 floor_size 变量映射到 *x* 坐标，flat_price 变量映射到 *y* 坐标。然后，用 geom_point() 添加一层点对象，再通过 + 操作符将这两个函数相连。现在，绘制图形所需的三个核心要素——数据、映射和对象都已经准备就绪了，现在终于可以绘制一个完整的图形了（见图 5.4 C）。

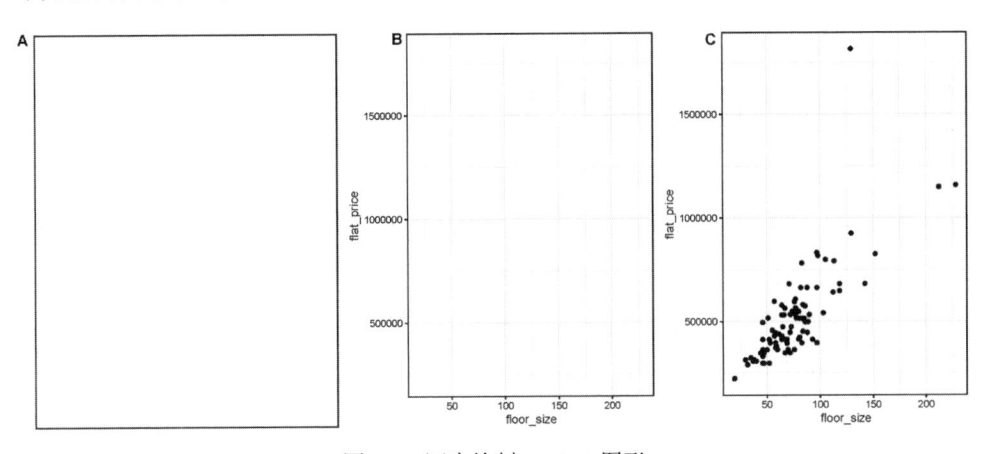

图 5.4 逐步绘制 ggplot2 图形

正如上面所讨论的，我们可以在图形上覆盖多个具有不同几何对象的层。只需使用 + 操作符就能添加它们，就像添加 geom_point() 层一样。例如，如果我们想在图中添加一条回归线，那么可以简单地在代码中添加 geom_smooth() 函数：

```
ggplot(flats, aes(x=floor_size, y=flat_price)) +
  geom_point() +
  geom_smooth(method="lm", se=FALSE)
```

如上所述，每一层都可以使用主函数 ggplot() 提供的映射。但是也可以分别扩展或更改每一层中的映射。例如，在前面的代码中，我们使用了来自 ggplot() 函数的映射。但如果我们需要为不同位置的公寓分别画回归线呢？可以通过在 geom_smooth() 函数中扩展映射来实现这一点：

```
ggplot(flats, aes(x=floor_size, y=flat_price)) +
  geom_point() +
  geom_smooth(aes(colour=location))
```

在上述代码中，我们添加了一个额外的映射 aes(colour=location)，这将指示回归线的颜色随着 location（公寓位置）的变化而变化（见图 5.5 C）。

变量到图形美学的映射可以动态地和静态地完成。例如，当我们想要描述一个根据变量而变化的美学特征（如数据点的颜色）时，动态映射便是目前所要考虑的方式。正如我们看到的，这种动态映射总是在 aes()函数中设置的。例如，在下一段代码中，我们将让所有层的颜色随公寓位置的变化而变化（见图 5.5 A）：

```
ggplot(flats, aes(x=floor_size, y=flat_price, colour=location)) +
  geom_point() +
  geom_smooth()
```

另外，我们也可以指定静态映射。在静态映射中，每一个图形美学都将被赋予一个常数值。例如，我们可能希望图形中只有一条蓝色的回归线，这可以通过覆盖 geom_smooth()函数内调用的来自 ggplot()中的 colour=location 这一映射来实现。

```
ggplot(flats, aes(x=floor_size, y=flat_price, colour=location)) +
  geom_point() +
  geom_smooth(colour="blue")
```

请注意，我们并没有将指定的图形美学 colour="blue"包装在 aes()函数中，而是简单地将其添加到 geom_smooth()函数的参数中。在这种情况下，ggplot2 将删除 ggplot()函数中的动态映射，并从 geom_smooth()函数中提取并添加一个静态映射（即它将只绘制一条蓝色的回归线，见图 5.5 B）。

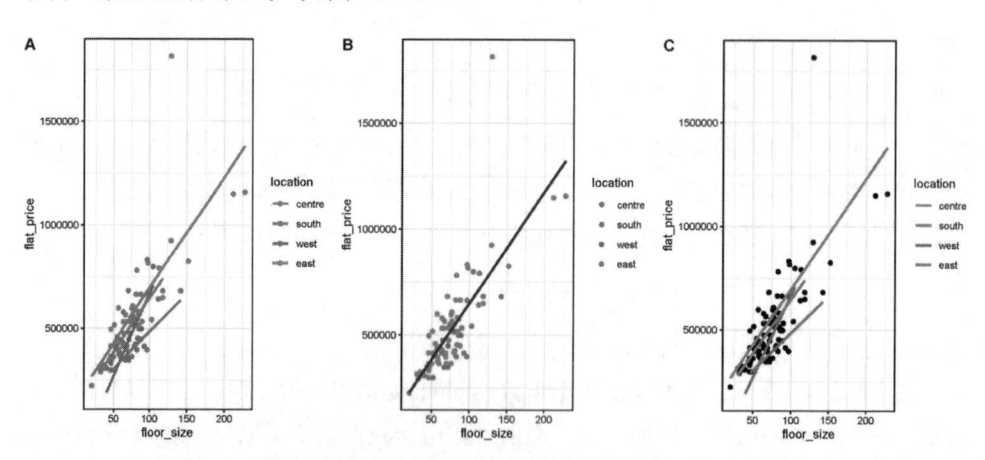

图 5.5　通过设置映射和图形美学而构建的图形（见文前彩图）

统计转换

统计转换（在 ggplot2 中用缩写"stat"表示）是指定执行变量和几何对象之间映射方式的黏合剂。到目前为止，我们已经能够创造出不需要任何统计转换的图形。之所以可以在不指定基础统计转换的情况下创建数据，是因为每个 geom 都有一个与之关联的默认统计转换方式。当我们将不同的几何对象添加到图形中时，绘图函数将在幕后执行统计转换。例如，当添加 geom_point() 层时，将默认执行恒等转换，这是 geom_point() 的默认值。恒等转换指的是：转换之后的数据与转换之前的数据是相同的，也就是说，根本没有执行转换。然而，在 geom_smooth() 层中，称为 stat_smooth() 的底层转换实际上相当复杂。它必须获取部分(x,y)坐标并为其计算一条回归线。这种统计转换是创建统计图形的基本工具。通常情况下，我们不必为它们操心，因为默认的转换方式也符合我们的绘图需求。在某些情况下，我们将不得不调整这些转换参数，甚至完全替换它们。统计转换将以两种方式嵌入 ggplot()，可以使用 geom 函数修改或更改隐含的统计转换，或者直接使用 stat 统计函数，后者有时可以更容易地访问必要的参数。

表 5.2 展示了各种 geom 函数及其相关的统计转换。每一种统计转换都具有相应的统计功能。例如，对于 geom_density()，有一个名为 stat_density() 的函数负责进行从原始 x 值到核密度估计的必要转换。许多更复杂的统计转换函数还包含一些额外的参数。例如，对于"平滑"变换，我们可以选择是否计算线性回归线（method="lm"）或是否使用局部平滑函数来显示数据中的非线性趋势（method="loess"）。或者，对于用于直方图的"箱子"转换，我们可以使用 bins=30 来选择箱子的数量。在表 5.3 中，我们总结了一些常用的统计转换包含的一些重要参数。在每个统计转换函数的帮助页面上都有一个可用参数的列表。例如，要查看平滑统计转换支持的所有参数，只需使用命令 help(stat_smooth)。

表 5.2　每个 geom 使用的默认统计转换

geom 函数	默认统计函数	含　义
geom_density()	stat="density"	核密度估计
geom_histogram()	stat="bin"	确定直方图中箱子的数量
geom_smooth()	stat="smooth"	绘制 x、y 的平滑曲线（如局部加权回归或线性回归）
geom_bar()	stat="count"	为一个分类变量统计每个类别的频数
geom_point()	stat="identity"	将单个数据点图形转化为点
geom_boxplot()	stat="boxplot"	创建一个覆盖第 25 到第 75 百分位数据的盒子

表 5.3　统计转换包含的默认参数

stat 函数	默认参数	含　义
stat_density()	kernel="gaussian"	使用高斯核函数
	bw="nrd0"	带宽选择方法
	adjust=1	带宽选择的调整因子

续表

stat 函数	默认参数	含义
stat_histogram()	bins=30 binwidth=NULL	箱子的数量=30 设置每个箱子的宽度，而不是箱子的数量
stat_smooth()	method="loess" se=TRUE	局部加权回归 还会显示错误的区间
stat_bar()	width=0.9	条宽（数据分辨率的90%）
stat_point()		无参数
stat_boxplot()	coef=1.5	箱子的须线长度与四分位差（IQR）的倍数

注意！

geom_*()函数和stat_*()函数都可以用于向现有的绘图添加一个层。因此，区分两者是一个难点。思考geom函数和stat函数的工作原理，可能有助于我们理解二者的区别。Wickham曾经在介绍ggplot2包时中指出，每个geom都有一个默认属性，每个stat都有一个默认属性。实际上，它们只是包装器函数，用于简化使用默认属性添加层的过程。思考下面的例子，它使用layer()函数显式地向图形添加了一个层：

```
ggplot() +
  layer(data = flats,
        mapping = aes(x = floor_size,
                      y = flat_price),
        geom = "point", stat = "identity",
        position = "identity")
```

当这样显式地使用layer()函数时，我们必须同时指定一个geom和一个stat。在这个例子中，stat="identity"（意味着不应用统计转换），而geom="point"。Wickham指出，在使用特定的geom时，会应用一种默认转换。例如，当创建一个直方图时，我们通常想要将数据分箱，因此它的默认属性是"bin"。绘制散点图时，默认的转换是恒等转换（即不进行转换），等等。因此，ggplot2的开发人员提供了geom_*()和stat_*()函数来简化层的创建，避免使用layer()函数编写复杂的代码。

最常见的情况是，当我们希望对图形以显示方式进行轻微更改时，会选择调整geom的统计转换。例如，当在flats数据集中绘制显示公寓价格的直方图时，可以通过指定stat_bin()函数提供的binwidth=参数，来指定直方图中不同箱子的宽度为100,000 USD。

```
ggplot(flats, aes(x=flat_price))+
    geom_histogram(binwidth=100000)
```

结果显示在图5.6 A 中，该直方图包含了大约20个箱子，所以另一种选择是在调用geom_histogram()时指定bins=20。

另一方面，有时直接调用其中一个 stat 函数更容易，而不是指定适当的 geom 来显示由 stat 函数进行转换的结果。一个特别重要的例子是 stat_summary()函数，因为它的使用频率非常高。这个函数可以输出一组数据点的概述，并提供了一个相当灵活和直观的界面。举例来说，我们希望绘制出位于不同位置的公寓的平均价格。在 flats 数据集中，每个位置都有多座公寓，因此必须先把它们平均分配。通过在 stat_summary()函数中指定 fun=mean 和 geom="bar"，可以实现这一点：

```
ggplot(flats, aes(x=location,y=flat_price))+
  stat_summary(fun=mean, geom="bar")
```

从图 5.6 B 中可以看到的，平均值是用条形图来表示的。我们可以很容易地更改用于计算汇总数据的两个函数（例如，当你想要绘制中位数而不是平均值时，可以使用 fun=median 来实现，也可以使用表示数据的几何对象，使用 geom="point"来绘制点而不是条形图）。

stat_summary()还可以解决另一个经常使用的任务，即绘制误差区间。我们可以通过指定 fun.data=而不是 fun=来实现这一点，并选择包中可用的汇总函数。在下一个示例中，我们通过使用 + 操作符添加另一个 stat_summary()函数，并将另一个层添加到前面的绘图中。这里，我们指定 fun.data=mean_cl_boot，它将根据数据生成置信区间。与 stat_summary()一起使用的其他常用汇总函数有：mean_se()（求平均值和标准误差）、mean_cl_normal()（源自近似正态分布的置信区间）或 mean_sdl()（求平均值和标准偏差）。最后，我们选择了一个适合表示区间的 geom，即 geom="pointrange"。geom 还有其他可供选择的参数值：errorbar 或 linerange。

```
ggplot(flats, aes(x=location,y=flat_price))+
  stat_summary(fun=mean, geom="bar") +
  stat_summary(fun.data=mean_cl_boot, geom="pointrange")
```

图 5.6 C 显示，前一个命令生成的条形图被误差项的置信区间覆盖了。

位置

位置调整是层的最后一个组成部分。这些调整提供了改变图形不同元素（即点、线、条等）位置的选项。例如，当我们创建一个条形图来显示两个不同变量的值时，可以选择显示属于同一类别的条形图，这些条形图堆叠在一起或彼此相邻。例如，再次考虑我们示例数据集中公寓的价格。我们之前已经根据每个地方公寓的平均价格绘制了图形。如果我们想把每个地方公寓的平均价格按能源效率划分，那么应该如何实现？通过将映射更改为包含 fill=energy_efficiency，我们可以很容易地实现这一点。使用 fill=可以实现用不同的颜色填充整个栏，而不是 color=，因为它只会改变每个栏外围框架的颜色。

```
ggplot(flats, aes(x=location,y=flat_price,fill=energy_efficiency))+
  stat_summary(fun=mean, geom="bar", position="stack")
```

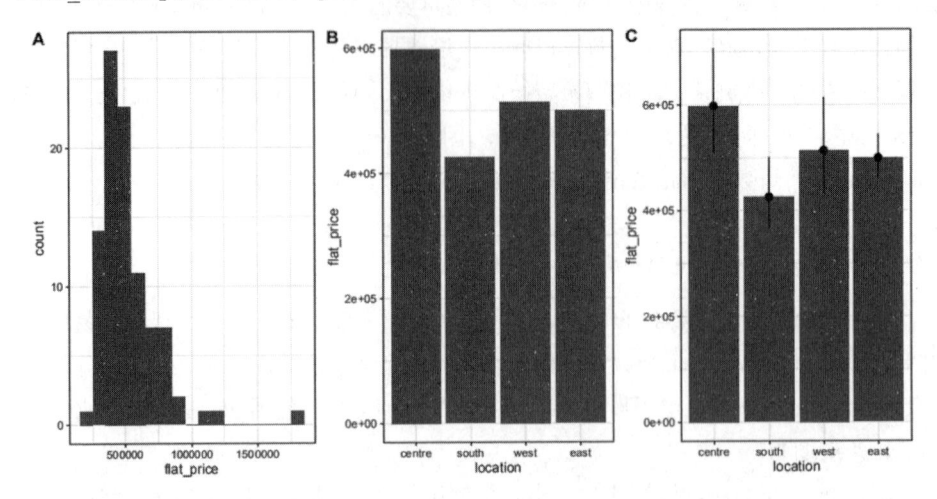

图 5.6　使用 geom 和 stat 函数可视化汇总数据

得到的图形显示在图 5.7 A 中。在上面的代码中，我们使用了定位参数 position="stack"，从图中可以观察到填充了不同颜色的条形确实是堆叠在一起的。我们也可以使用 position="dodge"（见图 5.7 B）或 position="fill"（见图 5.7 C）来改变图中条的排列方式。

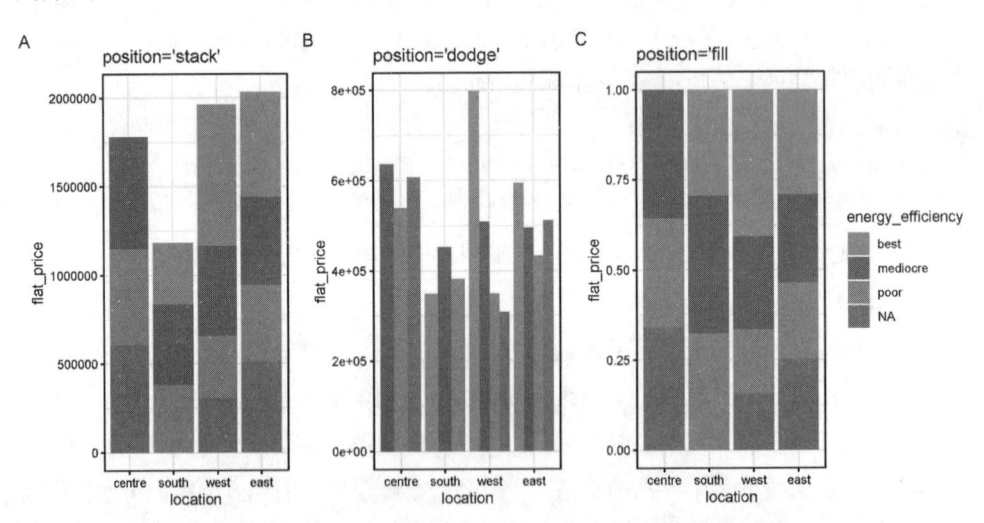

图 5.7　使用 geom 和 stat 函数绘制汇总数据（见文前彩图）

如表 5.4 所示，有五个主要的位置函数，每个函数在不同的 geom 函数中使用。表中没有提供所有的函数，还有许多函数没有列举在表格中，而其他 geom 函数可能会使用其中的一些位置函数。图 5.7 已经显示了 "dodge"、"stack" 和 "fill" 的作用。另一个最常用的函数是 jitter, 它可以用于添加数据的一小部分随机噪声（称为"jitter"）到散点图中。当数据点被放置在其他数据点的"顶部"时，这是有用的。例如，当创建两个序数变量的散点图时，经常会出现许多点落在完全相同位置上的情况。给点添加少量的噪声可以帮助你看到每个位置有多少个"隐藏"的点。

表 5.4　geom 函数的默认位置参数

位置函数	geom 函数	含义
position_jitter()	geom_point()	添加随机噪声
position_dodge()	geom_bar() geom_histogram() geom_boxplot()	让箱子挨在一起
position_fill()	geom_bar() geom_histogram()	固定高度的堆叠条形
position_stack()	geom_bar() geom_histogram()	堆叠条形
position_identity()	all geoms	不改变位置

例如，考虑图 5.8 A 中 flats 数据集的 location 和 energy_efficiency 变量的散点图，这两个变量都没有添加任何噪声。所得图形并不能提供有用的信息，因为所有的点都彼此重叠。这时可以通过使用 position="jitter" 添加一些随机抖动来改善这种情况（见图 5.8 B）：

```
ggplot(flats, aes(x=location, y=energy_efficiency))+
  geom_point(position="jitter")
```

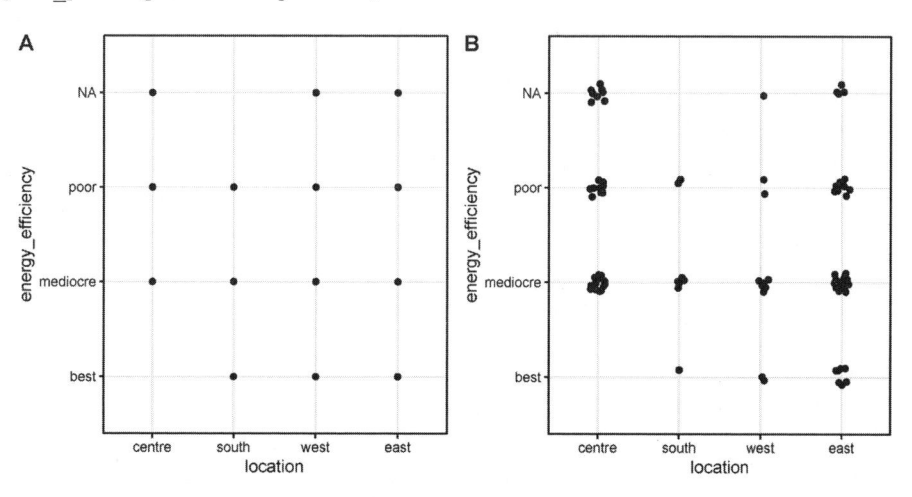

图 5.8　在散点图中添加随机抖动

通过改变 position_jitter()函数中 position=参数的值，可以进一步微调 jitter（抖动）的数量。查看 position_jitter()的帮助页面发现，我们可以分别为水平抖动和垂直抖动添加参数 width=和 height=来改变随机抖动的大小：

```
ggplot(flats, aes(x=location, y=energy_efficiency))+
  geom_point(position=position_jitter(height=0.1, width=0.2))
```

以同样的方式，我们可以调整前面提及的其他定位函数的作用形式。

5.2.2 影响所有层的附加组件

到目前为止，我们已经介绍了不同层包含的组件，它们一起构成了 ggplot2 中的一个图形。除了特定于层的组件，还有其他组件可以改变图形的整体外观，这些组件将会同时影响所有层（见图 5.2，左上角）。这些组件包括标尺（"Scales"，可以调整不同美学特征的尺寸）、坐标系（"Coordinates"，控制图形位置）、标签（"Labels"，给图形添加注释）、主题（"Themes"，改变图形的整体样式，如字体、颜色等），以及分面（"Facets"，可以创建多个子图）。

标尺

在上文中，我们介绍了 aes()函数，通过在其中添加映射将变量与特定的美学特征（如颜色）联系起来。在映射中，我们指定哪个变量将在哪个美学中表示，但我们没有详细指定该美学将如何在屏幕上显示。例如，我们可以指定 color=location，即以不同的颜色绘制不同的公寓位置，但是实际选择的颜色是由标尺指定的。例如，在前面的例子中，使用 colour=location 将隐式调用 scale_colour_discrete()函数来为 geom（点、线等）上色，填充的颜色将根据变量的类别分配。在没有显式调用该函数的情况下，scale_colour_discrete()的默认着色方案将自动应用于数据。

下面的代码生成了如图 5.9 A 所示的图形。这里，我们显式地将三个不同的缩放函数（scale_x_continuous()、scale_y_continuous()和 scale_colour_discrete()）添加到图中，尽管在本例中没有必要这样做。实际上，不添加这些函数也会产生完全相同的图形，因为我们使用了函数的默认值。因此，对于 aes()函数中存在映射的每一种美学特征，都会添加一个 scale 函数。

```
ggplot(flats, aes(x=floor_size, y=flat_price, colour=location)) +
  geom_point() +
  scale_x_continuous() +
  scale_y_continuous() +
  scale_colour_discrete()
```

在上述代码中添加这些函数是无用的，因为它们不会改变结果。然而，显式地添加 scale 函数可能非常有用。例如，我们可以向这些函数添加额外的参数，从而改变相应元素的外观。在下一个示例中，我们将给 x 轴添加标识刻度的数字（这些数字称为断点），默认情况下 y 轴已经有了断点，我们将在此基础上再增加一些，并为图形添加自定义颜色而不是使用默认颜色。修改后的结果，如图 5.9 B 所示。

```
ggplot(flats, aes(x=floor_size, y=flat_price, colour=location)) +
  geom_point() +
  scale_x_continuous(breaks = c(50, 100, 150, 200)) +
  scale_y_continuous(n.breaks=10) +
  scale_colour_manual(values=c("blue", "yellow", "pink", "red"))
```

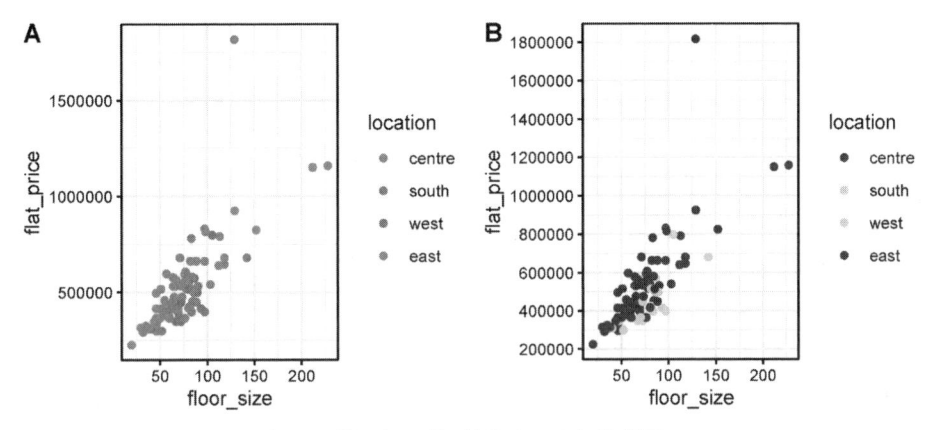

图 5.9　使用标尺修改图形（见文前彩图）

ggplot2 中有大量可用的 scale 函数，并且每个函数都包含多个参数，可以用来修改不同的美学特征。尽管如此，aes()函数对不同几何图形（点、线等）使用的默认选项已经能够帮助用户绘制出漂亮的、信息丰富的图形。通常，一开始显式地使用 scale 函数似乎不是很有用，但是学习 scale 函数对于生成准备发布的图形是很有必要的，这些图形通常需要一些高级的美学变化来满足发布者。

表 5.5 显示了最常见的美学特征及其相关的 scale 函数。要了解更多关于这些函数及其相关的默认和可选参数，你可以输入?scale_<美学特征的名称>（如?scale_colour），以便获得你感兴趣的函数的帮助文档。

表 5.5　美学特征和 scale 函数

美学特征	scale 函数
x-axis（x 轴）	scale_x_continuous() scale_x_discrete()
y-axis（y 轴）	scale_y_continuous() scale_y_discrete()

续表

美学特征	scale 函数
Colour（颜色）	scale_colour_discrete() scale_colour_continuous()
Shape（形状）	scale_shape_discrete() scale_shape_continuous()
Alpha（透明度）	scale_alpha_discrete() scale_alpha_continuous()
Size（尺寸）	scale_size_discrete() scale_size_continuous()
Fill（填充）	scale_fill_discrete() scale_fill_continuous()
Line type（线条的类型）	scale_linetype_discrete() scale_linetype_continuous()

坐标系

坐标系是 ggplot2 的另一个组件，它可以控制图形在不同维度下的外观。每个 ggplot2 图都有一个默认的坐标系，即我们最为熟悉的笛卡尔坐标系。在大多数情况下，无须输入任何额外的代码，默认坐标系已经足够满足绘图需求了。正如我们在 scale 函数中看到的，不添加任何 coord 函数与向图形中添加默认的 coord_cartesian()函数得到的图形是相同的。但是，当我们选择显式地添加该函数时，可以再次利用与坐标系相关的大量附加参数来调整其视觉外观。

例如，一个常见的任务是放大坐标系的特定范围。这可以通过向图中添加 coord_cartesian()函数并指定参数 xlim=和 ylim=来实现。在这里，我们展示了如何将 x 轴的范围限制为面积不小于 50 平方米和不大于 150 平方米的单位（见图 5.10 A）：

```
ggplot(flats, aes(x=floor_size, y=flat_price)) +
  geom_point() +
  coord_cartesian(xlim=c(50,150))
```

除了 coord_cartesian()函数，还有一些其他的函数可以帮助我们调整图形的坐标系。其中一个函数叫作 coord_flip()，它通过交换 x 轴和 y 轴来实现坐标系的翻转。例如，在下面的例子中，通过添加 coord_flip()函数到代码中，变量 flat_price 显示在 x 轴上，而变量 floor_size 显示在 y 轴上（见图 5.10 B），这将创建与图 5.10 A 相反的图形：

```
ggplot(flats, aes(x=floor_size, y=flat_price)) +
  geom_point() +
  coord_flip()
```

还有一个可以用来改变图形维度的函数是 coord_fixed()，它创建了一个具有指定长宽比的坐标系统。当 x 轴上的单位与 y 轴上的单位相同时，可以使用此函数（通过添加 coord_fixed(ratio=1)来实现)，将得到 x 轴与 y 轴相同宽度的图形，这种图形便于比较。这里我们要提到的最后一个函数是 coord_polar()，它可以用来构造围绕原点排列的极坐标图（见图 5.10 C）：

```
ggplot(flats, aes(x=year_built, y=flat_price)) +
  geom_bar(stat="identity") +
  coord_polar()
```

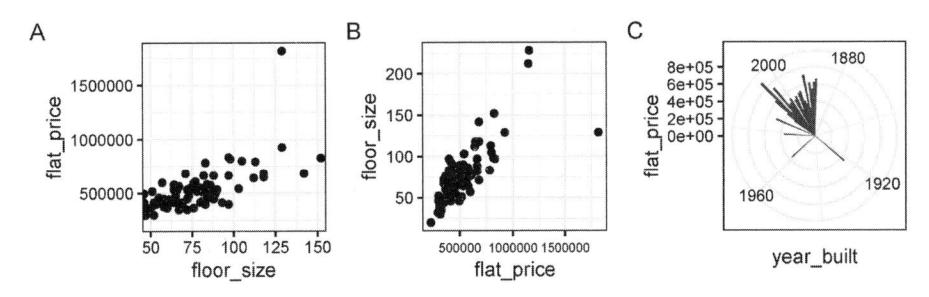

图 5.10　不同坐标系的使用

标签和注释

为了创建合适的数据以便与更多的受众进行交流，例如，在科学出版物中，为数据添加标签以便于理解是很有必要的。与 ggplot2 的部分组件一样，有用于添加标签的默认选项。使用 ggplot()创建的任何图形都将自动使用变量名标记 x 轴和 y 轴，并在需要时提供一个图例。然而，数据集中的变量名通常是简略的缩写，因此我们可能想要定制和扩展图形的标签。为此，可以使用一个名为 labs()的函数。通过使用 labs()，我们可以向图形添加主标题、副标题、标题和注释，以及标记 x 轴和 y 轴。此外，还可以使用恰当的美学特征（本例中的颜色）来更改图例的标题，如下所示。这段代码生成的图形为图 5.11 A。

```
ggplot(flats,
       aes(x=floor_size, y=flat_price, colour=location)) +
  geom_point() +
  labs(title = "The relationship between price and floor size",
       subtitle = "Floor size as a predictor for selling price",
       caption = "Source: Data from Mehmetoglu & Jakobsen (2017)",
       x = "Floor size in square metres",
       y = "Price of flat in USD",
       tag = "A",
       colour = "Flat location")
```

除此之外，还有另外三个函数 ggtitle()、xlab()和 ylab()可以分别用于标记标题、*x* 轴和 *y* 轴。

有时，我们可能希望对图形的某个部分添加注释。例如，想要突出显示图形的某个部分，向数据点添加文本标签，等等。为此，我们可以应用 annotate()函数。该函数将接受一个几何对象作为其第一个参数，原则上任何几何对象都可以用作注释。其余的参数指定注释应该放置的坐标和其他格式参数。在下一段代码中，我们将向 flats 数据集中价格最高的公寓添加一个文本标签，并在其周围绘制一个矩形(geom="rect")。该操作的结果如图 5.11 B 所示。

```
ggplot(flats, aes(x=floor_size, y=flat_price))+ geom_point()+
  annotate("text", x=130, y=1600000, label="that one is expensive")+
  annotate("rect", xmin=120, xmax=140,
           ymin=1700000, ymax=1950000,
           colour="red", alpha=0.1)
```

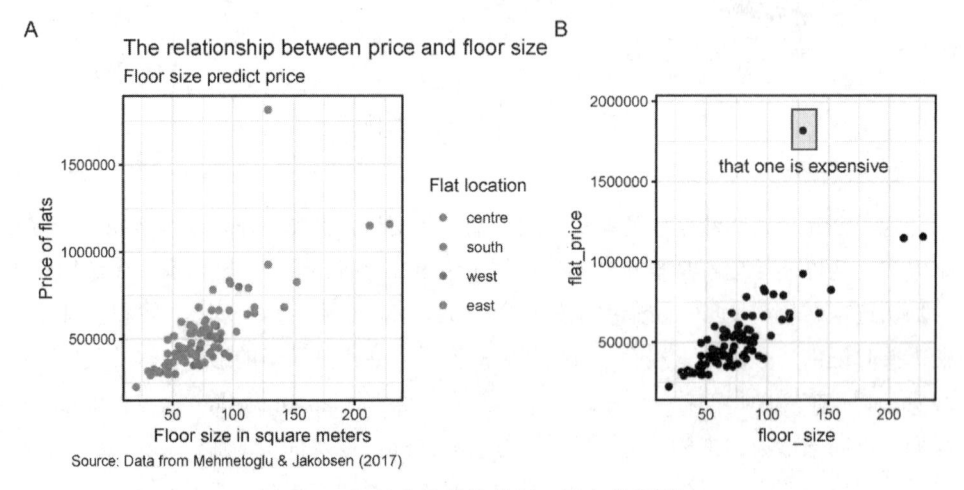

图 5.11　标签和注释的使用（见文前彩图）

主题

也许你以前就遇到过主题的概念，例如，在你的手机、桌面电脑或网站上。主题是独立于内容的指令，用于更改图形的整体格式（或外观）。这里的关键字是"独立的指令"，即主题只能修改图形中不依赖于数据的元素的外观，而不能修改这些元素本身的内容。这些元素包括图形的标题、*x* 轴和 *y* 轴、图例、背景、面板，等等。每个元素都由一个单独的参数表示，该参数遵循严格的命名规则。例如，*x* 轴的标题可称为 axis.title.x，图例的背景是 legend.background，等等。要查看这些元素的完整列表，你可以通过键入?theme()来访问 theme()函数的帮助页面。注意，我们只能改变每个元素的外观，因此必须明确指定每个元素的格式。为此，我们可以使用一系列方便使用的函数，每个函数对应一个可能需要格式化的元素。要更改文本的字体、大小和其他特性，可以使用 element_text()函数。要更改矩形的填充色、边框或底色（例如，画布为矩形），可以使用 element_rect()。要改变线条的粗细和线条样式，可以使用 element_line()。这三个函数都支持使用各自的参数来访问对应的属性。

虽然这种参数和函数的嵌套听起来不简单，甚至可能有点复杂，但它实际上可以更容易地识别每个元素的特征，特别是当使用 RStudio 的代码自动补齐时，当光标被放置在一个函数中时，它会自动列出所有可用的参数。然而，要理解这段抽象的描述可能会有困难。因此，我们将使用一个更大的示例代码来说明这一点，该代码展示了更改图形特征的方法，这段代码位于 theme()函数中。在这个例子中，我们列出了一系列图形元素，并展示了调整它们的方法（见图 5.12）：

```
ggplot(flats,
  aes(x=floor_size, y=flat_price, colour = location)) +
  geom_point() +
  labs(title = "The relationship between price and floor size",
       x = "Floor size in square meters",
       y = "Price of flats",
       colour = "Flat location") +
  theme(plot.title = element_text(size = 10, colour = "brown"),
        axis.title.x = element_text(colour="darkblue", size = 8),
        axis.title.y = element_text(colour="darkblue", size = 8),
        axis.text.x = element_text(angle = -30, face = "bold",
                                    vjust = 1, hjust = 0),
        axis.text.y = element_text(face = "bold"),
        plot.background = element_rect(fill = "lightgray"),
        legend.text = element_text(size = 8, face = "italic"),
        legend.title = element_text(size = 8,
                                     colour = "darkblue"),
        legend.background = element_rect(fill = "lightgray",
                                          colour = "brown", size = 0.5),
        panel.background = element_rect(fill = "lightgray")
)
```

在这段代码中，我们更改了图形的单个元素，这种方法非常耗时，并且所需的代码比较复杂，通常生成的图形也不大美观（图 5.12 也不例外）。这种情况下，使用 ggplot2 或其他第三方包提供的预构建主题通常要方便得多。这些主题是为了不同元素的和谐作用而设计的，如果想要自定义优化或改变单个图形元素时，更换主题通常是一个更好的方法。ggplot2 使用的默认主题是 theme_gray()，默认情况下每个图形都将使用这个主题。图 5.13 中展示了一系列可选主题。你可以像往常一样使用 + 操作符将每个主题添加到图形中。

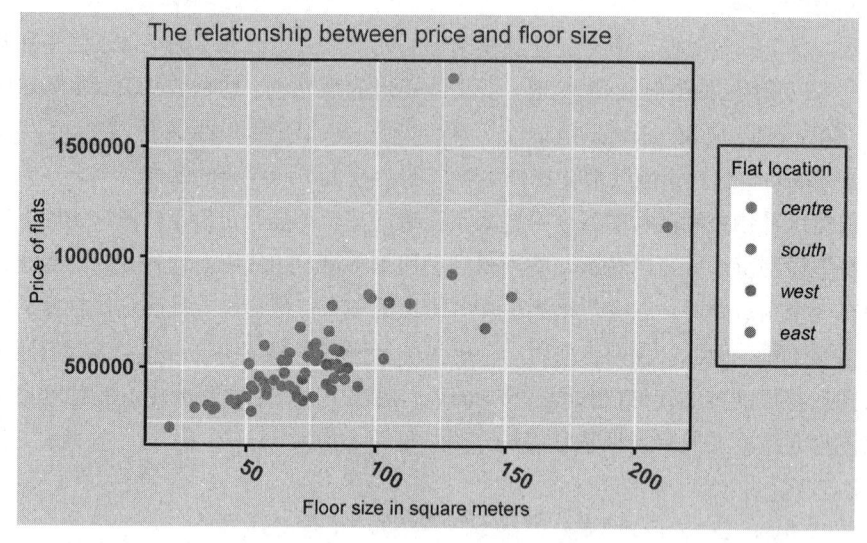

图 5.12　调整各种图形元素（见文前彩图）

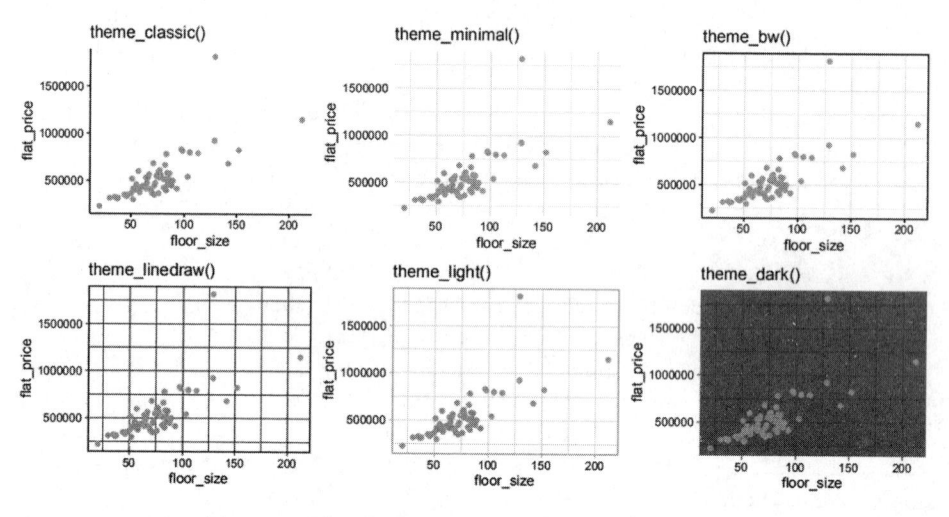

图 5.13　预构建的主题和对应的函数（见文前彩图）

分面

本节介绍的最后一个组件称为分面，它在许多情况下都非常有用。分面是指将一个图分割成许多更小的子图，这些子图是基于主数据集的子集创建的。这些子集是通过根据一个或多个分类变量的类别分割数据生成的。有两个主要的切面函数，即 facet_wrap() 和 facet_grid()。它们非常相似，只是在图形的排列方式上有所不同。我们将展示这两个函数的示例。通常，facet_wrap() 对于显示由单个变量分割的图形更有用，而 facet_grid() 有时更适合用于绘制两个甚至更多变量的组合。

下面我们创建了一个分面图，在其中我们绘制了 4 个不同位置（centre、south、west 和 east）的 flat_price（公寓价格）和 floor_size（公寓面积）之间的关系，这代表了我们的分类变量 location 的 4 个类别。通过添加 facet_wrap(~location,nrow=1)，我们可以指定图形展开为 4 个子图，每个子图对应 location 变量的一个类别。在这个函数中，我们只需将分类变量的名称（如 location）添加到波浪符号（~）之后。此外，通过使用参数 nrow=1，我们可以将所有子图彼此相邻地存放在一行中，见图 5.14（默认是在一行中只绘制 3 个子图）。

```
ggplot(flats, aes(x=floor_size, y=flat_price)) +
  geom_point() +
  geom_smooth(method="lm", se=FALSE) +
  facet_wrap(~ location, nrow=1)
```

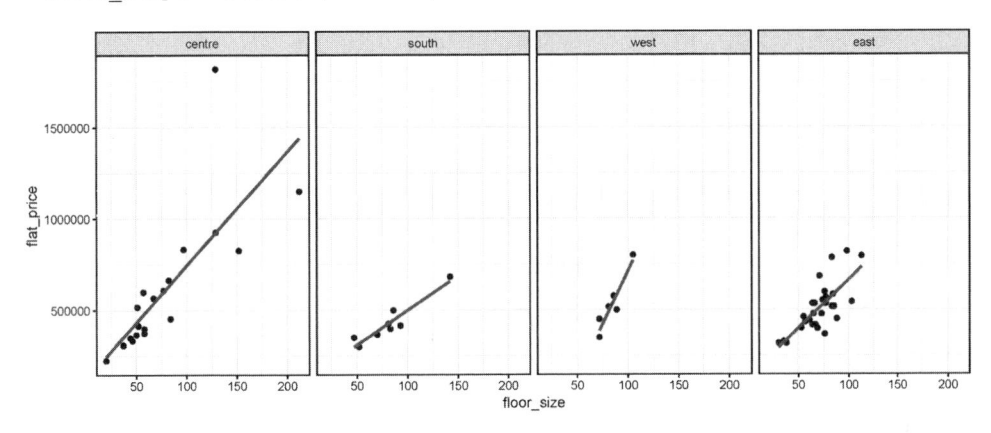

图 5.14 使用 facet_wrap() 生成的多个子图

分面也可以使用多个变量来完成，如下面的示例所示。这里使用 facet_grid() 函数（即使使用 facet_wrap() 函数也可以实现类似的效果）。在本例中，我们将第二个变量 energy_efficiency 放在 ~ 符号之前，以表示应该跨行绘制 energy_efficiency 变量和 location 变量的不同类别。该命令使用 energy_efficiency 变量和 location 变量类别的组合对数据进行分割，并根据这些分割为每个子集生成散点图（见图 5.15）。

```
ggplot(flats, aes(x=floor_size, y=flat_price)) +
    geom_point() +
    geom_smooth(method="lm", se=FALSE) +
    facet_grid(energy_efficiency~location)
```

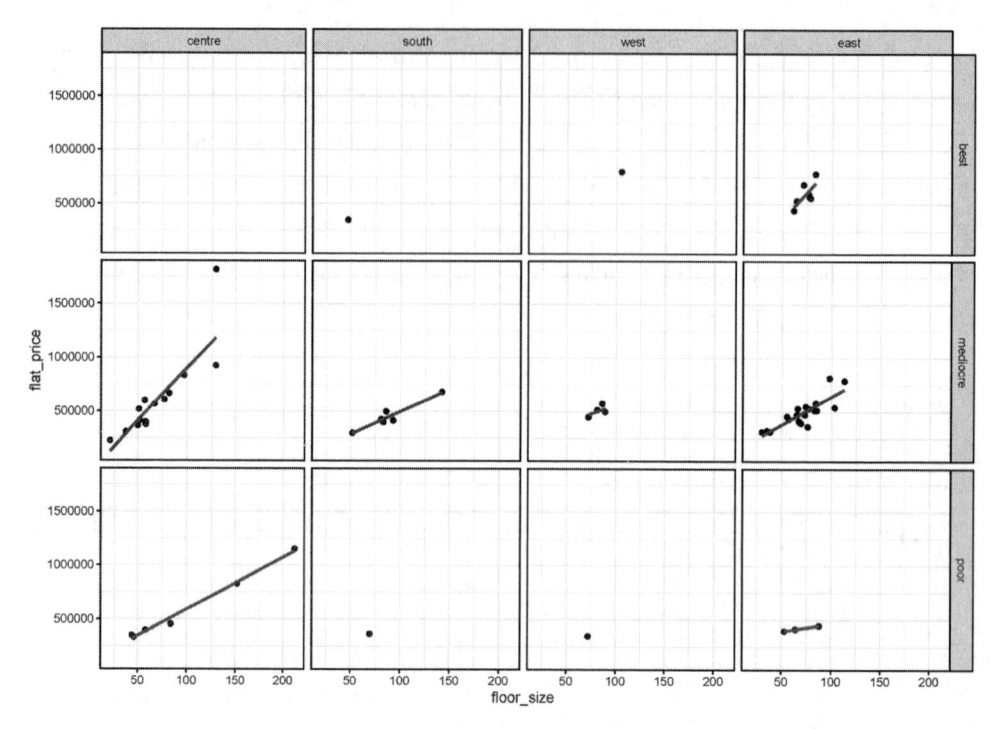

图 5.15 使用 facet_grid() 的多个子图

请注意，分面中的每个子图都"尊重"为这个图定义的所有映射和层。换句话说，除了用于生成图形的底层数据，所有子图在各方面都是相同的。

5.3 R 示例图

到目前为止，我们已经介绍了在 R 中创建简单和更高级的图形所需的所有组件和相关函数，并解释了 ggplot2 是如何工作的，但之前所做的只是提供了 ggplot2 的理论知识。现在在本节中，是时候应用这些理论来创建一些常见的图了，比如直方图、条形图、密度图，等等。尽管我们建议读者在深入研究下面提供的示例之前仔细阅读 5.2 节，但你仍然可以直接学习这一节且不必完全理解 ggplot2 中相当复杂的理论知识。

本节创建不同类型的图的方法是，从标准图开始，然后根据 5.2 节中处理不同组件的知识，通过进一步调整来改进这个图。因此，我们不会再详细地解释示例代码，而是假设你已经对 5.2 节介绍的 ggplot() 和相关组件的知识有了一定的了解。在下面的章节中，我们提供了创建单变量、双变量和多变量图形的方法，以保持教学的结构化。与前面一样，本节也将使用数据集单位。

5.3.1 单变量图

单变量图显示了单个变量观测值的分布。关于分布，我们指的是变量的经验频率分布，即每个值（或区间）被观察到的频率。可视化这些分布有助于我们理解变量中哪些值是典型的或非典型的（见第 6 章）。有许多不同的方法来可视化一个变量的分布，但这些方法对于连续变量（如工资）或分类变量（如性别）的用法是不同的。

单连续变量

用于可视化单个连续变量分布的最常见的图形是密度图、直方图、点图和分位数-分位数（QQ）图。

密度图

密度图可以看作是直方图的连续版本。在每个数据点，绘制局部曲线（这些称为"核"），然后将它们累加在一起，形成一个整体的、平滑的曲线。曲线下的面积等于 1。我们用来创建密度图的函数是 geom_density()，默认情况下它使用高斯核来估计密度。我们可以选择不同的核和带宽来产生更细或分布更广的密度曲线。在核密度估计中选择带宽类似于选择直方图的箱子宽度。

我们将使用以下代码创建一个简单的密度图，其中将 geom_density()层添加到一个标准的 ggplot()函数后面。这里，我们使用 flats 作为数据，并指定 floor_size 映射到 x 轴的映射。在内部，geom_density()与统计转换函数 stat_density()相关联，stat_density()将 floor_size 变量中的原始数据值转换为密度。这段代码生成的图为图 5.16 A。

```
ggplot(flats, aes(x=floor_size)) +
  geom_density()
```

我们可以使用前一节中介绍的方法来进一步扩展和优化这个密度图。在这里，我们将 fill=location 添加到映射中，这将产生 4 条不同颜色的密度曲线，每条曲线代表 flats 数据集中的每个位置。在 geom_density()函数中，我们指定 alpha 参数，它允许我们在密度曲线下显示透明的颜色。我们还将核密度估计器的带宽改为 bw=20。带宽参数代表每个核叠加在一起的标准差。因此，带宽为 20 意味着大部分内核位于（约三分之二）数据点的 20 平方米范围内。这可以用来预测带宽的不同值将如何影响最终密度曲线。此外，我们使用由 geom_vline()函数添加另一层，通过一条垂直线显示 floor_size 的平均值，并对 geom_vline()做了进一步的改进（颜色、线条类型和大小），使它更吸引人，最后使用 theme_minimal()函数选择一个最小的主题，最终得到了美观的图形（见图 5.16 B）：

```
ggplot(flats, aes(x=floor_size, fill=location))+
  geom_density(alpha=0.2, bw=20)+
```

```
geom_vline(aes(xintercept=mean(floor_size)),
           colour="red", linetype="dashed", size=0.3)+
theme_minimal()
```

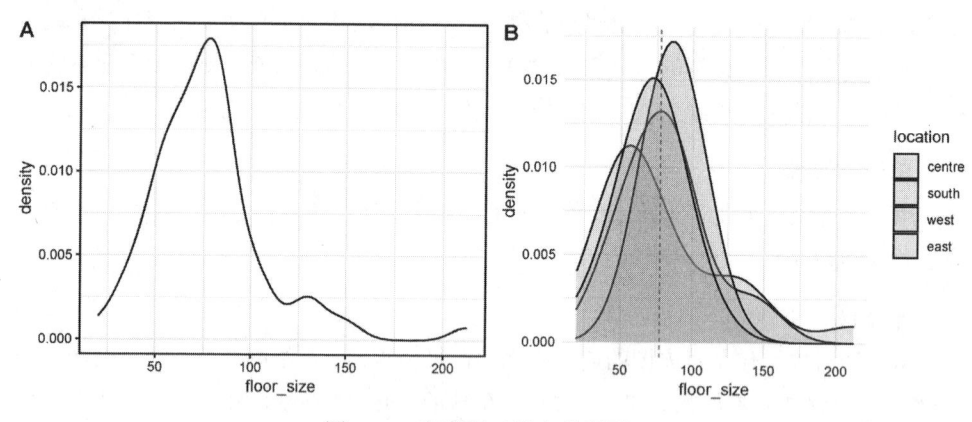

图 5.16　密度图（见文前彩图）

直方图

作为密度图的替代（或补充），我们可以很容易地使用直方图。直方图通过计算跨越 x 轴的一系列间隔内的数据点的数量（这些间隔称为"箱"），来显示观察值的分布。我们用来创建直方图的函数是 geom_histogram()，它默认使用 30 个箱（即将变量的范围划分为 30 个大小相等的区间）。要创建一个标准直方图，只需输入下面的代码，在代码中输入数据集 flat 和 floor_size 变量，然后使用 geom_histogram() 添加 geom 层：

```
ggplot(flats, aes(x=floor_size)) +
  geom_histogram()
```

正如我们在图 5.17 A 中看到的，标准直方图似乎没有产生观察值的最佳分布。使用"bins=30"时将得到警告信息"stat_bin()"也表明了这一点，建议使用 ggplot2 给出的"binwidth"来选择更恰当的值。就像我们对密度图的带宽参数所做的那样，可以找到一个箱宽值，它将为我们提供一个更紧凑的分布，同时保留了分布的细节信息。箱子的宽度可以通过检查相关变量的范围来确定。在示例中，我们知道 floor_size 的范围是 20 到 212。因此，我们认为 20（平方米）作为二进制宽度（或增量）是合适的，它是使用下面代码段中的 binwidth=参数指定的。

实现类似目标的另一个参数是 bins=。此参数指定箱子的数量，而不是每个箱子的宽度。然后通过将范围除以箱子的数量来计算每个箱子的宽度。通常，使用 binwidth=参数更直观和有效。我们继续通过覆盖密度图来优化直方图，这是通过使用 aes(y=..density..) 指定 y 轴的值为密度形式（而不是计数形式）来实现的，然后使用 geom_density() 覆盖透明密度图。最后，通过使用 geom_vline()，将 floor_size 的平均值和中值都添加到图中。所有这些命令一起生成了最终的直方图，如图 5.17 B 所示。

```
ggplot(flats, aes(x=floor_size)) +
  geom_histogram(aes(y=..density..), binwidth = 20,
                    color = "black", fill = "white") +
  geom_density(alpha = 0.2, fill = "lightblue") +
  geom_vline(aes(xintercept=mean(floor_size)),
                colour="red", linetype = "dashed", size=0.3) +
  geom_vline(aes(xintercept=median(floor_size)),
                colour="green", linetype = "dashed", size=0.3) +
theme_minimal()
```

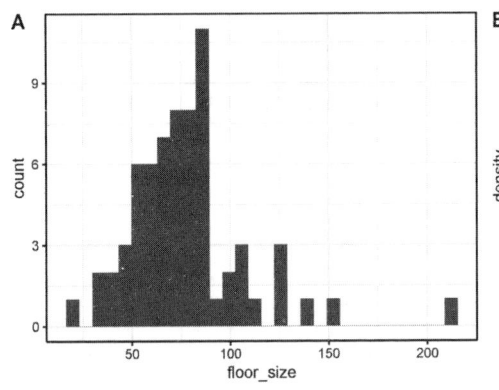

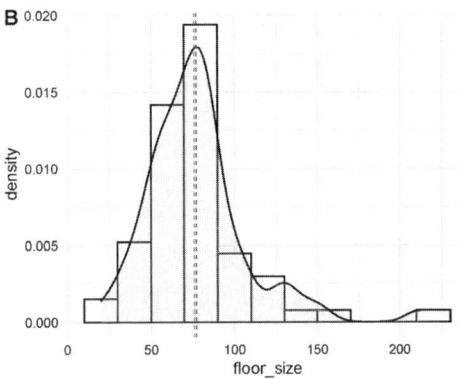

图 5.17　直方图

点图

　　直方图的另一种替代图形是点图，在点图中每个观测值都由一个点表示，部分点堆叠在列中，可以用来显示一个变量的分布。点图通常推荐用于小样本（样本数小于 100）。用来创建点图的函数是 geom_dotplot()。这里补充一点，点图也可以用作条形图的替代图形。

　　为了创建一个标准的点图，我们遵循与直方图和密度图相同的创建方法。首先输入数据集的名称（flats），并在函数中输入 *x* 变量（floor_size），然后使用 geom_dotplot() 添加图层。下面的代码将生成图 5.18 A。

```
ggplot(flats, aes(x=floor_size)) +
  geom_dotplot()
```

　　为了从点图中获得更丰富的信息，我们使用下面的代码对其进行优化。在这里，将 fill=参数添加到映射中，指定根据第二个变量（location）的类别为圆点添加不同的颜色。此外，使用 binwidth=和 stackgroups=TRUE 参数改变箱子的宽度，并对点进行堆栈。这段代码生成图 5.18 B。

```
ggplot(flats, aes(x=floor_size, fill=location)) +
  geom_dotplot(binwidth=10, stackgroups = TRUE,
               binpositions = "all") +
theme_minimal()
```

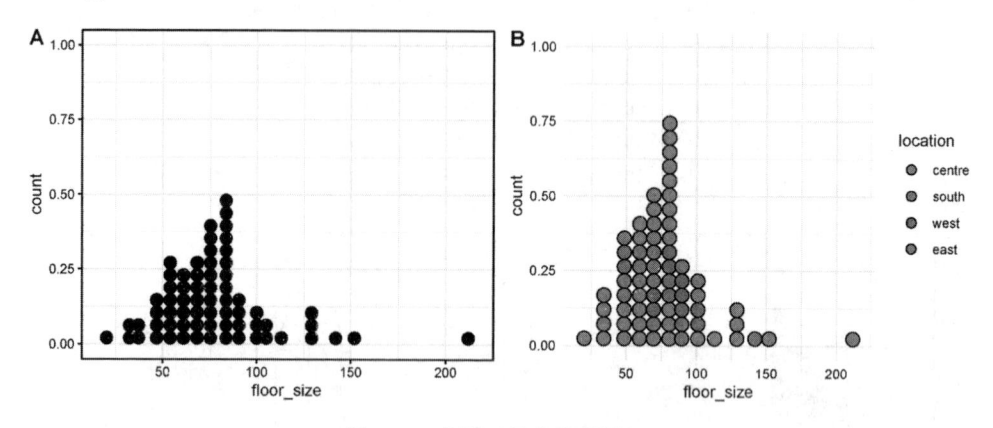

图 5.18　点图（见文前彩图）

分位数-分位数图

在前面的小节中，我们重点讨论了可视化变量分布的方法。有时，将实际分布与理论分布（通常是正态分布）的对应关系可视化是非常有用的。原因是，许多数据分析方法假设建模的数据是正态分布的（如线性回归）。分位数-分位数图（QQ 图）是评估变量是否服从正态分布的一种重要的图形方法，它将展现一个变量的经验分位数与标准正态分布的理论分位数之间的关系（我们将在 6.1.2 节详细讨论分位数）。我们可以将图中对角线的偏离解释为正态分布的偏离。

下面我们将通过指定 sample=图形美学绘制一个最基础的 QQ 图，并添加一个 geom_qq()层。因为我们想要计算对角线的偏差，所以可以在图中添加一条对角线，通过使用 geom_qq_line()添加另一层来实现这一点。操作结果如图 5.19 A 所示。

```
ggplot(flats, aes(sample=floor_size)) +
  geom_qq()+
  geom_qq_line()
```

在图 5.19 A 中，我们可以看到该变量存在一些偏离正态分布的情况，尤其是最大值。然而，要直接评估这种偏差的程度有点困难。在这种情况下，QQ 图可以在输入 floor_size 变量到图之前将其标准化，然后以相同的比例绘制两个轴。使用在 scale()函数中常见的 Z 变换，我们可以将 floor_size 变量标准化。通过使用 coord_equal()函数创建一个具有等轴的坐标系，我们得到了一个更容易解释的图形（见图 5.19 B）。在这个图中，更容易看出分布的右尾存在严重的偏差，并且最高的分位数离均值有 4

个标准差，而我们只期望它离正态分布有 2 个标准差。

```
ggplot(flats, aes(sample=scale(floor_size))) +
  geom_qq()+
  geom_qq_line()+
  coord_equal()
```

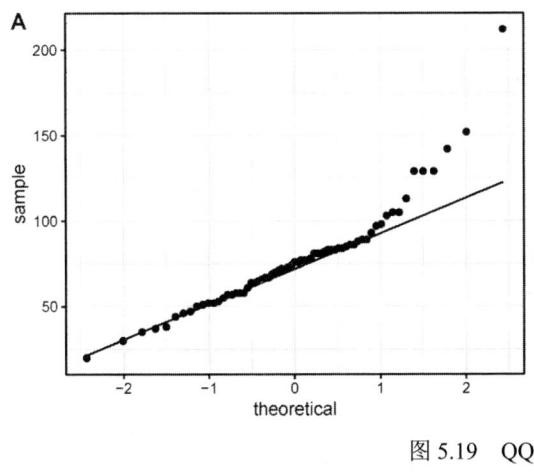

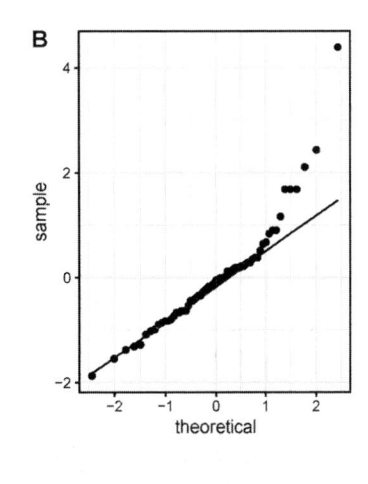

图 5.19　QQ 图

单分类变量

用于绘制单个分类变量分布的最常见的图形是条形图和饼状图，以及我们已经讨论过的连续变量的点图。

条形图

条形图是一种用垂直或水平的条形（柱形）来绘制分类变量的各个类别中观察数据的数量或百分比的图表。用来创建条形图的函数称为 geom_bar()。要创建一个标准条形图，首先写入数据集的名称（flats），在主函数中添加分类变量 x（location），并在下面的代码段中使用 geom_bar()添加 geom 层，将生成图 5.20 A：

```
ggplot(flats, aes(x = location)) +
  geom_bar()
```

我们可以使用下面的代码进一步优化初始条形图。首先，使用 geom_bar()中的 aes()函数的 fill=参数，我们显示了在 location 变量的每个类别中按 energy_efficiency 变量计算的公寓占比。有一个附加功能特别有用，即在每个栏的顶部显示每个 location 类别的样本总数。这是通过使用 geom_text()函数添加一层文本对象来实现的。这个函数有 3 个参数：统计转换（即 count），一个为每个栏确定标签的映射，以及 vjust=-0.5 参数，该参数使文本在每个栏的上方居中放置。此外，我们使用 labs()函数为 x 轴和 y 轴添加描述性标题和标签。最后，通过使用 scale_x_discrete()函数，可以按照所需的顺序重新排列这些条形的位置。此代码生成图 5.20 B。

```
ggplot(flats, aes(x = location))+
        geom_bar(aes(fill = energy_efficiency)) +
        geom_text(stat = "count", aes(label = ..count..),
                  vjust = -0.5) +
        labs(title = "Flats by location",
             x = "Flat location",
             y = "Frequency") +
        scale_x_discrete(limits = c("south","west",
                                    "centre","east")) +
    theme_minimal()
```

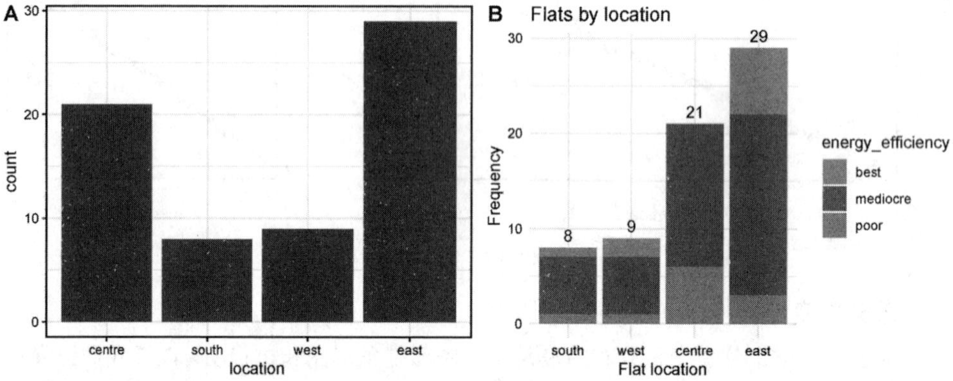

图 5.20 条形图（见文前彩图）

饼图

在某些情况下，饼图可以作为条形图的替代（尽管这些图有时被认为是次优的，容易产生歧义）。饼状图是一种圆形图形，它被划分为多个切片，每个切片显示了属于某一变量的每一类别的观察数据的比例。要创建一个标准的饼图，可以使用 geom_bar() 和 coord_polar() 函数的组合。与往常一样，我们在 aes() 中指定 flats 数据集和映射。这个映射有些特殊，因为我们必须将变量 x 留空，将变量 y 指定为 count，然后将分类变量 location 放入 fill=参数中。最后，坐标系函数 coord_polar() 及其参数将堆叠的条形图转换为饼图，如图 5.21 A 所示：

```
ggplot(flats, aes(x="", y=..count.., fill=location)) +
  geom_bar() +
  coord_polar(theta = "y", start = 0)
```

现在让我们使用下面的代码优化标准饼图。首先执行一些数据管理操作（使用来自 dplyr 包的函数），添加 geom_text() 函数计算我们希望在饼图的每个切片上显示的百分比。此外，我们使用 theme_void() 作为主题，以删除围绕标准饼图的信息残缺的标签。最后，我们使用 scale_fill_manual()函数改变每个切片的颜色，如图 5.21 B 所示。

```
#data management
library(dplyr)
flats2 = flats %>%
  group_by(location) %>%
  count() %>%
  ungroup()%>%
  arrange(desc(location)) %>%
  mutate(percent = round(n/sum(n),2)*100,
         labelpos = cumsum(percent)-.5*percent)
#pie chart
ggplot(data = flats2,
       aes(x = "", y = percent, fill = location))+
  geom_bar(stat = "identity", colour="white")+
  coord_polar("y", start = 0) +
  geom_text(aes(y = labelpos, label = paste(percent,"%",
                                             sep = "")),
            col = "black") +
  scale_fill_manual(values=c("brown", "orange",
                             "darkgreen", "darkgray")) +
  theme_void()
```

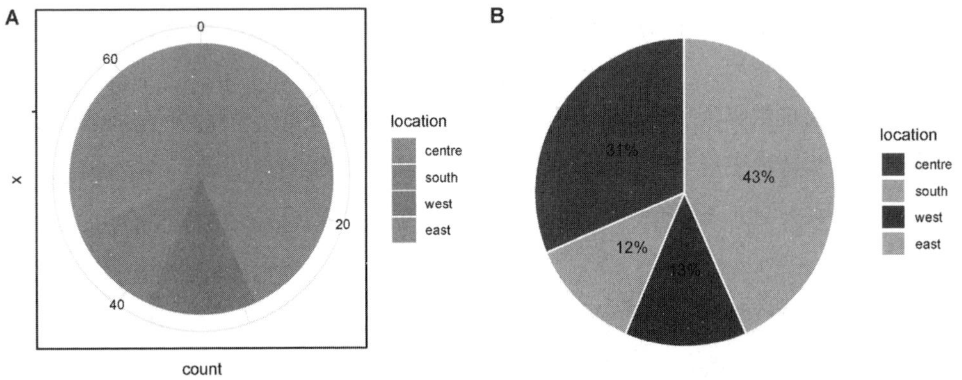

图 5.21　饼图（见文前彩图）

5.3.2　二元图

最常用来可视化两个变量之间的二元关系的图形是箱形图、小提琴形图和散点图。

一个分量变量 x 和一个连续变量 y

为了检验一个分类变量 x 和一个连续变量 y 之间的关系，我们通常选择一种可以简要表示变量分布的图形。如前文所讨论的，使用直方图或密度图并不能完成这个任务，因为它们不适合同时显示几个分布以便进行比较。事实上，通常使用箱线图来实现这个目的。最近流行的另一种方法是绘制小提琴图。

箱线图和小提琴图

箱线图是 Tukey 设计的一种显示变量分布的图形。该图形绘制一个从第一个（25 百分位，Q1）到第三个四分位（75 百分位，Q3）的方框，并在中值处画一条线。此外，晶须从盒子的下端和上端分别向 IQR（盒子的宽度）的 1.5 倍延伸，以显示预期的分布范围。在此区间之外的所有数据点将单独显示，并标记为"离群值"。如果一组数据的中间线落在另一组的框外，这就意味着两组之间可能存在差异。用来创建箱线图的函数是 geom_boxplot()。

要创建一个标准箱线图，首先在 aes() 中指定 x 变量（location）和 y 变量（flat_price），并在 ggplot() 函数中指定数据集（flats）。接下来是 geom_boxplot() 函数。这段代码生成图 5.22 A。

```
ggplot(flats, aes(x=location, y=flat_price)) +
  geom_boxplot()
```

使用下面的代码，可以对标准箱线图进行优化。首先，通过 aes() 中的 color= 参数，指定根据 location 变量的类别给盒子上色（这纯粹是改变图形的外观，因为 location 已经在 x 轴上表示了）。此外，通过使用 stat_summary() 函数，我们可以计算和描述平均值，然后通过第二个 stat_summary() 将这些平均值用折线连接起来。最后，我们将原始的、底层的数据点使用小的、灰色的点来展示，并使用 geom_jitter() 函数向它们添加一些随机噪声。这段代码生成图 5.22 B。

```
ggplot(flats, aes(x=location, y=flat_price,
                colour=location)) +
    geom_boxplot() +
    stat_summary(fun=mean, geom="point",
                colour="blue", aes(group=1)) +
    stat_summary(fun=mean, geom="line",
                colour="black", aes(group=1)) +
    geom_jitter(colour="grey", size=0.8, width=0.2) +
  theme_minimal()
```

另一个越来越受欢迎的图形是小提琴图。小提琴图会计算变量分布的核密度，并将其绘制成与箱线图相似的垂直镜像图，但不是传统箱线图中的箱形图。小提琴图的一个优点是它提供了一个有更清晰的分布形状的图像，它可以很好地与经典的"点范围"图结合在一起，其中的平均值和置信区间被绘制在"小提琴"中。下面的代码生成了这样一个图，并添加了平均值和置信区间来作为辅助说明。该代码的结果显示在

图 5.22 C 中。

```
ggplot(flats, aes(x=location, y=flat_price, fill=location)) +
  geom_violin()+
  stat_summary(fun.data=mean_cl_boot, geom="pointrange")
```

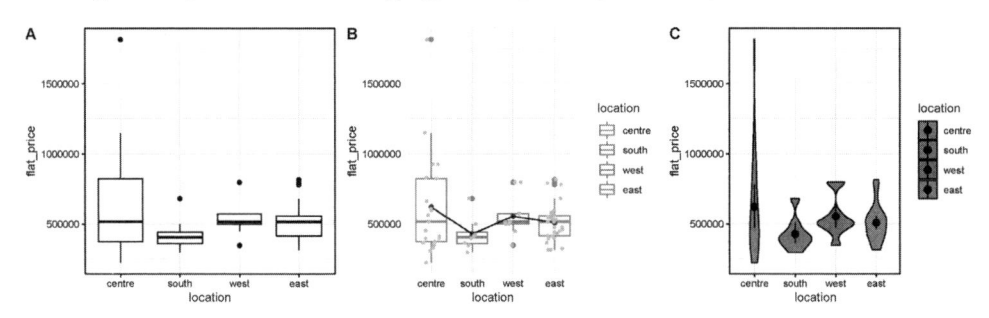

图 5.22　箱线图和小提琴图（见文前彩图）

一个连续变量 x 和一个连续变量 y

散点图通常可用来检验两个连续变量（x 和 y）之间的关系。

散点图

散点图使用点显示 x 轴和 y 轴数值之间的交点。这些数据点的分布越接近一条直线，两个相关变量之间的（线性）关系就越强。其他非线性的关系也可以通过这种类型的图形来展现。用来创建散点图的函数称为 geom_point()，因为成对的 x、y 数据是由点表示的。

由于我们在 5.2 节中使用散点图作为主要的图类型来解释 ggplot2 包背后的逻辑，所以这里我们只简要地展示如何创建散点图。但是，我们建议你阅读 5.2 节，使用 ggplot2 来了解散点图的更多样化的使用方法。要创建标准散点图，首先使用 aes()在映射中指定 x 变量（floor_size）和 y 变量（flat_price），并在 ggplot()函数中指定数据集（flats）。接下来是下面的 geom_point()函数。这段代码生成图 5.23 A。

```
ggplot(flats, aes(x=floor_size, y=flat_price)) +
  geom_point()
```

现在让我们使用以下代码对标准散点图进行优化。使用 geom_smooth()函数及其指定的参数，在图中添加一条直线。此外，还可以使用 geom_hline()函数在图中显示 y 变量的平均值。最后，更改主题模板。这段代码生成图 5.23 B。

```
ggplot(flats, aes(x=floor_size, y=flat_price)) +
  geom_point(colour="blue", shape=15) +
  geom_smooth(method="lm", colour="brown") +
  geom_hline(yintercept = mean(flats$flat_price),
```

```
            size=0.5, colour="orange") +
theme_minimal()
```

到目前为止，我们已经介绍了使用箱形图来检查一个分类变量和一个连续变量之间的关系，使用散点图来研究两个连续变量之间的关系。此外，我们还可以使用堆叠条形图将两个分类变量之间的关系可视化，示例见 5.3.1 节中的图 5.20 B。

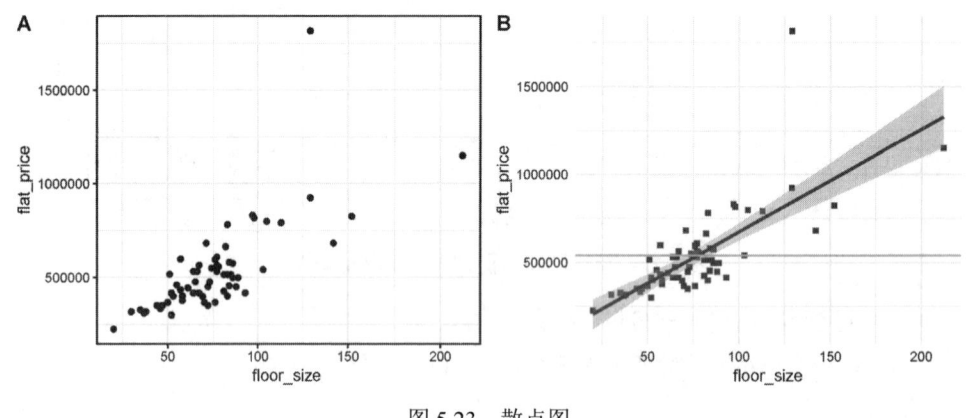

图 5.23　散点图

5.3.3　多元图

有几种方法可以使用 ggplot2 可视化两个以上变量之间的关系。一种方法是使用不同的映射，以便用图的不同美学特征表示多个变量。例如，可以用点的大小表示公寓的大小，用颜色表示位置，用不同的符号表示能源效率。另一种方法是使用分面来显示当添加更多变量时，两个变量之间的关系变化情况。

连续变量 X_1、Y 和一个分类变量 X_2

在社会科学中，三元关系是一种常见的交互关系，在这种交互关系中，人们通常会关注第三个变量（X_2，调节因子）对另外两个变量（即 X_1、Y）之间关系的影响。这里必须要补充的是，下面的示例可以很容易地扩展到具有分类变量 Y、虚拟变量 X_1 或连续变量 X_2（调节因子）的情况。这些类型的交互，以及它们的可视化将在第 10 章中给出详细地展示和解释。

为了创建一个能够可视化这种三元关系的图，我们在 ggplot()中的 aes()中指定 X 和 Y 变量的映射。此外，通过在 aes()中添加参数 colour=，指定要求对来自不同位置的数据使用不同的颜色。这种映射既适用于数据点，也适用于同一图中为每个位置类别分别添加的回归线。注意，colour=参数会自动传递给两个几何对象。此代码生成图 5.24 A。

```
ggplot(flats, aes(x=floor_size, y=flat_price, colour=location)) +
  geom_point() +
  geom_smooth(method = "lm", se=FALSE)
```

可视化这种三元关系的第二种方法是创建不同的图形，根据 location 变量的 4 个类别，每个图形显示 floor_size 和 flat_price 变量之间的关系。通过在下面的代码中添加 facet_wrap()函数来实现这一点。这段代码生成图 5.24 B。

```
ggplot(flats, aes(x=floor_size, y=flat_price, colour=location)) +
    geom_point() +
    geom_smooth(method="lm", se=FALSE) +
    facet_wrap(~location, nrow=1)
```

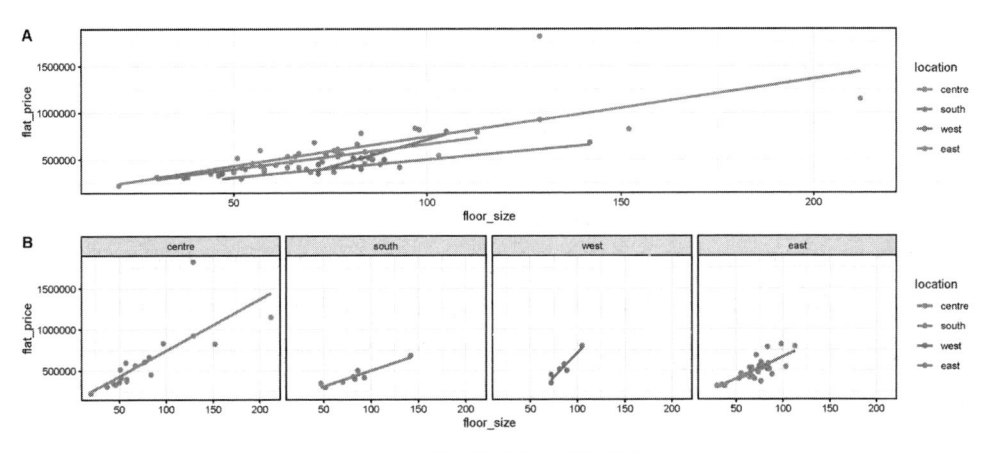

图 5.24　多元图（见文前彩图）

5.4　本章小结

　　ggplot2 包提供了一种非常强大和灵活的数据可视化方法，该方法基于一个全面和复杂的理论，即图形语法。在本章中，我们已经解释了这个包背后的逻辑，以便读者能够以一种结构化的方式来学习它。深入理解这个框架能够帮助创建简单和高级的图表，以此丰富数据分析和结果的展示。除了对 ggplot2 的介绍，本章还介绍了创建不同类型图形的方法（密度图、条形图、散点图等），并提供了可以复制和粘贴的示例代码（所有示例都可以在本书的配套网站上找到），读者可以根据自己的可视化需求进行相应地调整。ggplot2 的内容远不止于本章所提到的，我们建议读者在 ggplot2 源代码[1]中探索这个包的更多内容。

---

[1] 可查看"链接地址"文档。

【核心概念】

图形美学：在 ggplot2 中，美学是用来描述图形的视觉特征（例如，对象的颜色、x 轴和 y 轴、对象的大小等）的。

条形图：可视化离散变量的分布；根据样本数来绘制。

箱线图：一种数据可视化变量分布的缩略方式，也可以用于组间分布的数据可视化比较。

分面：在 ggplot2 中，分面指的是根据数据的子集绘制的子图。

几何对象：geometric object 的缩写，可以用来表示数据。

直方图：用来显示变量的经验 a 分布；连续变量的范围被划分为多个箱子，对于每个箱子都绘制了一个条形图，表示落入该箱子的数据点的数量。

核密度：一个变量分布的连续概率密度的近似。

映射：在 ggplot2 中，映射描述了哪个变量应该用哪个美学来表示。

饼图：用来可视化数据的百分比分布。

散点图：两个连续变量（一个在 x 轴上，另一个在 y 轴上）的绘图结果。

统计转换："statistical transformation"的缩写，应用于可视化前的原始数据。

主题：在 ggplot2 中，主题定义了图形的非数据方面的外观（例如，背景颜色、轴的厚度等）。

【提问】

1. 什么是图形语法？使用它进行可视化有什么好处？
2. ggplot2 包中的统计图形由哪些部分组成？
3. 可视化变量分布的有效方法是什么？
4. 如何快速有效地可视化数据集中多个变量之间的关系？

【本章使用的函数示例】

ggplot
```
ggplot(flats, aes(x=floor_size, y=flat_price)) +
  geom_point()+
  geom_smooth(method="lm", se=FALSE)
```
- 带有回归线的基本散点图。
```
ggplot(flats, aes(x=flat_price))+
    geom_histogram(binwidth=100000)
```

- 一个调整了箱子宽度的基本直方图。
```
ggplot(flats, aes(x=location,y=flat_price))+
  stat_summary(fun=mean, geom="bar") +
  stat_summary(fun.data=mean_cl_boot, geom="pointrange")
```
- 使用 stat_summary()显示带有错误条的条形图。
```
ggplot(flats, aes(x=location, y=energy_efficiency))+
  geom_point(position=position_jitter(height=0.1, width=0.2))
```
- 改变位置参数来增加抖动。
```
ggplot(flats, aes(x=floor_size, y=flat_price,
                  colour=location)) +
  geom_point() +
  scale_x_continuous(breaks = c(50, 100, 150, 200)) +
  scale_y_continuous(n.breaks=10) +
  scale_colour_manual(values=c("blue", "yellow",
                               "pink", "red"))
```
- 使用比例来调整轴和颜色图例的外观。
```
ggplot(flats, aes(x=floor_size, y=flat_price)) +
  geom_point() +
  coord_cartesian(xlim=c(50,150))+
  coord_flip()
```
- 放大图形的一部分并翻转 *x* 轴和 *y* 轴。
```
ggplot(flats, aes(x=floor_size, y=flat_price)) +
    geom_point() +
    geom_smooth(method="lm", se=FALSE) +
    facet_wrap(~ location, nrow=1)
```
- 在不同的子图中绘制数据的不同部分。
```
ggplot(flats, aes(x=floor_size)) +
  geom_density()
```
- 基本密度图。
```
ggplot(flats, aes(x=floor_size)) +
  geom_dotplot()
```
- 基本点图。
```
ggplot(flats, aes(sample=floor_size)) +
  geom_qq()+
  geom_qq_line()
```
- 绘制一个 QQ 图。
```
ggplot(flats, aes(x=location, y=flat_price, fill=location)) +
  geom_violin()+
  stat_summary(fun.data=mean_cl_boot, geom="pointrange")
```
- 小提琴图。

第 6 章
描述性统计

在本章中，将会使用以下 R 包：
- modeest：对数据或分布的众数进行估计。
- tidyverse：包含数据管理（dplyr、tidyr）和绘图（ggplot2）的函数。
- psych：包含相关分析的函数。
- moments：包含计算偏度和峰度的函数。
- summarytools：为数据集和变量提供更全面、可读性更强的说明。
- skimr：在 tidyverse 工作流中总结数据。
- astatur：本书的配套 R 包，包含本章使用的数据集。

必须先安装和加载上面提到的包才能运行本章提供的代码。可以使用下列命令来进行 R 包的安装：

```
packages=c("modeest", "tidyverse", "psych",
           "moments", "summarytools",
           "skimr", "devtools")
install.packages(packages)
devtools::install_github("ihrke/astatur")
```

========【学习成果】========

- 了解数据的描述性指标在统计分析中的重要作用。
- 掌握分析数据集中趋势和离散程度的基本方法。
- 能够使用 summarytools 和 skimr 进行全面的描述性统计分析。
- 使用相关性来量化变量之间的线性关系。
- 使用描述性统计来比较组与组之间的区别。

在任何统计分析工作中，最重要的一步都是对数据进行描述和总结。实现这个目的的技术通常被称为描述性统计，因为它们描述了数据集某些方面的特征。通常，这个术语用来区分描述性分析和另一类被称为"推断统计学"的统计方法。推断统计学的首要目标是从一个实际的或假设的样本中得出某种结论，本书第 7 章至第 15 章将详细介绍推断统计学的内容。

描述性统计通常被用来获得一个变量分布的概览。从这个意义上说，描述性统计与一些可视化技术（如直方图、箱线图和密度图）有着相似的目标。事实上，正如我们将在本章中介绍的，这两者是相关的。并且在分析工作中，经常同时使用可视化方法和描述性统计，以此来增强对数据的理解。当然，仅仅使用几个描述性统计量（如平均值）来刻画可能数百或数千个数值的完整经验分布，这必然是不够精准的，而且经验分布总是在某种程度上偏离描述性统计。另一种说法是，计算描述性统计量相当于隐含地假设了一个潜在的统计模型（例如，数据是正态分布的），而描述性统计量展示的信息其实是来自那个理想化的模型，而不是实际数据。

让我们回忆一下正态分布的知识：正态分布是关于均值对称的，并且钟形曲线的最高点就对应了分布的均值。因此，只用两个数字就可以很好地描述正态分布：表示正态曲线峰值所在位置的平均值和表示曲线宽度的标准差。如果数据近似正态分布，那么我们可以通过计算变量的均值和标准差来确定数据和模型之间最佳拟合的正态分布模型。如果数据确实服从正态分布，那么这些数字能够正确而充分地描述数据。然而，观测数据并不总是正态分布的。在这些情况下，可能需要采用额外的或不同的统计方法来正确地描述数据。

一旦确定了用来描述某种类型变量的统计数据，接下来我们就可以使用低维表示方法查看更复杂的数据了。例如，假设有一个数据集，代表一组不同学校的学生成绩。如果我们想比较不同学校的学生成绩，那么可以使用描述性统计来计算所有不同学校的汇总信息，并使用这些汇总成绩作为输入数据进行进一步分析和比较。当然，对于来自不同国家、不同学校的学生，此时数据集就变得有些复杂，但是这种方法同样适用。因此，描述性统计可以成为高维统计分析中的一个重要部分。

此外，描述性统计还能用来描述两个或多个变量之间的关系。通常，我们感兴趣的是两个变量的相似或依赖程度如何。当一个变量的值可以预测另一个变量的值时，我们说这些变量是相关的，并且它们的相关程度可以用相关系数来量化。对于两个相关的分类变量，可以通过交叉表来达到类似的效果。

本章其余部分的结构如下。首先，我们介绍了对单个变量进行描述性统计分析的方法。为了更好地掌握这些统计指标是如何计算的，我们将给出一些手工计算这些值的例子，然后再展示专门的 R 包，这将使描述性统计分析工作变得更加容易。此外，在介绍相关性和交叉表之前,我们将通过一些例子来展示如何在更大的分析环境中使用描述性统计。

6.1 单变量分析

当需要描述一个变量时,通常意味着需要描述一个变量最典型的值,以及观察值的范围。例如,在分析包含世界级顶尖跑步运动员完成全程马拉松所需时间的数据集时,我们可能会估计该变量的值介于 2 小时多一点到 2 小时 15 分钟之间。目前的官方世界纪录是肯尼亚运动员埃柳德·基普乔格 2018 年在柏林创下的 2:01:39,这当然是这个时间变量(截止到现在)的下限。国际田联(International Amateur Athletics Federation,IAAF)的合格标准可能是 2020 年夏季奥运会男性运动员完成的 2:11:30。因此,我们可以估计,几乎所有参加夏季奥运会这样的精英赛事的男性跑步运动员都可能处于这些极端情况之间(不包括创造新的世界纪录,或因受伤,或其他特殊赛事而跑更长时间的可能性)。在极端情况之间有许多个时间值,每个时间值代表了一个运动员跑完全程马拉松的时间,那么每个时间值出现的概率有多大呢?换句话说,当我们观察一个从精英赛事中随机选出的男性运动员时,观察到他的每个完成时间的概率是多少?为了确定这个概率分布,首先我们可以将上下边界之间的间隔(大约 10 分钟)划分为小段,并计算每个小段中有多少人以同样的时间完成比赛。这些概率的集合称为变量的(概率)分布。在第 5 章中,我们展示了如何使用不同类型的图(如直方图或密度图)来可视化这种分布。在本章中,我们将展示使用少量数字来描述这种分布的方法。

下面以连续变量为例,许多分布都有一个相同的特点,即存在一个峰值(这意味着最可能包含数值的一个区域),这种分布被称为单峰分布,它们可以与双峰分布甚至是多峰分布形成对比,后者有多个峰,并且中间形成谷(见图 6.1)。这种单峰分布可以很容易地用两种元素来描述:(1)峰的位置,(2)峰的高度和宽度。单峰分布的这两个要素被称为集中趋势(即大多数数据点所在的位置)和离散趋势(即数据点离峰值的距离有多远)。根据分布的形状,对集中趋势和离散趋势使用不同的测量方法,我们将在以下章节介绍其中的一些方法。

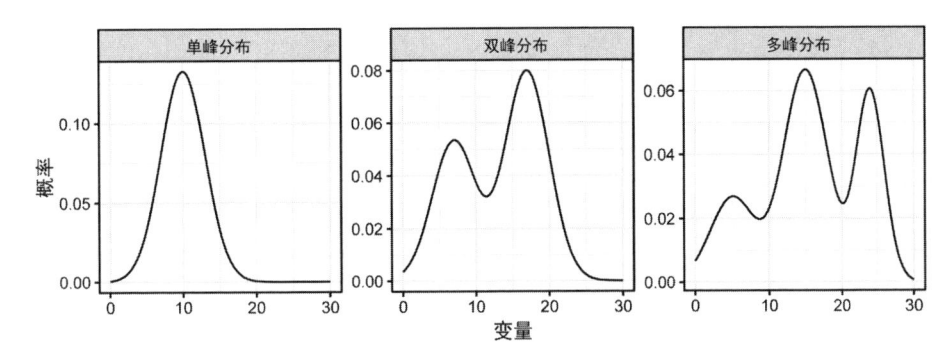

图 6.1 单峰分布、双峰分布和多峰分布的例子

为了说明这些概念，我们将使用 astatur 包中包含的数据集 olympic 来说明不同描述性统计度量的计算方法。这个数据集包含了 2016 年里约热内卢夏季奥运会所有参与者的大量信息。接下来，我们将从该数据集中提取女运动员的身高数据并开始分析：

```
library(astatur)
data("olympic")
height <- filter(olympic, Sex=="F", !is.na(Height)) %>%
  pull(Height)
```

在上面的代码中，我们使用 dplyr 包中的 filter()函数提取属于女运动员的数据[①]，并删除数据中所有的缺失值（使用 is.na()函数）。pull()函数用来提取 Height 变量，这是数据集中包含的众多变量之一，它以厘米为单位给出运动员的身高，并将其存储在名为 Height 的新 R 对象中。我们使用这个变量并将其限制为女性运动员，因为它是非常接近正态分布的，因此适合用来作为计算示例。男性运动员的身高数据也是正态分布的，但是男性和女性运动员正态分布的平均值和标准差不同。如果把男性和女性运动员结合起来，就会发现存在一个非常明显的偏离，这就是为什么我们在实例中需要对运动员的性别做出限制。

6.1.1 集中趋势的度量

重要且著名的集中趋势统计度量是算术平均值，也被称为"平均值"或"均值"。通常在变量名上加一个横杠来表示平均值（例如 $\bar{x}$），通过将变量 x_i 的值累加起来，再除以值的个数 n 就可以很容易地得到平均值。

[①] 在奥运会上，根据各种标准，运动员的性别是按照男性和女性划分的。因此，olympic 数据集中只提到这两种性别。

$$\text{Mean} = \bar{x} = \frac{x_1 + x_2 + \cdots + x_n}{n} = \frac{1}{n}\sum_{i=1}^{n} x_i$$

在 R 中，可以很容易地实现这个公式的计算，突出了 R 计算任意数学表达式的灵活性：

```
sum(height)/length(height) # calculate the mean
## [1] 169.4459
```

sum()函数用来计算变量值的总和，length()函数输出向量（或列）中的元素个数。斜杠/是 R 语法，表示一个数字除以另一个数字。因此，简单的表达式 sum(height)/length(height)就能清晰、简洁地实现均值公式。当然，R 也有一个专门的 mean()函数可以用来直接计算平均值：

```
mean(height)
## [1] 169.4459
```

不出所料，R 的输出结果与人工计算的结果一致，显示女运动员的平均身高约为 170 厘米。我们可以将这个结果与完整的分布联系起来，方法是用直方图可视化变量的分布，并用红线标记平均值（见图 6.2 A）。

```
ggplot(data.frame(height),aes(x=height)) +
  geom_histogram(bins=15)+
  geom_vline(xintercept = mean(height), # calculate and show mean
             color="red")
```

计算算术平均值，在数学上等价于为符合正态分布的经验数据的期望值找到极大似然估计值。换句话说，如果数据近似于正态分布，则平均值是原始数据均值的最佳参数估计。然而，正态分布并不总是能足够准确地描述一个变量的，因此我们还需要引入其他方法来描述分布的集中趋势。

对于包含离群值（即一个变量的值与其他所有值的距离都非常远）的变量，一个常用的替代平均值的方法是中值。这个度量值表示了将变量排序后处于正中间位置的值。例如，假设我们测量了一个值为 6、2、5、8、2、2、5 的小数据集。现在可以对值排序，使数据变成 2、2、2、5、5、6、8。由于这个变量中有 7 个值，我们选择第 4 个值（即数值 5）作为中值。在 R 中，这个功能可以使用 median()函数来实现。当我们将这个函数应用到 height 变量时，我们得到的结果与平均值非常相似：

```
median(height)
## [1] 170
```

height 变量的平均值和中值等价，是因为这个数据集是围绕一个中心值对称分布的（见图 6.2 B）。如上所述，中位数是在存在异常值时对集中趋势的一个更稳健的估计。我们可以通过在变量中增加一个离群值来说明这一事实，看看它是如何同时影响平均值和中值的。例如，假设我们意外地输入了一个包含过多零的值，以至于 160 厘米的真实值被意外地输入为"160000"。我们可以通过使用 c()函数将这个值添加到 height 变量中来进行模拟：

```
height.with.outlier <- c(height, 160000)
```

height.with.outlier 对象包含了一个非常显著的异常值，当我们计算这个增广变量的平均值和中值时，就可以发现平均值受到了强烈的影响（即有异常值和没有异常值的平均值明显不同，如 169.4 和 195.4），而中值则没有受到影响：

```
mean(height.with.outlier)
## [1] 195.4051
median(height.with.outlier)
## [1] 170
```

众数是描述集中趋势的另一个重要指标（见图 6.2 C）。众数的定义比较简单：它是变量中出现最频繁的值（即分布中的最高峰值）。

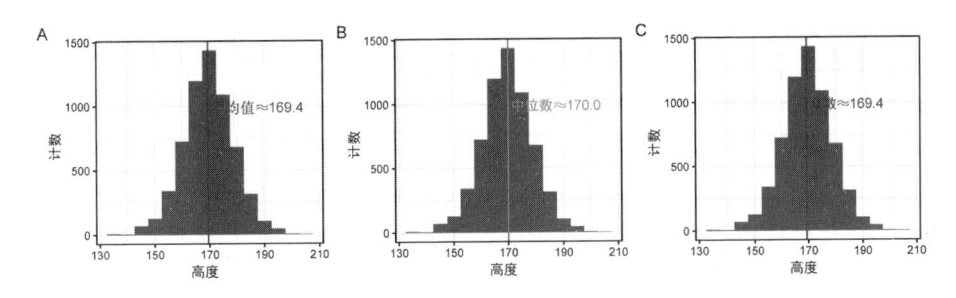

图 6.2 olympic 数据集中对连续变量集中趋势的不同度量

对于离散变量，可以很容易地统计每个可能值出现的次数。例如，考虑一个卖家在亚马逊上的评级，可能在 1 星到 5 星之间。我们可以计算出给卖家 1 星、2 星、3 星、4 星、5 星的次数，从而得到卖家名声的分布。分布的众数代表了卖家最常接收到的评价等级。对于连续变量，确定分布的众数将比较困难，因为任何两个数据点之间不可能存在完全相同的值。举一个例子，我们来看一看物理实验中测量的反应时间。通常，这些测量精度是毫秒级的。当多次重复相同的实验并测量每次的反应时间时，在精确到毫秒的情况下，我们不太可能测量到两次完全相同的反应时间。从严格意义上说，对于连续变量很难直接确定众数的值。相反地，我们将划分许多反应时间所对应的子区间（箱），并找出包含最多反应时间的子区间。这个问题与确定直方图的箱子大小是类似的（见第 5 章）。实际上，大多数计算众数的方法都是使用核密度曲线来拟合数据，然后计算该曲线的峰值的。在 R 中，我们可以使用来自 modeest 包的 mlv()函数（most likely value 的缩写）来计算众数。这个函数支持各种近似众数的方法。但是，我们只考虑标准方法。为了更深入地了解各种方法的优缺点，我们鼓励感兴趣的读者使用 help(moderate)命令来阅读关于 modeest 包的帮助文档。

为了计算平均值，我们可以对 height 变量应用 mlv()函数：

```
library(modeest)
mlv(height)
## [1] 169.3717
```

通过计算得到该变量的众数约为 169.4，与该变量的均值和中位数都非常接近。同样，这是因为 height 变量是近似正态分布的。在本章的其余部分，我们将遇到不能假设数据服从正态分布的例子，在这些例子中，确定集中趋势的衡量标准对分析工作是至关重要的。表 6.1 提供了可用的方法及其在 R 中的对应的函数。

表 6.1 集中趋势不同度量的计算函数

R 包/函数	统计度量
base	
mean()	算术平均值
weighted.mean()	加权算数平均值
median()	中位数
modeest	
mlv()	众数

6.1.2 散布的度量

到目前为止，我们已经介绍了几种描述分布集中趋势的典型值。同样重要的是，要提供关于变量值在这些典型值之间分布的信息。提供这些信息的方法被称为"散布的度量"。最常用的衡量散布的方法是方差和标准差（方差的平方根）。方差是所有值与样本均值的平均平方偏差。为了计算方差（通常记为 s^2），我们必须首先计算均值 $\bar{x}$。接下来，计算每个值 x_i 与均值的差值平方 $(x_i - \bar{x})^2$，这表示了各个值与均值的距离。我们使用平方差值而不是简单差值来避免正差值和负差值相互抵消。此外，由于优化问题是个凸函数，计算最小平方偏差将容易得多。最后，把所有这些差值的平方相加然后除以样本个数减 1：

$$\text{Variance} = s^2 = \frac{(x_1 - \bar{x})^2 + (x_2 - \bar{x})^2 + \cdots + (x_n - \bar{x})^2}{n-1}$$

之所以要除以 $n-1$，而不是简单地除以 n，是因为我们在计算方差时使用了平均值，从而自由数据点的数量减少了 1，这个概念在统计中称为自由度。如果公式中使用 n，那么方差估计是有偏的。同样，我们可以很容易地在 R 代码中表达这个数学公式，下面直接转换它：

```
sum( ( height-mean(height) )^2 ) / (length(height)-1)
## [1] 83.42144
```

或者我们可以使用 base-R 中的 var() 函数来简化计算：

```
var(height)
## [1] 83.42144
```

如前文所述，方差是数据点与其平均值之间的平均平方距离。对平方距离的解释不是很直观，因为平方是一种非线性变换，更大的距离将得到更大的权重。因此，在分析工作中大家更愿意使用标准差而不是方差，标准差定义为方差的平方根。标准差可以使用 sd() 函数计算，或者将 sqrt() 函数（平方根）应用于方差：

```
sd(height)
## [1] 9.133534
sqrt(var(height))
## [1] 9.133534
```

标准差是在与原始数据点相同的尺度上测量的，因此更容易解释它的含义。例如，height 变量的标准差为 SD=9.1。这个值的含义是，大多数数据点将落在平均值附近的一个"窗口"中，该窗口的大小约为 9 厘米。具体地说，对于正态分布数据，大约 68% 的数据预计将落入区间 [$M-SD,M+SD$]=[160.3,178.6]，约 95% 的数据落入区间 [$M-2\times SD,M+2\times SD$]=[151.2,187.7]，和 99.7% 的数据落入区间 [$M-3\times SD,M+3\times SD$]=[142.0,196.8]（见图 6.3）。这条经验法则有助于识别异常值。按照这个逻辑，一个数据点与平均值的距离大于 3 个标准差单位的概率是非常低的，因此，这样的值可以被视为异常值。

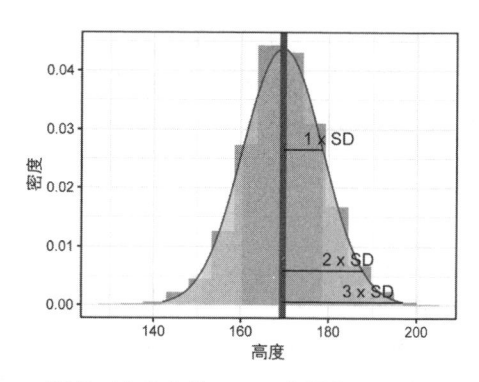

图 6.3 服从正态分布的 height 数据集（见文前彩图）

上文介绍到，计算和解释标准差的前提是假设基础数据是服从正态分布的。如果这一假设不成立，那么可以采用其他更有力的散布度量方式。这些度量的基础概念是分布的分位数。简单地说，$X\%$ 分位数对应的变量值，能够使得 $X\%$ 的数据小于该值。我们已经遇到了 50%分位数，它也被称为中位数（将数据分成相等大小的两部分的值）。此外，0%分位数是变量中的最小值，100%分位数是变量中的最大值。在图 6.4 中，显示了来自 olympic 数据集的女性运动员的身高分布，以及一些特定的分位数。通过比较"相反"分位数之间的距离可以发现，这个分布是围绕中位数（50%分位数）对称的：也就是说，比较 0%和 5%分位数与 95%和 100%分位数之间的距离（对于不对称分布的例子，见图 6.5 D~F）。解释这些分位数是很简单的。例如，25%分位数对应数据集中的 164 厘米，表示只有 25%的运动员的身高在 164 厘米之下。使用 quantile() 函数可以计算 R 中的分位数：

```
quantile(height)
## 0% 25% 50% 75% 100%
## 133 164 170 175 203
```

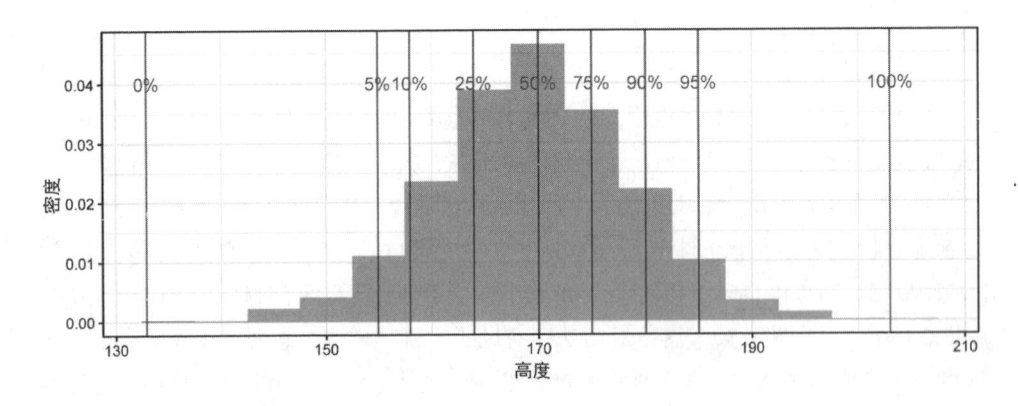

图 6.4 对称分布的分位数

如果没有其他参数，此函数将默认计算 0%、25%、50%、75%和 100%分位数。这些也被称为四分位数，因为它们将数据分成大小相等的四部分。我们可以通过指定 probs=参数来请求其他或额外的分位数：

```
quantile(height, probs=c(0.05, 0.10, 0.9, 0.95))
## 5% 10% 90% 95%
## 155 158 180 185
```

请注意，分位数是作为概率而不是百分比输入的。因此，我们必须指定 probs=c(0.05)，而不是写入 5%。在本例中，我们通过指定概率 c(0.05, 0.10, 0.9, 0.95) 来计算 5%、10%、90%和 95%分位数。连续分位数之间的距离可以描绘出分布的大致形状。当分位数彼此靠近时，表示在一个小空间中聚集了许多值。当分位数相距很远时，这意味着只有一小部分数值（对应于分位数之间的差值）落在这个区间内。分位数的另一个作用是，它们允许将经验分布（即变量的真实、测量的分布）与理论分布（如正态分布）进行比较，以评估整个范围内值的拟合度。在 5.3.1 节中，我们通过绘制 QQ 图计算了经验分布的分位数与正态分布的理论分位数。

分位数可以作为初步估计散布的度量。例如，极差（range）是变量中最小值和最大值之间的距离（0%和 100%分位数之间的差），使用 range()函数计算，它将返回数据中的最小值（min()）和最大值（max()）。它们之间的差值可以通过将 diff()函数应用于 range()的结果来计算：

```
range(height)
## [1] 133 203
diff(range(height))
## [1] 70
```

另一个常用的测量方法是四分位差（Interquartile Range，IQR），它可以作为标准差的一个稳健参照值。IQR 是第一个和第三个分位数之间的差值（即 75%分位数减去 25%分位数），可以使用 IQR()函数进行计算：

```
IQR(height)
## [1] 11
```

IQR 表示包含中间 50%数据的区间的宽度，通常用于箱线图（见 5.3.2 节）。表 6.2 列出了一些可用于计算本节讨论的散布度量的 R 函数。

表 6.2 计算变量分布的方差和其他描述统计量的函数

R 包/函数	统计度量
base	
var()	方差
sd()	标准差
range()	极差（最大值与最小值之间的距离）
min()/max()	最小值/最大值
IQR()	四分位差
quantile()	分位数
moments	
skewness()	偏度
moments	
kurtosis()	峰度

6.1.3 偏度和峰度

令人惊讶的是，现实生活中的许多现象都遵循正态分布。根据这类现象，学者总结出了中心极限定理。该定理表明，对多个随机变量求和将得到近似正态分布的和，即使单个随机变量不服从正态分布。通常，一个复杂的变量可以被假定为由一组随机的小事件组成的。例如，智商（IQ）是通过对不同练习者的分数求和（并标准化）来计算的。然而，变量不服从正态分布的情况也时有发生。这样的偏差可以用偏度和峰度的概念来描述。变量的偏度描述了这样一种情况：一个变量不是对称分布的，但是有许多值低于（左偏度）或高于正态分布的预期值（右偏度）。峰度用来描述一种对称的分布，但其包含非常大或非常小的值（即异常值）的概率比正态分布假定的要大。这种现象也被称为尾部较厚的分布，因为"尾部"（分布最外面接近零的部分）比正态分布的尾部指数下降得更明显。

为了计算 R 中的偏度和峰度，我们使用来自 moments 包的 skewness()函数和 kurtosis()函数。偏度是一种描述性统计度量，可以是负的，也可以是正的。负值表示左偏分布（见图 6.5 A），接近零的值表示对称分布（见图 6.5 B），正值表示右偏分布（见图 6.5 C）。相比之下，峰度是一个严格的正度量。对于正态分布的变量，计算出的峰度值将接近 3[①]。峰度接近 3 的变量也称为中峰度，而峰度值较低的分布称为平峰度（即极值比正态分布预期的少），峰度值>3 的分布称为尖峰分布（即极值比预期的多）。

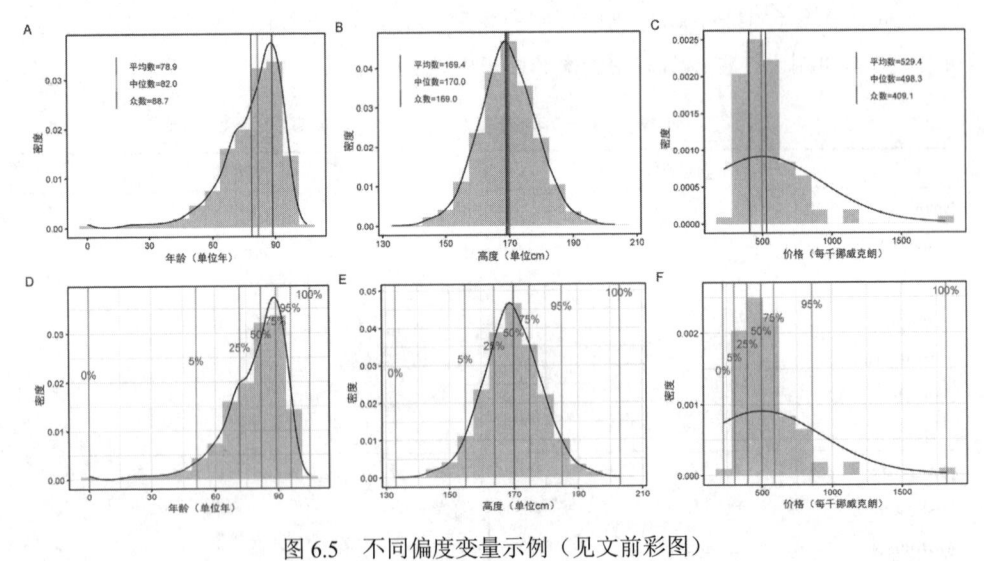

图 6.5　不同偏度变量示例（见文前彩图）

[①] 峰度有一些稍微不同的定义。例如，SPSS 种峰度值通常被称为"超额峰度"，它的值为实际峰度减 3。

下面将通过计算三个不同变量的值来说明偏度和峰度。首先，我们将女运动员的身高视为一个服从正态分布、没有偏度的中峰度变量。左偏分布的一个很好的例子是死亡年龄。我们使用 astatur 包中包含的 deaths 数据集，它列出了 2016 年挪威所有死亡人口的年龄。这种分布是倾斜的，因为大多数挪威人在八九十岁时才去世。然而，只有很少的人能活得比这更长。另一方面，越来越多的人因为事故或疾病而过早死亡。该分布如图 6.5 A 所示。使用挪威中部特隆赫姆地区公寓售价的 flats 数据集来展示右偏分布（见图 6.5 C）。大多数公寓的价格在 300 万挪威克朗左右，这是大多数挪威人能承受的价格。价格较低的公寓是相当罕见的，因为卖家想要利润最大化。然而，由于位置诱人或面积过大，有些公寓的价格可能是原始价格的三倍。通过下面的代码对 deaths 和 flats 数据集进行预处理，提取相关变量并计算其偏度和峰度：

```
library(moments)
ageatdeath <- deaths %>% uncount(deaths) %>% pull(age)
price <- flats %>% pull(flat_price)
tribble(
  ~dataset, ~skewness, ~kurtosis,
  "olympic", skewness(height), kurtosis(height),
  "deaths", skewness(ageatdeath), kurtosis(ageatdeath),
  "flats", skewness(price), kurtosis(price) )
## # A tibble: 3 x 3
## dataset skewness kurtosis
## <chr>   <dbl>    <dbl>
## 1 olympic -0.0638 3.45
## 2 deaths  -1.63   7.23
## 3 flats    2.62  14.0
```

首先，加载包含 skewness() 和 kurtosis() 函数的 moments 包。接下来，使用 pull() 函数从 deaths 数据集中提取包含死亡年龄的变量，该函数与管道操作符 %>% 链接在一起。这里使用 uncount() 函数是因为数据集的排列方式：在 deaths 表中，每一行包含死亡年龄和死亡人数。uncount() 函数将此结构转换为一个更大的表，其中每个死者的信息存储在一行中，这是计算描述性统计量所需的格式。flats 数据集的结构已经与这种格式匹配，因此我们可以直接提取 price 变量。最后，我们计算了三个变量的偏度和峰度，并将结果存储在一个表格中以方便显示。在本例中，我们使用 tribble() 函数，因为它允许我们逐行构建一个表。另一方面，以前使用的 tibble() 函数要求我们逐个列地指定数据，在本例中使用 tibble() 函数反而有些复杂。

输出表中的结果证实了我们的想法：height 变量的偏度接近于零，峰度接近于 3。另一方面，deaths 变量的分布具有负偏度，这表明变量是左偏的，并且该变量的峰度为 7.2，因此其分布为低峰度分布。另一方面，如正偏度值所示，flats 数据集是右偏的，大的峰度值还表明这些数据存在厚尾现象（尖峰分布）。

重要的一点是，要知道一个变量分布的偏度和峰度代表的含义，因为这能帮助我们解释描述性统计量。例如，当一个变量是倾斜的，我们发现平均值、中值和众数之间会有很大的差异。对于具有左偏特征的分布，平均值通常是最小的，众数是最大的，中位数位于两者之间（见图 6.5 A）。出现这种情况的原因是，均值最容易受到小离群值的影响，中值受到的影响较小，众数稳定地停留在峰值。对于右偏分布，情况通常相反（见图 6.5 C），众数最小，其次是中位数和平均值，原因相同。对于近似正态分布的变量，这三个值非常相似（见图 6.5 B）。

6.1.4 离散分布

对于离散变量来说，查看描述性统计信息没有意义，因为它们通常不太能代表分布。例如，在 R 中无法计算一个分类变量的均值：

```
mean(olympic$Sex)
## Warning in mean.default(olympic$Sex): argument is not
## numeric or logical: returning NA
## [1] NA
```

在上例中，我们试图将 mean() 函数应用于编码运动员性别的因子变量。我们使用 $操作符（而不是使用 pull() 函数）从 olympic 数据集中提取 Sex 变量，并返回了一个缺失值（在 R 中用 NA 表示）。对于分类变量，展示其完整的分布通常更有意义，该方法也称为频率表。在 R 中，我们可以使用 table() 函数创建这样的表：

```
table(olympic$Sex)
## 
## M F
## 7465 6223
```

输出结果表明，该数据集包含 7465 名男性运动员和 6223 名女性运动员的信息。table() 函数还可以收集关于数据集中缺失值（NA 值）的数量信息。例如，我们可以通过查看 olympic 数据集中 Medal 变量的频率表来提取运动员获得的金牌、银牌和铜牌的数量信息。在这个变量中，没有获得奖牌的运动员被编码为 NA。为了在输出中包含这些信息，我们需要添加额外的参数 useNA="always"，它指示 table() 函数需要输出缺失值的数量：

```
table(olympic$Medal, useNA="always")
## 
## Gold Silver Bronze <NA>
## 665 655 703 11665
```

table()函数是 base-R 中的函数，非常适用于处理分类变量的工作。除此之外，我们还想展示一种不同的、更模块化的方法，它基于管道操作符 %>%，以及两个用于分组和汇总数据集的重要函数，即来自 dplyr 包的 group_by()和 summarise()函数：

```
olympic %>%
  group_by(Medal) %>%
  summarise(num_athletes=n())
## # A tibble: 4 x 2
##    Medal  num_athletes
##    <fct>         <int>
## 1  Gold            665
## 2  Silver          655
## 3  Bronze          703
## 4  <NA>          11665
```

在第一次调用 group_by(Medal)时，将使用 Medal 变量作为标准，然后将整个数据集分割为不同的部分。这意味着，在 group_by()之后，可以得到四个不同的数据集，一个用于获得金牌的运动员，一个用于获得银牌的运动员，一个用于获得铜牌的运动员，以及一个用于未获得奖牌的运动员（NA）。接下来，这四个子数据集被管道输送到 summarise()函数，该函数将作用于数据集中的所有变量。这里，我们使用 num_athletes=n()，它指示 R 使用 n()函数计算数据集中的行数，并将其存储在一个新变量 num_athletes 中。由于此表达式将分别应用于四个子数据集，因此将输出一个新的 data.frame，其中包含四个组的信息。尽管输出结果与调用 table()的结果相同，但后一种方法易于扩展，并且可以灵活地用于创建各种数据集的描述性统计量（见 6.2 节和 6.3 节的示例）。

上文介绍的方法仅适用于处理分类变量具有较少类别的情况。事实上，分类变量通常具有多个类别，利用频率表来获得描述性统计信息将会产生一个新的数据集，这个数据集太大了，不便于理解其含义。例如，olympic 数据集中的 Team 变量包含与每个运动员相关联的国家。有多少个国家派代表参加了奥运会？我们可以通过计算这个变量中类别的数量来找出答案。一种可以实现这一点的方法是将 unique()函数和 length()函数结合起来，它们将分别查找变量中所有的唯一值和返回向量中元素的总数：

```
length( unique(olympic$Team) )
## [1] 249
```

结果是，有 249 个不同的代表队参加了 2016 年奥运会。这与官方文件中报告的 2016 年只有 207 个国家派出代表的说法相冲突。这种差异应该促使我们对 Team 变量进行更详细地调查。也许这个变量有拼写错误？或者这个变量还有其他异常？要解决这个问题，可以先从提取所有唯一的团队名称开始，并在控制台窗口中输出结果：

```
teams <- unique(olympic$Team)
tail(teams)
## [1] "Somalia"          "Netherlands-2"  "San Marino"
## [4] "Czech Republic-1" "Ukraine-1"      "Tuvalu"
```

  在这里，我们使用 tail() 函数来打印这个变量中的最后几个值，以避免输出太长的信息（请记住，这个向量中有 249 个值）。当在控制台窗格中运行这个命令时，我们还可以使用 print(teams) 或 View(teams) 来查看完整的输出结果。可以发现有些国家出现了不止一次，第二次出现时，在末尾的国家名后面会附加一个-1 或-2（例如，Czech Republic-1）。我们可以通过在国家名称中查找字符来消除这些重复的字符，并排除包含该字符的球队名称。一种方法是使用 stringr 包中的 str_detect() 函数。另一种方法是使用 forcats 包中的 fct_recode() 函数重新编码变量名。详情见第 4 章。

```
countries <- teams[!str_detect(teams, "-")]
length(countries)
## [1] 207
```

  str_detect(teams, "-") 返回的结果是一个包含 TRUE 和 FALSE 值的向量，表示球队名称中是否存在字符 - 。逻辑否定运算符 ! 将这些值颠倒（即 TRUE 变成 FALSE，反之亦然），这样我们就可以选出那些名称中没有 - 字符的球队。最后输出的 countries 变量的长度，与官方来源一致。现在，我们可以通过计算频率表来确定每个国家派出了多少名运动员。例如，像以前一样使用 table() 函数。但是，这会产生一个相当长的列表，需要进一步处理才能获得有效信息。例如，我们可以将上面的示例扩展如下：

```
olympic %>%
  group_by(Team) %>%
  summarise(num_athletes=n()) %>%
  arrange(desc(num_athletes)) %>%
  head(10)
## # A tibble: 10 x 2
##     Team             num_athletes
##     <chr>                   <int>
## 1   United States             699
## 2   Brazil                    571
## 3   Germany                   528
## 4   Australia                 510
## 5   France                    504
## 6   China                     483
## 7   Great Britain             470
## 8   Japan                     436
## 9   Russia                    398
```

```
## 10 Canada                          397
```

结果输出了排名前 10 的拥有最多运动员的国家。我们使用 arrange()函数按降序对频率表进行排序（使用函数 desc()），并使用 head()函数打印排序后的数据集的前 10 项，从而获得了这个汇总信息。

在某些情况下，分类变量可以在有序尺度上测量，这样分类的顺序是有意义的。在 countries 变量中，国家没有固有的自然顺序（当然，国家可以按照其他变量排序）。在本书配套的 astatur 包的 present 数据集中，有一个 Kindness 变量，它表示人们对自己伴侣的评价有多好，分值从 1 到 7（这是李克特量表的一个例子）。对于这些变量，尽管分布是离散的，但使用中位数（或平均值）和散布的度量来描述分布是有意义的。但是，计算有序分类变量的统计度量（如平均值和标准差），需要基于一种假设，即在标度上各值之间的距离相等（即 1 与 2 之间的差与 6 与 7 之间的差相同），这种假设并不总是成立的。当需要计算分裂变量的统计量时，有必要将因子变量转换为第 4 章所述的数值变量。

6.1.5 快速描述性分析

在实践中，我们通常不需要手工计算每个变量的平均值、标准差和其他统计数据。R 提供了多种方法来快速、有效地计算数据集的描述性统计量，从而简化工作量。一种简单的方法是对数据集应用 base-R 中的 summary()函数。这个函数为数据集中的每个变量（列）计算出了关键性的统计量，并输出简洁明了的结果。下面用 studentHeights 数据集来举例：

```
summary(studentHeights)
##      year          gender        height
##  Min.   :2016   female:71   Min.   :150
##  1st Qu.:2016   male  :28   1st Qu.:164
##  Median :2017               Median :168
##  Mean   :2017               Mean   :170
##  3rd Qu.:2018               3rd Qu.:175
##  Max.   :2018               Max.   :197
```

我们可以看到，summary()函数计算出了连续变量（year 和 height）的四分位数和平均值，以及离散变量（gender）的频率表。这个函数是 base-R 中的函数，因此容易获得而不需要安装和加载额外的包。另一方面，对于具有许多变量的大型数据集，summary()的输出可能会变得非常混乱。有大量的外部包可专门用于生成漂亮的、格式良好的数据集摘要。这里重点介绍两个软件包，summarytools 和 skimr。它们具有不同的优点和缺点，可以互补使用。

summarytools 包

summarytools 包提供了一组用于详细描述数据集的函数。描述连续变量的主要函数是 descr()（descriptive 的缩写），为离散变量创建频率表的函数称为 freq()。将 descr() 函数应用于数据集，将汇总所有数值变量的信息，并为它们生成一个全面的描述性报告：

```
library(summarytools)
descr(olympic)
## Descriptive Statistics
## olympic
## N: 13688
##
##                    Age       Height      Weight
## ------------- ---------- ---------- ----------
##         Mean      26.21      176.03       70.99
##      Std.Dev       5.56       11.44       15.72
##          Min      13.00      133.00       30.00
##           Q1      22.00      168.00       60.00
##       Median      26.00      175.00       69.00
##           Q3      29.00      184.00       80.00
##          Max      62.00      218.00      170.00
##          MAD       4.45       11.86       14.83
##          IQR       7.00       16.00       20.00
##           CV       0.21        0.06        0.22
##     Skewness       1.17        0.10        0.98
##  SE.Skewness       0.02        0.02        0.02
##     Kurtosis       3.18       -0.03        1.99
##      N.Valid   13688.00    13512.00    13465.00
##    Pct.Valid     100.00       98.71       98.37
```

例如，将该函数应用于 olympic 数据集，选择数据集中包含的连续变量 Age、Height 和 Weight，并汇总重要的描述性信息，从而为我们提供分布的详细概述。汇总信息中还包括有效数据点的数量和百分比，这往往是至关重要的。注意，我们还可以对每个变量单独应用 freq() 函数。

为每个变量单独调用 summarytools 包中的 freq() 函数。例如，我们可以将它应用于 Medal 变量：

```
freq(olympic$Medal)
## Frequencies
## olympic$Medal
## Type: Factor
##
##                    Freq   % Valid   % Valid Cum.   % Total   % Total Cum.
```

```
##   -----------  --------  --------  ----------------  --------  ------------
##       Gold      665       32.87         32.87          4.86        4.86
##      Silver     655       32.38         65.25          4.79        9.64
##      Bronze     703       34.75        100.00          5.14       14.78
##       <NA>     11665                                  85.22      100.00
##      Total    13688      100.00        100.00        100.00      100.00
```

结果是一个可读的和结构化的频率分布概述，包括总百分比和累积百分比。该函数的输出结果包含了标准频率表没用的潜在重要信息。分析结果可以发现只有15%的参赛运动员获得了奖牌。

最后，第三个有用的函数是 dfSummary()，将其应用于数据集将生成所有变量的综合汇总信息，包括数值的和分类的。下面将此函数应用于 studentHeights 数据集：

```
dfSummary(studentHeights)
## Data Frame Summary
## studentHeights
## Dimensions: 99 x 3
## Duplicates: 34
##
## -----------------------------------------------------------------
## No Variable Stats / Values        Freqs (% of Valid)   Graph  Valid Missing
## -- ---------  ----------------    ------------------
------------------------ --------
## 1  year      Mean(sd): 2017(0.9)  2016 : 38 (38.4%)    IIIIII    99      0
##    [integer] min < med < max:     2017 : 27 (27.3%)    IIIII   (100%)  (0%)
##              2016 < 2017 < 2018   2018 : 34 (34.3%)    IIIII
##              IQR(CV) :2(0)
##
## 2  gender    1. female            71 (71.7%)           IIIIIIIIIIII 99   0
##    [factor]  2. male              28 (28.3%)           IIIII       (100%)
(0%)
##
## 3  height    Mean(sd):170(8.7)    33 distinct values        .  :        99   0
##    [numeric] min < med < max:                               :  :  :    (100%) (0%)
##              150<168<197          : : :
##              IQR(CV) :11(0.1)                            .  :  :  :  :  :  .
##                                                         .  :  :  :  :  :  :  .
##
-----------------------------------------------------------------
```

其结果是一个简洁而全面的报告，包括所有变量的相关信息，甚至使用基于文本的图表可视化每个变量的分布。这样一个只需敲击几下键盘就可以访问的简明概述，可以为进一步的、更有针对性的数据描述性调查提供有价值的信息，是分析工作的良好开端。

skimr 包

我们要介绍的第二个 R 包称为 skimr,它的设计目的是将其集成到基于 dplyr 的现代分析框架中。这种设计理念的一个优点是,它可以与 group_by()函数一起使用,并支持灵活和深入的描述性分析。名为 skim()的主函数可以在基于管道的框架中使用,因为它被设计为处理并返回数据框。我们将使用 olympic 数据集说明 skim()函数的用法:

```
library(skimr)
olympic %>% skim(Team,Height,Weight)
## -- Data Summary ------------------------
##                             Values
## Name                        Piped data
## Number of rows              13688
## Number of columns           12
## _____
## Column type frequency:
##   character                 1
##   numeric                   2
## _____
## Group variables             None
##
## -- Variable type: character -----------------------------
## skim_variable n_missing complete_rate min max empty
## 1 Team                0             1   4  32     0
## n_unique whitespace
## 1    249          0
##
## -- Variable type: numeric -------------------------------
##   skim_variable n_missing complete_rate  mean    sd   p0
## 1 Height              176         0.987 176.  11.4  133
## 2 Weight              223         0.984  71.0 15.7   30
##     p25   p50   p75  p100  hist
## 1   168   175   184   218
## 2    60    69    80   170
```

命令 skim(Team,Height,Weight)选择了三个变量,指定计算这三个变量的描述性统计量。如果在该函数中不包含任何参数,则报告数据集中的所有变量。我们使用管道操作符 %>%,而不是直接运行 skim(olympic)(当然,这可以这样做),以说明该管道可以自然扩展。skim()的输出是按变量类型排序的各变量的简明汇总信息,还包括完整数据的汇总信息。这些信息与使用 summarytools 包中的函数获得的信息类似,但不太全面(如没有包括峰度和偏度值)。然而,主要的区别在于如何进一步处理这些结果。例如,想要比较男性和女性运动员的分布。在 summarytools 中,我们必须按性别分割数据集，然后分别对两个子数据集进行分析。在 skimr 中，我们可以直接对 group_by()函数分组后的数据集应用 skim()：

```
olympic %>% group_by(Sex) %>%
  skim(Team,Height,Weight)
## -- Data Summary ------------------------
##                            Values
## Name                       Piped data
## Number of rows             13688
## Number of columns          12
## _____
## Column type frequency:
##    character              1
##    numeric                2
## _____
## Group variables            Sex
##
## --Variable type: character ------------------------------
##   skim_variable Sex n_missing complete_rate min max
## 1 Team          M           0             1   4  32
## 2 Team          F           0             1   4  32
##   empty n_unique whitespace
## 1     0      236          0
## 2     0      235          0
##
## --Variable type: numeric ------------------------------
##   skim_variable Sex n_missing complete_rate  mean     sd
## 1 Height        M         109         0.985 182.   10.2
## 2 Height        F          67         0.989 169.    9.13
## 3 Weight        M         131         0.982  78.6  15.1
## 4 Weight F 92 0.985 61.9 10.9
##    p0 p25 p50 p75 p100 hist
## 1 148 175 182 188  218
## 2 133 164 170 175  203
## 3  42  68  77  87  170
## 4  30  55  61  68  141
```

结果，正如预期的那样，提供了一个按性别划分的所有变量的并排汇总信息。此外，由于 skim()函数输出结果是一个数据框，所以可以进一步使用 dplyr 包中的函数来处理结果。例如，我们可以过滤掉输出结果中的连续变量：

```
olympic %>% group_by(Sex) %>%
  skim(Team,Height,Weight) %>%
  filter(skim_type=="numeric")
## -- Data Summary ------------------------
```

```
##                             Values     
## Name                        Piped data 
## Number of rows              13688      
## Number of columns           12         
## _____                 
## Column type frequency:                 
##     numeric                 2          
## _____                 
## Group variables             Sex        
## 
## -- Variable type: numeric --------------------------------
## skim_variable Sex n_missing complete_rate mean    sd
## 1 Height        M       109         0.985  182. 10.2
## 2 Height        F        67         0.989  169.  9.13
## 3 Weight        M       131         0.982  78.6 15.1
## 4 Weight        F  92 0.985 61.9 10.9
##    p0 p25 p50 p75 p100 hist
## 1 148 175 182 188  218
## 2 133 164 170 175  203
## 3  42  68  77  87  170
## 4  30  55  61  68  141
```

可以根据工作需要进一步处理 skim() 返回的数据，例如，定制想要输出的统计量，可以向 skim() 函数的输出结果中添加偏度和峰度：

```
myskim <- skim_with(numeric=sfl(skewness,kurtosis))
myskim(olympic, Age)
```

用处更大的 skim_with() 函数允许我们修改默认的 skim() 函数，并生成一个修改后的版本，然后存储在函数对象 myskim() 中。将这个新创建的 myskim() 函数应用到数据框，就会生成信息更丰富的汇总表。

6.2 描述变量之间的关系

接下来，我们将介绍如何对不同变量之间的关系进行描述性分析。我们将首先集中描述两个及两个以上连续变量，或两个及两个以上分类变量之间的相互作用，分类变量和连续变量之间的相互作用放在 6.3 节介绍。

6.2.1 相关系数

判断两个连续变量之间线性相关程度的常用方法是相关系数，更具体地说，我们通常使用被称为皮尔逊积矩相关系数的测量方法，这是由卡尔·皮尔逊在 18 世纪开发的。相关系数，通常称为 r，是一个标准化的协方差，可以表示两个变量的行为相似程度。该系数的值落在区间[-1,1]内，其中-1 表示完全负相关，0 表示不相关，+1 表示完全正相关。相关系数 r 表示两个变量的散点图中数据点偏离完美直线的程度（见图 6.6）。

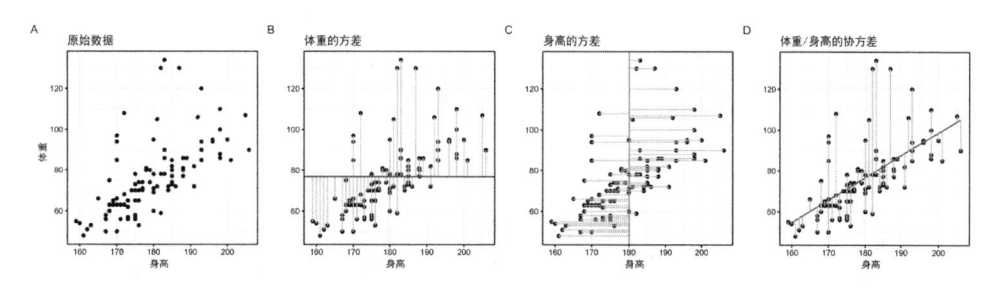

图 6.6　方差和协方差示意图

通过思考 r 的数学定义，我们可以更好地理解这个概念。回顾本章前面对变量 x 方差的定义，它被定义为：

$$\text{Variance}(x) = \frac{\sum (x_i - \bar{x})^2}{n-1} = \frac{\sum (x_i - \bar{x})(x_i - \bar{x})}{n-1}$$

其中，$\bar{x}$ 是 x 的均值，定义为距离均值的平均平方。协方差是该公式的推广形式，定义为：

$$\text{Covariance}(x, y) = \frac{\sum (x_i - \bar{x})(y_i - \bar{y})}{n-1}$$

这个公式表明协方差是数据值与它们各自平均值的差值乘积的平均值。相关系数 r 可以看成是标准化的协方差，这样更容易理解其含义：

$$\text{Correlation}(x, y) = r = \frac{\sum (\frac{x_i - \bar{x}}{s_x})(\frac{y_i - \bar{y}}{s_y})}{n-1}$$

我们想要量化 olympic 数据集中变量之间的线性关系，因此选取了该数据集中女运动员身高（height，x 轴）和体重（weight，y 轴）两个连续变量，并绘制了散点图（见图 6.6），以此说明了方差和协方差之间的关系。体重的方差由各个运动员的体重值与其平均值之间的所有距离之和组成（见图 6.6 B）。同样，身高的方差将各个运动员的身高值与其平均值之间的差值相加（见图 6.6 C）。最后，根据与近似两变量线性关系的直线的差值，来计算两个变量的协方差（见图 6.6 D）。请注意，此图只是一个概念性的说明，并不是严格的数学定义。

对于相关性，最重要的是要知道它能否揭示两个变量的相关程度。直观地说，相关系数描述了散点图中回归线周围的数据点云的宽度。相关性越大（无论是正的还是负的），这个云就变得越窄（见图6.7）。注意，r并没有说明两个变量之间线性关系的陡度或斜率，只是说明正相关表示斜率为正，负相关表示斜率为负。换句话说，正相关意味着一个变量的高值与另一个变量的高值相关联，负相关描述一个变量的低值与另一个变量的高值相关联。

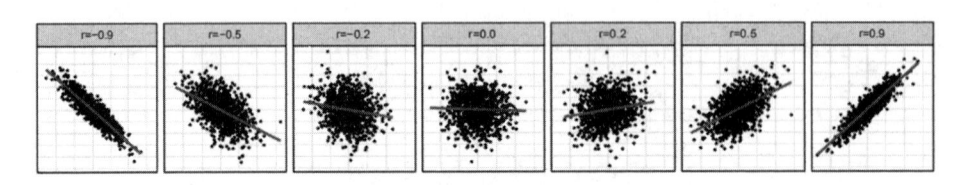

图6.7 相关性描述了变量共同变化的程度

在R中，我们可以使用base-R的cor()函数（或直接用代码实现相关性的公式）。该函数可以应用于一对变量或仅包含数值变量的整个数据集。例如，要计算女运动员身高和体重之间的相关性，我们可以这样做：

```
olympic.females <- olympic %>% filter(Sex=="F") %>% na.omit
height <- pull(olympic.females, Height)
weight <- pull(olympic.females, Weight)
cor(height,weight)
## [1] 0.6740066
```

在这里，首先我们通过只选择女性运动员并删除缺失的值来创建一个简化的数据集。在接下来的步骤中，我们使用pull()函数提取height和weight变量，然后对这对变量调用cor()函数，得到的结果是r=0.67。表明两个变量之间存在一种很强的相关性，因为体型较大的人通常也更重。

想要一次性计算多个相关性，可以直接对数值变量数据集调用cor()函数。本书配套的astatur包中有一个epi.bfi数据集，该数据集包括13种不同的性格评分[①]。我们可以合理地预测一些人格特征会相互关联；也就是说，在某种特质上有高分的人可能在另一种特质上有高（或低）分。因此，可以对这些数据进行相关性分析。该数据集包括五个不同指标的值，这些指标是根据人格特征的五因素模型得出的。与这个问卷相对应的变量都以前缀"bf"（big five的缩写）开始。我们可以选择这五个指标，并一

---

① 最初，该数据集包含在psych包中，但在最近的版本更新中已从该包中删除。因此，我们决定将该数据集包含在本书配套的astatur包中。

次性计算出两两之间的相关性：

```
big.five <- epi.bfi %>% select(starts_with("bf"))
cor(big.five)
##             bfagree      bfcon      bfext       bfneur
## bfagree  1.00000000 0.44989862 0.47848190 -0.04461721
## bfcon    0.44989862 1.00000000 0.26675235  0.04450273
## bfext    0.47848190 0.26675235 1.00000000  0.03712981
## bfneur  -0.04461721 0.04450273 0.03712981  1.00000000
## bfopen   0.39415383 0.30518284 0.45876070  0.29347850
##             bfopen
## bfagree  0.3941538
## bfcon    0.3051828
## bfext    0.4587607
## bfneur   0.2934785
## bfopen   1.0000000
```

在第一行代码中，我们使用 select() 和 starts_with() 函数的组合提取了变量名以前缀 bf 开头的所有变量，并将结果保存在一个新的数据集 big.five 中。接下来，我们在这个数据集上运行 cor() 函数来创建相关矩阵。因为该数据集中有五个变量，结果得到的是一个 5×5 的矩阵，包含了所有变量对之间的相关性。这个矩阵是对称的，因为 cor(x,y) 和 cor(y,x) 的结果是一样的。对角线都是 1，因为变量与自身的相关性 cor(x,x) 总是 1。这意味着我们只需要看相关矩阵的一半。为了获得排列方式更清晰简洁的相关矩阵，我们可以使用来自 psych 包的 lowerCor() 函数：

```
lowerCor(big.five)
##         bfagr bfcon bfext bfner bfopn
## bfagree  1.00
## bfcon    0.45  1.00
## bfext    0.48  0.27  1.00
## bfneur  -0.04  0.04  0.04  1.00
## bfopen   0.39  0.31  0.46  0.29  1.00
```

此函数只打印矩阵的下半部分，并将相关性四舍五入到仅为两位有效数字，以便更易于阅读。

积矩相关性仅针对连续变量定义，因此当数据集还包含离散变量时，cor() 函数将失效。一次从数据集中提取所有连续变量的一个技巧是使用 dplyr 表达式 select(where(is.numeric))：

```
olympic.females %>% select(where(is.numeric)) %>% lowerCor
##          Age Height Weight
## Age     1.00
## Height  0.10   1.00
```

```
## Weight 0.15    0.67   1.00
```

在这个例子中，我们将表达式 select(where())应用于之前创建的 olympic.females 数据集。select()函数接受 where()函数作为参数，where()函数应用于每个列，以确定是否选择该列。在这个例子中，我们使用了 is.numeric()函数，指定如果变量是数值型的，则返回 TRUE，否则返回 FALSE。

除了皮尔逊积矩相关系数，还有其他相关系数可以应用于不同尺度的变量。例如，其他流行的相关系数是关于秩变量的斯皮尔曼相关系数和肯德尔相关系数。为了计算这些系数，我们使用相同的函数 cor()，但需要添加一个额外的参数，即 cor(method="spearman")或 cor(method="kendall")。

6.2.2 交叉表

离散变量可以表示某个情况（数据集中的一行）属于哪个组或类。例如，studentHeights 数据集中的 gender 变量表明每个学生是男性还是女性（这是该研究中使用的唯一性别类别），year 变量指示了一个学生的数据记录生成的时间。因此，通过组合两个或多个离散变量，我们可以将数据集划分为多个子集。例如，按 year==2016 和 gender="male"的条件，可以筛选出 2016 年被测量的男性学生。这种由两个或多个变量组合定义的子集，想要展示各个子集所含样本数的方法被称为交叉表，是 6.1.4 节中介绍的频率表的扩展。因此，我们可以使用与计算频率表相同的 table()函数，但同时将其应用于两个变量：

```
table(studentHeights$gender, studentHeights$year)
##
##           2016 2017 2018
## female     27   21   23
## male       11    6   11
```

从输出结果可以知道各个变量组合产生的子集中包含的样本数。这些信息对于进一步分析样本大小非常重要，例如 t 检验或方差分析（见第 9 章）。我们可以扩展这个例子，包括尽可能多地分类变量，即使输出结果不太容易解读。例如，在下面的例子中，我们从 olympic 数据集生成包含三个变量的交叉表：

```
olympic.ball <- olympic %>%
  filter(Sport %in% c("Basketball", "Football", "Volleyball")) %>%
  select(Sport,Medal,Sex)
table(olympic.ball)
## , , Sex = M
##
##             Medal
```

```
## Sport        Gold Silver Bronze
## Basketball    12    12    12
## Football      17    17    18
## Volleyball    12    12    12
##
## , , Sex = F
##
##             Medal
## Sport        Gold Silver Bronze
## Basketball    12    12    12
## Football      18    18    18
## Volleyball    12    12    12
```

首先，我们使用 filter() 函数只提取数据集中属于三种球类运动（篮球、足球和排球）的样本（行）。表达式 %in% 表示从包含三个球类运动的向量中选择一个值。最后，我们为交叉表选择了三个变量：Sport、Medal 和 Sex，并在这些变量上运行 table() 函数。另一种方法是显式地使用三个变量再对其调用 table() 函数，即 table(olympic$Sport,olympic$Medal,olympic$Sex)。

通过使用来自 summarytools 包的 ctable() 函数，可以获得可读性更强、信息更全面的交叉表：

```
library(summarytools)
ctable(studentHeights$gender,studentHeights$year)
## Cross-Tabulation, Row Proportions
## gender * year
## Data Frame: studentHeights
##
## -------- ------- ------------ ------------ ------------ ------------
##           year         2016         2017         2018        Total
## gender
## female              27 (38.0%)   21 (29.6%)   23 (32.4%)   71 (100.0%)
## male                11 (39.3%)    6 (21.4%)   11 (39.3%)   28 (100.0%)
## Total               38 (38.4%)   27 (27.3%)   34 (34.3%)   99 (100.0%)
## -------- ------- ------------ ------------ ------------ ------------
```

然而，这个函数的输入只能有两个离散变量。另一个有趣的函数是基于 R 的 xtabs() 函数的，它使用 R 公式来定义交叉表的布局，我们将在第 7 章中介绍。

6.3 分析组间变量

通常，我们想要比较不同群体之间的差异，或描述一个变量在许多个人或群体中的分布。例如，到目前为止，我们的分析对象仅限于 olympic 数据集中的女运动员。下一步可能是根据不同的变量对男女运动员进行比较。为此，我们扩展了本章开头介绍的基于管道的方法，需要用到 group_by() 和 summarise() 函数。如前所述，前者将数据集分成组（例如，男性和女性运动员），后者对以前创建的子数据集计算描述性统计量，并返回一个只包含描述性统计度量的新数据集：

```
olympic %>%
  group_by(Sex) %>% # group into male/female athletes
  filter(!is.na(Height)) %>% # remove missing values
  summarise(mean=mean(Height), # calculate mean
  median=median(Height), # median etc.
          sd=sd(Height),
          skewness=skewness(Height),
          kurtosis=kurtosis(Height))
## # A tibble: 2 x 6
##   Sex  mean median   sd skewness kurtosis
##   <fct> <dbl> <dbl> <dbl> <dbl>    <dbl>
## 1 M    182.   182  10.2  0.0564    2.89
## 2 F    169.   170   9.13 -0.0638   3.45
```

输出结果包含了丰富的信息，包括我们选择的统计指标。一种更简单的方法可以使用 6.1.5 节中介绍的 skim() 函数，它也可以与 group_by() 函数一起使用。结果显示，平均身高差约 12 厘米。

下一个例子我们将使用的数据集称为 stroop，它包含在 astatur 包中。这个数据集包含了一个著名的心理学实验的数据，该实验证明了所谓的斯特鲁普效应。这种效应描述了一个现象：当一个单词是不同颜色的名称时（例如，用蓝色打印的红色单词），要说出这个单词代表的颜色将会更困难（即耗时更长，更容易出错）。我们可以使用 help(stroop) 找到更多关于 stroop 数据的信息，或者可以使用 str(stroop) 查看数据的简明概述：

```
data("stroop")
str(stroop)
##
## tibble [49,309 × 9] (S3: tbl_df/tbl/data.frame)
## $ subj     : Factor w/ 85 levels "118340","120554",..: 1 1 ...
## $ trial    : num [1:49309] 1 2 3 4 5 6 7 8 9 10 ...
## $ color    : Factor w/ 4 levels "blue","green",..: 2 2 3 ...
## $ condition: Factor w/ 3 levels "congruent","incongruent",..: 1 2 ...
## $ correct  : Factor w/ 2 levels "correct","incorrect": 1 1 1 1 ...
## $ response : Factor w/ 4 levels "red","green",..: 2 2 1 3 ...
## $ RT       : num [1:49309] 0.944 0.795 0.567 0.675 1.119 ...
## $ age      : int [1:49309] 20 20 20 20 20 20 20 20 20 20 ...
```

```
## $female       :int[1:49309]1 1 1 1 1 1 1 1 1 ...
```

输出结果显示，数据集包含 49309 行和 9 个变量。我们还可以看到，有来自 85 个不同实验对象的数据（在 subj 变量中编码），每个实验对象进行了多次重复试验（trial 变量）。也许我们感兴趣的是实验对象的反应时间（RT），即对不同物体的彩色单词刺激做出反应所花的时间。那么如何从这个庞大的数据集中提取和总结每个实验对象的反应时间呢？一种方法是手动提取每个实验对象的反应时间：

```
RT <- stroop %>% filter(subj=="120554") %>% pull(RT)
mean(RT)
## [1] 0.6349354
```

然而，对于来自数据集的 85 个实验对象来说，这种做法是非常麻烦的，可以用简单的 group_by() 或者 summarise() 函数来替换：

```
mean.rt <- stroop %>%
    group_by(subj) %>%
    summarise(mean.RT=mean(RT,na.rm=T))
str(mean.rt)
##
## tibble [85 × 2] (S3: tbl_df/tbl/data.frame)
## $ subj   : Factor w/ 85 levels "118340","120554",..: 1 2 3 ...
## $ mean.RT: num [1:85] 0.691 0.635 0.633 0.894 0.728 ...
```

结果得到了一个新的数据集，其中每个实验对象作为一行，该行包含实验对象的名字（subj）和他们对所有单词的平均反应时间（mean.RT）。当然，如果我们对个体平均反应时间的分布感兴趣，那么我们可以进一步分析这个数据集：

```
mean.rt %>%
    summarise(group.mean=mean(mean.RT),
              median=median(mean.RT),
              sd=sd(mean.RT),
              skewness=skewness(mean.RT),
              kurtosis=kurtosis(mean.RT))
## # A tibble: 1 x 5
##    group.mean median sd skewness kurtosis
##        <dbl>  <dbl> <dbl> <dbl>   <dbl>
## 1      0.715  0.701 0.104 0.607   3.07
```

平均反应时间为 0.715 秒，在实验中近似服从正态分布。

在经典斯特鲁普（stroop）实验中得到了同样的结果：实验对象收到了三种不同类型的颜色单词，他们必须通过按下一个按钮来指出正确的颜色。在一种情况下，单词的颜色和单词的意思是一样的（例如，"red" 用红笔写出来），这些单词被称为"一致"。在第二种情况下,单词的意思是与单词的颜色不同(例如,"green"用蓝笔写出来),这些单词被称为"不一致"。最后,第三种类型的单词是当一个中性词(如"cat")的颜色必须被命名时(被称为"中性"条件)。一个经典的发现是,正确地命名不一致的单词的颜色(与中性和一致的单词相比)需要更长的时间,并且命名一致的单词的颜色最快(相对于中性和不一致的单词)。stroop 数据集中的变量条件用于确定每次试验属于三个条件中的哪一个。因此,我们可以很容易地扩展之前基于管道的方法,只需要对代码进行很少的更改,就能够一次性总结所有条件下的反应时间:

```
mean.rt.cond <- stroop %>%
  group_by(subj,condition) %>%
  summarise(mean.RT=mean(RT,na.rm=T))
head(mean.rt.cond)
## # A tibble: 6 x 3
## # Groups:   subj [2]
##   subj   condition   mean.RT
##   <fct>  <fct>         <dbl>
## 1 118340 congruent     0.671
## 2 118340 incongruent   0.739
## 3 118340 neutral       0.665
## 4 120554 congruent     0.613
## 5 120554 incongruent   0.680
## 6 120554 neutral       0.613
```

实际上,唯一的区别是这里对两个变量(subj 和 condition)调用了 group_by()函数,而不是像以前那样只使用一个变量。输出的 mean.rt.cond 数据集包含了三个变量:一个实验对象的名称(subj)、一个条件(condition)和一个平均反应时间(mean.RT)。现在我们准备运行第二组 group_by()/summarise()命令,以量化这三个条件之间的差异:

```
mean.rt.cond %>%
  group_by(condition) %>%
  summarise(group.mean.RT=mean(mean.RT))
## # A tibble: 3 x 2
##   condition   group.mean.RT
##   <fct>               <dbl>
## 1 congruent           0.674
## 2 incongruent         0.780
## 3 neutral             0.691
```

结果表明,正如预期的那样,实验对象对一致词的反应最快,对不一致词的反应最慢(中间是中性词)。这表明,即使是大型数据集(本例中为 49309 行),也可以通过分割和汇总操作,很容易地就能得到表示其相关信息的描述性统计量。

6.4 本章小结

数据的描述性统计度量是任何统计分析的重要组成部分。在本章中，我们简要介绍了一些流行的描述性统计度量，以及在 R 中计算它们的方法。本章首先介绍了描述变量中典型值的集中趋势的度量，以及散布的度量，它描述了我们期望找到的数据点与典型值之间的距离。还介绍了用正态分布（如偏度和峰度）描述数据的方法，并讨论了一种灵活和稳健的描述数据分布的替代方法，即采用分位数。本章对两个 R 包进行了详细介绍：summarytools 和 skimr，它们能为大型数据集提供自动、全面和可读的数据概述。除此之外，还展示了如何描述不同类型的变量之间的关系，并指出相关系数可以量化两个连续变量之间的关系，以及藐视两个或多个离散变量关系的交叉表。最后，我们提出了一些简单的方法来描述了分类变量和连续变量之间的关系。

【核心概念】

算术平均值：计算公式为：$\bar{x} = \dfrac{1}{n}\sum_{i=1}^{n} x_i$。

相关系数：落在区间[-1,1]中的标准化协方差。

协方差：对两个变量之间线性关系的度量。

交叉表：描述了几个分类变量的联合分布。

四分位差：即 25% 和 75% 分位数之间的距离。

峰度：一种测量分布"尾部厚度"的方法。

中位数：对变量排序后处于中间位置对应的数值。

众数：出现次数最多的数值。

分位数：X%分位数表明数据中有 X%的值小于 X。

偏度：用于衡量分布不对称的度量。

标准差：方差的平方根。

方差：数据点在其均值附近的平均平方距离，一种流行的度量散布的方法。

【提问】

1. 描述性统计方法和推断统计方法之间有什么重要的区别？
2. 如何用几个数字来描述一个变量的分布？
3. 使用均值和标准差来描述与正态分布有强偏差的分布时将会存在什么问题？
4. 稳健统计的优点和缺点是什么？

【本章使用的函数示例】

base
```
mean(height)
median(height)
var(height)
sd(height)
```
- 计算平均值、中位数、方差和标准差。
```
summary(studentHeights)
```
- 数据框的描述性概要。
```
cor(height,weight)
```
- 相关系数。
```
table(studentHeights$gender, studentHeights$year)
```
- 交叉表。

moments
```
skewness(height)
kurtosis(height)
```
- 计算偏度和峰度。

modeest
```
mlv(height)
```
- 计算众数（极大似然值）。

summarytools
```
dfSummary(studentHeights)
```
- 对数据集进行全面概述。

skimr
```
olympic %>% group_by(Sex) %>%
  skim(Team,Height,Weight)
```
- 依照按组划分的数据集中的变量，计算其描述性统计量。

psych
```
lowerCor(big.five)
```
- 计算数据集的相关矩阵。

dplyr
```
mean.rt <- stroop %>%
  group_by(subj) %>%
  summarise(mean.RT=mean(RT,na.rm=T))
```
- 按组计算平均值。

第 7 章
简单线性回归

在本章中,将会使用以下 R 包:
- ggplot2:用于数据可视化。
- astatur:本书的配套 R 包,包含本章使用的数据集。

必须先安装和加载上面提到的包才能运行本章提供的代码。可以使用下列命令来进行 R 包的安装:

```
packages <- c("ggplot2", "devtools")
install.packages(packages)
devtools::install_github("ihrke/astatur")
```

【学习成果】

- 了解线性回归分析的基本概念。
- 了解普通最小二乘法。
- 学会使用线性回归分析进行假设检验和数值预测。
- 学会如何开发一个简单的线性回归模型,并使用 R 语言实现。

在本章中，我们首先在一个简单（一元）线性回归的框架内解释回归分析背后的原理和逻辑。在这个最简单的例子中，我们只研究两个变量之间的关系。本章的知识对下一章的学习也非常有帮助，因为大多数概念能容易地推广到下一章介绍的多元线性回归，但在简单线性回归框架中，理解这些概念将更简单。对于简单线性回归的详细概念介绍，本章将结合实际案例辅助说明，并演示如何使用 R 语言对真实数据集执行线性回归。虽然本章的部分内容看起来是偏技术性的，但它们将会对于你更好地理解和对自己的数据应用回归分析奠定坚实的基础。

7.1 什么是回归分析？

回归分析是一种统计方法，它用于量化一个连续依赖变量 Y（在回归中，也称为结果、响应和内生变量）和一个或多个连续的或绝对独立的变量，如"$X_1, X_2, X_3, \cdots, X_k$"（也被称为预测、说明和外生变量）之间的关系。回归分析的主要目的是检验一个或几个假设，和（或）对结果变量做出预测。通常，研究人员会在同一研究中追求这两个目标，试图从回归分析中提取更详细的信息。本章将会解释这些目标的实际意义。

就假设检验而言，回归分析用于提供定量证据，证明从假设总体中抽取的随机样本数据之间的关系。定量证据以回归系数估计值的形式出现，表明两个变量之间关系的强度，并为相关的统计检验提供证据，验证这一关系在统计上是否显著。例如，研究人员可能假设一个人的教育水平和他们的小时工资水平之间存在显著的正相关关系。这一假设在社会科学中通常被表述为教育水平对小时工资水平的显著正向影响。第二种对假设的表述显然是一个强有力的表述，暗示了两个变量之间的因果关系。用简单的回归分析，这样的因果假设不能被检验，因为因果效应可能是在相反的方向，或者有第三个变量导致了该现象。简单地说，回归分析并不关心你阐明的假设是什么！无论如何，它都能提供相同的结果。只有通过令人信服的理论推理和（或）常识背景，从回归分析中获得的关于两个变量之间强大的、有在统计上显著的关系才能被解释为因果关系。例如，几乎没有人会反对教育水平影响工资水平这一观点，因为它是有道理且符合逻辑的。

当涉及第二个预测目标时，回归分析通常用于预测一个或多个自变量在随机样本的不同值下的总体均值（或期望值）。继续我们前面的例子，例如，我们想要预测受过 10 年、15 年和 20 年教育的人的平均小时工资水平。回归分析的预测显示，受过 10 年、15 年和 20 年教育的人的平均小时工资分别为 22 美元、40 美元和 58 美元。要预测因变量的（小时工资）平均值，自变量（10 年、15 年、20 年教育）的选择取决于研究人员的分析目的。顺便说一句，使用回归分析进行预测并不要求两个变量是因果相关的，也就是说，一个变量变化导致另一个变量的变化。一个自变量（例如，在一个大学食堂样本中可供使用的桌子的数量）用于预测一个因变量（例如，在这些食堂中出售的饭菜数量）时非常有用，而这两个变量之间不必存在因果关系。如果你的目的仅仅是预测，那么你仍然可以在你的回归分析中使用这个非因果自变量。

不管使用回归分析的目的是什么，第一步通常是指定一个概念模型和一个数学函数来解释感兴趣的变量之间的关系。接下来，我们通过一个简单的线性回归分析来说明这一步。在第 8 章中，我们将这些概念扩展到多元线性回归的情况。选择这种方法的原因是，许多回归概念在简单线性回归中更容易解释和说明，我们认为这种方法将为你更好地理解多元回归分析奠定良好的基础。

7.2　简单线性回归分析

一个简单的线性回归分析只检验了两个变量之间的关系。根据研究人员的概念模型（即研究人员认为人口中存在什么样的关系），其中一个变量被指定为因变量（Y），另一个将被指定为独立变量（X）。这种关系可以在数学上表述为 $Y=f(X)$，它表明 Y 是关于 X 的函数的，下一步是决定应用于这种关系的函数形式。通常使用一个线性函数来描述 Y 和 X 之间的关系，这也是线性回归名称的由来。线性函数简单地假设 X 的变化对应于 Y 的变化。或者，我们也可以说，线性函数表明自变量的一个单位变化会导致因变量一定数量的增加或减少。在几何上，线性函数由一条直线表示，也称为回归线，通过数据云（即散点图）显示 X 和 Y 之间的关系。通常默认选择线性函数有几个原因：首先，社会科学中的许多理论和假设（明确或含蓄地）假设不同的衡量标准之间的关系是线性的（教育→收入，失眠→表现，动机→成功，等等）。其次，通常没有一个强有力的理论表明可以使用某一个特定的函数来表示变量之间的关系，因此可以使用线性函数来作为默认选项。再次，一些非线性关系（如年龄→收入）仍然可以使用扩展的线性回归函数（如多项式回归）来表示。最后，通过线性回归方法研究非线性关系的原因很简单，线性回归函数更容易应用和理解。这意味着简单性是社会科学中经常使用线性函数的又一原因。

在明确了概念模型并确定了线性函数之后，我们就可以用数学方法假设 Y 与 X 之间的近似关系并表示为：

$$Y_i \approx \beta_0 + \beta_1 X_i \tag{7.1}$$

由式（7.1）可知，个体的 Y 值（第 i 个人的值用 Y_i 表示）随 X 线性变化，但这个表达式是不完整的：X 和 Y 都是测量变量，不可能找到一个将 X 完美映射到 Y 的线性函数。即使是最好的线性近似，数据点也总会有一个或大或小的偏差。这就是我们在式（7.1）中使用近似符号的原因。这些偏差称为误差，通常用 ε 符号表示：

$$Y_i = \beta_0 + \beta_1 X_i + \varepsilon_i \tag{7.2}$$

因此，更准确地说，假设 Y（记为 $E[Y_i]$ 或更正式的表达式：$E[Y_i | X_i]$）的均值或期望值随 X 线性变化，那么 Y 与 X 之间的关系应表述为：

$$E[Y_i] = \beta_0 + \beta_1 X_i \tag{7.3}$$

如图 7.1 所示，$E[Y_i]$ 是总体中 Y 值的均值。通常，在 X 的每一层都会有一个 $E[Y_i]$。式（7.3）中的 β_0 表示截距或常数，即 $X=0$ 时的 Y 均值。也就是说，截距就是回归线与 y 轴相交的点。顺便说一句，如果 0 的值不包含在 X 的范围内，那么对截距的解释通常没有意义。β_1 是回归系数或斜率，表示 X 每增加一个单位时 Y 均值的变化量。可以说，β_1 代表 X 每增加一个单位时 Y 的变化量。注意，第一个语句使用了 Y 均值，而另一个语句只使用了 Y。然而，两个语句的意思是一样的。从几何上来看，β_1 表示回归线的斜率或梯度，可以通过取斜率上升（↑）与平滑（→）的比率来量化。更具体地说，β_1 是 Y 均值的变化量与 X 变化量的比值。

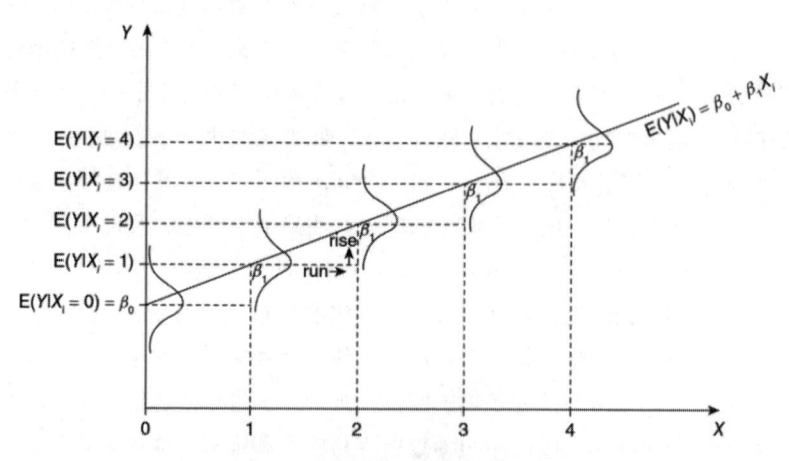

图 7.1 线性回归的几何表示

如上所述，还存在一个误差项（残差，见图 7.1），描述观测到的单个 Y 值在 $E[Y_i]$，或每个 X 值对应的 Y 均值附近的波动（残差，见图 7.1）。这个误差项包含了除 X 和 Y 之间关系以外的所有变化来源，其中包括测量误差、回归模型中没有包括的其他变量的影响，以及人类行为的纯随机性或不一致性。

例如，假设在估计了一个样本回归模型（教育工资）之后，我们预测那些受过 15

年教育的人平均每小时挣40美元。但并不是所有受过15年教育的人都能每小时挣40美元，尽管他们中的大部分人工资与此相当。相反，也会有一些人的收入高于或低于40美元，而这一部分的变化可以被描述为一个函数，例如，关于工作年限的函数。

在数学上，误差代表了观察到的个体Y的Y_i值和$E[Y_i]$之间的差异：

$$\varepsilon_i = Y_i - E[Y_i], \text{ 其中} E[Y_i] = \beta_0 + \beta_1 X_i \tag{7.4}$$

同样地，

$$Y_i = E[Y_i] + \varepsilon_i \tag{7.5}$$

如果我们简单地替换$E[Y_i]$，那么可得：

$$Y_i = \beta_0 + \beta_1 X_i + \varepsilon_i \tag{7.6}$$

检验方程（见式（7.6）），我们观察到回归模型由两部分组成：一个确定性（或系统）项和另一个随机项。确定性的部分是由$\beta_0 + \beta_1 X_i$来预测的，也就是说总体中每个样本X对应的$E[Y_i]$值都相同。随机部分由ε_i反映，描述了X在$E[Y_i]$附近的变化情况。确定性部分和随机部分分别代表了在X的每个水平上观察到的个体Y值分布的均值和方差。

到目前为止，我们都是在已知参数β_0和β_1的情况下建立回归模型的。换句话说，到目前为止，我们的模型都是纯理论的，因为当前所做的就是阐明我们所认为的X和Y之间的关系。下一步是根据实际数据估计这些理论参数。由于很少有机会（或资金）在社会科学研究中研究整个人群，因此我们通常从感兴趣的人群中随机抽取样本。然后使用样本中包含的信息来估计总体回归模型。通常使用的估计方法是普通最小二乘法（Ordinary Least Squares，OLS）。虽然还有其他的估计方法（极大似然估计（Maximum Likelihood，ML）、加权最小二乘法，等等），其中一些估计方法我们将在本书的其他章节中遇到，本节将重点关注OLS，因为它是最有效的、提供了简单线性回归模型的最佳估计。

7.2.1 普通最小二乘法

OLS的估计方法是基于最小二乘原理的。为了估计总体回归模型（见式（7.3）），首先需要用估计值而不是总体参数来表示其对应的样本。为了表示这一区别，我们在估计值$\hat{\beta}_0$和$\hat{\beta}_1$上加了小帽子，以便将它们与总体参数区分开：

$$\hat{Y}_i = \hat{\beta}_0 + \hat{\beta}_1 X_i \tag{7.7}$$

其中，$\hat{Y}_i$是在X水平上由回归线$\hat{\beta}_0 + \hat{\beta}_1 X_i$预测或估计的$Y$均值。我们可以将每

个数据点的残差表示为观测到的个体 Y 值和预测的 Y 均值之间的差值：

$$\hat{\varepsilon}_i = Y_i - \hat{Y}_i, \text{ 其中 } \hat{Y}_i = \hat{\beta}_0 + \hat{\beta}_1 X_i \tag{7.8}$$

正如你可能想到的，我们自然希望预测的 Y 均值（$\hat{Y}_i$）尽可能接近实际的个体 Y 值（Y_i），因为模型和实际数据之间的匹配越紧密，意味着预测越准确。也就是说，我们希望残差（$\hat{\varepsilon}_i$）尽可能地接近于 0（无论是正的还是负的，见图 7.2），因此，我们的目标是使剩余偏差的绝对值之和达到最小：

$$\min \sum \hat{\varepsilon}_i, \text{ 其中 } \hat{\varepsilon}_i = \left| Y_i - \hat{Y}_i \right| \tag{7.9}$$

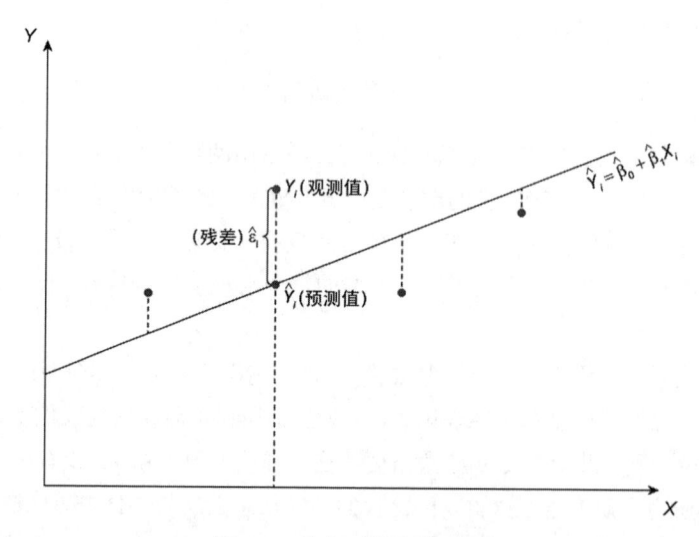

图 7.2　最小二乘法原理图

虽然式（7.9）从概念上来看是有意义的，但当我们试图将残差绝对值之和最小化时，会遇到技术上的问题。特别地，如果以最小化残差平方和来代替式（7.9），那么将降低计算的复杂度并提高计算效率：

$$\text{RSS} = \min \sum \hat{\varepsilon}_i^2, \text{ 其中 } \hat{\varepsilon}_i^2 = \left(Y_i - \hat{Y}_i \right)^2 = \left(Y_i - (\hat{\beta}_0 + \hat{\beta}_1 X_i) \right)^2 \tag{7.10}$$

由式（7.10）可知，残差平方和（Residual Sum of Squares，RSS，有时也称为"误差平方和"）是关于 $\hat{\beta}_0$（截距）和 $\hat{\beta}_1$（斜率）的函数。最小二乘方法的目的就是找到使得 RSS 最小化的截距和斜率的最佳值（因此得名最小二乘法）。与其他直线相比，这两个参数确定了一条最接近所有观察到的个体 Y 值的回归线（因此称为最佳拟合线）。

我们可以用微积分来推导出最佳截距和斜率系数的表达式，这里将跳过这些数学细节，直接在下面给出这个微积分的结果公式，在二元回归的情况下这是相对容易应用的。有兴趣的读者可以在计量经济学书籍中找到推导的细节。RSS 最小化时：

$$\hat{\beta}_1 = \frac{\sum(X_i - \bar{X})(Y_i - \bar{Y})}{\sum(X_i - \bar{X})(X_i - \bar{X})} \tag{7.11}$$

并且

$$\hat{\beta}_0 = \bar{Y} - \hat{\beta}_1 \bar{X} \tag{7.12}$$

其中 $\bar{Y}$ 和 $\bar{X}$ 分别为 Y 和 X 的平均值。式（7.11）也可以用方差之比表示，即 Y 的协方差与 X 的方差为：

$$\hat{\beta}_1 = \frac{\hat{\sigma}_{xy}}{\hat{\sigma}_{xx}} \tag{7.13}$$

在线性回归模型中的误差不相关、方差相等、期望为零的条件下，通过 OLS 得到的回归系数被认为是总体参数的最佳线性无偏估计。无偏性的意思是 OLS 估计的抽样分布的平均值（$\hat{\beta}$）将近似于真实的总体参数（β）值。使 OLS 成为最佳估计量的第二个特性是效率。这意味着 OLS 估计的抽样分布的宽度（方差）比任何其他线性估计的宽度（方差）更窄或更小。

7.2.2 拟合优度

剩余标准差

从技术上讲，你可以为任何两个变量估计一个回归模型，并得到一条最佳拟合线。然而，我们仍然需要检查由 OLS 产生的最佳拟合线是如何总结或描述两个变量之间的关系的。OLS 的目标是最小化 RSS，因此计算和评估 RSS 是第一步（见式（7.10））。RSS 越小，模型拟合越好。由于 RSS 显示了偏离回归线的总体偏差，因此计算其平均值是有意义的（即计算方差），以便能够在不同大小的样本中进行比较：

$$\hat{\sigma}_\varepsilon^2 = \frac{\sum \hat{\varepsilon}_i^2}{n - K} \tag{7.14}$$

其中 n 为样本容量，K 为估计的参数个数。假设，我们有一个平均偏差，但单位是 Y 的平方。因此，将方差转换为更直观的度量（即 Y 的原始度量）是有意义的，可以通过简单地取方差的平方根来完成：

$$\hat{\sigma}_\varepsilon{}^2 = \sqrt{\frac{\sum \hat{\varepsilon}_i^2}{n-K}} \tag{7.15}$$

得到的结果是残差的标准差（也称为均方根误差），它显示了观察到的个体 Y 值（Y_i）与回归线所代表的预测值（$\hat{Y}_i$）之间的平均距离。所以，如果你有一个范围为 180 至 586 的 Y 值，而你估计残差的标准差是 27，那么你可以声称观察到的个体 Y 值距离回归线的平均距离为 27 个单位（单位可以是美元、米等，这取决于 Y 的度量）。然而，由于这个量与原始值的尺度相同，所以一般没有参照值来判断这个距离（27 个单位）是否是一个好模型的标志。除了它越接近于零，模型越好，还有在两个相互竞争的模型中，残差标准差（$\hat{\sigma}_\varepsilon{}^2$）越小的模型拟合越好。

我们可以使用 Y 的算术平均值作为基线模型，与回归模型进行比较。因此，在基线模型中，我们使用算术平均值来预测个体的 Y 值，而在回归模型中，使用最佳拟合线来预测因变量。一般来说，回归线必须比 Y 的算术平均值更接近 Y 的观测值。因此，我们可以简单地将回归模型残差的估计标准差（$\hat{\sigma}_\varepsilon$）与 Y 的标准差（$\hat{\sigma}_y$）进行比较。假设 $\hat{\sigma}_y$ 为 160，$\hat{\sigma}_\varepsilon$ 为 27，结果表明回归线比基线模型（水平线）能更好地拟合数据。在简单线性回归中，由于我们只有一个自变量（X），因此我们也可以说 X 是预测 Y 的有用变量。在比较几个包含相同 Y 的回归模型时，也可以根据 $\hat{\sigma}_\varepsilon$ 的值来判断模型的好坏。此外，我们还可以绘制包含回归线的散点图来作为辅助检验工具。

拟合系数（R^2）

拟合系数（R^2）是一个评价回归线拟合优度的重要指标。在简单线性回归中，使用线来拟合数据，而在多重线性回归中使用平面或曲面来拟合数据。在这两种情况下还有一种特定的拟合优度评价标准，即 R^2，它是被解释平方和（Explained Sum of Squares，ESS）与总平方和（Total Sum of Squares，TSS）的比值：

$$R^2 = \frac{\text{ESS}}{\text{TSS}} = \frac{\sum(\hat{Y}_i - \bar{Y}_i)^2}{\sum(Y_i - \bar{Y}_i)^2} \tag{7.16}$$

ESS 是可以用回归模型解释的变化量，而 TSS 是观测到的 Y 值与其均值之差的平方和。

现在，让我们以一种更直观的方式来解释 R^2 的含义。正如上面所做的那样，我们可以考虑用 Y 的算术平均值来预测因变量值，因为它是最接近所有数据点的值。简单举例，我们只考虑一个特定的观察样本，比方说 22 号被访者。由图 7.3 可以看出，22 号被访者的观测值（Y_{22}）与水平线所代表的 Y 均值模型（$\bar{Y}$）相差甚远。Y_{22} 和 $\bar{Y}$ 之间的距离表示所构建的 Y 均值模型没有捕捉到的变化量，当同时考虑多个数据点时，将全部数据点的这类变化量称之为 TSS。这个距离也可以被称为 Y 均值模型的残差。接下来，为了替换 Y 均值模型，我们使用一个由倾斜线表示的双变量线性回归模型（$\hat{Y}_i$）来预测因变量。如图 7.3 所示，回归模型（$\hat{Y}_{22}$）预测的 Y 值更接近于 Y_{22}。换句话说，与 Y 均值模型相比，回归模型对 Y_{22} 的预测效果更好。我们可以通过测量 $\bar{Y}$ 和 Y_{22} 之间的距离来量化模型提升的效果，并且将这类距离称为 ESS。如果我们想知道回归模型（ESS）已经捕获或解释的变化量相对于总变化量（TSS）来说有多少，那么可以简单地取 ESS 与 TSS 的比值，如式（7.16）所示。顺便说一句，总有一些变化量没有被回归模型捕捉到，这部分变化由 Y_{22} 和 $\hat{Y}_{22}$ 之间的距离来表示，并称之为 RSS。它的计算方法如下：

$$\begin{aligned} \text{RSS} &= \text{TSS} - \text{ESS} \\ \text{TSS} &= \text{ESS} + \text{RSS} \end{aligned} \tag{7.17}$$

如果 $R^2 = 0$，那么在这种情况下回归模型并不比 Y 均值模型好。另一方面，如果 $R^2 = 1$，则表明回归线完全拟合所有的数据点。但是，这两种情况是不常见的，除了在一些特定的情况下（例如，试图根据生日预测某人的年龄）。在社会科学应用中，更普遍的情况是，R^2 通常更接近于 0 而不是 1，尽管原则上希望 R^2 的值越高越好。例如，R^2 值为 0.25 意味着因变量中 25% 的变化可以被回归模型解释。在简单线性回归中，这意味着自变量 X 解释了因变量 Y 中 25% 的变化。顺便提一下，在简单线性回归中，R^2 的平方根等价于 Y 和 X 之间的皮尔逊积矩相关系数（见第 6 章）。

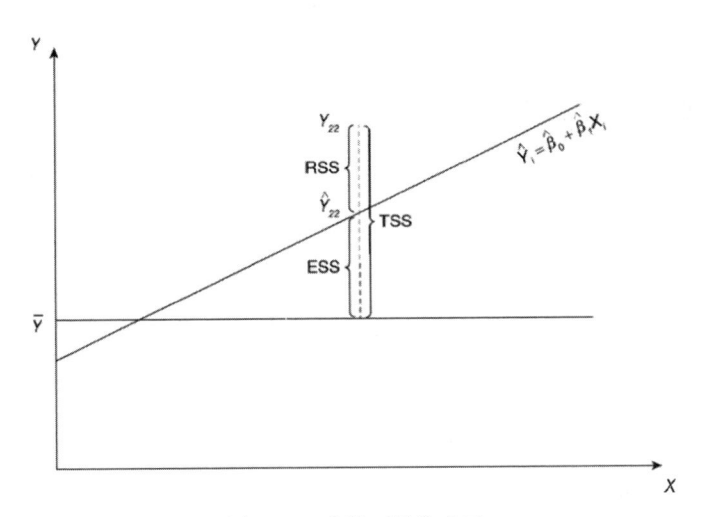

图 7.3　R^2 的可视化表示

然而，对于 R^2 的数值并没有明确的阈值限制。R^2 的评估应该基于实质性的考虑，而不是默认的阈值。因此，不同的科学领域对 R^2 的评估可能会不同，不同的研究问题可能会需要满足不同的值。另一个需要考虑的因素是模型中包含的预测变量的个数。一般来说，在构建模型时，首选具有很少自变量但 R^2 值高的模型。在接下来的章节中，当介绍模型选择的方法时，我们将更多地讨论这一点。一个常识性的方法是将 R^2 的评估与特定研究领域的背景知识联系起来。如果必须在简单线性回归的背景下提供一个经验法则，那么根据以往的经验，我们通常会认为 $R^2 \leq 0.09$ 时，X 对 Y 的影响较小，R^2 在 0.1 和 0.3 之间是中等影响，$R^2 \geq 0.3$ 表明影响性较大。

当需要决定使用哪一种指标来评估一个回归模型的拟合优度时，我们通常建议同时考虑 $\hat{\sigma}_\varepsilon$ 和 R^2（以及散点图），而 $\hat{\sigma}_\varepsilon$ 则被用来比较具有相同因变量的模型的拟合优度。在多元回归的情况下，我们建议使用 R^2 的调整版本，这部分内容将在讨论多元回归分析时详细介绍。$\hat{\sigma}_\varepsilon$ 和 R^2 都是评估回归模型优劣的综合标准，因为它们都衡量了模型的整体表现。评价回归模型的另一种方法是对回归系数的假设检验。在简单线性回归中，由于只有一个自变量，因此通过 F 检验得到 R^2 的显著性值等价于自变量的系数值（即 $\sqrt{F}=t$）。然而，在多元回归中并不是这样。正因为如此，我们将在第 8 章的多元回归中再介绍 F 检验的内容。

7.2.3　回归系数的假设检验

P 值

正如本章开始提到的，回归分析的另一个目标是假设检验。然而，这一目标并不是必须要实现的。如果你只是为了描述性目的而使用回归分析，那么你可以简单地依赖于你的估计，而不必进行任何假设检验。例如，当你只对特定样本中发生的事情感兴趣时，或者当你处理总体数据时，可能会出现这种情况。假设检验是利用从总体中随机抽取的样本对总体做出推断，这个过程被称为推断统计学。在前面的内容中，我们设置了回归函数（$E[Y_i] = \beta_0 + \beta_1 X_i$），据此假设总体中自变量和因变量（即用 X 预测 Y）之间存在线性关系。由于我们没有总体数据，所以通过对来自总体的随机样本的 OLS 估计来检验这一假设（$\hat{Y}_i = \hat{\beta}_0 + \hat{\beta}_1 X_i$）。

一个样本意味着只会得到一个 $\hat{\beta}_1$（在这个问题中，也只有一个 $\hat{\beta}_0$，但是我们不会进一步分析截距的含义，因为这没有什么价值）。因此，我们不能立即判断估计的参数 $\hat{\beta}_1$ 与真实的总体参数 β_1 有多接近。为了判断总体参数和估计参数之间的期望偏差，我们可以计算在总体参数为 0 的假设下（原假设，$H_0: \beta_1 = 0$），估计参数 $\hat{\beta}_1$ 的抽样分布。在一定的假设条件下，由中心极限定理可以推导出 $\hat{\beta}_1$ 服从标准差为 $\sigma_{\hat{\beta}_1}$（也称为标准误差）的正态分布。需要满足的假设有同方差、统计独立性和误差服从正态分布。我们将在 8.1.7 节详细地介绍这些假设。

此外，我们可以将任何服从正态分布的随机变量（在本例中是 $\hat{\beta}_1$）通过减去其均值并除以其标准差，转换为 z 分位数，并使用标准正态分布来得到相应的概率值。然而，我们遇到的一个问题是，不知道式（7.18）中的分母 $\sigma_{\hat{\beta}_1}$。由于我们有回归系数标准误差的样本估计，因此可以用它的估计值 $\hat{\sigma}_{\hat{\beta}_1}$ 代替 $\sigma_{\hat{\beta}_1}$。这样做可以将概率分布从标准正态分布变为自由度为 $n-K$ 的 t 分布：

$$z = \frac{\hat{\beta}_1 - \beta_1}{\sigma_{\hat{\beta}_1}} \tag{7.18}$$

$$t = \frac{\hat{\beta}_1 - \beta_1}{\hat{\sigma}_{\hat{\beta}_1}} \tag{7.19}$$

此外，我们还可以证明：

$$\hat{\sigma}_{\hat{\beta}_1} = \frac{\hat{\sigma}_\varepsilon}{\sqrt{\sum(X_i - \bar{X})^2}} \tag{7.20}$$

现在我们准备检验观察到的 t 值是否来自满足 H_0 的总体，也就是说，当 $\beta_1 = 0$ 时，观察到 t 值（或更极端的值）的可能性有多大。首先，我们需要建立零假设（H_0）和备择假设（H_1），表述如下：

$$H_0: \beta_1 = 0, \quad H_1: \beta_1 \neq 0$$

H_0 假设总体参数为零，这意味着 Y 均值（$E[Y_i]$）不会因 X 的变化而变化（即 X 对 Y 没有影响）。而 H_1 则假设总体参数不为零，这表明 Y 均值（$E[Y_i]$）确实会随着 X 的变化而变化（即 X 确实会影响 Y）。

一旦我们计算出由原假设假设的样本估计值（$\hat{\beta}_1$ 和 $\hat{\sigma}_{\hat{\beta}_1}$）和总体参数（0），我们就可以将这些值代入式（7.21）：

$$t = \frac{\hat{\beta}_1 - 0}{\hat{\sigma}_{\hat{\beta}_1}} = \frac{\hat{\beta}_1}{\hat{\sigma}_{\hat{\beta}_1}} \tag{7.21}$$

结合 t 分位数表，我们可以找到实际观察到的 t 值（或更极端值）的概率，前提是总体参数是 $\beta_1 = 0$。这个概率被称为 P 值（也称为显著值）。我们可以根据表达式 2*pt(-abs(t),df=n-1)，然后使用 R 来计算 P 值，而不需要参照 t 分位数表。然而，当在 R 中进行线性回归分析时，P 值也会自动计算。我们也可以将 P 值定义为犯第 I 类错误的概率（即当 H_0 实际上为真时，却被拒绝）。

然后，我们选择一个任意的阈值，它表示我们在研究中发现的犯第 I 类错误可接受的最大概率。这个概率值（称为 α）通常设置为 0.05，尽管在不同的场景中首选其他较小的值。如果与我们的 t 统计量相关联的 P 值（如 0.042）小于预定义的 α 值（0.05），那么我们就拒绝原假设（X 对 Y 没有影响），这为备择假设提供了证据（X 确实对 Y 有影响）。顺便说一句，在社会科学应用中，α 值为 0.01、0.001 甚至 0.1 的情况并不少见。

到目前为止，我们的讨论都是以双边检验为基础的。也就是说，我们没有预先说明期望回归系数是正的还是负的。这是因为 R 和其他统计程序在其标准输出中提供基于双边检验的 P 值。然而，在出版物中也经常出现单边检验。单边检验是在你指定假设的方向时使用的。所以，如果你有一个强有力的证据表明 X 对 Y 有正向影响，那么你就可以先验地表述备择假设和对应的原假设：

$$H_0: \beta_1 \leqslant 0, \quad H_1: \beta_1 > 0$$

或者如果你的证据表明 X 对 Y 有负面影响，那么你会再次先验地将所需的假设正式表述为：

$$H_0: \beta_1 \geqslant 0, \quad H_1: \beta_1 < 0$$

在这两种情况下，要检验回归系数的显著性，只需将双边检验的 P 值除以 2（在 R 输出中默认提供）。如果你估计的回归系数的符号与预期方向相同，并且相关的 P 值小于 0.05，那么可以拒绝原假设。如果你的估计回归系数的符号与预期方向不同，那么无论 P 值是多少，你都不能拒绝原假设。

置信区间

另一种信息更丰富的检验回归系数的方法是置信区间法（Confidence Interval，CI）。在这里，我们试图量化点估计周围的一个区间（估计回归系数 $\hat{\beta}_1$），它将告诉我们关于该估计的不确定性因素（详见"注意！"中的内容）。第一步是选择 CI 的宽度（如 95%）。这个区间可以围绕估计系数使用：

$$\text{下界} \hat{\beta}_1 - t_{n-K}(\hat{\sigma}_{\hat{\beta}_1}), \quad \text{上界} \hat{\beta}_1 + t_{n-K}(\hat{\sigma}_{\hat{\beta}_1}) \tag{7.22}$$

其中 $\hat{\beta}_1$ 是点估计，$\hat{\sigma}_{\hat{\beta}_1}$ 表示标准误差，t_{n-K} 由理论 t 分布得到。当 n 变大（大于 100）时，t 分布近似于标准正态分布，因此 t_{n-K} 将近似等于 z 值，z 值（α 为 0.05）为 1.96。如果 n 很小，那么有必要在 t 分位数分布表中找到 t_{n-K}（或使用软件），就像我们在下面的例子中做的那样，因此我们在公式中使用 1.986 而不是 1.96。

> **注意！**
> CI 有时被通俗地定义为有 95% 的概率包含总体参数的区间。然而，这个定义是错误的。CI 的实际定义如下：如果我们从抽取实际数据的同一总体中获取大量样本，那么有 95% 的置信区间（每个假设样本对应一个）将包含实际总体值。另一个

可能更有用的定义是，CI 指定了显著性检验不显著的参数值的范围。

假设在 95 个随机样本上进行回归分析（Y 对 X 进行回归），得到回归系数为 31644（标准误差为 2685）。回归系数的 95% 置信区间的下界为：

$$31644 - t_{95-2}(2685) = 31644 - 1.986 \times 2685 = 26312$$

上界为：

$$31644 + t_{95-2}(2685) = 31644 + 1.986 \times 2685 = 36976$$

既然我们已经计算了边界，第二步是将这个结果与原假设的结论进行对比。由于原假设假设 X 对 Y 没有影响（$\beta_1 = 0$），因此我们应该检查值 0 是否包含在 CI 中。如我们所见，区间[26312,36976]不包含 0，这意味着估计回归系数不太可能来自满足原假设的总体。因此，我们将拒绝假设没有影响的原假设。

7.2.4 线性回归预测

如前所述，回归分析的第二个目标是预测。预测是对预测变量的所有可能值估计结果变量（或变量的预期区间）。如前文所述，用来预测 Y 均值的表达式是 $\hat{\beta}_0 + \hat{\beta}_1 X_i$（见式(7.7)）。现在要做的就是代入 $\hat{\beta}_0$ 和 $\hat{\beta}_1$ 的估计值，并选择我们想要预测的 Y 均值（$\hat{Y}_i$）的 X 水平。假设我们有一个基于 82 个随机样本的估计方程：

$$\hat{\beta}_0 + \hat{\beta}_1 X_i = 2674274 + 151855 X_i$$

让我们假设 X 的取值范围是 1 到 6。则：

当 $X = 1$，$\text{mean} - Y = 2674274 + 151855 \times 1 = 2826129$；
当 $X = 2$，$\text{mean} - Y = 2674274 + 151855 \times 2 = 2977984$；
当 $X = 3$，$\text{mean} - Y = 2674274 + 151855 \times 3 = 3129839$；
当 $X = 4$，$\text{mean} - Y = 2674274 + 151855 \times 4 = 3281694$；
当 $X = 5$，$\text{mean} - Y = 2674274 + 151855 \times 5 = 3433549$；
当 $X = 6$，$\text{mean} - Y = 2674274 + 151855 \times 6 = 3585404$。

正如对回归系数所做的那样，我们也可以使用以下公式围绕预测的 Y 均值构建置信区间：

$$下界 \hat{Y}_1 - t_{n-K}(\hat{\sigma}_{\hat{\beta}_1}), \quad 上界 \hat{Y}_1 + t_{n-K}(\hat{\sigma}_{\hat{\beta}_1}) \tag{7.23}$$

$$\hat{\sigma}_{\hat{Y}_i} = \hat{\sigma}_\varepsilon \sqrt{\frac{1}{n} + \frac{(X_p - \bar{X})^2}{\sum (X_i - \bar{X})^2}} \tag{7.24}$$

7.3 R语言实例

在本节中，我们将使用一个叫作 flats 的真实数据集，它包含在本书附带的 astatur 包中。该数据集包含了挪威中型城市特隆赫姆 2013 年上半年挂牌出售的 95 套公寓的信息。数据集包括公寓的价格、公寓面积、位置、建造年份和能源效率等信息。价格最初被设定为挪威克朗，但在以下分析中被转换为美元。在本例中提出了一个简单的线性回归，现在让我们使用数据集中的公寓价格 price 作为因变量（Y），而公寓面积作为自变量（X）。我们进一步假设，通常而言，总体中的公寓价格将随着公寓面积的变化（增加）而变化（增加），我们可以用总体回归函数来表示这种关系：

$$E[\text{flat\_price}_i] = \beta_0 + \beta_1 \text{floor\_size}_i$$

接下来，我们将对样本数据使用 OLS，并使用 R 来估计这个函数的参数：

$$\widehat{\text{flat\_price}}_i = \hat{\beta}_0 + \hat{\beta}_1 \text{floor\_size}_i$$

R 有一个称为 lm() 的内置函数，用于估计线性回归模型。lm() 函数可以接受多个参数，其中两个参数对于任何回归模型都是必需的，即 formula（公式）和 data（数据）。在公式中，我们指定因变量和自变量之间的建模关系，首先输入因变量的名称，然后输入波浪线符号~，最后输入自变量的名称。如果有多个自变量，则在变量名之间插入一个加号（+）（见第 8 章）。在公式后面，插入一个逗号（,）表示将指定更多的参数，并在 data 参数中插入数据集的名称。lm() 函数的默认参数顺序是 formula 在 data 之前。只要在建立模型时保持这个顺序，我们就不必显式地写参数的名称（如 formula= 或 data=）。相反，我们可以在 lm() 函数中直接编写输入，用于输入这些参数。以下是我们在估算示例模型时所做的，在该模型中，我们根据 floor_size 回归了 flat_price。此外，我们将估计的模型放入一个名为 model1 的对象中，随后我们可以对该对象应用不同的函数，以获得更多关于估计模型的信息：

```
library(astatur)
model1 <- lm(flat_price ~ floor_size, flats)
```

应用于模型对象的第一个函数是 summary()，它为我们提供了回归分析的标准输出，如下所示：

```
summary(model1)
##
## Call:
## lm(formula = flat_price ~ floor_size, data = flats)
##
## Residuals:
```

```
##     Min      1Q  Median      3Q     Max
## -234582  -70624   -8154   42566 1014989
## 
## Coefficients:
##              Estimate Std. Error t value Pr(>|t|)
## (Intercept) 121356.1    37547.9   3.232   0.0017 **
## floor_size    5273.8      447.5  11.785   <2e-16 ***
## --
## Signif. codes:
## 0 '***' 0.001 '**' 0.01 '*' 0.05 '.' 0.1 ' ' 1
## 
## Residual standard error: 141600 on 93 degrees of freedom
## Multiple R-squared: 0.5989,Adjusted R-squared: 0.5946
## F-statistic: 138.9 on 1 and 93 DF,  p-value: < 2.2e-16
```

这个函数为我们提供了一个全面的、格式良好的输出。在学习完上一节的理论知识之后，我们可以立即开始检查和解释上面显示的回归输出结果。首先，我们评估回归模型的拟合优度。正如你所记得的，有两个方法来帮助我们完成这项任务，即残差的标准差（在 R 中称为残差标准误差）和 R^2。从残差标准误差开始，我们看到它是 141600，这意味着观察到的公寓价格离回归线的平均距离为 14.16 万美元。当我们比较回归模型残差的标准差（$\hat{\sigma}_\varepsilon = 141600$）与基线（平均）模型的标准偏差（$\hat{\sigma}_Y = 222450$）时，可以看到 $\hat{\sigma}_\varepsilon$ 显然远远小于 $\hat{\sigma}_Y$，这项发现表明我们的回归模型对预测房价有相当大的贡献。我们可以通过检查散点图来进一步支持这一发现，使用下面的 ggplot() 函数来获得散点图（使用在第 5 章中介绍过的方法），其结果如图 7.4 所示：

```
library(ggplot2)
ggplot(flats, aes(x=floor_size, y=flat_price)) +
  geom_point(size=3) +
  geom_smooth(method=lm, se=FALSE) +
  geom_hline(yintercept=mean(flats$flat_price), color="red") +
  theme_bw()+labs(x="floor size (sqm)", y="flat price (USD)")
```

图 7.4 显示，观察到的公寓价格确实在回归线周围分布得相对分散。我们还可以看看模型的 R^2 值，接近 0.6，这表明模型（只包含 floor_size 变量）解释了 60%的房价变化。同样，虽然我们没有任何明确的临界值，但 60%是相对较高的，这表明回归模型与数据非常吻合，因此被认为在预测房价方面是有用的。然而，在现实生活中，许多因变量和自变量之间可能并没有如此明显的关系，因此这样高的 R^2 值在社会科学研究中并不常见。通常，在许多社会科学学科中，R^2 值为 0.20 到 0.30 就足以令人满意了。

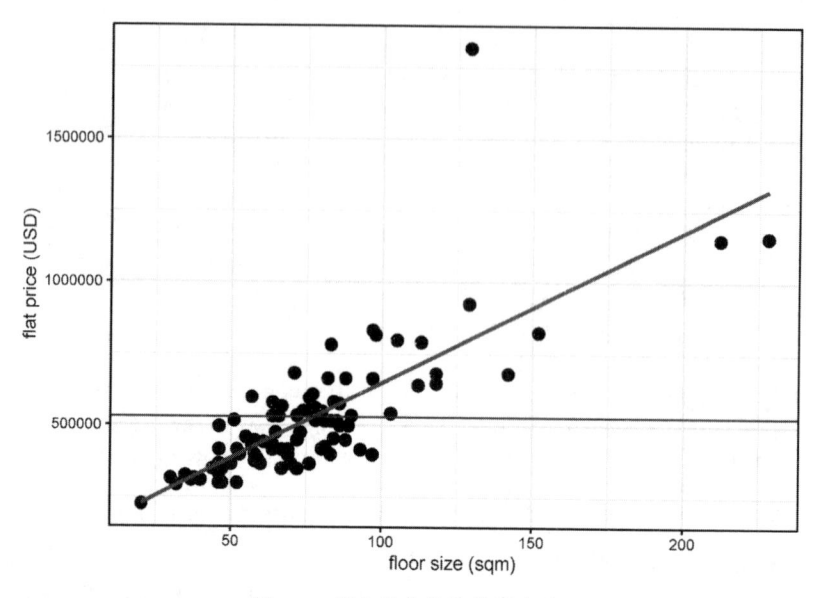

图 7.4 拟合公寓价格的回归线

在评估了模型的拟合优度之后，接下来可以应用被称为"3S"的标准来检验估计的回归模型中其他组成部分的显著性。3S 代表 Sign（符号）、Size（大小），以及 Significance（显著性）。这些标准都是针对回归系数而言的。就 floor_size 变量回归系数的符号而言，它是正的。从回归系数的大小来看，大概是 5274 美元。最后，我们还观察到回归系数的 P 值为 2.2e-16。这个值是用科学计数法表示的（具体介绍见"注意！"），表示一个极小的数。如果我们把这三个因素放在一起，就可以解释为，房屋面积对房价在统计学上有显著的正向影响。另外，我们还可以这样解释，房屋面积每增加一平方米，均价（或平均均价）增加约 5274 美元。另外，虽然对 R^2 和 $\hat{\sigma}_\varepsilon$ 的评估已经证实了所构建的回归模型拟合效果良好，但是通过判断回归系数的大小，我们也可以看出这种情况。此外，由于很难想象一个房屋面积大小为 0 的公寓，因此在这种情况下解释截距（常数 121356）没有任何意义。

> **注意！**
>
> 有时，统计分析中会得到非常大或非常小的实数，在屏幕上以十进制（通常的表示方式）显示它们很不方便，因为这些数字会占用很多空间。对于这种情况，R 使用科学计数法，它提供了对非常大和非常小数字的紧凑和可读的表示方法。这种表示法使用一个缩写的浮点数（尾数）和一个整数的组合，表示尾数应该乘以 10 的幂（指数）。例如，以 0.00325 这个数字为例。我们可以把这个数写成 3.25×10⁻³。在 R 中，这个数字可以表示为 3.25e-3，其中字母 e（指数）分开尾数和指数。要习

惯这种记数法，因为它在 R 中无处不在。要将数字从十进制记数法转换为科学记数法，可以使用表达式 format(0.0032,scientific=TRUE)。如果想将其从科学记数法转换为十进制记数法，那么可以使用表达式 format(3.25e-3,scientific=FALSE)。

正如你可能已经注意到的，由 summary() 函数产生的标准回归输出不包括回归系数的置信区间。为了获得 CI，我们将一个名为 confint() 的新函数应用到模型对象，即 model1，如下所示：

```
confint(model1)
##                   2.5%       97.5%
## (Intercept) 46793.350  195918.761
## floor_size   4385.169    6162.453
```

在这个特定的示例模型中，我们只对自变量 floor_size 的 CI 感兴趣。根据输出结果，我们可以直观地说，公寓的楼面面积每增加一平方米，价格平均上涨 4385~6162 美元。此外，我们还观察到，这个 CI 不包括 0 的值，这一发现证实了回归系数与 0 显著不同，即房屋面积对房屋价格有影响。这一发现与 P 值方法得到的结果是一致的。另外，我们也可以通过在 confint() 函数中指定名为 levels= 的附加参数来计算不同置信水平的 CI（如 90% 或 99%）。

我们可以扩展回归分析的解释，并提出了预测不同的公寓面积下对应的平均公寓价格。在本章的前面，我们展示了如何手工完成这个操作。然而，这里我们将使用一个非常有用的函数来获得预测值，这个函数叫作 predict()，在本书的余下章节中我们将多次使用它。在使用 predict() 之前，我们将像往常一样确定自变量的值，并在这个值上预测平均房价。下面，我们创建一个包含这些值的数据框，并将其赋值给一个名为 values 的对象，然后将该对象作为参数放在 predict() 函数的模型对象 model1 之后，并要求输出 CI 以获得结果预测的平均价格：

```
values <- data.frame(floor_size=seq(60, 220, by=20))
predict(model1, values, interval="confidence")
##         fit       lwr        upr
## 1  437784.7  405060.7   470508.7
## 2  543260.9  514310.7   572211.1
## 3  648737.1  613564.5   683909.7
## 4  754213.3  706591.3   801835.4
## 5  859689.5  796997.0   922382.1
## 6  965165.8  886269.7  1044061.9
## 7 1070642.0  974983.3  1166300.7
## 8 1176118.2 1063387.0  1288849.4
## 9 1281594.4 1151602.8  1411586.0
```

由于 floor_size 是一个从 20 到 228 的连续变量，因此只计算每个水平的预测值是不明智的。假设出于某种原因（理论上的或实际上的），我们对 60 至 220 平方米的公寓感兴趣，并以每增加 20 个单位（60、80、100 等）来划分自变量的水平。我们使用上述代码计算了 R 中这些公寓面积对应的房价预测值。可以看到那个面积为 60 平方米大小的公寓预计将以约 437785 美元的平均价格出售（95%可信区间[405061,470509]）。

到目前为止，我们只讨论了单一预测变量的简单线性回归分析。虽然这很好地满足了我们以一种可理解的方式介绍回归中复杂概念的目的，但它在社会科学中并不经常使用，因为社会科学通常依赖和使用非实验数据。这意味着需要对多元回归分析进行详细处理，我们将在下一章对此进行讨论。

7.4 本章小结

回归分析是一种易于使用和灵活的统计方法，可以（通过各种扩展）解决社会科学和其他领域的复杂研究问题。在更深层次上理解回归为理解高级方法和一般统计模型提供了良好的基础。换句话说，回归分析不仅应该被视为一种统计方法，而且应该被视为一种思维方式。这就是为什么我们在本章花大量篇幅对简单回归中的许多概念做详细解释的原因。在本章中，我们还在 R 中介绍了基本的回归相关函数。除此之外，R 提供了更多的特性，可以通过键入 help(lm) 来进行探索，其中的许多特性我们将在接下来的章节中详细讨论。

【核心概念】

ESS：回归平方和。
期望：表示分布的平均值。
多元回归：用一个以上自变量预测一个因变量。
OLS：普通最小二乘法。
总体回归函数：指定变量在总体中的关联方式。
R^2：被解释变异的比例（决定系数）。
回归系数：Y 均值的变化量与 X 的变化量之比。
RSS：残差平方和。
样本回归函数：总体回归函数的估计版本。
简单回归：用一个自变量预测一个因变量。
TSS：总平方和。

【提问】

1. 什么是回归分析?
2. 通过一个例子解释 OLS 是如何工作的。
3. 如何评估一个简单回归模型的拟合优度?
4. 估计一个回归模型并解释输出结果。

【本章使用的函数示例】

base

```
model1 <- lm(flat_price ~ floor_size, flats)
```
- 估计和保存一个简单的回归模型。

```
summary(model1)
```
- 提供模型的估计结果。

```
ggplot(flat, aes(x=floor_size, y=flat_price)) +
  geom_point()
```
- 绘制散点图。

```
confint(model1)
```
- 提供了回归系数周围的置信区间。

```
values <- data.frame(floor_size=seq(60, 220, by=20))
predict(model1, values, interval="confidence")
```
- 预测不同 X 值对应的 Y 均值。

第 8 章

多元线性回归

在本章中，将会使用以下 R 包：
- lm.beta：生成标准化的回归系数。
- multcomp：检验线性模型的假设。
- car：检验回归系数的显著性。
- relaimp：计算半偏相关性。
- stargazer：将模型结果存储到表格中。
- astatur：这个包里的 vimp() 函数用于比较标准化回归系数的相对重要性。

必须先安装和加载上面提到的包才能运行本章提供的代码。可以使用下列命令来进行 R 包的安装：

```
packages <- c("lm.beta", "multcomp", "car",
              "relaimp", "stargazer", "devtools")
install.packages(packages)
devtools::install_github("ihrke/astatur")
```

【学习成果】

- 理解多元线性回归的原理。
- 将一元线性回归的概念扩展到多元线性回归。
- 学会评估多元线性回归模型的优劣。
- 掌握多元线性回归分析方法。
- 构造多元线性回归模型，并使用 R 估计回归系数。

在第 7 章一元线性回归的基础上，通过解释多元回归的原理来扩展线性回归分析。这里建议你在阅读本章节之前先阅读第 7 章。本章介绍了多元回归分析在社会科学中流行的主要原因，以及如何建立、估计和评估一个多元回归模型。此外，本章将重点介绍多元回归中出现的新概念，如调整的 R^2、偏回归系数和回归系数的相对重要性。介绍完这些概念之后，再说明如何使用 R 来估计多元回归模型，并对 R 的输出结果做出解释。

8.1 多元线性回归分析

多元线性回归是一元线性回归的扩展。一元线性回归用于检验一个因变量和一个自变量之间的关系，而多元线性回归则用于检验一个连续因变量和两个及以上连续或分类自变量之间的关系。在模型中引入多个自变量的原因之一是：人类行为是一种复杂的行为，受各种因素的影响，考虑这些因素有助于更全面地了解研究中出现的现象。第二个也是最主要的原因：能够通过考虑或控制其他相关因素（如经验、教育水平）来估计一个因素（如性别）对一个现象（如年薪）的影响。

我们在第 7 章介绍的一元线性回归概念可以直接扩展到多元线性回归上（只需要做一些轻微的调整）。与第 7 章的方法相呼应，首先构建一个基于理论的概念模型，数学表达式如下：

$$Y_i = \beta_0 + \beta_1 X_{1i} + \beta_2 X_{2i} + \cdots + \beta_K X_{Ki} + \varepsilon_i \tag{8.1}$$

其中，k 指示了当前所选的自变量。K 为模型中自变量的总数。在一元线性回归中，误差项 ε 包含了数据中无法用模型拟合的信息，因此表达式与下式相同：

$$E[Y_i] = \beta_0 + \beta_1 X_{1i} + \beta_2 X_{2i} + \cdots + \beta_K X_{Ki} \tag{8.2}$$

式中的 β_0 表示当所有自变量的值都为 0（$X_1, X_2, \cdots, X_K = 0$）时的 Y 均值（$E(Y)$），β_1 为回归系数，表示当其他自变量的值不变时，X_1 每增加一个单位，Y 均值的变化量。模型中其他系数的含义也是如此。

与前面类似，包含对因变量的其他影响的误差项 ε 定义如下：

$$\varepsilon = Y_i - E[Y_i]，式中 E[Y_i] = \beta_0 + \beta_1 X_{1i} + \beta_2 X_{2i} + \cdots + \beta_K X_{Ki} \tag{8.3}$$

8.1.1 参数估计

第 7 章一元线性回归中介绍的普通最小二乘法可以用于估计多元回归模型。由于在多元回归模型中，对两个以上自变量的效应进行可视化比较麻烦，所以这里重点介绍不超过两个自变量的例子（尽管扩展到两个以上的变量很简单）。该模型的样本回归函数如下所示：

$$\hat{Y}_i = \hat{\beta}_0 + \hat{\beta}_1 X_{1i} + \hat{\beta}_2 X_{2i} \tag{8.4}$$

与第 7 章介绍的一样，用普通最小二乘方法选取截距 $\hat{\beta}_0$ 和回归系数 $\hat{\beta}_1$ 和 $\hat{\beta}_2$ 的最佳值，使模型的 RSS 或回归平面最小，即平均上最接近所有观测样本的 Y 值（见图 8.1）：

$$\min \sum \hat{\varepsilon}_i, \text{ 其中} \hat{\varepsilon}_i^2 = (Y_i - \hat{Y}_i)^2 \tag{8.5}$$

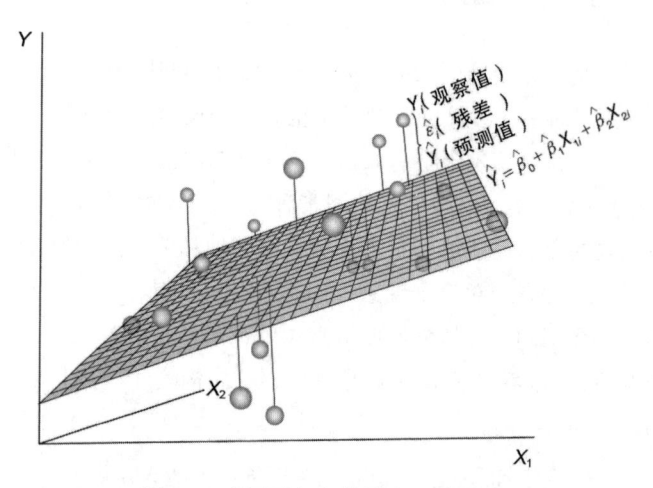

图 8.1　多元回归中的最小二乘原理

在一元线性回归中，提供了两个公式来计算回归系数，使得模型的 RSS 最小。但在这里，不能直接将这些公式应用于多元回归。然而，在这两种情况下，推导回归系数的思路是相同的，除了一点：随着自变量个数的增加，手动计算回归系数在计算上更加困难，而统计软件通过矩阵运算可以很容易解决这个问题。本节将跳过对数学运算的讲解，转而介绍软件的使用，重点解释并分析软件的输出结果。

8.1.2　拟合优度和 F 检验

多元回归模型的拟合优度可以用残差标准差（$\hat{\sigma}_\varepsilon$）和决定系数（R^2）来度量。第 7 章中对于这两个度量的解释可以直接用于多元回归。简而言之，$\hat{\sigma}_\varepsilon$ 越低或 R^2 越高，模型的拟合效果就越好。

在多元回归中，进行与模型 R^2 相关的 F 检验是很有必要的。F 检验将验证被解释的变化量（反映在决定系数 R^2 中）是否与 0 存在统计学上的显著差异。更准确地说，F 检验是检验模型中所有自变量的回归系数是否等于 0。本文把 F 检验应用于一个三变量模型来检验零假设，设定的零假设是构建的回归模型的拟合优度不比因变量的总均值（即没有自变量的回归模型）要好，根据检验结果得到的结论是回归模型拟合效果更好。

我们检验的 F 统计量是使用下列公式之一得到的。请注意，虽然公式中不明显，F 检验实际上是用没有自变量的模型（Y 的算术平均）来检验完全模型的。因此，F 检验可以验证与没有自变量的模型相比，完全模型是否在统计上取得了显著的预测改进。你可以很容易地扩展这个想法，也可以测试回归模型中自变量子集的联合显著性：

$$F_{df_1, df_2} = \frac{R^2/(K-1)}{(1-R^2)/(n-K)} \text{ 或者 } \frac{\text{模型的均方差}}{\text{残差的均方差}} \tag{8.6}$$

其中 K 是自变量的数量，n 是样本容量，$df_1 = K-1$ 和 $df_2 = n-K$。这个公式表示了一个方差与另一个方差的比值。在原假设成立的前提下（即两个方差是相同的），这个比值服从自由度为 df_1 和 df_2 的 F 分布。然后，根据 F 分布来找到与 F 统计量对应的 P 值[①]。如果与 F 统计量对应的 P 值小于所选的 α 值（通常设置为0.05），那么将拒绝原假设，即全部的自变量对因变量都没有影响。为了准确地找到有影响的因变量，需要对模型估计系数进行单个的 t 检验。如果 P 值高于所选的 α 水平，就不能拒绝原假设。

8.1.3 调整的 R^2

调整的 R^2（记为 R_a^2）是普通 R^2 的修正版本。当回归模型中自变量的个数增加时，无论添加的自变量是否对因变量有影响，普通 R^2 总是增加的，永远不会减少。产生这种现象的原因是，每一个新增加的自变量，即使它没有任何的预测能力，由于随机性也会与因变量之间产生一些协方差。在优化参数时，利用这种随机协方差，可以得到更好的拟合效果。由此产生数值偏大的 R^2 可能会造成对回归模型解释能力的错误判断。调整后的 R^2 通过对自变量的数目施加惩罚来降低这种影响，如下面的方程式所示：

$$R_a^2 = R^2 - \frac{K-1}{n-K}(1-R^2) \tag{8.7}$$

换句话说，如果增加的自变量对回归模型的解释能力没有显著贡献，那么 R_a^2 的值会降低。这就是 R_a^2 经常被用来判断多元回归模型拟合优度的原因。然而，在基于

[①] 虽然 R 在输出中默认给出了 P 值，但你也可以使用以下命令计算任何 F 统计量的 P 值：pf(F-value,df1,df2,lower.tail=FALSE)。

良好的理论基础建立的多元回归模型中，R_a^2 和 R^2 之间的差异通常可以忽略不计。此外，R_a^2 只解决了 R^2 的一个问题，它不能解决回归模型所有可能存在的问题（例如，模型是否设定错误）。

8.1.4 偏斜系数

前面提到过多元回归分析流行的主要原因是它是一种允许统计控制或调整的方法。这里所说的"统计控制"到底是什么意思？

从严格意义上讲，只有严格控制的实验研究才能保证可比性。例如，如果研究目的是确定一个训练计划对演讲表现的影响，那么在一个实验中，演讲发生的环境条件（室温、听众等）和参与者的所有特征（性别、年龄等）在实验组和对照组中是保持不变的。这两组人是可以比较的。在这种情况下，可以使用一元线性回归来比较两组人的语言表现。两组之间的显著差异可以直接归因于自变量（即训练计划），而不是其他因素，因为其他因素一直保持不变。在这种情况下，实验是在排除了所有其他因素的影响后，真正确定了训练计划对语言表现的影响。

然而，如果要用调查来解决同样的研究问题（如非实验研究设计），那么可以通过收集有关条件的信息来解释两组之间的差异（室温、听众等）。假设在所有的被调查者中，演讲发生的时间及演讲者的特征（性别、年龄等）可能会影响演讲的效果。这时可以使用多元回归分析，通过在回归模型中包括所有额外的信息（通常称为控制变量或协变量）来比较这两组因素带来的影响。值得注意的是，多元回归分析不能代替实验设计。原因是，第一，尽管收集了许多额外信息，但总会有一些测量误差。第二，实际上我们无法收集所有可能的影响因素信息，在实验设计中，这将随机进行补偿。第三，仍然需要理论和常识来为多元回归分析发现的关系建立因果关系。但是，仍然可以认为这是一种统计控制或调整的方法。在这种情况下，两组之间产生的显著差异只能通过对指导方案使用理论分析或逻辑推理来解释。所要做的是，在排除了所有其他可能因素的影响后，再次确定指导方案对演讲效果的影响。

上述例子的含义是，将某一变量（如 X_2）的值设置为常量，这样能判断另一自变量（如 X_1）对因变量（Y）的影响。从数学上讲，这相当于预测方程中 X_1 任意取值时（比如 14 和 15），X_2 与预测值 Y 的均值之差是完全相同的。请注意，在计算预测值 Y 的平均值时，需要保持 X_2 的值不变。通常需要保持控制变量的均值不变。在这个例子中，前两个方程中插入了 X_2 的均值，在下面的两个方程中选择了 X_2 的另一个随机值。注意，预测值 Y 的均值之差是方程的斜率。

$$\hat{Y}_i = \hat{\beta}_0 + \hat{\beta}_1 X_{1i} + \hat{\beta}_2 X_{2i}$$

$$\hat{Y}_i = -90.3 + 16.8 \times 14 + 2.23 \times 37.15 = 228$$

$$\hat{Y}_i = -90.3 + 16.8 \times 15 + 2.23 \times 37.15 = 245$$

差值 = 17

$$\hat{Y}_i = -90.3 + 16.8 \times 14 + 2.23 \times 44 = 243$$

$$\hat{Y}_i = -90.3 + 16.8 \times 15 + 2.23 \times 44 = 260$$

差值 = 17

这些方程效果很好，因为对 X_1 和 X_2 回归系数的估计已经消除了 X_1 和 X_2 彼此对 Y 的影响。为了去除 X_2 对 Y 的影响，我们用 X_2 对 Y 进行回归，得到 $Y-\hat{Y}$ 的残差。为了去除 X_2 对 X_1 的影响，我们将用 X_2 对 X_1 进行回归，通过计算 $X_1 - \hat{X}_1$ 得到残差。最后，在 $X_1 - \hat{X}_1$ 上对 $Y-\hat{Y}$ 进行回归，得到 X_1 上的回归系数称为"偏斜系数"。接下来可以使用完全相同的方法来估计 X_2 的偏斜系数。然而，正如前面提到的，回归系数的计算是可以使用统计软件来完成的。

现在得到的回归系数是偏斜的、控制的或被调整的，需要加以解释。通常来说，$\hat{\beta}_1$ 表示当 X_2 不变时，X_1 每增加一个单位，预测值 Y 的均值的变化量。同理，$\hat{\beta}_2$ 表示当 X_1 不变时，X_2 每增加一个单位，预测值 Y 的均值的变化量。这些使用多元回归分析得到的回归系数，由于统计控制，与一元线性回归的对应系数相比，具有更小的偏差。

对于偏斜系数的显著性检验，本文将遵循与简单线性回归相同的流程和方法（见式（7.19）、式（7.22）），对部分回归系数构造置信区间。对比这两种情况，正如方程表示的那样，唯一不同的是，在多元回归中由于存在不止一个自变量而使自由度减少。

8.1.5 使用多元线性回归进行预测

与一元线性回归一样，使用多元回归分析的主要目的之一是预测因变量的未来值。在简单回归中，我们试图获得一个自变量（X_1）给定时 Y 均值的预测值，而在多元回归中，我们希望根据自变量组合（如 X_1、X_2 等）来预测 X_2 均值。例如，在一个三变量多元回归中，我们需要做的是代入 $\hat{\beta}_0$、$\hat{\beta}_1$ 和 $\hat{\beta}_2$ 的估计值，以及 X_1 和 X_2 的值。假设我们有下面的估计方程：

$$\hat{Y}_i = \hat{\beta}_0 + \hat{\beta}_1 X_{1i} + \hat{\beta}_2 X_{2i} = 2674274 + 151855 X_{1i} + 100000 X_{2i}$$

假设想获得当 $X_1 = 3$、$X_2 = 5$ 时 Y 均值的预测值，则代入方程：

$$\text{mean} - Y = 2674274 + 151855 \times 3 + 100000 \times 5 = 3629839$$

使用上述方法，可以获得相关范围内自变量取不同值时对应的 Y 均值的预测值。此外，与一元线性回归一样，也可以围绕 Y 均值的预测值构造置信区间。但是，在多元回归中，需要做两处调整：一个是在计算 t 统计量是减少自由度，二是将式（7.24）用矩阵代数进行广义化，以估计 Y 均值预测值的标准误差。通过一个 R 函数能轻松完成这项工作，本章将在后面展示这个函数。

8.1.6 标准化和相对重要程度

当多元回归模型中所有自变量都使用相同度量标准进行测量时，可以直接比较它们对应的原始偏斜系数的大小，以此确定每个自变量的相对重要性。具有较高绝对值的系数（即更多正值或更多负值）是非常重要的，因为其值的单位变化将对因变量产生很大的影响。然而，在社会科学研究中，多元回归模型中的自变量通常用不同的测量单位表示，或者使用非直观的测量方法。在这种情况下，我们可以使用标准化系数（也称为"beta"系数）来确定自变量的相对重要性。由于我们已经称非标准化系数为 β，因此我们将称标准化系数为 β'。对因变量和自变量的 z 分数进行多元回归计算得到的标准化系数为 $z_i = \dfrac{X_i - \bar{X}}{\hat{\sigma}_X}$。注意，在这种情况下，回归方程的截距将为零，因为所有变量都中心化了。或者，标准化系数 β_k' 可以直接使用非标准化系数 β_k 获得：

$$\hat{\beta}_k' = \hat{\beta}_k \left(\dfrac{\hat{\sigma}_{X_k}}{\hat{\sigma}_Y}\right) \tag{8.8}$$

式（8.8）所做的是将对效应的解释从原始度量转换为标准单位偏差。这个式子表示，在控制其他变量不变的情况下，每增加 X_k 的一个标准差，Y 的均值就会改变 $\hat{\beta}_k$ 个标准差。除极端情况外，标准化系数通常在 1 和+1 之间变化。标准化系数越接近 1，自变量与因变量之间的关系越强。一般来说，当 $\hat{\beta}_k' \leqslant 0.09$ 是弱相关；$\hat{\beta}_k'$ 在 0.1 和 0.2 之间是一个中等相关；$\hat{\beta}_k' \geqslant 0.2$ 是强相关。

此外，偏相关系数和半偏相关系数也可以用来评估多元回归中独立变量的相对重要性（见 Warner，2008，第 447 页）。在偏相关中，控制变量与因变量和自变量共有的效应被去除，而在半偏相关中，控制变量仅与自变量共有的效应被删除。对这两种相关性的任何一种进行平方，都会得到独立变量单独解释因变量时的不同变异份额。平方半偏相关通常是首选，因为因变量对所有自变量保持不变。平方半偏相关表明，将感兴趣变量从模型中剔除后，R^2 的减少量反映了该变量的贡献。

虽然标准化系数、偏相关和半偏相关似乎让大家很容易地对相对重要性做出评价，但是仍建议研究人员首先检查非标准化系数与其原始测量单位的关系，以确定多元方程中变量的相对重要性。这将避免研究人员完全依赖于使用标准化方法进行评估。事实上，标准化方法在某些情况下可能产生不正确的结论。例如，当进行跨种群比较时，标准化系数可能非常具有误导性，因为变量在每个种群中标准化的方式不同。

8.1.7 回归假设和诊断

在分析回归模型的结果之前，必须确保模型与数据是吻合的，并且没有违背线性回归的假设。这个过程通常被称为回归诊断。一般线性模型包括回归和方差分析的模型假设有：

1. 可加性和线性（预测因子对结果有独立和恒定的影响）。
2. 误差项的独立性。
3. 同方差（各预测因子水平间的方差恒定）。
4. 误差项服从正态分布。

此外，需要检查是否存在下列情况：

1. 多重共线性（自变量之间是高度相关的）。
2. 离群值。

最重要的一个假设是预测变量与因变量之间的关系是线性的。尽管在许多真实场景中，线性函数为这种关系提供了一个不错的近似，但在某些情况下，它可能会导致错误的推断。例如，许多认知功能（如记忆）随着年龄的增长呈现非线性趋势。虽然认知功能在早期发育过程中发展迅速，但在成年初期达到饱和，直到晚年开始衰退才发生很大变化。这是一个反向 u 型而不是线性关系的例子。在这种情况下使用线性模型拟合效果不好。在实践中，通常使用图形化方法来评估它。一种常见的方法是将（标准化）残差画成其预测值的函数。非线性和误差项在这些图中表现为在零附近均匀分散（具体例子如下）。此外，还有许多统计方法可以用来检验，比如：链接测试或 Ramsey 的回归规范错误检验。

误差项独立的假设是指残差不相关的情况。例如，当我们从同一个人那里收集多个变量时，这些数据点通常是相关的，这样的结构使假设误差项独立的标准线性回归模型失效。在这种情况下，我们可以使用多级模型（见第 12 章）来显式地为这些依赖关系建模。

另一个重要的问题是同方差，或者假设在整个预测值范围内残差的方差是恒定的。相反的是异方差现象，在现实场景中十分普遍。例如，考虑将马拉松运动员的完成时间作为他们每周训练量的函数。每周训练过量的高技能运动员通常表现出相当稳定的表现，例如，参加奥运会的最优秀运动员都在 2:01:39（目前的世界纪录）和 2:11:30（国际田径联合会男性运动员的合格标准）的小范围内完成比赛。因此，这组跑步精英的标准偏差大概是 3~5 分钟。另一方面，业余跑步者的跑完时间可能在 3~6 小时之间。这两类人的标准差很大。这时，可以使用图形来诊断数据中的异方差，如 Breusch Pagan 测试。在回归分析中，假定残差是服从正态分布的，可以使用 QQ 图（见 5.3.1 节）或概率密度曲线直观地验证这个假设慢否成立。也可以使用专门的测试，如夏皮罗-威尔克测试，当数据偏离正态分布时，这个检验是非常有必要的（检验的 H_0 假设：数据是正态分布的）。

此外，还应确保数据中不存在多重共线性。多重共线性表示自变量存在高度相关的情况。更专业地说，多重共线性是指其中一个预测变量（几乎）是其他预测变量的线性组合。这可能会对回归系数的稳定性造成严重的问题，并影响估计的标准误差。遇到这类问题时，可以使用方差膨胀系数（Variance Inflation Factor，VIF）来诊断。VIF 是通过使用每个预测变量拟合线性回归模型计算得到的，依次将每个自变量作为因变量，而将所有其他所有变量作为自变量。模型的 R^2 值越高表明，其他变量几乎可以完美地解释当前变量。VIF 可以用 R^2 值计算，即 $VIF=1/(1-R^2)$，常用的判断边界为 5 或 10。

最后，还应该注意异常值或有影响的数据点。这些点远离大量的数据，并且对模型参数的估计有强烈影响（即如果在没有特定数据点的情况下重新估计模型，那么回归系数将发生显著变化）。为了量化这一概念，通常采用使用库克距离和马氏距离计算的杠杆值。一个数据点的库克距离定义为当该观测值从模型中移除时，回归模型中所有变化量的总和。一个常用的截断值（库克距离为 1）表示可能存在有问题的数据点。杠杆值还描述了特定数据点的影响。当一个数据点远离其他数据点，并且处于相对孤立的状态时，它的杠杆值是很大的。对于大杠杆值的一个确定方法是寻找杠杆值大于 $\frac{2(p+1)}{n}$ 的数据点。

8.2　R 语言实例

在本节中，我们将使用本书附带的 astatur 包中包含的一个叫作 present 的假设数据集。这个数据集非常适合用于说明如何使用 R 进行多元回归，因为它包含几个相关变量。现在让我们估计一个多元回归模型，回归变量称为 Present_Value，用挪威克朗（NOK）表示送给伴侣的礼物的货币价值。自变量为两个关于态度的变量，一个叫作 Attractiveness，该变量用于衡量礼物对自己伴侣的吸引力；另一个叫作 Kindness，用于衡量一个人对他的伴侣有多好，这两个变量以及 Age 变量都是用 1 到 7 的等级来划分的。我们假设，一个人对自己的伴侣越有吸引力、越善良，他在礼物上花的钱就会平均地增加。我们还假设，礼物的价值会随着年龄的增长而增加，因为工资、储蓄和

可用资金会随着年龄的增长而增加。上述假设可以表示为:

$$E[\text{Present\_Value}_i] = \beta_0 + \beta_1 \text{Attractiveness}_i + \beta_2 \text{Kindness}_i + \beta_3 \text{Age}_i$$

接下来,我们将使用样本数据计算总体参数的 OLS 估计:

$$\widehat{\text{Present\_Value}}_i = \hat{\beta}_0 + \hat{\beta}_1 \text{Attractiveness}_i + \hat{\beta}_2 \text{Kindness}_i + \hat{\beta}_3 \text{Age}_i + \varepsilon_i$$

为此,只需使用与简单回归中相同的 lm() 函数,并在函数中添加额外的自变量。我们将估计的模型存储在一个名为 model2 的对象中,之后根据需要的信息,我们将对其应用不同的函数:

```
library(astatur)
model2 <- lm(Present_Value ~ Attractiveness + Kindness + Age,
             data=present)
```

在这里,我们也对模型对象应用 summary() 函数,以获得标准回归输出,其中包括非标准化系数及其关联的 P 值:

```
summary(model2)
##
## Call:
## lm(formula = Present_Value ~ Attractiveness + Kindness + Age,
##     data = present)
##
## Residuals:
##     Min      1Q  Median      3Q     Max
## -1292.34 -372.28    7.35  324.48 1695.71
##
## Coefficients:
##                 Estimate Std. Error t value Pr(>|t|)
## (Intercept)      -401.73     507.75  -0.791   0.4404
## Attractiveness    296.89     116.48   2.549   0.0215 *
## Kindness          203.61      89.64   2.271   0.0373 *
## Age                33.57      15.52   2.164   0.0460 *
## ---
## Signif. codes:
## 0 '***' 0.001 '**' 0.01 '*' 0.05 '.' 0.1 ' ' 1
##
## Residual standard error: 762.8 on 16 degrees of freedom
## Multiple R-squared: 0.7297, Adjusted R-squared: 0.679
## F-statistic: 14.39 on 3 and 16 DF, p-value: 8.3e-05
```

如果我们想进一步获得非标准化系数的置信区间，那么我们可以很容易地将 confint()函数应用于同一模型对象 model2：

```
confint(model2)
##                      2.5%        97.5%
## (Intercept)  -1478.1136991  674.64419
## Attractiveness   49.9689118  543.81193
## Kindness         13.5718783  393.64099
## Age               0.6807097   66.46486
```

通过使用来自 lm.beta 包的 lm.beta()函数，我们可以计算标准化（beta）回归系数。这些系数被称为完全标准化系数，因为 Y 和 X 都是标准化的。

```
library(lm.beta)
lm.beta(model2)
##
## Call:
## lm(formula = Present_Value ~ Attractiveness + Kindness + Age,
##     data = present)
##
## Standardized Coefficients::
##     (Intercept)  Attractiveness    Kindness         Age
##       0.0000000       0.3949602   0.3534765   0.3236054
```

有时，特别是当我们的回归模型中有多个预测变量时，我们可能希望生成标准化系数的可视化表示，以便能够更快地看到各个预测变量的相对重要性。我们可以使用 astatur 包中的 vimp()函数，并将其应用到回归模型中（见图 8.2）：

```
vimp(model2)
```

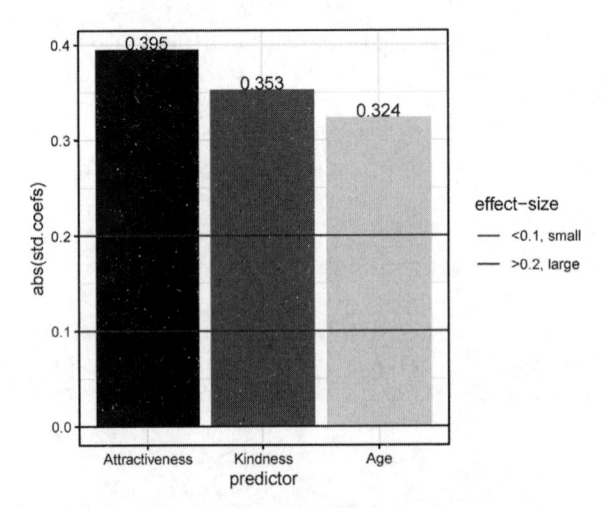

图 8.2　使用 vimp()函数绘制标准化回归系数（见文前彩图）

如果你只想获得标准化的回归系数，lm.beta()函数可以很好地完成工作。然而，有时研究人员也可能对围绕标准化系数构造的置信区间感兴趣。在 R 中做到这一点的方法很简单，首先通过 scale()函数将回归方程中的所有变量标准化，然后使用 lm()函数中的这些标准化变量对回归模型进行估计。下面的结果系数与之前使用 lm.beta()函数得到的标准系数相同。或者，如果需要，也可以通过对自变量或因变量应用 scale()函数轻松地获得半标准化系数：

```
present_z <- data.frame(scale(present))
model3 <- lm(Present_Value ~ Attractiveness + Kindness + Age,
             data= present_z)
summary(model3)
##
## Call:
## lm(formula = Present_Value ~ Attractiveness + Kindness + Age,
##     data = present_z)
##
## Residuals:
##      Min       1Q   Median       3Q      Max
## -0.95989 -0.27651  0.00546  0.24101  1.25950
##
## Coefficients:
##                 Estimate Std. Error t value Pr(>|t|
## (Intercept)    -2.014e-16 1.267e-01  0.000  1.0000
## Attractiveness  3.950e-01 1.550e-01  2.549  0.0215 *
## Kindness        3.535e-01 1.556e-01  2.271  0.0373 *
## Age             3.236e-01 1.496e-01  2.164  0.0460 *
## --
## Signif. codes:
## 0 '***' 0.001 '**' 0.01 '*' 0.05 '.' 0.1 ' ' 1
##
## Residual standard error: 0.5666 on 16 degrees of freedom
## Multiple R-squared: 0.7297,Adjusted R-squared: 0.679
## F-statistic: 14.39 on 3 and 16 DF, p-value: 8.3e-05
```

现在，通过将 confint()函数应用到包含标准化估计的新模型对象（model3），我们可以计算标准化系数的置信区间：

```
confint(model3)
##                       2.5%       97.5%
## (Intercept)    -0.268580169 0.2685802
## Attractiveness  0.066474809 0.7234457
## Kindness        0.023561828 0.6833911
## Age             0.006561307 0.6406494
```

让我们通过检验多元回归模型的拟合优度来继续解释输出结果的内容。正如我们从 summary(model2)产生的回归输出中看到的，残差标准误差约为 763，表明观察到的 Present_Value 变量值与估计或预测的 Present_Value 变量值平均相差 763 NOK。我们还看到 763 比 Present_Value 变量的标准偏差（1346）小得多，这表明我们的多元回归模型对预测 Present_Value 变量做出了相当大的贡献（与基线或平均模型相反）。R^2（0.73）和 R_a^2（0.68）的较高值进一步证实了所构建的模型很好地拟合了数据。这些值表明自变量对因变量有很大的影响。注意，R^2 在调整后下降了 5 个百分点。如果我们在模型中加入一些不相关的自变量，那么 R_a^2 就会远远小于 0.68。

接下来，我们观察到与模型的 R^2 相关的 F 检验是统计显著的，因为 P 值明显低于所选的 α 值（0.05）。这意味着我们将拒绝原假设，即所有自变量都没有影响。显著性 F 检验的结果是，我们可以继续通过应用 "3S" 标准来检查我们模型的各个组成部分，就像对简单回归所做的那样。

三个回归系数的符号表明每个自变量和因变量之间存在正向影响。进一步观察到，所有系数都具有统计学意义（即与 0 显著不同），因为它们各自的 P 值低于我们选择的 α 值（0.05）。简单地说，我们可以声明，在其他条件不变的情况下，当 Attractiveness 变量、Kindness 变量或 Age 变量增加一个单位时，Present_Value 也将增加一个单位，并且平均值与它们各自的系数相同。如果我们想要识别和比较这三个变量各自的重要性，那么除了基于它们的非标准化系数来解释影响，还可以使用两个标准化的度量。

第一个度量是检查标准化（beta）系数的大小。Attractiveness 变量、Kindness 变量和 Age 变量的 beta 系数分别为 0.39、0.35 和 0.32。根据我们前面提供的一般准则，这些都在 0.20 以上，表明每个自变量都对因变量有很大的影响。比较而言，我们确实可以为标准化系数之间的差异构建一个检验统计量（model3），并使用来自 multcomp 包的 glht()函数来检验其显著（我们在第 9 章中解释了该方法背后的检验统计量）。例如，我们可以检验标准化系数是否相等。之所以比较标准系数而不是原始系数，是因为 Age 的衡量标准与 Attractiveness 和 Kindness 不同。否则，我们可以使用 glht()函数直接基于model2的非标准化系数来检验 Attractiveness 和 Kindness 的重要性是否相同。

```
library(multcomp)
comp1 <- glht(model3, linfct=c("Attractiveness - Kindness = 0"))
summary(comp1)
##
## Simultaneous Tests for General Linear Hypotheses
##
## Fit: lm(formula = Present_Value ~ Attractiveness + Kindness + Age,
##     data = present_z)
```

```
## 
## Linear Hypotheses:
##                              Estimate Std. Error t value
## Attractiveness - Kindness == 0  0.04148    0.25782   0.161
##                              Pr(>|t|)
## Attractiveness - Kindness == 0    0.874
## (Adjusted p values reported -- single-step method)
comp2 <- glht(model3, linfct=c("Attractiveness - Age = 0"))
summary(comp2)
## 
##   Simultaneous Tests for General Linear Hypotheses
## 
## Fit: lm(formula = Present_Value ~ Attractiveness + Kindness + Age,
##     data = present_z)
## 
## Linear Hypotheses:
##                         Estimate Std. Error t value
## Attractiveness - Age == 0  0.07135    0.24253   0.294
##                         Pr(>|t|)
## Attractiveness - Age == 0    0.772
## (Adjusted p values reported -- single-step method)
comp3 <- glht(model3, linfct=c("Kindness - Age = 0"))
summary(comp3)
## 
##   Simultaneous Tests for General Linear Hypotheses
## 
## Fit: lm(formula = Present_Value ~ Attractiveness + Kindness + Age,
##     data = present_z)
## 
## Linear Hypotheses:
##                   Estimate Std. Error t value Pr(>|t|)
## Kindness - Age == 0  0.02987    0.24446   0.122    0.904
## (Adjusted p values reported -- single-step method)
```

从输出中我们可以看到，任何一对标准化系数之间没有存在统计学上的显著差异。这表明 Attractiveness 变量、Kindness 变量和 Age 变量对因变量的影响大致相等。

可以使用的第二个度量是平方半偏相关，我们可以通过对下面的 model2 对象应用 calc.relimp() 函数（来自 relaimpo 包）来获得它：

```
library(relaimpo)
calc.relimp(model2, type="last")
## Response variable: Present_Value
## Total response variance:  1812616
## Analysis based on 20 observations
## 
```

```
## 3 Regressors:
## Attractiveness Kindness Age
## Proportion of variance explained by model: 72.97%
## Metrics are not normalized (rela=FALSE).
## ## Relative importance metrics:
##
##                          last
## Attractiveness 0.10977383
## Kindness       0.08716500
## Age            0.07910728
```

正如我们所看到的，Attractiveness 变量、Kindness 变量和 Age 变量分别解释了因变量中大约 11%、9%和 8%的变异。顺便说一下，由于三个自变量之间的相关性，半偏相关的平方和不等于整个模型的 R^2 值。也就是说，差异（73%-28%）代表由两个或多个自变量共同解释方差的相同部分（因此不是唯一的）。

此外，还可以使用前面介绍的置信区间方法来检验回归系数的显著性。之前由 confint(model2)产生的输出显示了系数的 95%置信区间。如我们所见，置信区间中没有包含 0 的值，这表明所有系数在统计上都不等于 0。这个结果与 P 值方法的结果是一致的。顺便说一下，如果出于某种原因，我们希望得到系数的 90%置信区间，那么我们可以简单地输入 confint(model2, level=.90)。

除了从回归模型中获得关于自变量重要性的信息，我们还可以进一步使用回归估计来预测因变量。在简单回归的情况下，我们将使用 predict()函数。假设我们想知道那些给自己伴侣的 Attractiveness 和 Kindness 都打 7 分的 50 岁的人在买礼物上平均花了多少钱（预测 Y 均值），这时可以使用 predict()函数，如下所示。你可以将这个想法推广到更复杂的预测问题上。

```
xsvals <- data.frame(Attractiveness=7, Kindness=7, Age=50)
predval <- predict(model2, newdata = xsvals,
                   interval = "confidence", level = 0.95)
xsvals_pval <- cbind(xsvals, predval)
xsvals_pval
##    Attractiveness Kindness Age      fit      lwr      upr
## 1               7        7  50 4780.382 3945.431 5615.334
```

出于某种原因，我们可能对计算特定自变量值对应的 Y 均值的预测值感兴趣，这种情况需要保持其余自变量为常数（通常选择平均值），然后也可以使用下面的 predict()函数来完成：

```
xsvals2 <- data.frame(Attractiveness=c(1,2,3,4,5,6,7),
                      Kindness=mean(present$Kindness),
                      Age=mean(present$Age))
```

```
predval2 <- predict(model2, newdata = xsvals2,
                    interval = "confidence", level = 0.95)
xsvals_pval2 <- cbind(xsvals2, predval2)
xsvals_pval2
##   Attractiveness Kindness  Age      fit      lwr      upr
## 1              1      3.9 32.75 1788.729 1062.635 2514.823
## 2              2      3.9 32.75 2085.620 1559.089 2612.151
## 3              3      3.9 32.75 2382.510 1996.250 2768.771
## 4              4      3.9 32.75 2679.401 2301.115 3057.686
## 5              5      3.9 32.75 2976.291 2467.426 3485.156
## 6              6      3.9 32.75 3273.182 2568.393 3977.970
## 7              7      3.9 32.75 3570.072 2644.625 4495.519
```

我们可以重用包含预测值的数据框（xsvals_pval2），通过使用 ggplot() 函数将预测值可视化为图形。结果图（见图 8.3）可以很容易地导出到 Microsoft Word 或任何其他应用程序，只需单击 RStudio 中 plot 窗格工具栏上的 Export 按钮。

```
library(ggplot2)
ggplot(xsvals_pval2, aes(x=Attractiveness, y=fit)) +
  geom_smooth(aes(ymin = lwr, ymax = upr),
              stat = "identity")
```

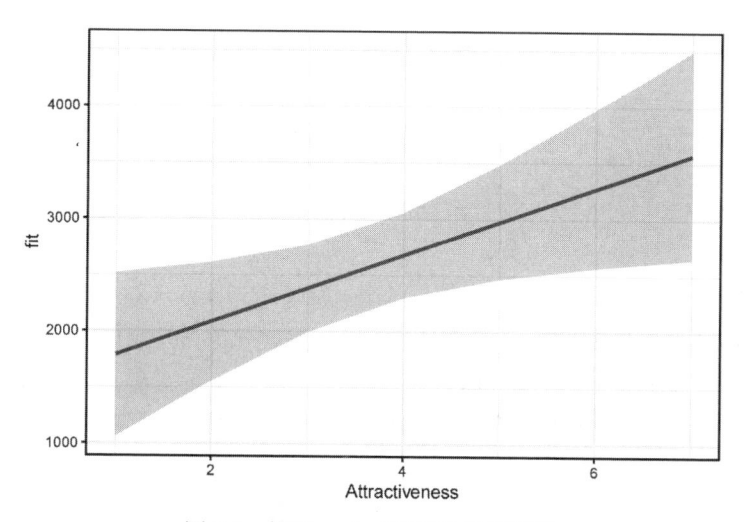

图 8.3　使用 ggplot() 可视化模型预测

说到从 R 导出输出结果，有几个外部的软件包可以让我们轻松地从 R 中导出回归分析的输出，例如，导出到 Microsoft Word。使用这样的包，你可以生成可直接展示的表，节省大量时间，还能提供完整的表示结果和避免拼写错误。我们选择的软件包是 stargazer，它为我们提供了一个有用的函数，称为 stargazer()。你应该首先通过键入 install.packages("stargazer") 来安装这个包。然后，我们可以使用它生成一个可供直接展示的回归输出表：

```
library(stargazer)
stargazer(model2, ci=TRUE, type="text",
          keep.stat=c("n", "rsq"),
          out="model2.txt")
## 
## ===========================================
##                     Dependent variable:
## -------------------------------------------
##                        Present_Value
## -------------------------------------------
## Attractiveness            296.890**
##                        (68.598, 525.182)
## 
## Kindness                  203.606**
##                        (27.909, 379.303)
## 
## Age                        33.573**
##                         (3.162, 63.983)
## 
## Constant                  -401.735
##                       (-1,396.904, 593.434)
## 
## -------------------------------------------
## Observations                  20
## R2                           0.730
## ===========================================
## Note:     *p<0.1;   **p<0.05;    ***p<0.01
```

这个回归输出保存在我们的工作目录中，文件名为 model2.txt，我们可以很容易地在 Microsoft Word 中打开它。请参阅这个 stargazer 包的帮助文件，以获得其他几个特性和用法，以便根据你的偏好调整输出。

最后，我们必须诊断回归模型，以评估模型的解释是否合理，或者模型是否存在违反假设或其他问题。尽管出于教学原因，我们将这一步的讨论推迟到本章的最后，但在做出任何推论和解释之前，事实上，通常都应该对模型进行评估。一个常见的可以帮助发现各种回归模型的问题的方法是绘制残差图。在 base-R 中，我们可以使用 plot() 函数并将其应用到回归模型中（这里我们使用前面分析中的 model2）：

```
plot(model2)
```

该命令生成的图形如图 8.4 所示。这些图形对于根据数据判断模型的各种属性是有用的。第一个图将残差与预测值（拟合值）绘制在一起。这个图可以帮助检测非线性：当点不是均匀分布在零附近，但显示出明显的系统偏差时，这表明我们试图用线性回归建模的潜在关系实际上可能不是线性的。在示例中，有一个表现为 u 型关系的轻微偏差，但这不是很清楚，可能不存在问题。第二个图显示了残差相对于标准正态分布的分位数的标准 QQ 图（见 5.3.1 节）。这个图可以用来判断残差是正态分布的假设。在第二个图中，偏离主对角线越多，偏离正态越大。在我们的例子中，两条尾巴都有一些偏差，表明数据有轻微的右偏。第三个图为尺度-定位图，类似于拟合值与残差图，但是这里的残差是标准化的，并取其平方根。这使得我们在某种程度上更容易发现异方差（即残差方差的变化）。当数据点均匀分布在零附近时，保证了同方差。同方差的偏差通常表现为一个"漏斗"形状，其中方差对于小或大的拟合值较大。同样，我们的示例数据集没有显示这种效果的明确迹象。

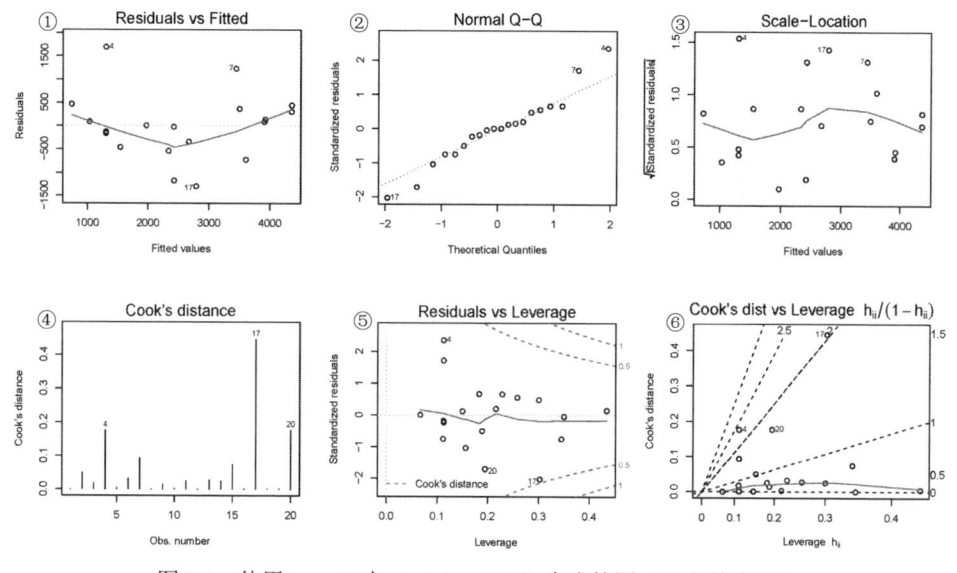

图 8.4　使用 base-R 中 plot（model2）生成的图（见文前彩图）

最后三个图用于检测数据中有影响力的观察结果（杠杆值）和可能的异常值。第四幅图显示了所有数据点的库克距离，并标注了最大的数据点，这样我们就可以很容易地检查这些值是否值得关注。在我们的示例中，最大值在 0.4 左右，这是没有问题的。第五幅图显示了数据点与标准化残差的对比图。我们可以使用这个图找到远离回归面的值：y 轴上的值采用标准差单位，我们有时认为与预测值相差三个标准差的值是有问题的，特别是当杠杆值表明它们对估计的回归线有很强的影响时。在示例中，具有最高杠杆的值具有较小的残差，因此我们没有发现问题。对于最后一个图也是如此，在这个图中，我们利用库克距离来寻找可能存在问题的数据点。

performance 包提供了关于回归模型的附加诊断信息。我们可以使用 check_model()

函数，当将其应用于一个拟合的模型对象时，它能提供用于诊断回归模型的、漂亮且直观的图形：

```
library(performance)
check_model(model2)
```

将此函数应用于模型对象时，我们将得到图 8.5 中的图形。大多数图形都是基于 plot (mod)生成的 base-R 图形，加以优化形成了更吸引人的版本。其中还包含了对多重共线性的诊断，绘制每个变量的 VIF，使我们对可能存在的问题有一个快速地了解。

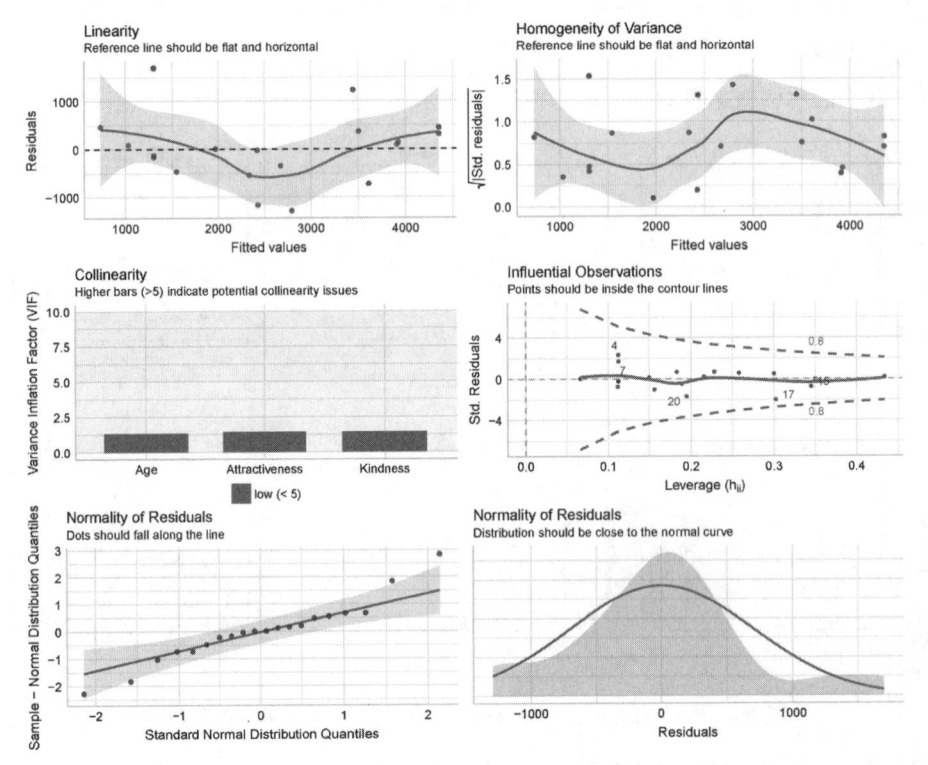

图 8.5　来自 performance 包的 check_model(model2)函数生成的诊断图（见文前彩图）

除了根据这些图形诊断，还有许多统计检验和诊断值，可以为我们提供关于拟合模型可能出现的问题的有用信息。为了方便应用这些诊断方法，我们提供了一个 regression.diagnostics()函数，作为本书附带的 astatur 包的一部分。该函数可以运行各种不同的统计程序，检查多重共线性、残差的正态性、模型规范、非线性和有影响的观察值。这些检验的结果以表格形式汇总，并生成一份关于潜在问题的概述。你可以使用 help(regression.diagnostics)来获取这个函数的帮助文档，以了解使用方法。还有一些可选参数，可用于将每个测试的标准调整到所需的级别。将这个函数应用到我们拟合的模型对象上，证实了我们从图形中得出的结论，即模型没有显示出其他问题。

```
regression.diagnostics(model2)
## Tests of linear model assumptions
## ---------------------------------
##
## 0/11 (0.0 %) checks failed
##
##
## Identified problems: NONE
## Summary:
## # A tibble: 11 x 8
##    assumption    variable    test     statistic   p.value   crit  problem
##    <chr>         <chr>       <chr>    <dbl>       <dbl>     <dbl> <chr>
## 1  heteroske~    global      stud~    0.529       0.912     0.05  No Pro~
## 2  heteroske~    global      Non-~    0.180       0.671     0.05  No Pro~
## 3  multicoll~    Attract~    Vari~    1.42        NA        5     No Pro~
## 4  multicoll~    Kindness    Vari~    1.43        NA        5     No Pro~
## 5  multicoll~    Age         Vari~    1.32        NA        5     No Pro~
## 6  normality     global      Shap~    0.951       0.380     0.01  No Pro~
## 7  model spe~    global      Stat~    0.000286    0.0507    0.05  No Pro~
## 8  functiona~    global      RESE~    1.99        0.174     0.05  No Pro~
## 9  outliers      global      Cook~    0.446       NA        1     No Pro~
## 10 outliers      global      Bonf~    2.83        0.254     0.05  No Pro~
## 11 autocorre~    global      Durb~    0.0522      0.506     0.05  No Pro~
## # ... with 1 more variable: decision <chr>
##
## Outliers:
## ----------
## Cook's distance (criterion=1.00): No outliers
## Outlier test (criterion=0.05): No outliers
```

在离群值或偏离线性回归假设的情况下，根据上述方法就能发现异常问题。我们可以通过向数据集添加一个异常值并重新构建模型来说明这种情况。使用 add_row() 函数添加一个不合理的观察结果，并将结果增强的数据集存储在对象 present2 中。然后，我们重新构建回归模型，将其存储在对象 model2b 中，然后对其进行回归诊断。

```
present2 <- present %>%
    add_row(Present_Value=20000, Attractiveness=1,
            Kindness=7, Age=100)
model2b <- lm(Present_Value ~ Attractiveness + Kindness + Age,
              data=present2)
regression.diagnostics(model2b)
## Tests of linear model assumptions
## ---------------------------------
```

```
## 
## 6/11 (54.5 %) checks failed
## 
## 
## Identified problems:
## heteroskedasticity
## model specification
## functional form
## outliers
## Summary:
## # A tibble: 11 x 8
## assumption variable test statistic p.value crit
## <chr> <chr> <chr> <dbl> <dbl> <dbl>
## 1 heteroske~ global stud~ 1.41e+1 2.76e-3 0.05
## 2 heteroske~ global Non-~ 1.30e+1 3.18e-4 0.05
## 3 multicoll~ Attract~ Vari~ 1.19e+0 NA 5
## 4 multicoll~ Kindness Vari~ 1.55e+0 NA 5
## 5 multicoll~ Age Vari~ 1.35e+0 NA 5
## 6 normality global Shap~ 9.47e-1 2.93e-1 0.01
## 7 model spe~ global Stat~ 9.21e-5 2.68e-6 0.05
## 8 functiona~ global RESE~ 6.15e+1 5.93e-8 0.05
## 9 outliers global Cook~ 8.70e+0 NA 1
## 10 outliers global Bonf~ 1.10e+1 1.45e-7 0.05
## 11 autocorre~ global Durb~ 4.84e-2 3.44e-1 0.05
## # ... with 2 more variables: problem <chr>, decision <chr>
## 
## Outliers:
## ----------
## Cook's distance (criterion=1.00):
## index cooksd
## 21 8.700997
## Outlier test (criterion=0.05):
## rstudent unadjusted p-value Bonferroni p
## 21 11.02948 6.9115e-09 1.4514e-07
```

结果表明，单个不合理数据点的加入会导致许多诊断标准产生报警。你可能希望使用上面的 plot(mod) 或 check_model(mod) 在新模型对象上重新运行诊断图，以熟悉异常值的加入对诊断图带来的变化。

8.3 本章小结

多元回归分析是一种灵活的统计技术，可以解决一系列社会科学研究问题。我们已经了解到，多元回归分析流行的主要原因是，它允许通过考虑或控制其他变量来估计自变量对因变量的影响。我们在本章中遇到的几个概念（如偏斜系数、F 检验）将帮助读者理解更复杂的统计方法，如虚拟变量回归、交互作用和调节效应，这些分别是接下来两章的内容。在本章中，我们还在 R 中提供了额外的回归相关函数（glht()、predict()、stargazer()等），以拓宽读者可用的分析工具包。

━━━━━━━━━━━━━━━【核心概念】━━━━━━━━━━━━━━━

R_a^2：调整的 R^2，是多元回归模型的普通 R^2 的调整版本。
F **检验**：用于检验回归模型是否比平均模型能解释更多的变异。
多元回归：包括一个因变量和两个或多个自变量。
偏斜系数：在除去模型中所有其他因素影响的条件下，反映了一个自变量对一个因变量的影响。
平方半偏相关：反映了一个自变量的唯一贡献。
标准化系数：用于确定自变量的相对重要性。
统计控制：控制变量的值保持不变。

━━━━━━━━━━━━━━━【提问】━━━━━━━━━━━━━━━

1. 与简单回归相比，我们从多元回归中得到了什么？
2. 如何评价一个多元回归模型的拟合优度？
3. 评估多元回归模型并解释输出结果。
4. 如何评价自变量的相对重要性？
5. 使用 stargazer()函数，根据自己的数据，创建 R 回归输出表。

━━━━━━━━━━━━━━【本章使用的函数示例】━━━━━━━━━━━━━━

base
```
lm(Present_Value ~ Attractiveness+Kindness+Age, data=present)
```
- 估计一个多元回归模型。

```
summary(model02)
```
- 提供模型的估计结果。

```
confint(model02)
```
- 给出系数周围的置信区间。

lm.beta
```
lm.beta(model02)
```

- 提供标准化回归系数。

base
```
data.frame(scale(present))
```
- 标准化数据集的所有变量。

multcomp
```
glht(model02, linfct=c("Attractivness-Kindness = 0"))
```
- 检验线性回归的假设。

car
```
linearHypothesis(model02, c("Attractiveness = Kindness"))
```
- 检验线性回归的假设。

relaimpo
```
calc.relimp(model02, type="last")
```
- 计算半偏相关性。

base
```
xsvals <- data.frame(Attractiveness=7,Kindness=7,Age=50)
predval <- predict(model02, newdata = xsvals,
interval = "confidence", level = 0.95)
```
- 一个预测 Y 均值的例子。

stargazer
```
stargazer(model02, type="text",
keep.stat=c("n", "rsq"),
out="model.txt")
```
- 提供可直接展示的回归结果。

第 9 章
虚拟变量回归

在本章中,将会使用以下 R 包:
- astatur:本书的配套 R 包,包含本章使用的数据集。
- tidyverse:提供数据管理(dplyr、tidyr)和绘图(ggplot2)功能。
- fastDummies:创建虚拟变量。
- multcomp:检验线性组合假设。
- sandwich:提供可靠的标准误差。
- car:检验系数的联合显著性。

必须先安装和加载上面提到的包才能运行本章提供的代码。可以使用下列命令来进行 R 包的安装:

```
packages <- c("tidyverse",
              "fastDummies", "multcomp",
              "sandwich", "car", "devtools")
install.packages(packages)
devtools::install_github("ihrke/astatur")
```

【学习成果】

- 理解虚拟变量回归背后的逻辑。
- 学习如何使用虚拟变量回归进行分组比较。
- 了解回归和方差分析之间的联系。
- 了解并使用 F 检验来检验一组系数的显著性。
- 学习如何开发一个虚拟变量回归模型,并使用 R 语言实现。

在本章中，我们解释了分类自变量（预测因子）线性回归分析背后的逻辑和方程，这种方法在社会科学文献中通常被称为虚拟变量（哑变量）回归。需要强调的是，在虚拟变量回归中，和前两章一样，我们的因变量仍然是连续的，所建立的模型仍然是线性的。在对不同类型的虚拟变量回归模型进行理论介绍之后，我们将展示如何使用一些真实的数据集在 R 中进行虚拟变量回归分析。本章将明确地表明，使用不同的预测变量集进行不同的虚拟变量回归，将分别等价于独立 t 检验、方差分析和协方差分析。

9.1 为什么要进行虚拟变量回归？

在第 8 章中，我们介绍了根据连续自变量（如价格、收入）进行线性回归分析的方法。然而，在社会科学研究中，研究人员往往希望估计模型不仅包括连续自变量，也包括分类自变量。原则上，可以估计只包含分类自变量的回归模型。在非实验研究中，通常结合连续自变量和分类自变量来方便实现统计控制。例如，我们可能感兴趣的是通过控制教育年限（连续）来检验性别（分类）对个人年收入的影响，反之亦然。这种三变量回归可以扩展到其他分类变量和（或）连续变量。对于只含有分类自变量或分类自变量和连续自变量组合的模型，可以很容易地用虚拟变量回归方法对其进行估计。

9.1.1 创建虚拟变量

回归方程右边的分类变量可以是二分类的（即变量只包含两个类别），也可以是多分类的（多于两个类别）。要将一个分类变量纳入线性回归模型，首先必须将其转化为一个虚拟变量。虚拟变量（也称为指示变量）采用数值 0 和 1 来表示某个属性的存在或不存在。例如，当参与者不是女性时，female 变量可能等于 0，当参与者是女性时，female 变量可能等于 1。或者，当某人成功时，success 变量为 1，否则为 0。对于二分类变量来说，如果在数据收集阶段没有编码为 0 和 1，后续也可以很容易地通过简单的编码方式转换为虚拟变量。

然而，将一个多分类变量转换为虚拟变量就不那么简单了，但遵循同样的原则。由于一个多分类变量有两个以上的类别，我们可以从创建与类别数量相同的虚拟变量开始。由于技术原因，在估计回归模型时，我们总是要省略其中一个虚拟变量。假设我们想要从 flats 数据集（在 astatur 包中找到）中的一个名为 location 的分类变量中生成虚拟变量，那么这个变量根据公寓所处的位置划分为四类：centre（1，中部）、south（2，南部）、west（3，西部）和 east（4，东部）。

为了创建这四个虚拟变量，我们要做的是将这些类别逐一编码为 1，其余类别编码为 0。例如，如果你将第一个类别（最初标记为 centre）编码为 1，其余为 0，这就创建了第一个虚拟变量，分别表示位于城市中心的公寓，以及位于城市南部、西部或东部的公寓。接下来，将第二类（最初标记为 south）编码为 1，其余为 0，分别表示城市南部的公寓和城市其他三个区域的公寓。以同样的方式继续创建剩下的虚拟变量。当创建虚拟变量时，你只需以这样一种方式对它们进行标记，以便轻松回忆它们各自代表的含义。在我们的示例中，我们将创建的四个虚拟变量标记为 centre、south、west 和 east（见表 9.1）。

表 9.1 为多分类变量创建虚拟变量

多分类变量	虚拟变量			
location	centre	south	west	east
1=centre	1	0	0	0
2=south	0	1	0	0
3=west	0	0	1	0
4=east	0	0	0	1

举例来说，现在让我们从 flats 数据集中的原始 location 变量生成上述四个虚拟变量。实现这一目标的手动方法是使用第 4 章介绍的 dplyr 包中的 mutate()函数，如下所示：

```
library(dplyr)
flat2 <- mutate(flats,
               centre = if_else(location==1, 1, 0),
               south = if_else(location==2, 1, 0),
               west = if_else(location==3, 1, 0),
               east = if_else(location==4, 1, 0)
)
```

在 R 中创建一组虚拟变量的另一种更有效的方法是使用 fastDummies 包中的 dummy_cols()函数（Kaplan, 2020）：

```
library(fastDummies)
flat2 <- dummy_cols(flat2, select_columns="location")
```

尽管上述每种创建虚拟变量的方法都很有用，但 R 允许用一种更有效的方法直接在回归估计 lm()函数中创建一组虚拟变量。每当一个变量被编码为 factor()时，它将会自动转化为一组虚拟变量。（即使一个变量最初没有被编码为因子，就像 flats 数据集中的 location 变量一样，也可以在公式中直接使用 factor()函数。）举例来说，假设想利用 location 变量对 flat_price 进行线性回归，实现的代码如下：

```
model4 <- lm(flat_price ~ factor(location), data=flat2)
```

每当我们在 lm() 函数中的 factor() 函数中放入一个变量时，该变量就会被视为一个因子变量，并相应地自动生成一组虚拟变量用于估计。所产生的虚拟变量（除去代表第一类的虚拟变量）默认包括在内。当使用 coef() 函数查看 model4 估计的回归系数时，我们可以在下面的输出中看到这些信息：

```
coef(model4)
##       (Intercept)  factor(location)2  factor(location)3
##         597720.59          -172350.21          -83932.71
## factor(location)4
##         -97992.95
```

我们看到，表示 centre 的虚拟变量是缺失的。也就是说，这一类别的回归系数没有被估计。补充一下，在上面的估计中，如果原始 location 变量位置已经是一个因子变量，那么我们就不需要使用 factor() 函数了。然而，当我们从其他软件（SPSS、Stata 等）中导入数据时，经常会出现这样的情况：变量被识别为数值型而不是因子型。因此，经常检查变量的类型是一个很好的做法，可以通过输入 class(flat2$location) 命令来实现。

9.1.2 虚拟变量回归背后的逻辑

正如我们所知（见第 7 章），线性回归分析是一种用于检验连续因变量（Y）和连续自变量（X）之间相关关系的方法。在前两章中我们还学习到，可以通过计算回归系数来量化 Y 和 X 之间的相关强度。回归系数（β）表示 X 每增加一个单位，Y 的平均值或 $E(Y_i)$ 的变化量。这就意味着，当我们在 X 刻度上移动一个单位（从 0 到 1）时，β 显示的只是 Y 均值在 X 的两个不同值（0 和 1）下的差异。

在目前的情况下，我们考虑的虚拟变量都不是连续的，但带有的数值（即 0 和 1），分别代表两个不同的类别，例如男性和女性。然后，回归系数将表示男性和女性在连续因变量（如收入、体重、身高等）上的平均得分之间的差异。回归系数可以直接反映简单平均数之间的差异，这一特性使得线性回归成为一种现成且灵活的、可以用来比较群体平均数的方法。

9.2 单一虚拟变量回归

单一虚拟变量（预测变量）的回归直接对应于独立 t 检验。如果你对这句话感到疑惑，那么通过接下来的学习，你将清楚地理解这种等价关系的含义。假设两个不同的地点，即位于非中心与中心的公寓，它们和公寓价格之间存在某种关联，并相应地构造出以下的总体回归方程：

$$E(Y_i) = \beta_0 + \beta_1 X_i \qquad (9.1)$$

这里，Y 代表以美元计算的公寓价格（连续），而 X 表示公寓的地理位置（虚拟），我们将位于中心以外的公寓设为 $X=0$，位于中心的公寓设为 $X=1$。此外，我们还知道，$E(Y_i)$ 表示 Y 在每个 X 值处的均值。然后，使用预测方法，我们可以很容易地得到 $X=0$ 和 $X=1$ 时对应的 $E(Y_i)$ 数值。编码为 0 的类别通常被称为参考或基线类别。当 $X=0$ 时，我们有

$$E(Y_i) = \beta_0 + \beta_1 \times 0 = \beta_0 \qquad (9.2)$$

式（9.2）计算的是非中心公寓的平均价格。当 $X=1$ 时：

$$E(Y_i) = \beta_0 + \beta_1 \times 1 = \beta_0 + \beta_1 \qquad (9.3)$$

式（9.3）计算的是中心公寓的平均价格。

式（9.2）表明 β_0（截距或常数）是非中心公寓价格的平均值，而式（9.3）表明，$\beta_0 + \beta_1$ 是中心公寓价格的平均值。因此，这两个平均值之间的差值只是 β_1，图 9.1 展示了几何含义。

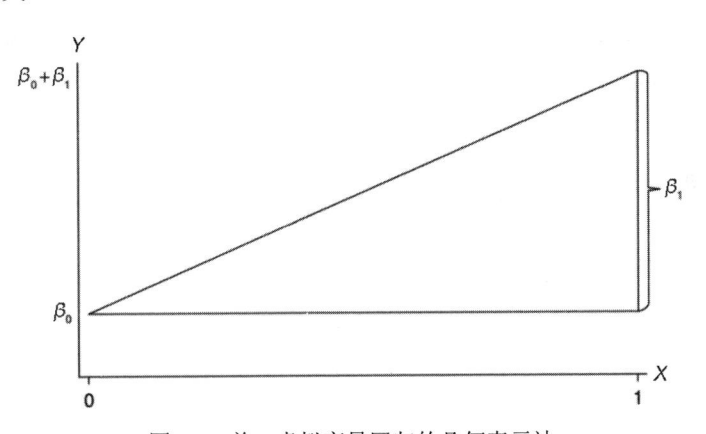

图 9.1 单一虚拟变量回归的几何表示法

接下来使用在简单线性回归一章中学到的假设检验方法来检验 β_1，以及位于不同地点的公寓之间的差异是否在统计上显著。在这种情况下，我们的原假设是 $H_0: \beta_1 = 0$，表明两个平均值之间的差异为 0（即两个平均值相同）；备择假设是 $H_1: \beta_1 \neq 0$，表明两个平均值之间的差异不等于 0（即两个平均值不同）。这个正式的假设也适用于我们下面要讨论的基于虚拟变量回归的其他变体。

R 语言实例

在式（9.1）展示的模型中，我们想比较中心公寓和非中心公寓的平均价格。这相当于我们只想比较两个独立的平均值的情况。解决这个问题的回归方法是将 flat_price 回归到表示中心和非中心公寓的虚拟变量上。在估计模型之前，我们应该利用之前创建的 flat2 数据集中的原始 location 分类变量来创建这个虚拟变量。使用 mutate()函数就可以轻松完成，就像之前的例子一样：

```
flat2 <- mutate(flat2,
          centre = if_else(location==1, 1, 0))
```

然后，我们可以用这个虚拟变量作为预测公寓价格的自变量，用以下代码来实现：

```
model5 <- lm(flat_price ~ centre, data=flat2)
```

我们也可以通过在 lm()函数中组合 factor()函数，一步就能完成上述两阶段的程序。将原始 location 变量作为 factor()的输入，然后指定我们要编码为 1 的类别，以便与其余类别作为一个组进行比较。先将原始变量中的中心公寓编码为 1，在函数中添加 location==1：

```
model6 <- lm(flat_price ~ factor(location==1), data=flat2)
```

由 summary(model6)产生的估计回归函数和回归分析值如下所示。顺便说一下，model5 和 model6 是相同的。

```
summary(model6)
##
## Call:
## lm(formula = flat_price ~ factor(location == 1), data = flat2)
##
## Residuals:
##     Min    1Q  Median    3Q    Max
## -372721 -142959 -32959  66446 1218946
##
## Coefficients:
##                       Estimate Std. Error t value
## (Intercept)             491292      27863  17.632
## factor(location == 1)TRUE 106428   46575   2.285
##                         Pr(>|t|)
## (Intercept)              <2e-16 ***
## factor(location == 1)TRUE 0.0246 *
## ---
## Signif. codes:
## 0 '***' 0.001 '**' 0.01 '*' 0.05 '.' 0.1 ' ' 1
```

```
## 
## Residual standard error: 217600 on 93 degrees of freedom
## Multiple R-squared: 0.05316,Adjusted R-squared: 0.04298
## F-statistic: 5.222 on 1 and 93 DF, p-value: 0.02458
```

因此，估计的回归方程等于：

$$\widehat{\text{flat\_price}}_i = \hat{\beta}_0 + \hat{\beta}_1 \times \text{centre}_i = 491292 + 106428 \times \text{centre}_i \tag{9.4}$$

市中心以外的公寓的平均价格约为491292美元，这是通过回归方程中的截距（常数，$\hat{\beta}_0$）来反映的。我们还观察到，中心和非中心公寓的平均价格之间的差异约为106428美元，这由斜率系数表示（$\hat{\beta}_1$）。将斜率系数和截距相加（$\hat{\beta}_0 + \hat{\beta}_1$），得出中心公寓平均价格。进一步注意到，斜率系数（平均差异）在统计上是显著的，这表明位于市中心的公寓的平均价格高于市中心以外的公寓。summary(model6)生成的其余输出结果可以按照简单线性回归一章中介绍的方法进行解释。

9.3 一个虚拟变量和一个协变量的回归

让我们通过在总体回归模型中添加一个协变量来扩展之前的回归方程吧。显然，通过在模型中包括一个或多个协变量或控制变量，将会使得模型不再等价于简单的 t 检验。下面将提供第一个案例，来说明虚拟变量回归是如何优于独立 t 检验的。我们可以把这个扩展模型表示为：

$$E[Y_i] = \beta_0 + \beta_1 X_{1i} + \beta_2 X_{2i} \tag{9.5}$$

与上一个例子一样，在式（9.5）中，Y代表公寓价格，X_1表示公寓的地理位置（中心与非中心公寓的虚拟变量）。此外，X_2代表协变量，即以平方米为单位的楼层面积。在这里，我们也可以轻易地获得 $X_1=0$（非中心公寓，被视为参考或基线类别）或1（中心公寓）时 $E[Y_i]$ 的值，但现在还必须控制 X_2 保持不变。因此，当 $X_1=0$ 时，我们有：

$$E[Y_i] = \beta_0 + \beta_1 \times 0 + \beta_2 X_{2i} = \beta_0 + \beta_2 X_{2i} \tag{9.6}$$

式（9.6）计算的是非中心公寓的平均价格。当 $X_1=1$ 时：

$$E[Y_i] = \beta_0 + \beta_1 \times 1 + \beta_2 X_{2i} = \beta_0 + \beta_1 + \beta_2 X_{2i} \tag{9.6}$$

式（9.7）计算的是中心公寓的平均价格。式（9.6）和式（9.7）的唯一区别是 β_1，这是 0 组和 1 组调整后的均值之差。虚拟变量的系数也被称为"微分截距系数"。它同时显示了截距差异和预测的平均数差异。然而，请注意，这并不意味着截距总是等于我们要预测的均值。在目前的情况下，预测的平均值是楼层面积 X_2 的函数，因此可以根据代入方程的 X_2 值得到对应的预测值。另一方面，根据定义，截距是所有 X 变量都设置为 0 时的预测平均值。然而，只要模型中不包含交互项，那么我们预测的两组 X_1 在任意 X_2 水平上的均值之差总是等于截距之差（见第 10 章）。这个差值也可以解释为两组的截距是不同的。在式（9.6）中，截距等于 β_0，在式（9.7）中，截距等于 $\beta_0+\beta_1$。虽然式（9.6）和式（9.7）的截距不同，但它们的 X_2 对应的斜率系数（β_2）相同，正如最初的回归模型表示的那样，图9.2用几何方式描述了这种关系。

在这里，也可以使用在多元回归一章中学到的假设检验方法（以及其他方法，如 R^2、残差标准误差和置信区间）。因此，我们可以检验，β_1 和 β_2 是否有交互的（F 检验）和单独的（t 检验）统计差异。β_1 和 β_2 的交互显著性将表明，这些系数中至少有一个在统计上是显著的。显著的 β_1 将表明在控制 X_2 保持不变之后，X_1 的两组平均值之间存在差异。显著的 β_2，将表明在控制了 X_1 之后，X_2 每增加一个单位，Y 平均值的变化。尽管在这个特定的例子中，我们对 β_1 的显著性特别感兴趣（因为我们的主要目的是比较两个平均值），但在其他情况下，我们可能想在控制了 X_1 这样一个虚拟变量之后，考察 X_2 对 Y 的影响。

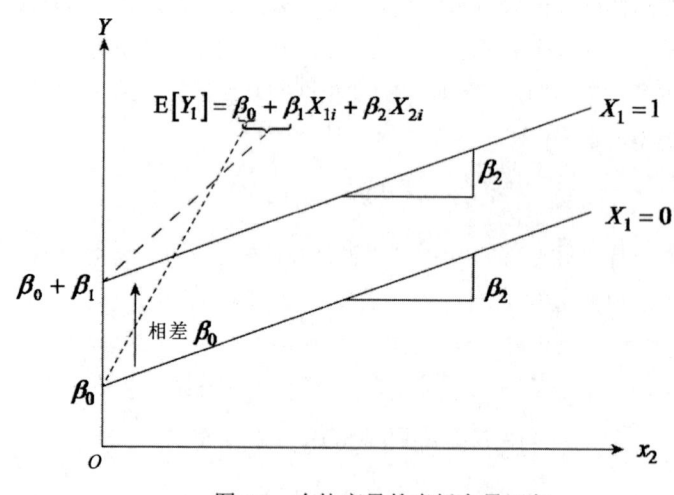

图 9.2 有协变量的虚拟变量回归

R 语言实例

我们将使用之前创建的 flat2 数据集，用 R 语言估计式（9.5）中的模型示例。我们想比较市中心和市中心以外公寓的平均价格，同时也控制公寓的楼层面积。换句话说，我们想调查相同面积的公寓在市中心是否更贵。为什么我们要这样做，而不是简单地比较市中心以外和市中心的公寓的价格呢？原因是，我们有可能甚至有理由认为，市中心以外有更多的大型公寓（那里的价格较低），因此，价格差异可能被公寓的平均面积差异所"掩盖"。通过控制回归模型中的楼层面积，我们可以补偿平均楼层面积的潜在差异。为了估计这个模型，我们简单地扩展了先前的回归模型，增加了 floor_size 这个变量：

```
model7 <- lm(flat_price ~ centre + floor_size, data=flat2)
summary(model7)
```

产生的估计回归函数和回归分析值如下：

$$\widehat{flat\_price}_i = \hat{\beta}_0 + \hat{\beta}_1 \times centre_i + \hat{\beta}_2 \times floor\_size_i \\ = 103227 + 72920 \times centre_i + 5170 \times floor\_size_i \tag{9.8}$$

```
summary(model7)
##
## Call:
## lm(formula = flat_price ~ centre + floor_size, data = flat2)
##
## Residuals:
##      Min    1Q  Median    3Q    Max
## -206463 -71732  -7063  57228 973484
##
## Coefficients:
##              Estimate Std. Error t value Pr(>|t|)
## (Intercept) 103226.5   37305.0    2.767  0.00684 **
## centre       72920.1   29657.7    2.459  0.01581 *
## floor_size    5170.8     437.8   11.810  < 2e-16 ***
## --
## Signif. codes:
## 0 '***' 0.001 '**' 0.01 '*' 0.05 '.' 0.1 ' ' 1
##
## Residual standard error: 137900 on 92 degrees of freedom
## Multiple R-squared: 0.6237,Adjusted R-squared: 0.6155
## F-statistic: 76.23 on 2 and 92 DF,  p-value: < 2.2e-16
```

可以看到，在控制了楼层面积之后，市中心和非市中心公寓之间的调整后的平均价格差异，如 $\hat{\beta}_1$ 所代表的，大约为 72920 美元。请注意，如果不控制 floor_size，那么在双变量情况下式（9.4）的平均差异是 106428 美元。由于我们将 floor_size 作为式（9.8）中的自变量，这时 $\hat{\beta}_0$ 不再代表市中心以外公寓的平均价格。相反，$\hat{\beta}_0$ 代表了市中心以外且面积为 0 平方米的公寓的平均价格（即不存在的公寓）。然而，为了找到中心和非中心公寓的平均价格，我们可以再次使用在第 8 章多元回归中学习过的

predict()函数，如下：

```
xsvals3 <- data.frame(centre=c(0,1),
                      floor_size=mean(flat2$floor_size))
predval3 <- predict(model7, newdata = xsvals3,
                    interval = "confidence", level = 0.95)
xsvals_pval3 <- cbind(xsvals3, predval3)
xsvals_pval3
##     centre floor_size      fit      lwr      upr
## 1        0   77.36842 503284.7 468150.2 538419.2
## 2        1   77.36842 576204.9 529082.5 623327.2
```

在保持楼层面积不变的前提之下，不在市中心公寓（编码为 0）的调整后的平均价格约为 503285 美元。加上 72920（$\hat{\beta}_1$）就可以得到市中心公寓调整后的平均价格，约为 576205 美元。我们也可以在上述 predict()函数的输出中查看市中心公寓的平均价格，发现结果是相同的。

我们在上面的 summary(model7)产生的输出中进一步观察得到，估计的斜率系数（平均差异）在统计上是显著的，这再次表明，就平均而言，市中心的公寓仍然比市中心以外的公寓要贵，即使公寓的楼层面积是相同的。我们还观察到，协变量（floor_size）在统计上也是显著的（即价格随着公寓面积的增大而上升）。协变量和其余的输出可以按照多元回归分析一章中描述的相同方法进行解释。同样的方法也适用于本章的其余模型。毕竟，任何包含一个以上自变量（无论是连续变量还是虚拟变量）的模型都只是多元回归的一个特例。

9.4 多虚拟变量回归

有一个以上的虚拟变量（预测变量）的回归等价于独立的方差分析。在本节中，我们将单一虚拟变量的回归思路扩展到多个虚拟变量的模型。在只有一个虚拟变量的回归案例中，我们比较了市中心公寓和市中心以外公寓的平均价格之间的差异。假设这次我们想比较城市四个不同地区（centre、south、west 和 east）公寓的平均价格。那么这个总体回归模型表为：

$$E[Y_i] = \beta_0 + \beta_1 X_{1i} + \beta_2 X_{2i} + \beta_3 X_{3i} \tag{9.9}$$

该模型包含了三个而不是四个虚拟变量。如上所述，其中一个类别必须被省略。包括的虚拟变量是 X_1（south）、X_2（west）和 X_3（east），排除的虚拟变量是 X_4（centre）。选择排除哪个类别，取决于你想把其余的组别（参照物）与哪一个类别进行比较。原则上，你可以使用任何一个虚拟变量作为排除类别或参考类别。无论你用哪一个虚拟变量作为参照，最后你都能从模型的估计中得到完全相同的信息（平均差异）。

之所以要从回归模型中排除一个虚拟变量，是为了避免完全多重共线性的情况，这种情况会产生不稳定的回归系数估计值，并使其标准误差膨胀。我们在 8.1.7 节关于线性模型假设中更深入地介绍了多重共线性的内容。简而言之，它意味着相同的信息包含在回归模型的不同变量中。由于所有虚拟变量的总和对所有观测值来说都等于 1，这些变量将与常数完全共线，而常数对所有观测值来说也都是 1。排除其中一个虚拟变量可以避免这种情况。在式 (9.9) 中，截距被计算为排除组的平均值。让我们再次使用预测方法，找出式 (9.9) 中剩余系数的实际含义。请注意，只有一个虚拟变量的值可以同时为 1。当 $X_1 = X_2 = X_3 = 0$ 时，

$$E[Y_i] = \beta_0 + \beta_1 \times 0 + \beta_2 \times 0 + \beta_3 \times 0 = \beta_0 \tag{9.10}$$

因此，β_0 是市中心公寓的平均价格。当 $X_1 = 1$ 且 $X_2 = X_3 = 0$ 时，

$$E[Y_i] = \beta_0 + \beta_1 \times 1 + \beta_2 \times 0 + \beta_3 \times 0 = \beta_0 + \beta_1 \tag{9.11}$$

这表明 $\beta_0 + \beta_1$ 等于南部地区公寓的平均价格。当 $X_2 = 1$ 且 $X_1 = X_3 = 0$ 时，

$$E[Y_i] = \beta_0 + \beta_1 \times 0 + \beta_2 \times 1 + \beta_3 \times 0 = \beta_0 + \beta_2 \tag{9.12}$$

表明 $\beta_0 + \beta_2$ 是西部地区公寓的平均价格。当 $X_3 = 1$ 且 $X_1 = X_2 = 0$ 时，

$$E[Y_i] = \beta_0 + \beta_1 \times 0 + \beta_2 \times 0 + \beta_3 \times 1 = \beta_0 + \beta_3 \tag{9.13}$$

表明，$\beta_0 + \beta_3$ 等于东部地区公寓的平均价格。现在可以解释式 (9.10) 至式 (9.13) 中所有组的平均值。由于参考组（centre）的平均数是 β_0，通过将各个组的平均值减去 β_0，可以很容易地得到参考组和其余组平均数之间的差异：

组间比较	平均差异
South vs. centre	$(\beta_0 + \beta_1) - \beta_0 = \beta_1$
West vs. centre	$(\beta_0 + \beta_2) - \beta_0 = \beta_2$
East vs. centre	$(\beta_0 + \beta_3) - \beta_0 = \beta_3$

上面的计算表明，每个虚拟变量的系数表示该虚拟变量值为 1 时的平均值与参考组之间的差异。在我们的案例中，β_1 表示南部和中心公寓平均价格之间的差异，β_2 表示西部和中心公寓平均价格之间的差异，β_3 表示东部和中心公寓平均价格之间的差异。此外，当系数为正数时，这表明其余组（south、west 或 east）的平均值高于参考组（centre）的平均值，反之亦然。有一种情况可以同时将所有 4 个虚拟变量纳入模型：当从模型中撤去截距系数时，所有 4 个系数都可以被纳入，而不会引起多重共线

性。在这种情况下,产生的与每个虚拟变量对应的回归系数将简单地提供每个组的平均值。通常感兴趣的是组与组之间的比较,因此这种方法在实践中很少使用。

图 9.3 中以几何图形展示了多元虚拟变量回归的思想。如图 9.3 所示,每个系数代表一个斜率,在虚拟变量回归中将其解释为平均差而不是斜率。正如三个不同的图形所表示的那样,尽管我们一次性估计了包含所有三个虚拟变量的回归模型,但所得系数仍可被视为双变量回归,我们分别比较参照组(centre)的平均值和每个虚拟变量(south、west 和 east)等于 1 时的平均值。这样做的原因是,虚拟变量被设计为相互排斥的(在任何给定的情况下,只有一个虚拟变量可以是非零的)。顺便说一句,由于在我们的例子中,城市中心的公寓价格平均高于其他三个位置(我们假设其他地方也是如此),回归系数(β_1、β_2 和 β_3)的符号将为负,从而形成向下倾斜的直线。

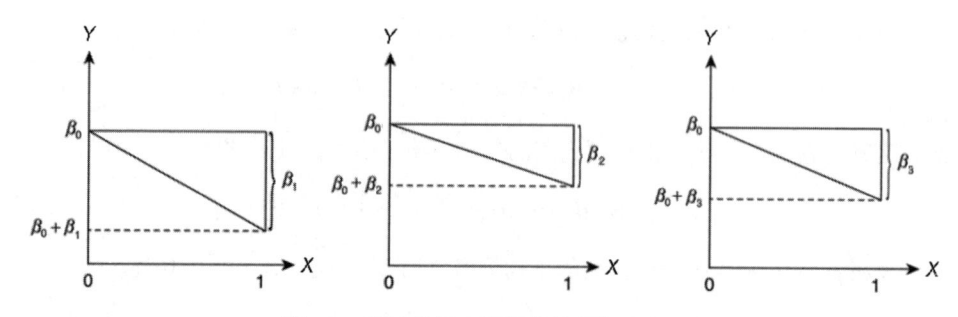

图 9.3 多元虚拟变量回归的几何表示

由于回归系数反映了平均差异,下一步是检验这些平均差异(β_1、β_2 和 β_3)是否与 0 存在显著的统计差异。我们需要再次用第 8 章多元回归中介绍的假设检验方法(以及其他方法)来检验 β_1、β_2 和 β_3 是否与 0 有交互的(F 检验)和单独的(t 检验)统计差异。β_1、β_2 和 β_3 的交互显著性表明,这些系数中至少有一个具有统计学意义(即 centre 和其他位置类别之间存在显著的平均差异)。从显著系数可以知道哪一对类别存在显著的统计差异。

9.4.1 R 语言实例

现在,我们将使用 R 语言并选择 flats 数据集对式(9.9)的示例模型进行估算。正如上述理论部分所介绍的,我们会比较 4 个不同地点公寓的平均售价。因此,我们需要对 location 变量创建 4 个虚拟变量,并在估计中省略一个。现在我们已经知道,在回归估计中可以直接使用 1 个因子变量作为 lm()函数的输入。在开始估计之前,最好将 location 变量的每个类别都标记出来,这样方便知道回归输出中类别的表示含义。我们可以使用 dplyr 包中的 mutate()函数和 base-R 中的 factor()函数来进行标记,就像在第 4 章数据管理中所做的那样：

```
flat2 <- mutate(flat2,
                location = factor(location,
                  levels = c(1, 2, 3, 4),
                  labels = c("centre", "south",
                    "west", "east")))
```

现在可以用下面的代码来估计这个模型。注意，可以不必将 location 变量放在 factor()函数的调用中，因为上面的代码已经将其转换为一个因子变量了。因此，R 会把 location 变量视为一个类别预测器，自动使用第一个类别（centre）作为估计的参考类别：

```
model8 <- lm(flat_price ~ location, data=flat2)
```

由 summary(model8)产生的估计回归函数和回归分析值如下：

$$\widehat{\text{flat\_price}}_i = \hat{\beta}_0 + \hat{\beta}_1 \times \text{south}_i + \hat{\beta}_2 \times \text{west}_i + \hat{\beta}_3 \times \text{east}_i \\ = 587721 - 172350 \times \text{south}_i - 83933 \times \text{west}_i - 97993 \times \text{east}_i \quad (9.14)$$

```
summary(model8)
##
## Call:
## lm(formula = flat_price ~ location, data = flat2)
##
## Residuals:
##     Min      1Q  Median      3Q     Max
## -372721 -139557  -24728   63242 1218946
##
## Coefficients:
##                 Estimate Std. Error t value Pr(>|t|)
## (Intercept)       597721      37524  15.929   <2e-16 ***
## locationsouth    -172350      82021  -2.101   0.0384 *
## locationwest      -83933      75897  -1.106   0.2717
## locationeast      -97993      50752  -1.931   0.0566 .
## ---
## Signif. codes:
## 0 '***' 0.001 '**' 0.01 '*' 0.05 '.' 0.1 ' ' 1
##
## Residual standard error: 218800 on 91 degrees of freedom
## Multiple R-squared: 0.0634, Adjusted R-squared: 0.03252
## F-statistic: 2.053 on 3 and 91 DF, p-value: 0.112
```

我们知道 R 在估计中使用 location 变量的第一类作为参照组。如果我们想要查看引用的类别是什么，那么可以输入 levels(flat2$location)。输出结果中的第一项就是引用的类别。在上面的输出中，截距 $\hat{\beta}_0$ 代表参照组（中心公寓）的平均价格。回归系数 $\hat{\beta}_1$、$\hat{\beta}_2$ 和 $\hat{\beta}_3$ 分别反映了中心公寓与南部、西部和东部公寓价格的平均差异。更具体地说，南部公寓的平均价格比中心公寓低，约 172350 美元。我们还观察到这种差异在统计学上是显著的。此外，西部公寓的平均价格比市中心低，约 83933 美元。然而，这种差异在统计学上并不显著。最后，东部公寓的平均价格比市中心低，约 97933 美元。这个差别是微不足道的，因此，我们可以忽略它。

9.4.2 比较组间差异

到目前为止，我们已经能够使用标准回归来比较剩余组（south、west、east）与参照组（centre）的平均值了。我们所说的"比较均值"其实是指用统计方法检验各个组平均值的差异。然而，在某些情况下，我们可能感兴趣的是比较其中部分组的平均值，而不是将每个组都与参照组进行比较。标准的回归输出并没有为我们提供这些信息。然而，我们可以应用两个常用的方法来比较部分组的平均值：改变参照组和检验线性组合。

改变参照组

第一种方法是多次重新估计同一回归模型，每次都改变参照组。举例来说，使用 centre 作为参照组可以检验 centre 和其他组（south 与 centre、west 与 centre、east 与 centre）平均值之间的差异。以 south 为参照组产生了两个新的均值差异（south 与 west，south 与 west），这是我们无法从第一次估计中直接得到的。最后，用 west 作为参照组又产生了一个均值差异（east 与 west），这是我们从前面两个估计中都无法得到的。

估计1	估计2	估计3
参照组	参照组	参照组
centre	south	west
其他组	其他组	其他组
south	centre	centre
west	west	south
east	east	east

因此，有必要建立 3 个线性回归模型，获得 4 个类别的所有 6 个可能的均值比较组合。我们可以通过在每次估计前使用 relevel() 函数改变参考类别来实现这一点。从上面的估计 2 开始，我们把参考类别改为 south，然后重新运行下面的估计：

```
flat2$location <- relevel(flat2$location,ref="south")
model9 <- lm(flat_price ~ location,data = flat2)
```

接下来，使用完全相同的程序，与估计 3 一致，我们将参考类别改为 west，并重新进行估计：

```
flat2$location <- relevel(flat2$location,ref="west")
model10 <- lm(flat_price ~ location,data = flat2)
```

两次重新估计的结果显示如下。在 summary(model)命令的末尾添加$coefficients，可以剔除系数以外的所有其他信息。我们这样做是为了节省空间，因为重新估计不会改变其他信息。

```
summary(model9)$coefficients
##                    Estimate Std. Error t value Pr(>|t|)
## (Intercept)   425370.38 72934.30 5.8322403 8.255755e-08
## locationcentre 172350.21 82021.29 2.1012863 3.838011e-02
## locationwest   88417.50 98344.59 0.8990581 3.709946e-01
## locationeast   74357.26 80542.46 0.9232058 3.583414e-01
summary(model10)$coefficients
##                    Estimate Std. Error t value Pr(>|t|)
## (Intercept)   513787.88 65971.56 7.7880210 1.049790e-11
## locationsouth -88417.50 98344.59 -0.8990581 3.709946e-01
## locationcentre 83932.71 75896.81 1.1058792 2.716939e-01
## locationeast  -14060.24 74296.18 -0.1892458 8.503217e-01
```

顺便说一下，不需要用第 4 类（east）作为参照组来重新估计模型。其他两个重新估计，加上默认估计，已经为我们提供了所有可能的配对比较组合①。对上面提供的系数与前面 summary(model8)产生的系数解释方式相同。这些系数表示被选为参照组的类别与所包含的其余类别之间的平均差异。

检验线性组合

检验所含组间平均差异的第二个方式是系数线性组合的 t 检验。在这种情况下，线性组合最常用的方法是相互加减回归系数。在式（9.9）中，任何一对回归系数之间的差异将为我们提供所选两组的平均值差异：$\beta_1 - \beta_2 = \Delta_1$ 是 south 和 west 类别平均值之间的差异；

$\beta_1 - \beta_3 = \Delta_2$ 是 south 和 east 类别平均值之间的差异；$\beta_2 - \beta_3 = \Delta_3$ 是 west 和 east 类别平均值之间的差异。请注意，每个 Δ 值都是系数的线性组合。然后我们用 t 检验来检验这 3 个组合的显著性。正如在前几章所做的那样，我们需要构建一个 t 统计量。你可能还记得，构建 t 统计量的简化公式是 $t_k = \beta_k / \sigma_{\beta k}$。但是我们需要扩展这个公式，以包括两个回归系数及其相关的标准误差，因为线性组合涉及多个系数。因此，我们

---

① n 个类别两两比较的总次数为 $(n-1)/2$。

的扩展公式是：

$$t_\Delta = \frac{\beta_j - \beta_k}{\sigma_{(\beta_j - \beta_k)}}$$

遵循自由度为 $n-K$ 的 t 分布，其中：

$$\sigma\sigma_{(\beta_j - \beta_k)} = \sqrt{\sigma_{\beta_j}^2 + \sigma_{\beta_k}^2 - 2\operatorname{cov}(\beta_j, \beta_k)}$$

利用 t 分位数表，可以找到与计算所得 t 统计量相对应的 P 值，根据 P 值可以确定所选的两个回归系数之间的差异是否与 0 显著不同。如果显著不同，那么我们就可以宣称所选两组的平均数有显著差异。

在实践中，使用 multcomp 包中的 glht() 函数可以很容易地实现这一点，在第 8 章中我们已经对不同的情况进行了说明。如果有四个组，那么最多可以进行 6 次配对比较，其中 3 次配对比较已经在使用一个类别（即 centre）作为参照组的第一次估计中完成了。这些比较组合是 south 与 centre、west 与 centre，以及 east 与 centre。如前文所述，至于剩下的 3 个比较组合（west 与 south、east 与 south、east 与 west），可以用下面的线性组合进行检验：

```
library(multcomp)
southVSwest <- glht(model8, linfct =
        c("locationsouth - locationwest = 0"))
summary(southVSwest)
##
##    Simultaneous Tests for General Linear Hypotheses
##
## Fit: lm(formula = flat_price ~ location, data = flat2)
##
## Linear Hypotheses:
##                                Estimate Std. Error
## locationsouth - locationwest == 0 -88418 98345
##                                t value Pr(>|t|)
## locationsouth - locationwest == 0 -0.899 0.371
## (Adjusted p values reported --single-step method)
southVSeast <- glht(model8, linfct =
        c("locationsouth -locationeast = 0"))
summary(southVSeast)
##
##    Simultaneous Tests for General Linear Hypotheses
##
## Fit: lm(formula = flat_price ~ location, data = flat2)
##
## Linear Hypotheses:
```

```
##                                     Estimate Std. Error
## locationsouth - locationeast == 0   -74357    80542
##                                      t value Pr(>|t|)
## locationsouth - locationeast == 0   -0.923    0.358
## (Adjusted p values reported -- single-step method)
westVSeast <- glht(model8, linfct =
        c("locationwest -locationeast = 0"))
summary(westVSeast)
##
##    Simultaneous Tests for General Linear Hypotheses
##
## Fit: lm(formula = flat_price ~ location, data = flat2)
##
## Linear Hypotheses:
##                                    Estimate Std. Error
## locationwest - locationeast == 0     14060    74296
##                                      t value Pr(>|t|)
## locationwest - locationeast == 0     0.189    0.85
## (Adjusted p values reported -- single-step method)
```

请注意，glht()函数需要一个估计输入作为它的第一个参数，这就是我们之前估计的 model8。在 summary(model8)产生的结果中，变量名称是 locationsouth、locationwest 和 locationeast。因此，这里也必须使用这些名称。

如上所示，3 个线性组合估计为我们提供了所含的组间平均差异，以及这些差异的标准误差和 P 值。你可以检查在这里使用线性组合方法得到的平均差异，和那些通过事先改变参考类别得到的平均差异。例如，第一个线性组合计算出西部和南部公寓的平均价格差异约为 88418 美元，在统计学上不显著（$p = 0.371$）。这与 summary(model9)产生的结果中使用 south 作为参照组进行重新估计得到的结果完全相同。

请记住，当把参考类别改为 west 时，location 变量类别的原始顺序也发生了变化。可以用以下代码找回原来的顺序：

```
flat2 <-
  flat2 %>%
  mutate(location = factor(location,
    levels = c("centre", "south", "west", "east")))
```

此外，如果我们想了解组均值的概况，并最终计算出组均值的差异，那么我们可以按以下方式使用 dplyr 包中的 group_by()函数：

```
flat2 %>%
  group_by(location) %>%
  summarise(mean(flat_price))
## # A tibble: 4 x 2
```

```
##   location `mean(flat_price)`
##   <fct>                <dbl>
## 1 centre             597721.
## 2 south              425370.
## 3 west               513788.
## 4 east               499728.
```

我们还可以更进一步，通过使用 ggplot2 包中的 ggplot() 函数和一组相关的几何对象（见第 5 章），将均值、置信区间以及分布情况进行可视化（见图 9.4）：

```
library(ggplot2)
ggplot(flat2, aes(x=location, y=flat_price, colour=location)) +
    geom_boxplot() +
    stat_summary(fun.data=mean_cl_boot, geom="errorbar",
                 colour="blue", width=0.1) +
 stat_summary(fun.y=mean, geom="point", colour="green") +
 geom_jitter(size=0.1)
```

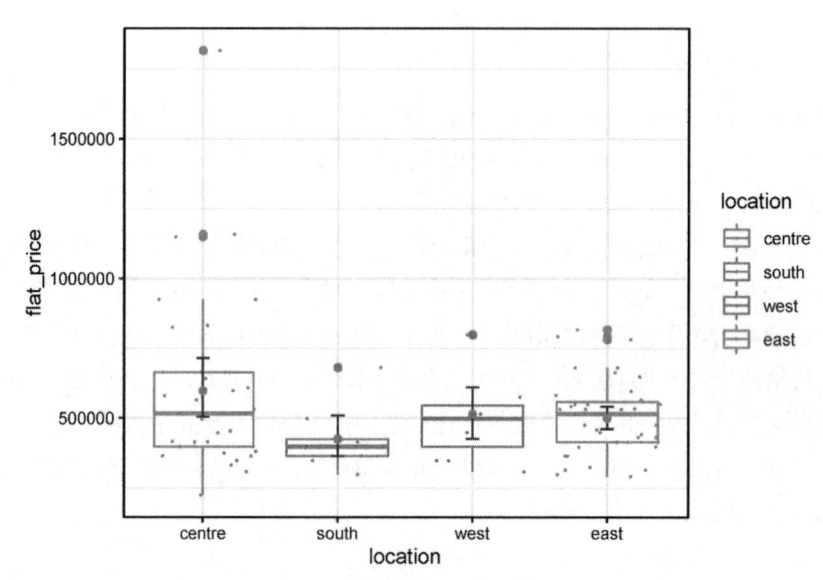

图 9.4　使用 ggplot() 可视化模型预测结果（见文前彩图）

9.4.3　成对多重比较调整

在 9.4.2 节中，我们进行了 6 次独立的配对比较（即 t 检验）。这意味着每个检验都有发现假阳性结果的概率。也就是说，即使总体没有显示出这样的效应，也会得到一个显著的 P 值。因此，当我们进行多个这样的检验时，偶然发现至少 1 个显著结果的总概率就会增加。这被称为"误差率判断族"，通常在计算 P 值后使用调整或校正来进行控制。当每次进行检验的错误率都在增加时，我们需要设定一个更保守的显著性标准。

一种方法是将每个单独的配对比较的未经调整的 P 值乘以配对比较的总数，得出调整后的 P 值，这种方法被称为"Bonferroni 调整"。另外，我们也可以用所选择的显著性水平 0.05 除以成对比较的总数。由此得出的值将是新的显著性水平，用于与配对组合的 P 值进行比较。例如，如果你对一个配对组合的 P 值为 0.04，并且总共进行了 6 次配对比较，那么调整后的 P 值将为 0.24，这显然高于 0.05。换句话说，一个在调整前具有统计学意义的效应在调整后可能并不显著。

有许多调整单个成对比较的 P 值的方法（如 Holm 法、LSD、Tukey HSD 检验等），因此，决定在特定情况下使用哪种修正方法可能是一项具有挑战性的任务。所有这些方法的共同点是，它们在功率（调整后发现显著效应的概率）和第一类错误率（发现错误的显著效应的概率）之间进行权衡。Tukey 程序是许多领域和应用中的一个常见选择。因此，下面我们使用 multcomp 包中的 glht()函数和 Tukey 程序。虽然在 glht()中使用 Tukey 程序很方便，但也有一个叫作 TukeyHSD()的函数。由于 Tukey 程序假定方差相等（同方差），我们可以使用 glht()函数中的参数 vcov=sandwich 来为不等方差（异方差）情况下的估计值生成稳健的标准误差。为了应用这个功能，我们需要在 multcomp 包之外先安装 sandwich 包：

```
library(sandwich)
compTukey <- glht(model8, linfct=mcp(location="Tukey"),
                  vcov=sandwich)
```

现在，我们可以请求上述估计的结果。也就是说，将 summary()函数应用于 compTukey 模型对象：

```
summary(compTukey)
##
##   Simultaneous Tests for General Linear Hypotheses
##
## Multiple Comparisons of Means: Tukey Contrasts
##
##
## Fit: lm(formula = flat_price ~ location, data = flat2)
##
## Linear Hypotheses:
##                   Estimate Std. Error t value Pr(>|t|)
## south - centre == 0 -172350 63464 -2.716 0.0366 *
## west - centre == 0 -83933 70881 -1.184 0.6277
## east - centre == 0 -97993 57035 -1.718 0.3098
## west - south == 0 88418 58511 1.511 0.4235
## east - south == 0 74357 40651 1.829 0.2569
```

```
## east - west == 0 -14060 51467 -0.273 0.9925
## --
## Signif. codes:
## 0 '***' 0.001 '**' 0.01 '*' 0.05 '.' 0.1 ' ' 1
## (Adjusted p values reported --single-step method)
```

在这个输出中，我们看到唯一有统计学意义的差异（$p=0.0368$）是南部和中部的公寓的平均价格差异，因为南部公寓比中心公寓平均价格低 172350 美元。

9.5 有一个以上虚拟变量和一个协变量的回归

有一个以上的虚拟变量和一个协变量的回归直接对应于一个独立的方差分析。让我们继续上一节的例子，我们将公寓价格与公寓的地理位置（中心、南部、西部和东部）进行回归。然而这一次，我们将扩展回归模型，加入一个额外的协变量——楼层面积，以平方米为单位衡量公寓的面积。这样的回归模型将是：

$$E[Y_i] = \beta_0 + \beta_1 X_{1i} + \beta_2 X_{2i} + \beta_3 X_{3i} + \beta_5 X_{5i} \tag{9.15}$$

与式（9.9）一样，式（9.15）包括虚拟变量 X_1（south）、X_2（west）和 X_3（east），但不包括虚拟变量 X_4（centre）。此外，我们还在模型中加入了协变量 X_5（floor_size）。现在让我们来确定，如果把 X_5 也考虑进去（保持不变），式（9.15）中的虚拟变量的系数会是多少。与前面的例子类似，让 $X_1 = X_2 = X_3 = 0$：

$$E[Y_i] = \beta_0 + \beta_1 \times 0 + \beta_2 \times 0 + \beta_3 \times 0 + \beta_5 X_{5i} = \beta_0 + \beta_5 X_{5i} \tag{9.16}$$

当 $X_1 = 1$，但 $X_2 = X_3 = 0$ 时：

$$E[Y_i] = \beta_0 + \beta_1 \times 1 + \beta_2 \times 0 + \beta_3 \times 0 + \beta_5 X_{5i} = \beta_0 + \beta_1 + \beta_5 X_{5i} \tag{9.17}$$

当 $X_2 = 1$，但 $X_1 = X_3 = 0$ 时：

$$E[Y_i] = \beta_0 + \beta_1 \times 0 + \beta_2 \times 1 + \beta_3 \times 0 + \beta_5 X_{5i} = \beta_0 + \beta_2 + \beta_5 X_{5i} \tag{9.18}$$

当 $X_3 = 1$，但 $X_1 = X_2 = 0$ 时：

$$E[Y_i] = \beta_0 + \beta_1 \times 0 + \beta_2 \times 0 + \beta_3 \times 1 + \beta_5 X_{5i} = \beta_0 + \beta_3 + \beta_5 X_{5i} \tag{9.19}$$

我们可以看到，在式（9.16）至式（9.19）中，虚拟变量的系数仍然反映了各组的平均数与参照组之间的差异。然而，这些平均值是在控制了协变量 X_5 后得出的调整平均值。在 4 个组的方程中又有不同的截距。式（9.16）的截距等于 β_0，式（9.17）的截距等于 $\beta_0 + \beta_1$，式（9.18）的截距等于 $\beta_0 + \beta_2$，而式（9.19）的截距等于 $\beta_0 + \beta_3$。

正如回归模型所示这四个方程对 X_5 的斜率系数（β_5）仍然相同。

如果想用几何学的方法来表示一个包含一个以上的虚拟变量的回归模型，那么可以在图 9.2 中增加两条平行线。在目前的例子中，所有的回归线都会显示出一种负相关关系。原因很简单，我们用 centre 作为参考组，预期它的平均价格会比模型中的其他三个组高。此外，对于假设检验（F 检验和 t 检验），我们可以直接使用第 8 章多元回归中学习的方法。

R 语言实例

现在让我们估计一下式（9.15），通过控制一个额外的协变量，即之前创建的数据集 flat2 中的 floor_size 变量，来比较 4 个不同地点公寓的平均价格。要做到这一点，我们只需在 lm() 函数中添加协变量，如下：

```
model11 <- lm(flat_price ~ location + floor_size,data=flat2)
```

接下来显示了由 summary(model11) 产生的该回归分析的估计回归函数和值：

$$\widehat{flat\_price}_i = \hat{\beta}_0 + \hat{\beta}_1 \times south_i + \hat{\beta}_2 \times west_i + \hat{\beta}_3 \times east_i + \hat{\beta}_5 \times floor\_size_i \\ = 165997 - 182491 \times south_i - 79204 \times west_i - 45982 \times east_i + 5295 \times floor\_size_i \quad (9.20)$$

```
summary(model11)
##
## Call:
## lm(formula = flat_price ~ location + floor_size, data = flat2)
##
## Residuals:
##     Min     1Q  Median     3Q    Max
## -214995 -65514  -1362  37965 967574
##
## Coefficients:
##                  Estimate Std. Error t value Pr(>|t|)
## (Intercept)      165996.8   41784.0   3.973 0.000143 ***
## locationsouth   -182490.9   50203.8  -3.635 0.000462 ***
## locationwest     -79203.7   46450.5  -1.705 0.091621 .
## locationeast     -45981.9   31343.6  -1.467 0.145855
## floor_size         5295.3     428.2  12.368  < 2e-16 ***
## --
## Signif. codes:
## 0 '***' 0.001 '**' 0.01 '*' 0.05 '.' 0.1 ' ' 1
##
## Residual standard error: 133900 on 90 degrees of freedom
## Multiple R-squared: 0.6531,Adjusted R-squared: 0.6376
## F-statistic: 42.35 on 4 and 90 DF, p-value: < 2.2e-16
```

在上面的回归输出中，我们可以直接观察到 3 个不同位置（south、west 和 east）的公寓在控制 floor_size 时与中心公寓调整后的平均价格差异。这些平均差异分别用 $\hat{\beta}_1$、$\hat{\beta}_2$ 和 $\hat{\beta}_3$ 表示。由于在式（9.20）中，我们有 floor_size 作为一个额外的自变量，$\hat{\beta}_0$ 不再代表参照组（centre）的平均价格。相反地，$\hat{\beta}_0$ 现在代表了城市中心面积为 0 平方米的公寓的平均价格（即不存在的公寓）。然而，要想知道市中心（以及其他地区）公寓的平均价格，我们可以很容易地使用本章前面学习过的 predict()函数：

```
xsvals4 <- data.frame(
  location=factor(c("centre","south","west","east"),
                  levels=c("centre","south",
                           "west","east")),
  floor_size=mean(flat2$floor_size))
predval4 <- predict(model11, newdata = xsvals4,
                    interval = "confidence", level = 0.95)
xsvals_pval4 <- cbind(xsvals4, predval4)
xsvals_pval4
##   location floor_size     fit      lwr      upr
## 1   centre   77.36842 575686.8 529925.9 621447.8
## 2    south   77.36842 393195.9 304368.5 482023.4
## 3     west   77.36842 496483.1 416223.6 576742.6
## 4     east   77.36842 529705.0 487879.8 571530.1
```

predict()函数为我们提供了上述城市所有 4 个地点公寓的平均估计价格，我们使用表达式 floor_size=mean(flat2$floor_size)来保持所有公寓的楼层面积为平均值。与上一节中的方法相同，如果需要，我们可以使用重新估计或线性组合程序来检验回归模型中包含的其他变量之间的平均差异。

9.6 两组独立虚拟变量的回归

两组独立虚拟变量（即两个分类变量）的回归等价于独立的双因素方差分析（之所以称为双因素方差分析，是因为我们有两个分类的独立变量）。假设我们想扩展式（9.9），用一个包括三个类别（1 表示最佳，2 表示一般，3 表示差）的分类变量（energy_efficiency）对地理位置（centre、south、west 和 east）进行回归。在这种情况下，由于有两个分类变量，因此需要创建两套独立的虚拟变量，一套用于地理位置，另一套用于我们额外的分类变量 energy efficiency。然后新回归模型表达式如下：

$$E[Y_i] = \beta_0 + \beta_1 X_{1i} + \beta_2 X_{2i} + \beta_3 X_{3i} + \beta_6 X_{6i} + \beta_7 X_{7i} \qquad (9.21)$$

在这里，我们将 X_1（south）、X_2（west）和 X_3（east）纳入模型，而虚拟变量 X_4

(centre) 被排除在外。此外，我们还包括为 energy_efficiency 变量的两个类别创建虚拟变量，即 X_6（mediocre，一般）和 X_7（poor，差）；我们指定 X_8（best，最佳）为参考组，并将其排除在模型之外。

让我们看看在这种情况下，式（9.21）中的虚拟变量的系数表示的含义是什么。当 $X_1 = X_2 = X_3 = X_6 = X_7 = 0$ 时：

$$E[Y_i] = \beta_0 + \beta_1 \times 0 + \beta_2 \times 0 + \beta_3 \times 0 + \beta_6 \times 0 + \beta_7 \times 0 = \beta_0 \quad (9.22)$$

式（9.22）计算的是位于市中心（centre）能源效率最高（best）的公寓的平均价格。当 $X_1 = 1$ 和 $X_2 = X_3 = X_6 = X_7 = 0$ 时：

$$E[Y_i] = \beta_0 + \beta_1 \times 1 + \beta_2 \times 0 + \beta_3 \times 0 + \beta_6 \times 0 + \beta_7 \times 0 = \beta_0 + \beta_1 \quad (9.23)$$

式（9.23）计算的是南部地区（south）能源效率最高（best）的公寓的平均价格。当 $X_2 = 1$ 和 $X_1 = X_3 = X_6 = X_7 = 0$ 时：

$$E[Y_i] = \beta_0 + \beta_1 \times 0 + \beta_2 \times 1 + \beta_3 \times 0 + \beta_6 \times 0 + \beta_7 \times 0 = \beta_0 + \beta_2 \quad (9.24)$$

式（9.24）计算的是西部地区（west）能源效率最高（best）的公寓的平均价格。当 $X_3 = 1$ 和 $X_1 = X_2 = X_6 = X_7 = 0$ 时：

$$E[Y_i] = \beta_0 + \beta_1 \times 0 + \beta_2 \times 0 + \beta_3 \times 1 + \beta_6 \times 0 + \beta_7 \times 0 = \beta_0 + \beta_3 \quad (9.25)$$

式（9.25）计算的是东部地区（east）能源效率最高（best）的公寓的平均价格。当 $X_6 = 1$ 和 $X_1 = X_2 = X_3 = X_7 = 0$ 时：

$$E[Y_i] = \beta_0 + \beta_1 \times 0 + \beta_2 \times 0 + \beta_3 \times 0 + \beta_6 \times 1 + \beta_7 \times 0 = \beta_0 + \beta_6 \quad (9.26)$$

式（9.26）计算的是中心地区（centre）能源效率一般（mediocre）的公寓的平均价格。当 $X_7 = 1$ 和 $X_1 = X_2 = X_3 = X_6 = 0$ 时：

$$E[Y_i] = \beta_0 + \beta_1 \times 0 + \beta_2 \times 0 + \beta_3 \times 0 + \beta_6 \times 0 + \beta_7 \times 1 = \beta_0 + \beta_7 \quad (9.27)$$

式（9.27）计算的是中心地区（centre）能源效率低下（poor）的公寓的平均价格。

正如我们从式（9.23）至式（9.27）中所看到的，每个回归系数代表了对应的虚拟变量等于 1 的情况下的截距和平均值之间的差异。例如，$\beta_1 = (\beta_0 - (\beta_0 + \beta_1))$ 代表能源效率最好的中心公寓和能源效率最好的南部公寓平均价格之间的差异，同理可得其他系数的含义。

我们再次使用第 8 章多元回归中介绍的方法（F 检验、t 检验）来检验上述模型的总体显著性，以及各个系数的显著性。正如在多元回归一章中提到的，我们将推广 F 检验的思想来检验回归模型中的一组系数。这种方法适用于包括一个以上分类变量的虚拟变量回归模型,就像我们的例子一样,我们可能对每个原始分类变量的显著性感兴趣,而不关心由它们衍生的虚拟变量。

假设我们不仅对完整模型的整体显著性感兴趣,而且还想检验 energy_efficiency 变量或 location 变量是否单独显著。由于这两个变量由两组不同的虚拟变量表示,因此我们需要通过相互控制来检验这两组系数是否联合显著。为此,我们构建一个 F 统计量:

$$F = \frac{(\text{RSS}_R - \text{RSS}_{UR})/P}{\text{RSS}_{UR}/(n-K)} \tag{9.28}$$

它遵循一个第一自由度 $df_1 = p$,第二自由度 $df_2 = n - K$ 的 F 分布。RSS_R 和 RSS_{UR} 是受限模型和无限制模型的相对误差,P 是限制的数量,n 是观测值的数量,K 是参数的数量。

例如,为了检验 energy_efficiency 变量的显著性,包括所有 5 个虚拟变量的模型将代表我们的完整模型,而限制模型是只包括 location 变量中 3 个虚拟变量的模型。我们称之为限制性模型的原因是,假设 energy_efficiency 变量没有任何影响(即 $H_0: \beta_6 = \beta_7 = 0$)。由于我们将这两个系数限制为零,所以限制数 P 的值为 2。如果 F 检验的结果被证明是显著的,我们将支持另一种假设,即在控制了 location 变量的情况下,energy_efficiency 变量确实对平均价格会产生影响。此外,我们还可以使用线性组合的方法(用来检验被纳入的虚拟组之间的差异)来检验具有两个分类变量的回归模型中不同组平均值的差异。

尽管到目前为止,我们的回归模型只限于两个分类变量(双因素方差分析),但我们可以通过包括额外的协变量和(或)额外的分类变量来轻松地扩展它。毕竟,任何包括一个以上自变量的模型,无论是连续的还是分类的,都是一个多元回归模型。因此,我们可以简单地利用多元回归一章的知识来进一步评估这些基于虚拟变量的模型,就像我们在本章中所做的那样。

R 语言实例

式(9.21)中的模型包括两个独立的分类变量,即 location 和 energy_efficiency。location 变量包括 4 个类别(centre、south、west 和 east),energy_efficiency 变量包括 3 个类别(best、mediocre 和 poor)。现在我们要将 flat_price 与 location 和 energy_efficiency 进行回归。在本章的前半部分我们已经将 location 转化为一个因子变量,因此在继续估计模型之前,我们将对 energy_efficiency 进行同样的处理。

```
library(dplyr)
flat2 <- mutate(flat2,
```

```
                    energy_efficiency =
                      factor(energy_efficiency,
                             levels = c(1, 2, 3),
                             labels = c("best", "mediocre",
                                        "poor")))
model12 <- lm(flat_price ~ location + energy_efficiency,
              data=flat2)
```

由 summary(model12) 产生的估计回归函数和回归分析值如下：

$$\begin{aligned}\widehat{\text{flat\_price}}_i &= \hat{\beta}_0 + \hat{\beta}_1 \times \text{south}_i + \hat{\beta}_2 \times \text{west}_i + \hat{\beta}_3 \times \text{east}_i \\ &+ \hat{\beta}_6 \times \text{mediocre}_i + \hat{\beta}_7 \times \text{poor}_i \\ &= 743601 - 199208 \times \text{south}_i - 102148 \times \text{west}_i - 133096 \times \text{east}_i \\ &- 112341 \times \text{mediocre}_i - 198577 \times \text{poor}_i \end{aligned} \quad (9.29)$$

```
summary(model12)
##
## Call:
## lm(formula = flat_price ~ location + energy_efficiency, data = flat2)
##
## Residuals:
##     Min     1Q  Median     3Q    Max
## -406260 -114344  -23164  50224 1185406
##
## Coefficients:
##                            Estimate Std. Error t value
## (Intercept)                  743601      87636   8.485
## locationsouth               -199208      85100  -2.341
## locationwest                -102148      82904  -1.232
## locationeast                -133096      57941  -2.297
## energy_efficiencymediocre   -112341      77756  -1.445
## energy_efficiencypoor       -198577      85725  -2.316
##                            Pr(>|t|)
## (Intercept)                1.29e-12 ***
## locationsouth                0.0219 *
## locationwest                 0.2217
## locationeast                 0.0244 *
## energy_efficiencymediocre    0.1526
## energy_efficiencypoor        0.0232 *
## --
## Signif. codes:
## 0 '***' 0.001 '**' 0.01 '*' 0.05 '.' 0.1 ' ' 1
##
## Residual standard error: 217600 on 76 degrees of freedom
##   (13 observations deleted due to missingness)
```

```
## Multiple R-squared: 0.1246,Adjusted R-squared: 0.067
## F-statistic: 2.163 on 5 and 76 DF, p-value: 0.06694
```

在上面 summary(model12) 的输出中，每个回归系数代表该虚拟变量等于 1 的情况下的截距和平均值之间的差异。例如，199208 美元代表了在市中心有最佳能源效率的公寓和在南部有最佳能源效率的公寓的平均价格之间的差异。同理可解释其余的系数。

此外，利用 F 检验，我们还可以检验由两个分类变量中的每一个创建的虚拟变量是否对因变量有显著影响。这在 R 中使用 car 包中的 linearHypothesis() 函数就可以轻松完成，具体方法如下。首先，我们创建一个缺少该因素的受限模型，并与完整模型进行比较，以此来检验 location 变量的显著性：

```
library(car)
linearHypothesis(model12, c("locationsouth = 0",
                            "locationwest = 0",
                            "locationeast = 0"))
## Linear hypothesis test
## 
## Hypothesis:
## locationsouth = 0
## locationwest = 0
## locationeast = 0
## 
## Model 1: restricted model
## Model 2: flat_price ~ location + energy_efficiency
## 
##   Res.Df    RSS Df Sum of Sq      F Pr(>F)
## 1     79 3.9615e+12
## 2     76 3.5993e+12  3 3.6214e+11 2.5489  0.062 .
## ---
## Signif. codes:
## 0 '***' 0.001 '**' 0.01 '*' 0.05 '.' 0.1 ' ' 1
```

然后，我们用同样的方法检验 energy_efficiency 变量的显著性：

```
linearHypothesis(model12, c("energy_efficiencymediocre = 0",
                            "energy_efficiencypoor = 0"))
## Linear hypothesis test
## 
## Hypothesis:
## energy_efficiencymediocre = 0
## energy_efficiencypoor = 0
## 
## Model 1: restricted model
```

```
## Model 2: flat_price ~ location + energy_efficiency
##
##   Res.Df        RSS Df  Sum of Sq      F  Pr(>F)
## 1     78  3.8687e+12
## 2     76  3.5993e+12  2  2.694e+11 2.8442 0.06439 .
## ---
## Signif. codes:
## 0 '***' 0.001 '**' 0.01 '*' 0.05 '.' 0.1 ' ' 1
```

上面的输出显示了这两个 F 检验的结果，可以看出，在 α 水平为 0.1 的情况下，两个分类变量（在相互控制后）可能被认为对 flat_price 有显著影响，但在更传统的 $\alpha = 0.05$ 水平下则没有。此外，我们还可以使用重新估计或线性组合的方法来检验单个系数之间的平均差异。

9.7 本章小结

在本章中，我们详细说明了比较均值的虚拟变量回归方法与传统的方差分析方法是相同的，但与方差分析的限制性模型相比，它提供了一个更加灵活和强大的工具。我们认为，理解基于虚拟变量的回归方法为更好地理解涉及连续变量和分类变量组合的统计建模提供了一个良好的基础。就 R 而言，我们建议你通过探索 factor()、glht()、predict() 和 linearHypothesis() 函数来体会虚拟变量回归的强大功能。

【核心概念】

ANCOVA：协方差分析，通过控制一个协变量，来检验两个以上独立组的均值。
ANOVA：方差分析，检验两个以上独立组的均值。
二分变量：包含两个类别。
虚拟变量：取值为 0 和 1 的二分变量。
***F* 检验**：检验回归模型中一组系数的显著性。
包含组：与参照组进行比较的组。
独立 *t* 检验：检验两个独立组的均值。
平均差：用回归系数表示的一组均值差异。
多分类变量：包括两个以上类别（组）的分类变量。
参考组：一个被排除在回归模型之外，并与所有其他组进行比较的组。

【提问】

1. 什么是虚拟变量？
2. 什么是虚拟变量回归？
3. 如何使用回归法来比较平均值？
4. 建立一个虚拟变量回归模型，包括两个分类变量，每个变量包含三个类别（组），以及一个连续变量。
5. 举例说明 predict() 函数的用途。

【本章使用的函数示例】

dplyr
```
flat2 <- mutate(flats,
                centre = if_else(location==1, 1, 0),
                south = if_else(location==2, 1, 0),
                west = if_else(location==3, 1, 0),
                east = if_else(location==4, 1, 0))
```
- 为一个多分类变量创建虚拟变量。

fastDummies
```
flat2 <- dummy_cols(flat2,
                select_columns="location")
```
- 为一个多分类变量创建虚拟变量。

dplyr
```
flat2 <- mutate(flat2,
                centre=if_else(location==1, 1, 0))
```
- 创建一个虚拟变量

base
```
lm(pris ~ factor(location==1), data = flat2)
```
- 通过 factor() 函数将第一个类别（centre）转化为因子变量。

dplyr
```
flat2 <- mutate(flat2,
                location =
                factor(location,
                levels = c(1, 2, 3, 4),
                labels = c("centre", "south",
                           "west", "east")))
```

- 标记分类变量的每一个类别。

base
```
flat2$location <- relevel(flat2$location,
                          ref="south")
```
- 将引用类别更改为 south。
```
southVSwest <- glht(model4, linfct =
                 c("locationsouth -locationwest = 0"))
summary(southVSwest)
```
- 线性组合检验的结果。

dplyr
```
flat2 %>%
  group_by(location) %>%
summarise(mean(flat_price))
```
- 计算每组的平均值。

multcomp
```
compTukey <- glht(model8, linfct=mcp(location="Tukey"),
                  vcov=sandwich)
summary(compTukey)
```
- 基于 Tukey 检验和鲁棒标准误差的两两比较结果。

base
```
anova(model8)
```
- 进行方差齐性检验。

car
```
linearHypothesis(model8, c("locationsouth = 0",
                           "locationwest = 0",
                           "locationeast = 0"))
```
- 检验一个多分类变量是否具有显著的总体影响。

第 10 章

使用回归法进行交互、调节分析

在本章中，将会使用以下 R 包：
- astatur：本书的配套 R 包，包含本章使用的数据集。
- tidyverse：提供数据管理（dplyr、tidyr）和绘图（ggplot2）功能。
- interactions：包含分析交互作用效果的函数。
- car：检验系数的联合显著性。

必须先安装和加载上面提到的包才能运行本章提供的代码。可以使用下列命令来进行 R 包的安装：

```
packages <- c("tidyverse", "interactions",
              "car", "devtools")
install.packages(packages)
devtools::install_github("ihrke/astatur")
```

【学习成果】

- 理解什么是统计学上的交互作用/调节效应。
- 理解交互模型背后的技术细节。
- 理解回归和因子方差分析之间的联系。
- 掌握交互模型中中心化、标准化和原始变量的使用方法。
- 学习如何开发一个交互模型并使用 R 语言进行估计。

在本章中，我们通过解释交互作用/调节效应背后的原理，以表明它们可以用于系统地模拟调节效应或"效应对效应"。随后，本章将介绍常用于检查双向交互模型的方法。为了便于理解交互的具体含义和用途，我们将介绍具有不同预测和调节项的交互模型的内容：连续预测器和虚拟调节器之间的交互作用、连续预测器与连续调节器之间的交互作用、虚拟预测器与虚拟调节器之间的交互作用，以及连续预测器和多变量调节器之间的交互作用。然后，我们将展示如何使用 R 对这些交互模型进行估计。重要的是，我们将明确本章提出的交互方法与经典的阶乘方差分析/协方差分析模型之间的联系。

10.1 交互作用/调节效应

到目前为止，本书中介绍的所有回归模型都是在假设模型中其他自变量不变的前提下，研究一个自变量对因变量的影响。更准确地说，假设某个自变量的系数在另一个独立变量下的任意水平完全相同。这种独立的线性模型在许多情况下是非常有用的。然而，许多现实生活中的场景需要对系统性变化的影响进行建模。在这种情况下使用没有交互项的标准线性回归可能会产生不太细致甚至不正确的推断。因此，在方法论的文献中不断强调交互模型的重要性。在线性加法模型中，我们检验的是主效应，而在非加法模型中，我们也对检验交互作用/调节效应感兴趣（见图10.1）。

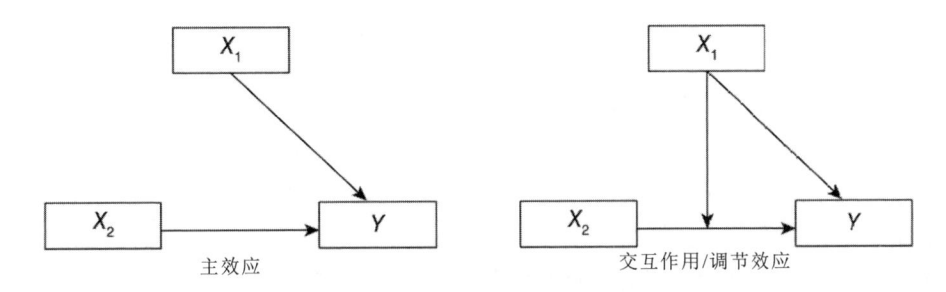

图 10.1 加法和非加法模型示意图

顺便说一句，在本书中交互作用和调节效用是等价的。当第 3 个变量（或调节器 X_3）影响自变量（X_2）和因变量（Y）之间的关系时，就会出现交互作用。交互作用调节效应体现在当调节器取不同值时，自变量系数的大小和（或）符号变化情况。对于交互作用/调节效应的概念我们可以通过一些现实生活中的例子来帮助理解。

例如，一位心理学家发现，专制的领导风格对员工效率有一定影响，但对没有经验的员工和有经验的员工产生的影响是不同的。虽然专制的领导对没有经验的员工的效率有很强的正面影响，但这种影响在有经验的员工中却大大减弱，甚至有负面影响。

在这种情况下，量化专制领导的变量是预测变量，有效性是响应变量，而员工状况（无经验/有经验）是调节因子。一般来说，我们会把被调节的变量称为预测变量或自变量，而把调节效应的变量称为调节变量。在实践中，这两个变量在回归模型中被视为自变量，将它们视为调节变量还是预测变量，只是一个名称问题，而不是建模的问题。

另一个例子，有一个政治学家从研究中发现，在失业率较低的年份（1990 年）和失业率较高的年份（1991 年），人们对移民的积极态度导致他们对右翼政治的看法会因经济状况的不同而不同。更具体地说，相较于高失业率年份，在低失业率年份时，人们积极移民的意愿对右翼政治观点将产生更大的负面影响。这里，就业率（1990 年对比 1991 年）是调节变量。因此，研究者可以声称，就业率可以调节移民的态度对右翼政治观点的影响。

在第 3 个例子中，一位市场营销学者发现，一家公司的公众形象会调节媒体报道，进而影响消费者的购买意愿。换句话说，媒体对该公司做出正面报道，消费者购买该公司产品的意愿就会增加。

请注意，在第一个例子中，我们有一个分类的调节变量（无经验与有经验的雇员）。在第二个例子中，我们也有一个分类调节变量。但是，在这个情况下，调节变量包括两个时间点，而不是不同的类别。在第三个例子中，我们有一个连续的调节器变量（公众形象，用一个评分表来衡量）。这些例子表明，我们可以很容易地在交互模型中使用类别和连续变量作为调节变量。在下文中，我们将介绍社会科学中最常用的乘积-项（Product-Term）方法，即使用线性回归来研究统计学上的交互作用/调节效应。

10.2 乘积-项方法

乘积-项（Product-Term）方法描述了创建一个新变量 X_3 的方法，即采用另外两个变量的乘积作为新变量：$X_3 = X_1 \times X_2$。然后这个乘积变量 X_3 与它的组成项 X_1 和 X_2 一起进入回归模型，用来对两个原始变量之间的交互作用进行建模。由该方法得到的回归模型如下：

$$E[Y_i] = \beta_0 + \beta_1 X_{1i} + \beta_2 X_{2i} + \beta_3 X_{1i} X_{2i} \tag{10.1}$$

图 10.2 直观地展示了产品期乘积-项方法的原理。出于教学目的，在图 10.2 中，我们把 X_1 作为调节变量，X_2 作为预测变量。当然，你也可以更换这两个变量，仍然适用于相同的乘积-项公式。简单来说，乘积项 $X_1 \times X_2$，同样可以被解释为 X_2 是调节变量。虽然在数学上是等价的，但在实践中，研究者的假设决定了哪些变量应被视为调节变量。

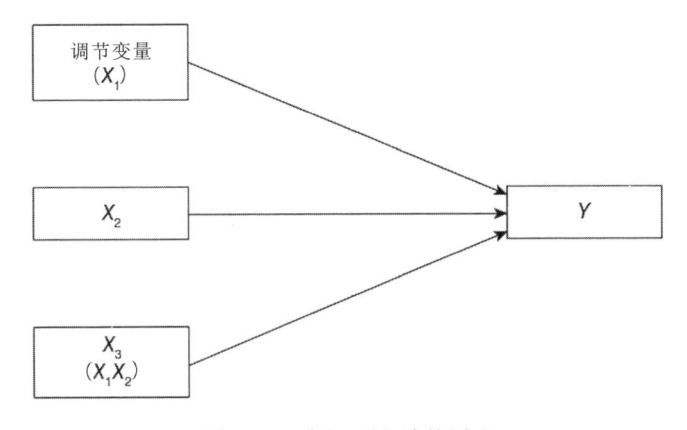

图 10.2　乘积-项方法的原理

为了更好地理解带有乘积-项的非加性模型，我们首先回顾一下加性模型（即没有乘积项）中系数的含义。图 10.2 中描述的模型的加性版本为：

$$E[Y_i] = \beta_0 + \beta_1 X_{1i} + \beta_2 X_{2i} \tag{10.2}$$

在式（10.2）中，我们只探究了 X_1 和 X_2 对 Y 的影响。直观地说，在 X_2 的所有水平上，β_1 反映了 X_1 的"平均"影响（准确地说，是 X_1 的单位变化对 Y 产生的影响）。因此，系数 β_1 被假定为在 X_2 上是恒定的。更准确地说，β_1 表示在保持 X_2 不变的情况下，X_1 每增加一个单位，Y 均值的变化量，而 β_2 表示在保持 X_1 不变的情况下，X_2 每增加一个单位，Y 均值的变化量。

然而，在式（10.1）所示的非加性模型中，β_1 和 β_2 不再代表主要（无条件）效应。现在它们反映了简单主要（条件）效应。具体来说，β_1 代表当 X_2 等于 0 时，X_1 对 Y 的影响，β_2 表示当 X_1 等于 0 时，X_2 对 Y 的影响。更重要的是，β_3 表示 Y 在 X_2 上的斜率系数因 X_1 增加一个单位产生的变化量。如果我们选择 X_2 作为调节变量，β_3 将代表当 X_2 增加一个单位时 Y 在 X_1 上的斜率变化。在数学上，这两种解释是相同的。

式（10.1）中的模型说明了另一个重要问题，这个问题在出版物中分析交互作用的结果时经常被忽视或隐含。也就是说，在分析两个连续变量之间的交互作用时，交互作用效应的形式被假定为线性。然而，在某些情况下，自变量对因变量的影响不一定遵循线性模式。例如，研究者可能会假设，工厂员工的咖啡摄入量对生产力的影响会随着员工睡眠时间的增加而线性增加。在睡眠时间不超过 8 小时的情况下，情况似乎是这样的，而睡眠时间超过 8 小时，可能会出现相反的情况。这种情况下的交互作用可能需要采取非线性的形式，但这已经超出了本书要讲解的范围。

在交互模型中，乘积（交互）项的系数可以用来检验交互作用是否为线性的。我们使用与前几章线性回归（第 7 章至第 9 章）相同的假设检验流程来检验乘积项的系数在统计上是否与 0 有显著差异。比如说，在式（10.1）中，原假设是 $H_0: \beta_3 = 0$，所以如果 β_3 被证明与 0 有显著差异，那么我们可以声称，X_1 确实调节了 X_2 和 Y 之间的关系。因此，不显著的 β_3 意味着没有证据表明存在线性交互作用。然而，请注意，这种"没有证据"支持的线性效应并不等同于没有交互作用。因此，在存在不显著的效应（交互作用或其他）的情况下，我们必须谨慎行事，以避免匆忙得出"没有效应"的结论。只能说，目前我们没有证据声称存在线性交互作用（尽管它可能存在）。检验乘积项系数的方法同样适用于以下章节中讨论的所有交互模型。

现在我们将介绍一个使用 R 的具体例子，说明如何在两个变量 health（健康）和 age（年龄）之间创建一个乘积（交互）项。这些变量来自 workout 数据集，该数据集在本书所附的 astatur 包中，提供了来自一个健身中心用户的问卷调查数据，目的是研究他们的健身动机。health 变量衡量的是健康问题对用户健身动机的重要性；age 变量是用户的年龄，单位是年。下一个例子中的因变量被称为 whours，代表了用户每个月的健身时长。下面的代码展示了如何在回归模型中产生交互项。一种方法是使用 dplyr 包中的 mutate() 函数（第 4 章中介绍过），如下所示：

```
library(dplyr)
library(astatur)
workout <- mutate(workout,
                  healthage = health * age)
```

请注意，我们将 health 和 age 之间的乘积存储在一个新的变量中并称之为 healthage。然后我们可以在回归模型中使用这个新生成的 healthage 变量，代表 health 和 age 之间的相互关系：

```
lm(whours ~ health + age + healthage,data=workout)
```

虽然这种方法可以很容易地创建交互项和估计交互模型，但 R 有一些额外的功能，使这项任务更加简单。在 R 中，无须像上面那样生成一个实际的变量（healthage），我们可以用下面的命令来估计交互模型，并在 lm() 函数中直接用冒号操作符创建交互项（health:age）：lm(whours ~ health + age + health:age,data=workout)

上述命令可以进一步简化为以下命令，其中乘法运算符（health*age）指定了全因子交互作用（health、age 及它们的交互作用都包括在内）：

```
lm(whours ~ health*age, data=workout)
```

10.3 连续预测变量与虚拟调节变量的交互作用

现在我们将扩大讨论范围，探究包括一个连续预测变量和一个虚拟调节变量的交互模型背后的逻辑。对于这种特殊情况，我们将假设年龄对健身时长的影响取决于性别。总体的回归方程如下：

$$E[Y_i] = \beta_0 + \beta_1 X_{1i} + \beta_2 X_{2i} + \beta_3 X_{3i}$$
$$= \beta_0 + \beta_1 X_{1i} + \beta_2 X_{2i} + \beta_3 X_{1i} X_{2i} \tag{10.3}$$

这里，X_1 代表预测变量（age），X_2 代表虚拟调节变量（age），而 $E[Y_i]$ 代表 Y 平均值。Y 衡量的是一个月内花在健身上的小时数。而 age 变量是以年为单位衡量的，性别包含了女性（编码为 0）和男性（编码为 1）两个类别。系数 β_1 表示 gender 等于 0 时（即女性）age 对因变量的影响；β_2 表示 age 等于 0 时 gender 对因变量的影响。这个解释可能会困扰你，因为 0 的值不在 age 的范围内。在这种情况下，解释 gender 的系数是没有意义的。解决这个问题的方法是将 age 变量中心化。在 age 变量中心化的情况下，β_2 将是 age 平均值下的 gender 变量的回归系数。我们将在本章后面更详细地讨论这个重要的中心化问题。最后，β_3 代表男性和女性的年龄斜率系数之间的差异。或者说，当 X_2 增加一个单位，即从 0（女性）到 1（男性）时，你可以认为它在 age 上的回归系数变化量为 β_3。这种变化是增加还是减少是由 β_3 的符号决定的。

使用式（10.3）的预测方法，我们可以计算出 age 对女性（0）和男性（1）的简单主（条件）效应如下，当 $X_2 = 0$ 时：

$$E[Y_i] = \beta_0 + \beta_1 X_{1i} + \beta_2 \times 0 + \beta_3 X_{1i} \times 0$$
$$= \beta_0 + \beta_1 X_{1i} \tag{10.4}$$

当 $X_2 = 1$ 时：

$$E[Y_i] = \beta_0 + \beta_1 X_{1i} + \beta_2 \times 1 + \beta_3 X_{1i} \times 1$$
$$= (\beta_0 + \beta_2) + (\beta_1 + \beta_3) X_{1i} \tag{10.5}$$

在这里，我们将式（10.3）简化为两个简单的回归方程。在式（10.4）中，β_1 代表女性的 age 变量的回归系数；在式（10.5）中，$\beta_1 + \beta_3$ 是男性的 age 变量的回归系数。这些又被称为 age 对 gender 的简单主效应。

你可能会建议，可以简单地对仅由样本中的女性和仅由样本中的男性组成的两个子样本应用标准的线性回归模型来检验上述的交互作用。这种方法基本上与式（10.4）和式（10.5）相同。然而，尽管我们可以观察到女性和男性样本中系数的差异，但我们不会直接得到这种差异的显著性检验。另一方面，当使用乘积-项方法估计交互模型时，我们不仅可以观察到系数之间的差异，而且还可以直接获得对这一差异（β_3）的显著性检验。乘积-项方法的一个更有力的优势是其灵活性，因为它允许估计包含更复杂交互作用的模型。尽管如此，出于教学目的，你仍然可以采用多样本方法来帮助你解释乘积-项方法的结果，因为很多人觉得这种方法很复杂。这个建议也适用于本章后面讨论的其他类型的交互模型。

R 语言实例

在式（10.3）展示的模型中，我们想检验 age 对 whours 的影响是否对女性和男性不同。为了在 R 语言中估计我们的模型（使用 astatur 包中的 workout 数据集），我们可以简单地输入以下内容：

```
model14 <- lm(whours ~ age*gender, data=workout)
```

由 summary(model14) 产生的回归函数和估计的回归分析值如下所示：

$$\widehat{whours}_i = \hat{\beta}_0 + \hat{\beta}_1 \times age_i + \hat{\beta}_2 \times gender_i + \hat{\beta}_3 \times (age_i \times gender_i) \\ = 13.1 - 0.03 \times age_i + 10.6 \times gender_i - 0.21 \times (age_i \times gender_i) \quad (10.6)$$

```
summary(model14)
##
## Call:
## lm(formula = whours ~ age * gender, data = workout)
##
## Residuals:
##      Min      1Q  Median      3Q     Max
## -16.3496 -3.9229 -0.1803  4.2310 29.1978
##
## Coefficients:
##                  Estimate Std. Error  t value  Pr(>|t|)
## (Intercept)      13.09677    2.29088    5.717  3.77e-08 ***
## age              -0.03173    0.05465   -0.581  0.56216
## gendermale       10.61049    3.25435    3.260  0.00130 **
## age:gendermale   -0.21353    0.07897   -2.704  0.00742 **
## --
## Signif. codes:
## 0 '***' 0.001 '**' 0.01 '*' 0.05 '.' 0.1 ' ' 1
##
## Residual standard error: 6.871 on 206 degrees of freedom
## Multiple R-squared: 0.11, Adjusted R-squared: 0.09708
## F-statistic: 8.49 on 3 and 206 DF, p-value: 2.412e-05
```

在 summary(model14) 和式（10.6）产生的输出中可以看到，$\hat{\beta}_1$ 代表 gender 等于 0 时的 age 变量的回归系数。由于女性被编码为 0，我们会说，年龄对健身时长的系数（影响）对女性来说减少了 0.03。系数 $\hat{\beta}_2$ 描述了 age 为 0 时 gender 对因变量的影响。然而，除非在估计之前对 age 变量进行中心化，否则解释它的系数是没有意义的。最后，$\hat{\beta}_3$ 表示了男性和女性 age 变量的回归系数的差异，这意味着年龄对男性健身时长的系数（影响）比女性大约多 0.21。相关的 P 值表明，这种差异在 $\alpha = 0.05$ 水平上具有统计学意义。可以发现，女性和男性的 age 变量的回归系数都是负的，这证实了年龄对两组人健身时长的影响都在下降。然而，男性的情况更严重。从 summary(model14) 显示的信息中，我们可以直接计算出男性年龄的简单主效应。我们还可以使用 interactions 包中的 sim_slopes()函数，如下所示：

```
sim_slopes(model14, pred="age", modx="gender",
           modx.values = c("female", "male"),
           johnson_neyman=FALSE)
## SIMPLE SLOPES ANALYSIS
##
## Slope of age when gender = male:
##
##   Est. S.E. t val. P
## ------- ------ ------- -----
## -0.25 0.06 -4.30 0.00
##
## Slope of age when gender = female:
##
##   Est. S.E. t val. P
## ------- ------ ------- -----
## -0.03 0.05 -0.58 0.56
```

从上面对斜率的简单分析中我们可以看到，男性（编码为 1）的年龄对健身时长的系数（影响）约为-0.25，并具有统计学意义。从 summary(model14)的输出结果中，我们也观察到女性（编码为 0）的对应系数为-0.03 且不显著。这两个系数之间的差异是 $\hat{\beta}_3$，并且这一差异在统计学上也是显著的。我们可以用下面的命令进一步可视化交互作用的效果，这将产生图 10.3。

```
iinteract_plot(model14, pred="age", modx="gender",
               modx.values = c("female", "male"),
               colors=c("red", "green"),
               line.thickness=1.5, vary.lty=FALSE) +
 theme_bw()
```

正如我们在图 10.3 中看到的，女性和男性的线都是负的。然而，男性的线要陡得多，再次表明年龄对男性锻炼时长的影响更大。

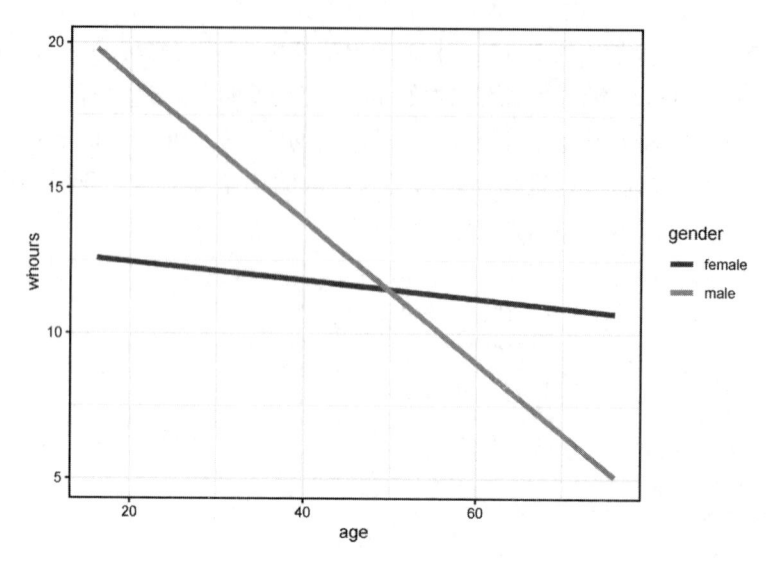

图 10.3　虚拟调节变量和连续预测变量之间交互作用的图形表示（见文前彩图）

10.4　连续预测变量和连续调节变量之间的交互作用

现在我们将解释另一种包括连续预测变量和连续调节变量的交互模型。假设健康动机（即为避免健康问题而健身）对健身时长的影响会随着年龄的增长而增加（也许是因为大多数人在年老时变得更关心自己的健康）。这个模型的总体回归方程如下：

$$E[Y_i] = \beta_0 + \beta_1 X_{1i} + \beta_2 X_{2i} + \beta_3 X_{3i} \\ = \beta_0 + \beta_1 X_{1i} + \beta_2 X_{2i} + \beta_3 X_{1i} X_{2i} \tag{10.7}$$

这里 X_1 代表预测变量（health），X_2 代表调节变量（age），而 $E[Y_i]$ 代表 Y 的平均值。Y 衡量的是一个月内花在锻炼上的小时数。age 是以年来衡量的，而 health 是以 6 分制来衡量的（从 "1=不重要" 到 "6=重要"）。系数 β_1 代表 age 等于 0 时 health 对因变量产生的影响；β_2 代表 health 等于 0 时 age 对因变量的影响。同样，除非我们把 age 变量中心化，否则对 health 的系数进行解释是没有意义的。在年龄中心化的情况下，β_1 将是 age 平均值下 health 变量的回归系数。同样的想法也适用于 β_2。最后，β_3 显示了 age 增加一个单位后，health 变量回归系数的变化量。

通过使用式（10.7）的预测方法，我们可以进一步计算出在调节变量 age 的不同值下 health 的简单主（条件）效应，这可能是出于实际和（或）理论上的兴趣。假设我们对计算 20 岁、30 岁、40 岁、50 岁和 60 岁人的健康状况的简单主效应感兴趣。

当 $X_2 = 20$ 时：

$$E[Y_i] = \beta_0 + \beta_1 X_{1i} + \beta_2 \times 20 + \beta_3 X_{1i} \times 20 \\ = (\beta_0 + 20\beta_2) + (\beta_1 + 20\beta_3) X_{1i} \tag{10.8}$$

当 $X_2 = 30$ 时：

$$E[Y_i] = \beta_0 + \beta_1 X_{1i} + \beta_2 \times 30 + \beta_3 X_{1i} \times 30 \\ = (\beta_0 + 30\beta_2) + (\beta_1 + 30\beta_3) X_{1i} \tag{10.9}$$

当 $X_2 = 40$ 时：

$$E[Y_i] = \beta_0 + \beta_1 X_{1i} + \beta_2 \times 40 + \beta_3 X_{1i} \times 40 \\ = (\beta_0 + 40\beta_2) + (\beta_1 + 40\beta_3) X_{1i} \tag{10.10}$$

当 $X_2 = 50$ 时：

$$E[Y_i] = \beta_0 + \beta_1 X_{1i} + \beta_2 \times 50 + \beta_3 X_{1i} \times 50 \\ = (\beta_0 + 50\beta_2) + (\beta_1 + 50\beta_3) X_{1i} \tag{10.11}$$

当 $X_2 = 60$ 时：

$$E[Y_i] = \beta_0 + \beta_1 X_{1i} + \beta_2 \times 60 + \beta_3 X_{1i} \times 60 \\ = (\beta_0 + 60\beta_2) + (\beta_1 + 60\beta_3) X_{1i} \tag{10.12}$$

基本上，每一个式（10.8）至式（10.12）都对应着一个简单的线性回归。例如，在式（10.8）中，"$(\beta_0 + 20\beta_2)$"代表截距，而"$(\beta_1 + 20\beta_3)$"代表20岁人的health(X_1)的简单主（条件）效应。在同样的情况下，我们可以观察到其他年龄人的截距和简单主效应。值得注意的是，age 每增加 10 个单位，health 的简单主效应就变化 $10\beta_3$。如果我们把 age 增加一个单位，health 的简单主效应就会改变 β_3。这证实了本章前面提到的线性交互作用的概念。

R 语言实例

现在让我们用 R 来估计式（10.7）中提出的第二个模型，方法和前面介绍的一样，使用的数据集是 workout。我们想检验 health 对 whours（锻炼时间）的影响是否因年龄而异。这个检验是基于我们的假设而产生的，即随着人们年龄的增长，他们会更经常地锻炼以保持健康。为了估计我们的模型，包括因变量（whours）、成分项（health 和 age），以及乘积项（health*age），可以在 R 中输入以下内容：

```
model13 <- lm(whours ~ health*age,data=workout)
```

由 summary(model13) 产生的回归函数和估计的回归分析值如下所示:

$$\widehat{whours}_i = \hat{\beta}_0 + \hat{\beta}_1 \times health_i + \hat{\beta}_2 \times age_i + \hat{\beta}_3 \times (health_i \times age_i)$$
$$= 27.6 - 1.8 \times health_i - 0.48 \times age_i + 0.06 \times (health_i \times age_i)$$
(10.13)

```
summary(model13)
## 
## Call:
## lm(formula = whours ~ health * age, data = workout)
## 
## Residuals:
##     Min      1Q  Median      3Q     Max
## -14.281  -4.872  -0.797   4.169  31.960
## 
## Coefficients:
##              Estimate Std. Error t       value   Pr(>|t|)
## (Intercept)  27.62440    6.91204     3.997    8.95e-05 ***
## health       -1.79697    1.36139    -1.320    0.1883
## age          -0.47562    0.19178    -2.480    0.0139 *
## health:age    0.06395    0.03683     1.736    0.0840 .
## --
## Signif. codes:
## 0 '***' 0.001 '**' 0.01 '*' 0.05 '.' 0.1 ' ' 1
## 
## Residual standard error: 7.009 on 206 degrees of freedom
## Multiple R-squared: 0.07396, Adjusted R-squared: 0.06047
## F-statistic: 5.484 on 3 and 206 DF, p-value: 0.001208
```

正如我们可以从上面 summary(model13) 和式（10.13）产生的输出中看到的，$\hat{\beta}_1$ 表示 age 等于 0 时的 health 变量的回归系数，$\hat{\beta}_2$ 表示 health 等于 0 时的 age 变量的回归系数。然而，除非在估计之前对这两个变量进行中心化，否则解释这些系数将没有任何意义。因此，我们主要感兴趣的是在当前的交互模型中检验 $\hat{\beta}_3$ 的显著性，因为该系数与其他变量是否中心化无关。$\hat{\beta}_3$ 的估计结果显示，age 每增加一个单位，health 对 whours 的影响（系数）增加 0.06。相关的 P 值还表明，这种变化（增加）在 $\alpha = 0.10$ 水平上具有统计学意义，因为 $p < 0.1$。

当 age 取值为 16 岁、26 岁、36 岁、46 岁、56 岁、66 岁和 76 岁时，使用一个专门的函数，我们可以很容易地将 health 对 whours 的简单主（条件）效应可视化。为此，使用来自 interactions 包的 sim_slopes() 函数，方法如下所示:

```
library(interactions)
sim_slopes(model13, pred="health", modx="age",
    modx.values = c(16,26,36,46,56,66,76),
    johnson_neyman=FALSE)
```

```
## SIMPLE SLOPES ANALYSIS
##
## Slope of health when age = 16.00:
##
##   Est.   S.E.   t val.     P
## ------ ------ ------- -------
## -0.77   0.83   -0.93   0.35
##
## Slope of health when age = 26.00:
##
##   Est.   S.E.   t val.     P
## ------ ------ ------- -------
## -0.13   0.56   -0.24   0.81
##
## Slope of health when age = 36.00:
##
##   Est.   S.E.   t val.     P
## ------ ------ ------- -------
##  0.51   0.45    1.12   0.27
##
## Slope of health when age = 46.00:
##
##   Est.   S.E.   t val.     P
## ------ ------ ------- -------
##  1.14   0.61    1.88   0.06
##
## Slope of health when age = 56.00:
##
##   Est.   S.E.   t val.     P
## ------ ------ ------- -------
##  1.78   0.90    1.99   0.05
##
## Slope of health when age = 66.00:
##
##   Est.   S.E.   t val.     P
## ------ ------ ------- -------
##  2.42   1.23    1.97   0.05
##
## Slope of health when age = 76.00:
##
##   Est.   S.E.   t val.     P
## ------ ------ ------- -------
##  3.06   1.58    1.94   0.05
```

上面我们对 model13 对象应用了 sim_slopes() 函数。在参数 modx.values 中插入 16

到 76，增量为 10 的数据。这些值指定了我们希望评估预测变量影响的调节级别。你可以插入任何其他值，以满足你的分析目的。例如，可以插入 age 的均值，这样就可以得到 age 均值对 health 的简单主效应了，而不必在回归模型中使用中心化变量了。

从上面的结果，我们可以看到，在年龄在 16 岁、26 岁和 36 岁的群体中，health 对 whours 的影响在统计上并不显著，这意味着没有证据表明健康动机影响他们的锻炼时长。然而，这种影响对其余年龄组的人具有统计学意义，因为 $p<0.1$。此外，我们可以清楚地看到，年龄每增加 10 个单位，这种影响的程度确实在增加。例如，对于 76 岁的人来说，对健康的重视程度增加一个级别（health 变量的值为 1 到 6），那么他们每个月的锻炼时长会增加 3 小时。

我们可以使用 interactions 包中的 interact_plot() 函数进一步可视化这种交互效果，它产生了如图 10.4 所示的更直观的结果：

```
library(ggplot2)
interact_plot(model13, pred="health", modx="age",
  modx.values = c(16,26,36,46,56,66,76),
  colors=c("red", "green","violet", "blue",
          "orange", "turquoise", "gray"),
  line.thickness=1.5, vary.lty=FALSE) + theme_bw()
```

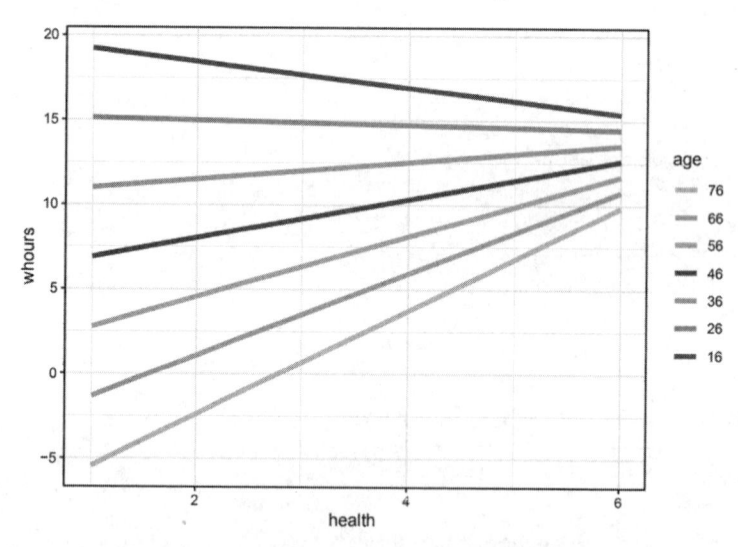

图 10.4　连续调节变量和连续预测变量之间交互作用的图形表示（见文前彩图）

上面的 interact_plot() 函数的作用是当年龄取值为 16、26、36、46、56、66 和 76 时，计算 health 变量 6 个水平对应的 Y 均值。这样每个年龄段就会得到 6 个 Y 均值。然后，该函数根据每个年龄段的 6 个 Y 均值画一条回归线。从图 10.4 中可以看到，年龄为 76 岁的回归线是最陡的，显示出正相关关系。更明确地说，这条线证实了我们的数值发现，对于 76 岁的人群 health 对 whours 有最强烈和积极的影响。以同样的方式可以解释其余的线。

10.5 虚拟预测变量与虚拟调节变量的交互作用

本节将解释虚拟预测变量和虚拟调节变量之间的交互作用背后的原理。首先假设性别对健身时长的影响取决于婚姻状况。那么，总体的回归方程如下：

$$\begin{aligned} E[Y_i] &= \beta_0 + \beta_1 X_{1i} + \beta_2 X_{2i} + \beta_3 X_{3i} \\ &= \beta_0 + \beta_1 X_{1i} + \beta_2 X_{2i} + \beta_3 X_{1i} X_{2i} \end{aligned} \quad (10.14)$$

这里 X_1 代表虚拟预测变量（gender，性别），X_2 代表虚拟调节变量（marital status，婚姻状况），$E[Y_i]$ 代表 Y 平均值。Y 代表的是 whours 变量，即一个月内花在锻炼上的小时数。而 gender 变量包含"女性"（编码为 0）和"男性"（编码为 1）两个类别[1]，婚姻状况包括已婚（编码为 0）和单身（编码为 1）两个类别。系数 β_1 表示性别对已婚者的影响，β_2 代表婚姻状况对女性的影响。最后，β_3 代表已婚和单身者的性别系数之差。

通过使用式（10.14）的预测方法，我们可以再次计算出已婚（0）和单身（1）时性别的简单主（条件）效应。当 $X_2 = 0$（即已婚）：

$$\begin{aligned} E[Y_i] &= \beta_0 + \beta_1 X_{1i} + \beta_2 \times 0 + \beta_3 X_{3i} \times 0 \\ &= \beta_0 + \beta_1 X_{1i} \end{aligned} \quad (10.15)$$

当 $X_2 = 1$（即单身）时：

$$\begin{aligned} E[Y_i] &= \beta_0 + \beta_1 X_{1i} + \beta_2 \times 1 + \beta_3 X_{3i} \times 1 \\ &= (\beta_0 + \beta_2) + (\beta_1 + \beta_3) X_{1i} \end{aligned} \quad (10.16)$$

因此，在式（10.15）中，β_1 代表已婚者的 gender 系数，而在式（10.16）中，$\beta_1 + \beta_3$ 代表单身者的 gender 系数。

R 语言实例

在式（10.14）代表的第三个模型中，我们研究了虚拟预测变量（gender）和虚拟调节变量（marital status）之间的交互作用。现在的目的是检验性别对 whours 的影响在已婚和未婚人群中是否不同。想要在 R 中估计这个交互模型（使用 workout 数据集），可以使用以下命令：

```
workout <- workout %>% mutate(gender.num=as.integer(gender)-1)
model15 <- lm(whours ~ gender.num*marital, data=workout)
```

---

[1] 这项研究没有区分更多样化的性别身份。

在这里，我们必须将因子变量 gender 转换成一个名为 gender.num 的数值变量，其值为 0（代表女性）和 1（代表男性）。这样做能够将该变量转化为一个连续的预测变量。通过 as.integer() 函数进行的默认转换将导致编码类别中包含从 1 开始的整数，因此必须减去 1，以使得变量的数值只包含 0 和 1。从下面 summary(model15)）的输出结果中可以得到估计的回归函数：

$$\widehat{whours}_i = \hat{\beta}_0 + \hat{\beta}_1 \times gender_i + \hat{\beta}_2 \times marital_i + \hat{\beta}_3 \times (gender_i \times marital_i) \\ = 11.54 + 0.56 \times gender_i + 0.70 \times marital_i + 3.48 \times (gender_i \times marital_i)$$

(10.17)

```
summary(model15)
## 
## Call:
## lm(formula = whours ~ gender.num * marital, data = workout)
## 
## Residuals:
##     Min      1Q  Median      3Q     Max
## -16.279  -4.105  -0.240   3.760  31.721
## 
## Coefficients:
##                         Estimate Std. Error t value
## (Intercept)              11.5443     0.7936  14.547
## gender.num                0.5610     1.3925   0.403
## maritalsingle             0.6957     1.2747   0.546
## gender.num:maritalsingle  3.4781     2.0226   1.720
##                         Pr(>|t|)
## (Intercept)              <2e-16 ***
## gender.num                0.687
## maritalsingle             0.586
## gender.num:maritalsingle  0.087 .
## --
## Signif. codes:
## 0 '***' 0.001 '**' 0.01 '*' 0.05 '.' 0.1 ' ' 1
## 
## Residual standard error: 7.054 on 206 degrees of freedom
## Multiple R-squared: 0.06213, Adjusted R-squared: 0.04847
## F-statistic: 4.549 on 3 and 206 DF, p-value: 0.004134
```

正如我们在 summary(model15) 和式（10.17）产生的输出中看到的那样，$\hat{\beta}_1$ 表示 marital 等于 0 时的 gender 变量的回归系数。由于已婚人群被编码为 0，那么我们可以说，在已婚的人中，男性的健身时长比女性多 0.56 小时。这个系数（差异）毫无疑问是不显著的。$\hat{\beta}_2$ 表示 gender 等于 0 时的 marital 变量的回归系数。因为在这个数据集中，女性被编码为 0，那么可以得到结论：在女性中，单身人士比已婚人士多锻炼 0.70 小时。这个系数（差异）也是不显著的。最后，$\hat{\beta}_3$ 显示单身男性比已婚女性多锻炼

3.48 小时。该系数（差异）具有统计学意义，因为 $p<0.1$。

如前所述，通过使用以下命令，我们可以直接得到单身者和已婚者的性别系数：

```
sim_slopes(model15, pred="gender.num", modx="marital",
  modx.values = c("married", "single"),
  johnson_neyman=FALSE)
## SIMPLE SLOPES ANALYSIS
##
## Slope of gender.num when marital = single:
##
##    Est.    S.E.   t val.    P
## -------  -------  -------  -------
##    4.04    1.47    2.75    0.01
##
## Slope of gender.num when marital = married:
##
##    Est.    S.E.   t val.    P
## -------  -------  -------  -------
##    0.56    1.39    0.40    0.69
```

同样，我们可以使用可视化的方式来帮助理解交互作用，使用与之前相同的方法：

```
interact_plot(model15, pred="gender.num", modx="marital",
              modx.values = c("married", "single"),
              colors=c("red", "green"),
              line.thickness=1.5, vary.lty=FALSE) +
theme_bw()
```

这些命令将产生图 10.5。我们可以看到，代表单身人士的线比已婚人士的线要陡峭得多，这表明男性和女性的 Y 均值在单身人群中比在已婚人群中差异更大。

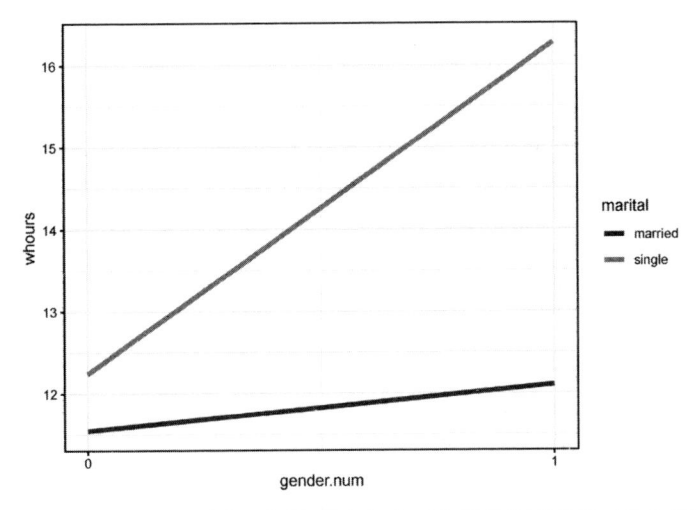

图 10.5 虚拟调节变量和虚拟预测变量之间交互作用的图形表示（见文前彩图）

10.6 连续预测变量与多分类调节变量的交互作用

在本节中，我们将研究一种相当复杂的交互模型，包括一个连续的预测变量和一个包含 3 个类别的多分类调节变量。我们将假设年龄对健身时长的影响取决于教育水平。在我们的数据集中，教育水平（educ 变量）包含 3 个类别（初中/高中、大学、大学以上），因此我们需要创建 3 个虚拟变量，其中 2 个将与 age 变量产生交互作用，1 个将作为参考类别。正如我们在第 9 章虚拟变量回归中所学到的，不包括在交互模型中的虚拟变量是参照组。在这里，我们选择达到初中/高中教育水平的人作为参照组。然后，我们将在回归模型中包括所有的成分项和交互项，所得模型如下：

$$E[Y_i] = \beta_0 + \beta_1 X_{1i} + \beta_2 X_{2i} + \beta_3 X_{3i} + \beta_4 X_{4i} + \beta_5 X_{5i}$$
$$= \beta_0 + \beta_1 X_{1i} + \beta_2 X_{2i} + \beta_3 X_{3i} + \beta_4 X_{1i} X_{2i} + \beta_5 X_{1i} X_{3i} \quad (10.18)$$

式中的 X_1 代表连续预测变量（age），X_2 代表第一个虚拟调节变量（university，表示某人是否拥有大学学位），X_3 代表第二个虚拟调节变量（more than university，表示某人是否达到大学以上的教育水平，如博士），而 $E[Y_i]$ 表示 Y 的平均值。Y 表示的是一个月内的锻炼时长。系数 β_1 量化了具有初中/高中教育水平群体的年龄影响。系数 β_2 是当 age 为 0 时，受过大学和初中/高中教育群体的 Y 均值之间的差异。可以对 age 变量中心化，以获得对系数更有意义的解释。此外，β_3 是当 age 为 0 时，受过大学以上教育和初中/高中教育群体的 Y 均值之间的差异，β_4 是受过大学和初中/高中教育群体的 age 变量的回归系数之间的差异。最后，β_5 反映了受过大学以上和初中/高中教育群体的 age 变量的回归系数的差异。

让我们计算一下年龄对三个教育群体（初中/高中、大学和大学以上）的简单主（条件）效应。当 $X_2 = 0$ 且 $X_3 = 0$ 时：

$$E[Y_i] = \beta_0 + \beta_1 X_{1i} + \beta_2 \times 0 + \beta_3 \times 0 + \beta_4 X_{1i} \times 0 + \beta_5 X_{1i} \times 0$$
$$= \beta_0 + \beta_1 X_{1i} \quad (10.19)$$

当 $X_2 = 1$ 且 $X_3 = 0$ 时：

$$E[Y_i] = \beta_0 + \beta_1 X_{1i} + \beta_2 \times 1 + \beta_3 \times 0 + \beta_4 X_{1i} \times 1 + \beta_5 X_{1i} \times 0$$
$$= (\beta_0 + \beta_2) + (\beta_1 + \beta_4) X_{1i} \quad (10.20)$$

当 $X_2 = 0$ 且 $X_3 = 1$ 时：

$$E[Y_i] = \beta_0 + \beta_1 X_{1i} + \beta_2 \times 0 + \beta_3 \times 1 + \beta_4 X_{1i} \times 0 + \beta_5 X_{1i} \times 1$$
$$= (\beta_0 + \beta_3) + (\beta_1 + \beta_5) X_{1i} \quad (10.21)$$

在式（10.19）中，如前所述，β_1 代表受过初中/高中教育群体的年龄变量的回归系数。在式（10.20）中，$\beta_1 + \beta_4$ 代表受过大学教育群体的年龄变量的回归系数。最后，在式（10.21）中，$\beta_1 + \beta_5$ 代表受过大学以上教育群体的年龄变量的回归系数。

尽管式（10.18）中 β_4 和 β_5 系数的显著性检验告诉了我们个体的交互作用，但我们也可能想检验整体交互作用的显著性。我们可以通过简单地推广 F 检验的思想来检验一组系数的显著性。由于我们的模型中有两个交互系数（β_4 和 β_5），因此需要检验这两个系数是否联合显著地不同于 0。为此，我们构建一个 F 统计量（见第 9 章式（9.28），它服从第一自由度为 $df_1 = p$，第二自由度为 $df_2 = n - K$ 的 F 分布，其中 RSS_R 和 RSS_{UR} 是限制性模型和非限制性模型的 RSS，P 是限制的数量，n 是观察样本的数量，k 是参数的数量。

非限制性模型表示完整模型，包括所有的成分项（X_1、X_2 和 X_3）和乘积项（X_4 和 X_5），而限制性模型将只包括成分项（X_1、X_2 和 X_3）。将其称之为限制性模型的原因是，我们隐含地假定乘积（交互）项的系数为 0（$H_0: \beta_4 = \beta_5 = 0$）。由于我们将这两个系数限制为 0，限制数量自然为 2。如果 F 检验的结果证明是显著的，那么我们将接受存在整体交互作用的备择假设。

R 语言实例

在式（10.18）展示的最终模型中，我们考察了年龄（age）对健身时长（whours）的影响是否取决于教育水平。这个示例与我们使用虚拟变量表示分类调节变量（gender）的示例非常相似。然而，在目前的例子中，我们将使用一组虚拟变量表示分类变量，这一次是教育水平（educ），该变量在 workout 数据集中有三个类别。现在用下面的命令在 R 中估计这个模型：

```
model16 <- lm(whours ~ age*educ, data=workout)
```

估计的回归函数和由 summary(model16) 产生的回归分析值如下：

$$\begin{aligned}
\widehat{whours}_i &= \hat{\beta}_0 + \hat{\beta}_1 \times age_i + \hat{\beta}_2 \times university_i + \hat{\beta}_3 \times more.than.university_i + \\
&\quad \hat{\beta}_4 \times (age_i \times university_i) + \hat{\beta}_5 \times (age_i \times more.than.university_i) \\
&= 23 - 0.22 \times age_i - 10.46 \times university_i - 13.36 \times more.than.university_i + \\
&\quad 0.20 \times (age_i \times university_i) + 0.26 \times (age_i \times more.than.university_i)
\end{aligned} \quad (10.22)$$

```
summary(model16)
##
## Call:
## lm(formula = whours ~ age * educ, data = workout)
##
## Residuals:
##     Min      1Q  Median      3Q     Max
## -15.0617 -3.7167  0.2131  3.8934 29.3763
```

```
## 
## Coefficients:
##                              Estimate Std. Error t value
## (Intercept)                  23.00372   2.14835  10.708
## age                          -0.21900   0.05791  -3.782
## educuniversity              -10.46198   4.36308  -2.398
## educmore.than.university    -13.36174   4.01854  -3.325
## age:educuniversity            0.20145   0.10295   1.957
## age:educmore.than.university  0.25650   0.09857   2.602
##                              Pr(>|t|)
## (Intercept)                   < 2e-16 ***
## age                          0.000205 ***
## educuniversity               0.017393 *
## educmore.than.university     0.001048 **
## age:educuniversity           0.051734 .
## age:educmore.than.university 0.009946 **
## ---
## Signif. codes:
## 0 '***' 0.001 '**' 0.01 '*' 0.05 '.' 0.1 ' ' 1
##
## Residual standard error: 6.814 on 204 degrees of freedom
## Multiple R-squared: 0.1332,Adjusted R-squared: 0.112
## F-statistic: 6.27 on 5 and 204 DF, p-value: 1.957e-05
```

正如我们从 summary(model16) 和式（10.22）中看到的那样。$\hat{\beta}_1$ 表示有初中/高中学历群体的年龄（age）变量的回归系数。也就是说，在那些受过初中/高中教育的群体中，年龄每增加一个单位，健身时长平均就会减少 0.22 个小时。此外，当 age 变量为 0 时，$\hat{\beta}_2$ 和 $\hat{\beta}_3$ 分别代表那些受过大学和初中/高中教育群体的 Y 均值差异，以及那些受过大学和初中/高中以上教育群体的 Y 均值差异。然而，除非对 age 变量中心化，否则解释这些系数是没有意义的。

现在让我们把重点放在解释交互项的系数上。正如我们所知，$\hat{\beta}_4$ 代表了受过大学教育和受过初中/高中教育群体的 age 变量的回归系数之间的差异。明确地说，age 每增加一个单位，受过大学教育的群体将比受过初中/高中教育群体的健身时长平均多出 0.20 个小时。这种差异在统计学上是不显著的。我们还记得 $\hat{\beta}_5$ 反映了受过大学以上教育群体和受过初中/高中教育群体的 age 变量回归系数之间的差异。这意味着 age 每增加一个单位，受过大学以上教育的群体将比受过初中/高中教育的群体健身时长平均多出 0.26 个小时。这种差异在统计上也是不显著的。

在这里，如果我们想检验受过大学教育的群体和受过大学以上教育群体的年龄变量回归系数之间的差异，那么我们建议简单地将参考类别（初中/高中）更改为其他两个类别中的任何一个。让我们也用 sim_slopes() 函数来计算年龄对于 3 个教育群体（初中/高中，大学和大学以上）的简单的主（条件）效应。这些简单主效应也将进一步验证交互项系数的显著性。

```
sim_slopes(model16, pred="age", modx="educ",
    modx.values = c("secondary/high", "university",
    "more.than.university"),
    johnson_neyman=FALSE)
## SIMPLE SLOPES ANALYSIS
##
## Slope of age when educ = more.than.university:
##
##   Est.  S.E.  t val.  P
## ----- ---- ------ ----
##  0.04  0.08   0.47  0.64
##
## Slope of age when educ = university:
##
##   Est. S.E. t val. P
## ----- ---- ------ ----
## -0.02  0.09  -0.21  0.84
##
## Slope of age when educ = secondary/high:
##
##   Est. S.E.  t val.   P
## ----- ---- ------ ----
## -0.22 0.06  -3.78  0.00
```

我们可以使用 interact_plot()函数进一步可视化交互效果，其结果如图 10.6 所示。

```
interact_plot(model16, pred="age", modx="educ",
              modx.values = c("secondary/high", "university",
                              "more.than.university"),
              colors=c("red", "green", "blue"),
              line.thickness=1.5, vary.lty=FALSE) +
theme_bw()
```

正如我们所看到的，那些有初中/高中学历的线是最陡峭的，并显示出一种负相关关系。这验证了简单主效应分析得出的数值结果，即随着调查对象的年龄增长，他们的锻炼次数就会减少。那些受过大学及以上教育的人的回归线表明，年龄对这些群体的影响是不同的。

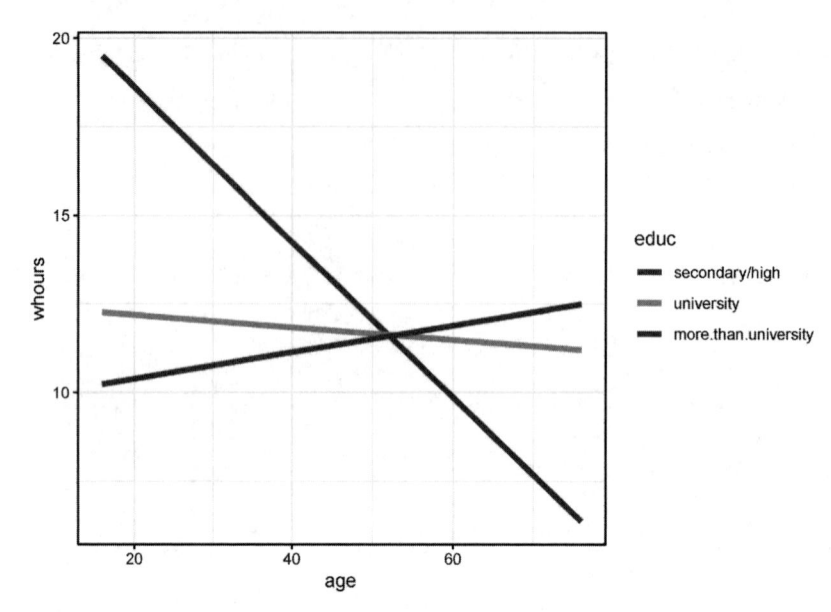

图 10.6 多分类调节变量和连续预测变量之间交互作用的图形表示（见文前彩图）

我们需要做的最后一件事是检验整体交互作用是否具有统计学意义。为了做到这一点，在 R 中我们将对 model16 对象应用来自 car 包的 linearHypothesis()函数，并指定哪些系数应该固定为 0：

```
library(car)
linearHypothesis(model16, c("age:educuniversity = 0",
                            "age:educmore.than.university = 0"))
## Linear hypothesis test
##
## Hypothesis:
## age:educuniversity = 0
## age:educmore.than.university = 0
##
## Model 1: restricted model
## Model 2: whours ~ age * educ
##
##   Res.Df    RSS Df Sum of Sq      F  Pr(>F)
## 1    206 9849.3
## 2    204 9472.2  2     377.1 4.0607 0.01865 *
## ---
## Signif. codes:
## 0 '***' 0.001 '**' 0.01 '*' 0.05 '.' 0.1 ' ' 1
```

这个命令显示，F 检验的结果在统计学上是显著的，表明存在整体的互动效应。这个结果顺便验证了对交互模型个体系数的解释。

值得一提的是，在上述所有的交互模型中，如果从理论的角度，我们可以把调节变量当作预测变量，把预测变量当作调节变量。然后，就可以像以前一样，对所得到的系数进行解释，并计算出我们感兴趣的简单效应。此外，在上述包括一个以上虚拟变量的交互模型中，我们可以很容易地改变参考类别（正如我们在第9章虚拟变量回归中所做的那样）并重新估计模型，以获得我们可能感兴趣的其他信息或对比组合。另外，也可以在这里使用线性组合的方法，尽管我们不会在这里明确展示这种方法（详细内容参考第9章）。

到目前为止，在上述所有的交互作用模型中，我们有意不包括任何协变量，以使重点只放在对交互作用的解释上。然而，在交互模型中包括协变量并不会引起交互模型的重大变化。也就是说，由于考虑了协变量，估计系数基本上进行了调整。将协变量加入带有分类变量的交互回归模型中，等价于因子方差分析。

10.7 其他注意事项

10.7.1 显著与不显著的交互作用

到目前为止，我们已经隐含地假定乘积（交互）项在统计上是显著的。如果一个交互项在统计学上不显著呢？那么这个问题的答案实际上与在一般回归模型中纳入或排除预测变量没有什么不同。因此，如果你先验地（在收集数据之前）假设了一个显著的交互作用，那么即使交互作用被证明是不显著的，也应该被包括在你的模型中。然而，在社会科学领域，特别是在非实验性研究中，经常会在事后（数据收集之后）对交互作用进行研究。在这种情况下，建议排除不显著的交互作用，以便估计一个统计学上的简明和复杂度低的回归模型。此外，在交互模型中，我们一般建议把重点放在交互项和简单主（条件）效应的解释上，而不是构成交互项变量的主效应上。使用方差分析方法估计的交互模型，由于效应编码，仍然提供（成分项）主效应，而回归由于虚拟编码，提供的是简单主效应。

10.7.2 中心化和标准化

到目前为止，我们故意只使用原始的、未转换的数据，以获得对交互作用的更深理解。回顾一下，在交互模型中，预测变量的系数反映了调节变量为0时的斜率（效果），反之亦然。然而，当调节变量或预测变量（如年龄或收入）的值为0时，这样的解释就没有意义了。解决这个问题的一个方法是将调节变量或预测变量中心化，也就是说从变量的数值中减去平均值，使中心化变量的0值与原始变量的平均值相对应。

理论上，你可以将变量转移到任何数值，但最常见的程序是将其集中在平均值。当我们估计含有中心化变量的交互模型时，预测变量的系数将反映那些具有平均分数的斜率。因此，中心化的主要优点是使回归系数变得易于解释。顺便提一下，交互项的系数不会受到这种转换的影响。作为平均值居中的另一种选择，你仍然可以使用基于原始数据的方程，以获得调节/预测变量的任何感兴趣值（包括平均值）的斜率，正如我们在前面的所有交互模型中所展示的那样。以平均值估计的系数本身对应一个简单的效应。

另一个常被使用的转换方法是 z 转换。这种转换与中心化十分相似，但在对变量进行标准化时，我们从变量的数值中减去平均值，然后除以标准差。与中心化数据的交互模型一样，调节变量或预测变量上的系数仍将反映数值 0 对应的斜率。由于 0 是 z 变换中变量的平均值，该系数将反映调节变量或预测变量平均值处的斜率。与用于中心化方法的原始比例尺不同，标准化方法中的系数将以标准差来解释。标准化系数的解释类似于多元回归分析（见第 8 章）。

对于应该用原始的、中心化的还是标准化的方法的问题，我们的回答是——除非你有选择中心化或标准化的具体理由，否则我们一般建议用原始数据工作，并以变量的原始尺度解释所得到的系数。这种方法给研究者带来了灵活性（即与预测方程一起工作），同时也为更实质性的解释提供了基础。当调节变量或预测变量是一个分类变量时，这就更有意义了，因为那时没有合理的理由将变量中心化或标准化。无论是中心化还是原始化，交互项系数的显著性检验和置信区间的结果都是相同的。交互（乘积）项和成分项之间出现的多重共线性不是问题。问题最大的是成分项之间的多重共线性，这部分内容已在 8.1.7 节中介绍过。

10.8　本章小结

在本章中，我们已经详细介绍了如何建立、估计和解释交互模型。本章中所研究的例子仅限于双向交互模型。然而，双向交互模型的思想为弄清三向交互模型提供了坚实的基础。尽管我们用线性回归研究了交互作用，但同样的思想也适用于逻辑回归（第 11 章）、结构方程模型（第 14 章）和其他分析方法（泊松回归、生存分析等，本书没有涉及）。此外，交互模型为理解多层次模型提供了一个跳板（第 12 章）。我们还展示了如何利用 R 的便利功能来估计和理解这些模型。

【核心概念】

加性模型：假设回归系数不变的模型（即不包含交互项的模型）。
中心化：从原始变量中减去平均值，使新变量的平均值为 0。
因子协方差分析：包括所有自变量之间交互作用的协方差分析。
因子方差分析：包括所有自变量之间交互作用的方差分析。
交互作用：当一个变量改变了其他两个变量之间的关系。
调节变量：改变其他两个变量之间关系的变量。
多样本方法：X 对 Y 的影响在原始样本的子样本中进行独立估计。
非加性模型：系数随调节变量变化的模型（即包含交互项的模型）。
预测变量：自变量。
乘积项：两个预测变量相乘的结果。
简单主效应：在一定条件下 X 对 Y 的影响。
双向交互：两个预测变量之间的交互作用。

【提问】

1. 解释何时及为何要使用交互模型。
2. 用一个例子解释什么是统计学上的交互作用/调节效应。
3. 建立并估计一个包括虚拟预测变量和连续调节变量的交互模型。

【本章使用的函数示例】

dplyr
```
mutate(workout, healthagae = health*age)
```
- 在两个预测变量之间创建乘积项。

base
```
lm(whours ~ health + age + health:age, data=workout)
```
- 方法一：在估计模型中创建一个乘积项。

```
lm(whours ~ health*age, data=workout)
```
- 方法二：在估计模型中创建一个乘积项。

interactions
```
sim_slopes(model13, pred="health", modx="age",
           modx.values = c(16,26,36,46,56,66,76), johnson_neyman=FALSE)
```

- 连续调节变量和预测变量的简单效应。
```
sim_slopes(model14, pred="age", modx="gender",
           modx.values = c(0, 1), johnson_neyman=FALSE)
```
- 虚拟调节变量和连续预测变量的简单效应。
```
sim_slopes(model15, pred="gender", modx="marital",
           modx.values = c(0, 1), johnson_neyman=FALSE)
```
- 虚拟调节变量和虚拟预测变量的简单效应。

interactions and ggplot2
```
interact_plot(model13, pred="health", modx="age",
              modx.values = c(16,26,36,46,56,66,76),
              colors=c("red", "green","violet", "blue",
                       "orange", "turquoise", "gray"),
              line.thickness=1.5, vary.lty=FALSE) + theme_bw()
```
- 可视化连续调节变量和预测变量之间交互作用。
```
interact_plot(model14, pred="alder",
              modx="kjoenn", modx.values = c(0, 1),
              modx.labels = c("kvinner", "menn"),
              colors=c("red", "green"),
              line.thickness=1.5, vary.lty=FALSE) + theme_bw()
```
- 可视化虚拟调节变量和连续预测变量之间交互作用。
```
interact_plot(model15, pred="kjoenn", modx="sivsta",
              modx.values = c(0, 1),
              modx.labels = c("gift", "singel"),
              colors=c("red", "green"),
              line.thickness=1.5, vary.lty=FALSE) + theme_bw()
```
- 可视化虚拟调节变量和虚拟预测变量之间交互作用。

car
```
linearHypothesis(model16,
                 c("age:educuniversity = 0",
                   "age:educmore.than.university = 0"))
```
- 检验多变量的整体交互作用。

第 11 章

Logistic 回归

在本章中，将会使用以下 R 包：
- tidyverse：提供数据管理（dplyr、tidyr）和绘图（ggplot2）函数。
- astatur：本书的配套 R 包，包含本章使用的数据集。
- lmtest：实现 Logistic 回归模型的似然比检验。
- visreg：可视化回归模型。
- DescTools：计算 Logistic 回归模型的伪 R^2。
- caret：用于分类和回归训练的 R 包。
- plotROC：计算和绘制受试者工作特征曲线。
- modelr：在一个整洁的工作流程中处理统计模型的结果。
- broom：对不同统计模型结果的统一表示。

必须先安装和加载上面提到的包才能运行本章提供的代码。可以使用下列命令来进行 R 包的安装：

```
packages <-c("tidyverse", "lmtest", "visreg",
             "DescTools", "caret", "plotROC",
             "modelr", "broom")
install.packages(packages)
devtools::install_github("ihrke/astatur")
```

━━━━━━━━━━━【学习成果】━━━━━━━━━━━

- 了解如何及何时可以应用逻辑回归模型。
- 了解在对数概率尺度上的预测，以及事件的预测概率之间的关系。
- 学习如何在 R 中进行逻辑回归分析。
- 学习如何建立复杂的逻辑回归模型，根据拟合优度进行选择并评估最终模型。
- 学习如何应用逻辑回归进行分类和样本外的预测。

到目前为止，我们已经讨论了几种回归模型，有的预测变量或因变量是连续的，有的预测变量是分类的而因变量是连续的。当因变量为分类变量时，前几章所介绍的线性回归通常不能使用。这时，必须使用一种被称为 Logistic 回归的方法。在本章中，我们将讨论因变量是二分类的特殊情况，即它只能取两个不同的值。当因变量有多个类别时，更一般的情况称为多项逻辑回归，这里不再讨论。

当一个变量是二分类时，为了（数学上）方便，可以将该变量的两个可能值标记为 0 和 1。这些变量的例子是：

- 是否有人在事故中幸存下来：0 表示没有幸存，1 表示幸存。
- 某人是否受过大学教育：0 表示没有受过教育，1 表示有受过教育。
- 某人是否在奥运会上获得奖牌：0 表示没有奖牌，1 表示获得奖牌。

Logistic 回归涵盖了这样的情况：二分变量是结果，而我们对其他变量（预测变量）如何影响两个结果的概率感兴趣。例如，一个已经赢得了奥运奖牌的运动员是否更有可能赢得另一块奖牌？一个人的吸引力是否能预测这个人在某个年龄段结婚的意愿？一个人的平均年收入是否能预测他们乘坐商务舱的意愿？

在前几章中，我们建立了线性模型，预测的结果是不同自变量的线性函数。如果直接将这一原则应用于结果只能是 0 或 1 的情况，那么我们就会做出相当糟糕的预测。因为这些预测值会落在[0,1]区间中的任何地方，甚至是在这个区间之外。例如，考虑一下图 11.1。图 11.1A 中显示的图在 Y 轴上有一个二分的结果变量（即只允许有 0 和 1 的值），而 X 轴上的预测变量是连续的。我们可以按照第 7 章所述的方法计算最佳拟合回归线（图 11.1B 中的蓝线），用预测变量直接预测结果，但图形表示它对数据的拟合效果并不好。

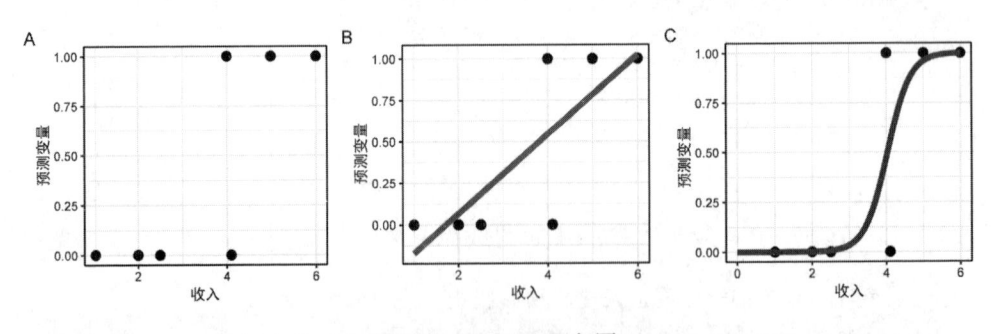

图 11.1 Logistic 回归图

> **注意！**
> 将线性回归直接应用于二分类变量，这种方法被称为线性概率建模。在某些情况下，当只考虑关系近似线性的一小部分数据时，这些模型可能是合适的。在线性

概率模型中，回归系数可以解释为编码为 1 对应结果的概率变化。这意味着，当预测变量增加一个单位时，我们预测概率将平均改变一个固定的数量，这个数量取决于该模型的回归系数。

我们可以不直接预测结果变量，而是通过修改问题来预测每种结果发生的概率。在这种情况下，我们可以使用（近乎）标准的线性回归技术来预测结果变量取值为 1 的概率（这是一个连续变量，见上文"注意！"部分）。图 11.1C 说明了这种情况，其中对结果变量为 1 的概率拟合了一个 Logistic 函数，即 $P(Y=1)$。在本例中，当预测变量的数值较低时，结果为 1 的概率也较低，并且随着预测变量数值的增加而增长。例如，图 11.1 可能描述了在车祸中幸存的概率 $P(\text{survived}=1)$，这个概率可能随着汽车质量的提高而增加，或者它可能描述了某人完成大学教育的概率，这个概率通常会随着他们的社会经济地位而增加。

仔细想想，我们可以发现标准的线性回归在直接用于预测结果变量的概率时，将面临一个问题：预测变量和结果变量之间的关系必须是非线性的（或 S 形），因为概率不能超出[0,1]这个区间，因此曲线必须接近这两个界限。在这种情况下，我们如何才能克服这一局限性并仍然使用线性回归的工具呢？解决方案是利用一个简单的数学技巧：不是预测概率，而是预测该概率的转换版本，即线性尺度下的对数概率。一种结果相对于另一种结果的概率（例如，值是 1 的结果相对于值为 0 的结果的概率）只是两种结果概率的比率，可以直观地解释为一个事件相对于另一个事件发生的可能性有多大。例如，如果观察值 1（如在事故中幸存）的概率是 $P(Y=1)$，那么观察值 0（如在事故中没有幸存）的概率就自动地是 $P(Y=0)=1-P(Y=1)$。那么，这两个事件的概率就可以简单地表示为：

$$\frac{P(Y=1)}{P(Y=0)} = \frac{P(Y=1)}{1-P(Y=1)}$$

当观察到两个事件的可能性相同时，那么 $P(Y=0)=P(Y=1)=0.5$，则概率为 1。这通常被描述为 1:1 的概率。如果我们有 90%的概率观察到数值 1，则 $P(Y=1)=0.9$，那么概率是 9:1，以此类推。这些概率不再局限于区间[0,1]，因为我们有可能观察到很大的概率。然而，概率永远不可能是负的，因此概率将落在区间$[0,+\infty]$内。然而，为了应用线性回归，我们要创建一个无界变量，它可以取任何负值或正值（即其边界为$[-\infty,+\infty]$）。为了达到这个目的，我们只需对概率进行对数转换，这样最终转换为对数的概率是：

$$\log\frac{P(Y=1)}{P(Y=0)} = \log\frac{P(Y=1)}{1-P(Y=1)}$$

这个结果可以有任何数值，无论是负值还是正值。对数的负值指的是 $Y=1$（即结果为 1）的可能性小于结果为 0 的情况，而正的对数则表示相反的情况。现在，对数概率值为 0，相当于 1:1（即，两种可能性都是 50%）的概率。我们可以用下面的 R 代码来说明这种对数转换：

```
prob <- seq(0,1,by=0.001)
logodds <- log(prob/(1-prob))
```

在这里，我们创建了一个变量 prob，它包含[0,1]区间内的一系列值，这些值可以被解释为概率的可能值。seq()函数创建在给定起始点、结束点，以及从序列的一个元素到下一个元素步长的条件下的序列。在这里，seq(0,1,by=0.001)创建了 0 到 1 之间的值，其中相邻值之间的差为 0.001。接下来，我们对每一个值应用对数变换，即用 prob 除以 1-prob 并取对数。将这两个向量（prob 在 y 轴上，logodds 在 x 轴上）绘制成一个与图 11.2 非常相似的图形。

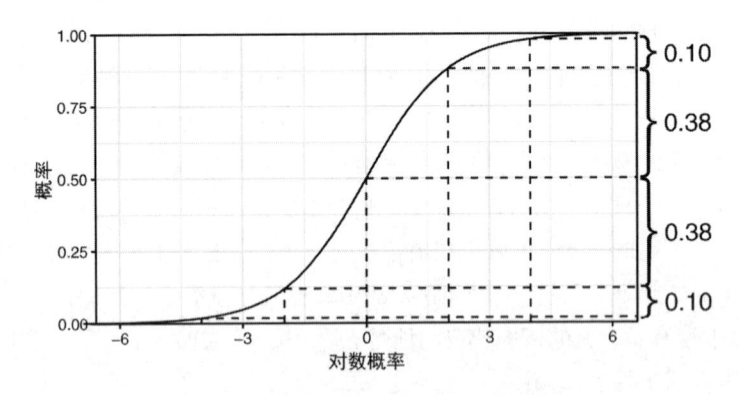

图 11.2　对数概率与概率呈非线性关系

从图 11.2 中可以看到，概率和对数概率之间的关系不是线性的。因此，考虑到我们正在使用线性回归模型预测对数概率，如果我们想要解释概率的变化，就必须将这些预测从对数概率尺度转换到概率尺度。由于这种转换的非线性性质，一个复杂的问题是，我们不能像线性回归那样，做出例如"车速每增加 10 公里，因交通事故死亡的可能性增加 0.1"的解释。原因在于图 11.2 中显示的非线性：如果交通事故中死亡的概率已经很高（比如说 $P(death = 0.9)$），那么这时车速的增加导致死亡概率增加的可能性比较小。这个事实比较符合大家的直觉：如果一个事件非常令人惊讶（即它发生的概率很低），那么比起我们认为很有可能发生的事情，我们对低概率事件可能性的认知可能会发生更大的变化。因此，由于预测变量的变化而导致的增加量取决于该变量的参考水平。

总之，我们使用一个标准的线性回归模型来预测一个事件的对数概率。在数学上，设定 $p := P(Y = 1)$，这表示为：

$$L = \text{logit}(p) = \log(\frac{p}{1-p}) = \beta_0 + \beta_1 X_1 + \cdots + \beta_m X_m + \varepsilon \tag{11.1}$$

> **注意!**
>
> 在本章中，我们使用 logit 函数将概率映射到可以用线性函数建模的对数概率。另一种方法是使用 probit 函数，这种方法使用标准正态分布（及其逆分布）的累积密度函数来线性化概率。这两种方法通常会产生非常相似的结果，我们将重点讨论更常见的 logit 函数。

方程的左边就是上面讨论过的对数变换。这个函数也被称为 logit 函数或逆逻辑变换，这是逻辑回归名称的起源。方程的右边是标准线性模型，我们已经在本书前面章节详细介绍过了。我们可以用这个公式的倒数来转换对数概率到相应的概率

$$p = \text{logit}^{-1}(L) = \frac{1}{1 + e^{-L}} \tag{11.2}$$

因此，式（11.1）是标准线性回归模型的推广，是一类由线性预测器预测的经过变换的因变量被称为广义线性模型。这种扩展允许我们将线性回归应用于各种情况，例如，泊松或对数正态回归模型。

11.1 R 实现简单 Logistic 回归

在本章中，我们将使用 titanic 数据集（包含在 astatur 软件包中），该数据集包含关于皇家邮轮泰坦尼克号上一部分乘客的数据，该邮轮在 1912 年 4 月 15 日与北大西洋的冰山相撞后沉没（见图 11.3）。除了许多其他信息变量（如乘客的名字），数据集还包含一个变量 survivor，它包含了每个乘客是否在灾难中幸存的信息。该变量使用了一种伪编码方案（见第 9 章），如果乘客在事故中幸存，则该变量的值为 1，否则为 0。余下章节我们将使用这个二分类变量作为主要因变量。

图 11.3　乘坐充气救生艇的泰坦尼克号幸存者

让我们先来看看数据集。你可以使用 str()函数来返回数据集前几个值的紧凑表示，或者使用第 6 章介绍的函数，比如 base-R 中的 summary()或者 summarytools 包中的 dfSummary()。一旦执行这些函数，你会发现有一些变量，不太可能有预测幸存率的价值（如 Ticket 变量存储的机票号码），而探索其他变量是否与幸存率有关是十分有趣的。如果不清楚其中变量的含义，那么你可以使用 help(titanic)函数来获得关于数据集的更详细的信息。首先来看看我们感兴趣的主要变量 Survived 的描述性总结。因为它是一个分类变量，所以我们要求 R 为这个变量提供一个频率表：

```
library(astatur)
data(titanic)
table(titanic$Survived)
##
##   0   1
## 549 342
```

table()函数计算 Survived 变量值为 0（即在事故中死亡的乘客）和 1（幸存的乘客）的数量。整体来看幸存概率不高，只有 38%（$\frac{342}{342+549} \times 100\%$）。但是，有一些乘客的幸存概率明显更高（或更低）。例如，著名的《妇女和儿童行为守则》规定，在危及生命的情况下，应优先保护妇女和儿童的生命。泰坦尼克号上的乘客是否遵循了这一行为准则呢？

这是一个逻辑回归问题，我们可以将其转化为一个回归问题来帮助解答：年龄（age）和性别（gender）这两个因素是否能显著地预测幸存概率？

首先我们调查是否能找到年龄和幸存概率之间的关系。图 11.4 提供了数据的描述性总结：每个乘客的年龄被绘制在横轴上，而幸存概率被绘制在纵轴上。这个图形将三个不同的图形元素组合成一个地毯图，表示乘客的年龄和幸存情况；根据幸存者和未幸存者的年龄划分出不同的密度图；以及一个逻辑回归模型拟合（蓝色曲线），显示幸存概率和乘客年龄之间的关系，幸存概率从 0.5 左右开始，并随着乘客的年龄增加而大幅下降。

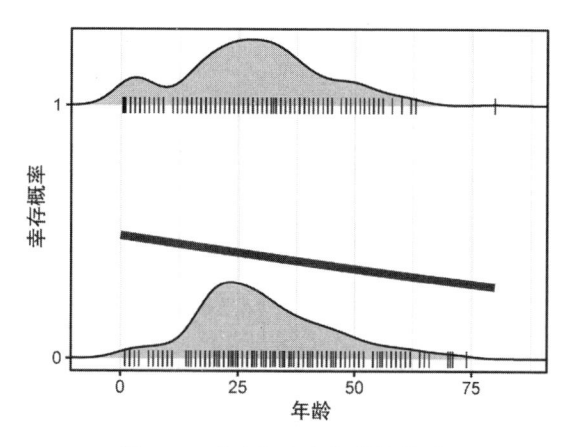

图 11.4　幸存概率与年龄的关系

　　仅仅从这个图形中很难评估年龄是否对幸存概率有突出影响。但我们可以发现几个有趣的点。首先，幸存下来的年轻乘客数量在增加（上层密度曲线的第一个峰值），而且似乎有更多的老年乘客没有活下来，正如下层密度曲线的长尾所示。为了对这种情况进行显著性检验，我们可以使用 glm()函数来拟合一个逻辑回归模型，类似于我们之前用来拟合普通回归模型的 lm()函数。这个函数的语法与之前的形式相同：先提供一个 R 公式来描述因变量和自变量之间的关系，并提供包含这些变量的数据集。使用 glm()而不是 lm()的唯一区别是，我们需要指定因变量的转换。正如我们上面所学到的，逻辑回归是由 logit 函数指定的对数转换。因此，为了指定 logit 函数，我们使用 family=binomial(link='logit')：

```
mod <- glm(Survived ~ Age, family=binomial(link="logit"),
           data=titanic)
```

　　这段代码返回一个模型对象 mod，它包含拟合的模型，并为我们提供了一个入口点，以访问模型参数、置信区间、显著性检验、预测和其他基于模型的度量。我们使用与前面相同的函数，即 summary()、confint()、predict()等来访问这些元素。作为第一步，我们可以使用 summary()函数初步检查模型：

```
summary(mod)
##
```

```
## Call:
## glm(formula = Survived ~ Age, family = binomial(link = "logit"),
##     data = titanic)
## 
## Deviance Residuals:
##     Min      1Q   Median      3Q      Max
## -1.1488 -1.0361 -0.9544  1.3159  1.5908
## 
## Coefficients:
##             Estimate Std. Error z value Pr(>|z|)
## (Intercept) -0.05672 0.17358 -0.327 0.7438
## Age         -0.01096 0.00533 -2.057 0.0397 *
## --
## Signif. codes:
## 0 '***' 0.001 '**' 0.01 '*' 0.05 '.' 0.1 ' ' 1
## 
## (Dispersion parameter for binomial family taken to be 1)
## 
##     Null deviance: 964.52 on 713 degrees of freedom
## Residual deviance: 960.23 on 712 degrees of freedom
## (595 observations deleted due to missingness)
## AIC: 964.23
## 
## Number of Fisher Scoring iterations: 4
```

输出与普通线性回归得到的结果非常相似，其中给出了残差和回归系数表的概述，以及关于模型拟合优度的大概信息。我们将从研究回归系数开始，因为它们通常被认为是最重要的。

11.1.1 Logistic 回归中系数的含义

上面 summary(mod)产生的输出中包含了模型中每个变量的回归系数。在这里，我们有一个截距，用于描述新生儿（Age=0）在事故中幸存的对数概率，以及一个年龄系数，用于描述幸存概率随年份增加而减少的对数概率。

系数本身可以在 Estimate 那一列中找到，并且它带有一个标准误差（Std.error），一个检验统计量（z 值），和一个相应的 P 值（Pr(>|z|)）。z 值是通过将估计值除以其标准误差计算得到的，并在真值等于 0 的零假设成立时，根据标准正态分布进行分布。因此，一个显著的 P 值（如 $p < 0.05$）表明回归系数与 0 有显著差异。我们可以使用 confint()函数得到置信区间：

```
confint(mod)
##                  2.5%         97.5%
## (Intercept) -0.39714809 0.2840714449
```

```
## Age           -0.02150502 -0.0005832068
```

从上面的输出可以看出,Age 的系数是显著的,而截距的系数与 0 的差别不显著。记住,0 的对数概率在数学上对应于 0.5 的幸存概率,我们看到非常年幼的婴儿(实际上,截距对应于 0 岁的婴儿)幸存概率大约 1:1。为了更详细地了解回归系数,我们可以使用反 logit 函数将回归系数从对数尺度变换到概率尺度(但是,我们需要记住,由回归系数表示对数尺度的恒定变化不会转化为概率尺度上的恒定变化)。首先,我们可以使用 coef() 函数从模型对象中提取系数:

```
coefs <- coef(mod)
coefs
## (Intercept)         Age
## -0.05672364 -0.01096345
```

接下来,我们可以使用 plogis() 函数①将系数转换为概率(实现式(11.2)):

```
plogis(coefs)
## (Intercept)         Age
##   0.4858229 0.4972592
```

这些值中的第一个是 0 岁乘客存活的概率 $P(\text{Survived} \mid \text{Age} = 0) = 48.58\%$。这个概率比我们之前计算的总体幸存概率 $P(\text{Survived}) = 38\%$ 高得多。与 Age 对应的第二个系数并不代表年龄每增加一岁,幸存概率的增加量。事实上,如果年龄每增大一岁,幸存概率就增加 49.73%,那么这个概率值很快就会超过 1。这个数字实际上代表的是在一个新生儿幸存概率为 0.5 的条件下,一个 1 岁孩子的幸存概率。这是唯一一个信息不足的量,是对数概率和概率之间非线性关系的结果:年龄的变化对幸存概率的影响取决于参考水平。因此,我们必须准确地指定感兴趣的年龄范围。例如,我们可以计算一个 70 岁和一个 60 岁的乘客的幸存概率差,如下:

```
p.60y <- plogis(coefs["(Intercept)"] + 60*coefs["Age"])
p.70y <- plogis(coefs["(Intercept)"] + 70*coefs["Age"])
p.70y - p.60y
## (Intercept)
## -0.02371828
```

这一结果表明,70 岁的乘客的幸存率比 60 岁的乘客低约 2.37%。要得到这个结果,首先我们必须计算出用于比较的对数概率,然后应用 plogis() 变换。我们在这里使用了一个简明的公式来更清楚地说明基本概念。在实践中,当模型中添加了更多的

---

① plogis() 函数是 Logistic 分布的分布函数。所有分布都有一个对应的 R 函数,其名称以前缀 p 开头。例如,pnorm() 是正态分布的分布函数,pgamma() 是伽马分布的对应函数等。

变量，基础公式将变得复杂，难以手工推导出精确的公式。因此，我们可以利用 predict() 函数更直接地预测不同水平下预测变量的概率：

```
predict(mod, newdata=data.frame(Age=c(60,70)), type="response")
##         1         2
## 0.3285985 0.3048802
```

我们使用参数 newdata=来提供想要计算预测值的预测变量的信息（这里是指 60 岁和 70 岁的乘客）。对于更复杂的模型，我们必须提供所有自变量的值。最重要的是，我们必须指定 type="response"，以便在概率范围内产生预测结果。如果没有这个额外的参数，predict()函数就会返回预测的对数概率。输出结果是一个向量，包含 60 岁和 70 岁乘客的预测幸存概率。这两个值之间的差异回答了我们之前提出的问题。为了说明在预测变量的范围内效果是不同的，现在我们将计算 30 岁和 20 岁乘客之间的差异：

```
p.2030y <- predict(mod, newdata=data.frame(Age=c(20,30)),
                   type="response")
diff(p.2030y)
##           2
## -0.02666609
```

diff()函数用于计算向量中相邻元素之间的差异。结果显示，与 20 岁的乘客相比，30 岁的乘客的预测幸存概率减少了 2.67%。这个结果比之前计算的年龄较大的乘客概率要大。由于不同年龄组的效果不同，可以将年龄与幸存概率之间的关系可视化。

实现这一点的简单方法是使用 visreg 包中的 visreg()函数（"visualize regression" 的缩写，表示可视化回归）。对于只有一个预测变量的简单模型，我们可以通过 glm() 简单地在模型对象上调用这个函数。结果如图 11.5（左）所示。然而，标准设置是在对数尺度上绘制逻辑回归模型的预测值。因此，为了产生年龄、幸存概率关系图，我们必须指定一个额外的参数 scale="response"来指示该函数转换预测结果，如图 11.5（右）所示。

```
library(visreg)
visreg(mod)
visreg(mod, scale="response")
```

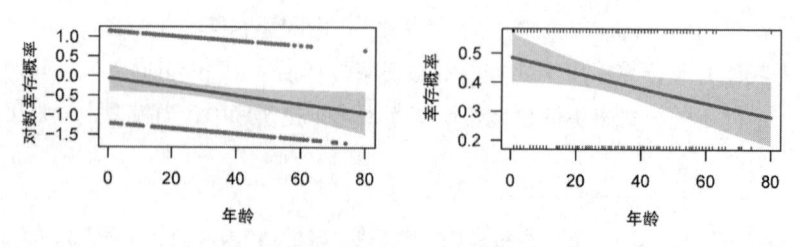

图 11.5 年龄对对数幸存概率（左）和幸存概率（右）的影响

图 11.5 显示，幸存概率明显下降，从最年轻乘客的 50%左右下降到最年长乘客的 30%左右。

到目前为止，我们已经展示了如何用基础因变量的概率变化来解释逻辑回归模型的系数。但是，我们发现概率变化是非线性的，因此回归系数的含义会因参考水平的不同而变化。还有一种解释回归系数的更有力的方法，即概率比（Odds Ratio，OR）。通过将回归系数转换为 OR，我们就有了一个独立于参考水平的统一解释。正如我们之前所讨论的，回归系数对对数转换后的成功概率提供了一个常数（加性）影响。通过使用指数函数对这种效应进行转换，我们可以将加法效应转化为乘法效应，并得到一个可以解释为概率变化百分比的结果。考虑根据乘客的年龄来预测幸存概率的例子，我们可以用 exp()函数来转换模型中 Age 变量的系数。

```
exp(coef(mod))
## (Intercept)        Age
##   0.9448552  0.9890964
```

得到的系数可以理解为 OR。截距告诉我们，0 岁婴儿的幸存概率大约是一半一半（这对应于概率尺度上的结果，约为 49.73%，见上文）。

由此得出的系数可以解释为概率比。截距告诉我们，0 岁婴儿的幸存概率大约是 94.49%（这与概率尺度上的结果相对应，大约是 49.73%，见上文）。Age 对应的系数告诉我们，Age 变量增大将导致幸存概率的降低，可以通过幸存概率乘以 98.91%得到这一结果。这意味着年龄每增加一岁，幸存概率下降约 1.1%,(1−98.91%)×100%≈1.1%。我们可以通过计算对数概率尺度上的差异并取指数，来计算 10 年后幸存概率下降的预期百分比：

```
diff.logodds=diff(predict(mod, newdata=
    tibble(Age=c(60,70)), type="link"))
(1-exp(diff.logodds))*100
##        2
## 10.38384
```

结果显示，两名乘客之间年龄相差 10 岁，幸存概率相差 5%。这个结果是恒定的，不取决于乘客的年龄。在上面的代码中，我们可以不使用 60 岁和 70 岁的人，而使用 0 岁和 10 岁的人，或者 100 岁和 110 岁的人，结果也是一样的。然而，由于 OR 指定了概率变化的百分比，实际的概率变化仍将取决于参考水平。例如，60 岁的人的幸存概率是 exp(logodds.60y)=0.49，因此，如果 70 岁以上的人减少 10%，则意味着这些乘客的幸存概率为 0.90×0.49=0.44。

11.1.2 拟合优度和模型选择

对于简单线性回归，我们通常根据决定系数 R^2（见第 7 章）来评估模型的拟合优度，并估计模型所解释的方差比例。这个系数与 F 检验有关，用于检验解释方差的比例是否大于原假设的预期。难点在于，我们不能直接计算二分类因变量模型的解释方差比例，因为我们不是直接对数据本身建模，而是对单个数据点的概率建模。这一做法的另一个后果是，我们不能使用普通最小二乘法作为模型的拟合方法，而必须依靠极大似然法。极大似然法可以找到回归模型产生最大概率值对应的模型参数[①]。

为了通过显著性检验评估逻辑回归模型的拟合度，我们比较两种不同的似然性，即我们感兴趣的模型似然性和参考模型的似然性。通常情况下，我们使用一个不包含任何预测变量的基线模型作为参考，但也可以比较复杂度不断增加的回归模型，正如本章后面所展示的那样。一般来说，模型中添加的参数越多，模型就越能适应数据。因此，与参数较少的模型相比，参数较多的模型总是有更高的似然性，即使较简单的模型更接近事实。克服这个问题的方法是，当从一个较简单的模型变换到一个较复杂的模型时，检验似然性的增加量是否足够大，以至于可以拒绝完全由偶然引起的可能性（即原假设）。这种检验被称为似然比检验，可以使用 lmtest 包的 lrtest() 函数来实现。lrtest() 函数将一个或多个模型对象作为输入，计算似然比。然后将该比率与分布进行比较，该分布具有 1 个自由度，描述了原假设下似然比的分布。

```
library(lmtest)
lrtest(mod)
## Likelihood ratio test
##
## Model 1: Survived ~ Age
## Model 2: Survived ~ 1
##   #Df LogLik Df Chisq Pr(>Chisq)
## 1   2 -480.11
## 2   1 -482.26 -1 4.2876 0.03839 *
## ---
## Signif. codes:
## 0 '***' 0.001 '**' 0.01 '*' 0.05 '.' 0.1 ' ' 1
```

按照上面代码展示的方法，用一个参数调用这个函数时，模型会与只有截距的基线模型（即输出中的 survived ~ 1）进行比较。输出包含对比较模型的描述，以及一个表格，其中包含自由度（#Df）、对数似然（LogLik）、χ^2 检验（Chisq）及其 P 值

[①] 重要的是不要混淆似然和后验概率。似然是给定一组模型参数计算观察数据的概率（即 P(模型参数|数据)），后验概率是一组参数正确的概率（即 P(数据|模型参数)）。我们将在第 15 章更详细地讨论这一区别。

(Pr(>Chisq))。在本例中,包含年龄(Age)作为预测变量的模型与只有截距的基线模型进行了比较。这一检验在 0.05 水平上是显著的,因为 $\chi^2(1) \approx 4.29$,$p \approx 0.038$。因此,与基线模型相比,以年龄为预测变量的模型似乎对数据提供了更好的拟合。

我们在上面提到,不能用普通的 R^2 值来描述逻辑回归模型中解释方差的比例。然而,统计学家开发了一系列"伪" R^2 值,其含义与线性回归中传统 R^2 值类似:这些值通常在 0 和 1 之间,值越大说明模型拟合度越好。然而,即使这些值显示出相似性,伪 R^2 值也不能直接理解为解释方差的比例。在 R 语言中,我们可以使用 DescTools 包中的 PseudoR2()函数来计算不同的伪 R^2 指数:

```
library(DescTools)
PseudoR2(mod, which="all")
##        McFadden      McFaddenAdj         CoxSnell
##    4.445297e-03    2.981395e-04     5.986993e-03
##
##      Nagelkerke    AldrichNelson    VeallZimmermann
##    8.079794e-03    5.969142e-03     1.038790e-02
##           Efron  McKelveyZavoina             Tjur
##    6.108245e-03    7.640092e-03     6.037318e-03
##             AIC              BIC           logLik
##    9.642284e+02    9.733702e+02    -4.801142e+02
##         logLik0                G2
##   -4.822580e+02    4.287560e+00
```

这里,我们调用了 PseudoR2()函数,其中参数 which="all" 使该函数以向量的形式返回可计算的所有不同的伪 R^2 版本。也可以只计算这些形式中的某一个,例如,指定 which="CoxSnell"。本书不会详细介绍该函数所提供的不同 R^2 指数,我们建议你阅读更专业的书籍,或者阅读 PseudoR2()函数帮助页面中提供的参考资料。正如我们所看到的,在前面代码段的输出中,即使对这个简单的模型,不同的指数也会产生非常不同的结果。因此,决定使用哪一个指数是相当具有挑战性的。Smith 和 McKenna 对不同的方法进行了全面比较。一个经常使用的伪 R^2 版本是由 McFadden 开发的数值,即取待测试的完整模型与参考模型(除了截距,不包括任何预测变量)的对数似然比值。

$$伪 R^2 = 1 - \frac{LL_{complete}}{LL_{null}}$$

因此,只要被测模型的对数似然比远远大于参考模型的对数似然比,那么该比值就会归于 0,伪 R^2 就会接近 1。另一方面,当被测模型对数据的拟合程度与参考模型差不多时,比率将接近于 1,伪 R^2 将接近于 0。

11.2 多重逻辑回归

到目前为止，我们关注的是最简单的情况，即只有一个自变量，用来预测一个因变量的概率。当然，应用回归框架的最大优势是可以包括几个不同的预测变量，包括描述变量之间交互作用（乘积）的预测变量（见第 10 章）。我们继续分析泰坦尼克号事故的伤亡情况，调查"妇女和儿童优先"原则是否得到遵守。首先建立一个可扩展的回归模型，其中包含年龄（Age）和性别（Sex）作为预测变量（变量 Sex 将泰坦尼克号上的每个乘客归类为"male"（男性）或"female"（女性））：

```
mod2 <- glm(Survived ~ Sex+Age,
            family=binomial(link='logit'),
            data=titanic)
summary(mod2)
##
## Call:
## glm(formula = Survived ~ Sex + Age,
##     family = binomial(link = "logit"),
##     data = titanic)
##
## Deviance Residuals:
##     Min      1Q   Median      3Q      Max
## -1.7405 -0.6885 -0.6558  0.7533  1.8989
##
## Coefficients:
##              Estimate Std. Error z value Pr(>|z|)
## (Intercept)  1.277273   0.230169   5.549 2.87e-08 ***
## Sexmale     -2.465920   0.185384 -13.302  < 2e-16 ***
## Age         -0.005426   0.006310  -0.860 0.39
## --
## Signif. codes: 0 '***' 0.001 '**' 0.01 '*' 0.05 '.' 0.1 ' ' 1
##
## (Dispersion parameter for binomial family taken to be 1)
##
##     Null deviance: 964.52 on 713 degrees of freedom
## Residual deviance: 749.96 on 711 degrees of freedom
## (595 observations deleted due to missingness)
## AIC: 755.96
##
## Number of Fisher Scoring iterations: 4
```

下一步是通过似然比检验将该新模型与我们先前仅包含年龄作为预测变量的拟合模型进行比较。上面提供的 summary() 函数的输出已经表明，相对于第一个模型，偏差（以 2 乘以对数似然计算）已经降低。我们还看到赤池信息准则（Akaike Information Criterion，AIC），这是模型拟合优度的另一个重要标志。为了在统计上证实这些观察结果，我们可以应用上述似然比检验：

```
lrtest(mod, mod2)
## Likelihood ratio test
##
## Model 1: Survived ~ Age
## Model 2: Survived ~ Sex + Age
##   #Df LogLik Df Chisq Pr(>Chisq)
## 1   2 -480.11
## 2   3 -374.98  1 210.27 < 2.2e-16 ***
## --
## Signif. codes:
## 0 '***' 0.001 '**' 0.01 '*' 0.05 '.' 0.1 ' ' 1
```

检验结果是非常显著的，我们可以得出结论，扩展模型与数据的拟合度显著提高。我们还可以比较两种模型的伪 R^2 值：

```
rbind(
age.only        =PseudoR2(mod, which=c("Nagelkerke","CoxSnell")),
age.and.gender=PseudoR2(mod2, which=c("Nagelkerke","CoxSnell"))
) %>% round(digits = 2)
##                 Nagelkerke CoxSnell
## age.only              0.01     0.01
## age.and.gender        0.35     0.26
```

我们使用 rbind() 函数将输出的两个指数（Nagelkerke 和 CoxSnell）整合在一起，并使用 round() 函数取整到两位有效数字。同时具有年龄和性别的新模型在两个指标上的数值都很高。因此，其显著性不仅在统计上有意义，而且显著性很高。

在检查上面 summary() 函数产生的系数表时，我们看到性别的系数是负的，这一点很重要。对性别变量进行虚拟编码时，参考类别被选择为女性。因此，系数被标记为 Sexmale，描述了男性与女性相比的幸存对数概率的变化。系数估计值的负值表明男性的幸存概率在降低。例如，我们可以计算出男性和女性在 20 岁时的幸存概率。

```
predict(mod2, newdata =
        tibble(Age=20,
               Sex=c("female","male")),
        type="response")
##         1         2
## 0.7629199 0.2146425
```

结果显示，女性的幸存概率为 78.2%，远远高于男性的幸存概率，后者只有 23.4%。

这至少很符合"女性优先"的原则。严格来说，男性和女性的比较只对 20 岁的乘客有效。我们还可以通过对原始系数的指数化来观察系数的 OR 值。

```
exp(coef(mod2))
## (Intercept)      Sexmale          Age
## 3.58684584  0.08493066  0.99458879
```

我们看到，性别系数的 OR 非常小。我们可以通过计算1−0.084将该系数转化为百分比变化，看到男性的幸存概率相对于女性来说减少了91%：

```
(1-exp(coef(mod2)["Sexmale"]))*100
##   Sexmale
## 91.50693
```

截距的 OR 值约为 3.6，这意味着 0 岁的女婴有大约3.6:1的存活机会。此外，上述第二个模型的输出结果显示，年龄的系数非常小（其 OR 值非常接近 1，表明每增加一岁几乎没有变化），而且不显著。因此，我们可以预测性别效应对所有年龄段的人都有效。从第一个模型到第二个模型，为什么年龄的影响在减小？我们可以通过使用 visreg()函数直观地检查模型的预测，以此来尝试理解这一发现。图 11.6 显示了结果图。

```
visreg(mod2, scale ="response")
```

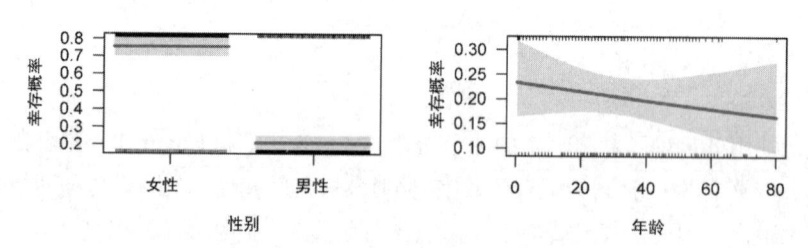

图 11.6　性别和年龄对泰坦尼克数据集中乘客幸存概率的影响（见文前彩图）

从第一张图中可以看出存在明显的性别效应。visreg()函数还生成了一个图，显示在性别值恒定的情况下，年龄对幸存概率的影响。在这种情况下，年龄的影响是针对男性的，因为在默认情况下，样本数最多的类别被用作参考类别，而泰坦尼克号上大多数乘客是男性。因为我们没有在模型中加入交互项，年龄对女性的影响在对数尺度上是相同的。这种随着年龄增长的负面趋势虽然仍然存在，但与之前的单预测变量模型相比，在扩展模型中将大大减少。这一发现是很常见的，即一个变量的影响会随着其他变量的加入而改变，这被称为辛普森悖论。这样的发现表明，探索交互作用的含义（见第 10 章）可能有助于找到这种矛盾效应的起源。也许，当我们将性别作为预测变量时，年龄的影响发生了变化。这一发现表明，年龄对男性和女性的影响存在差异？我们可以通过在第二个模型中添加交互作用来检验这一点：

```
mod3 <- glm(Survived ~ Sex+Age+Sex:Age,
            family=binomial(link='logit'),
            data=titanic)
```

在这个代码示例中，我们在模型中使用了一个显式公式，并将公式写成了 survivor ~ Sex+Age+Sex:Age。在这里，年龄和性别之间的交互项被指定为 Age:Sex。使用缩写语法 survivor ~ Sex*Age 将得到完全相同的模型，其中星号（*）表示包含主效应和交互作用。星型语法可能很有用，例如，当研究高阶交互时（即三个或更多变量之间的交互）。在对模型进行扩展后，我们利用似然比检验和伪 R^2 值再次与之前的模型进行比较：

```
lrtest(mod,mod2,mod3)
## Likelihood ratio test
##
## Model 1: Survived ~ Age
## Model 2: Survived ~ Sex + Age
## Model 3: Survived ~ Sex + Age + Sex:Age
##   #Df LogLik Df  Chisq Pr(>Chisq)
## 1   2 -480.11
## 2   3 -374.98  1 210.2715 < 2.2e-16 ***
## 3   4 -370.20  1   9.5535   0.001996 **
## ---
## Signif. codes:
## 0 '***' 0.001 '**' 0.01 '*' 0.05 '.' 0.1 ' ' 1
pR2.methods=c("Nagelkerke", "CoxSnell")
rbind(
age.only          = PseudoR2(mod,  which = pR2.methods),
age.and.gender    = PseudoR2(mod2, which = pR2.methods),
age.and.gender.ia = PseudoR2(mod3, which = pR2.methods))
##                      Nagelkerke   CoxSnell
## age.only             0.008079794  0.005986993
## age.and.gender       0.350283456  0.259554187
## age.and.gender.ia    0.363564964  0.269395562
```

我们可以看到，之前的模型比较表被扩展了一行，将最新的模型 mod3 与之前的模型进行了比较。χ^2 检验显著，表明最新模型优于前一个模型。效应量再次增加，尽管这种增加远没有我们将 Sex 变量纳入模型时那么显著。我们可以使用 summary() 函数来检查系数表：

```
summary(mod3)$coefficients %>% round(digits = 3)
##              Estimate Std. Error z value Pr(>|z|)
## (Intercept)     0.594      0.310   1.913    0.056
```

```
## Sexmale         -1.318          0.408    -3.226   0.001
## Age              0.020          0.011     1.863   0.062
## Sexmale:Age     -0.041          0.014    -3.034   0.002
```

该表显示，Sex 变量的系数（Sexmale）仍然是负的，而且是显著的（新出生男性的幸存对数概率减少）。令人惊讶的是，Age 变量的系数是正的，尽管它未能达到显著性水平。这个系数描述了女性的幸存概率随着年龄的增长而增加（即老年女性有更高的幸存机会）。鉴于之前的模型中，Age 变量的系数一直是负的，这一发现也许令人惊讶。这种效应是辛普森悖论的一个例子，需要由性别和年龄之间的显著交互作用来解释。交互作用的系数（Sexmale:Age）是负的，表明女性的正系数被男性的正系数所减少。换句话说，男性的年龄对幸存对数概率的影响可以计算为 Age+Sexmale:Age = 0.02 - 0.041 = -0.021，和前面一样是负的。总之，老年男性似乎处于不利地位，而老年女性的幸存概率则有所增加。

我们可以考虑用 visreg()函数对各种效应进行可视化来详细说明这一点。然而，像以前那样简单地运行 visreg(mod3,scale= "response")对于包含交互项的模型是不够的。原因是在默认情况下，visreg()只提供主效应的可视化。在交互项有很强影响的模型中，这种可视化可能会产生误导，因为主效应会受到交互项的调节。为了更好地显示两个效应的交互作用，我们必须指定希望将效应可视化的参考值。在本例中，我们希望分别显示年龄对性别的影响，或者绘制性别对不同年龄组的影响。性别是一个分类变量，因此，更直接的做法是将数据集中两个性别的年龄效应可视化。通过指定在 X 轴上绘制年龄（xvar="Age"），并希望为男性和女性绘制单独的图表（by="Sex"）：

```
visreg(mod3, xvar = "Age", by="Sex",scale="response")
```

如图 11.7 所示，结果表明年龄的影响对女性是积极的，但对男性是消极的，证实了我们从回归系数表中推导出来的结论。我们还看到了明显的性别效应，因为女性的年龄曲线通常比男性的相应曲线高得多。总之，我们确实找到了支持"妇女和儿童优先"原则的一些证据，尽管儿童幸存概率的提高似乎仅限于女孩。

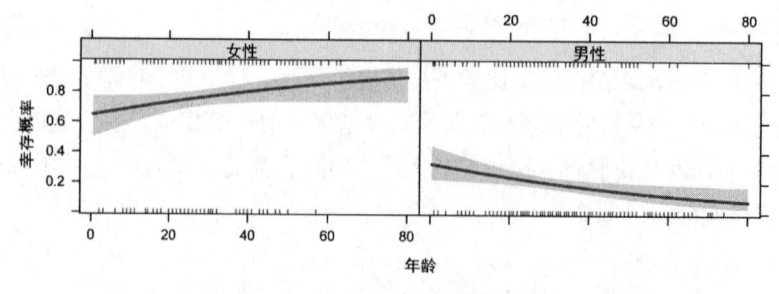

图 11.7　性别和年龄对交互模型幸存概率的影响（见文前彩图）

即使是这样一个只包含两个变量及其交互作用的简单模型,也很难帮助我们理解模型的复杂性。当添加更多变量和交互项时,情况会变得更麻烦。因此,我们应该尽量将变量的数量保持在一个可控的水平。然而,与此同时,当不包括那些有强烈影响的变量时,从模型中得出的推论可能会被扭曲,导致错误的结论。例如,我们观察到的幸存概率下降最终只出现在男性群体中,而在女性群体中则相反。

我们现在将进一步增加模型的复杂性,并研究"妇女和儿童优先"原则之外的变量。也许不那么高尚的因素也可能增加了一些人的生存机会。titanic 数据集包含一个变量 Pclass,其中包含乘客预订机票价格的等级信息。这个分类变量有 1 级、2 级和 3 级,票价随着舱位标签(可能还有相关舱位的位置)的增加而下降:一等舱(Pclass=1)最昂贵,三等舱最便宜。也许并不意外,乘坐三等舱的乘客数量最多:

```
table(titanic$Pclass)
##
##   1   2   3
## 323 277 709
```

我们可以将这个新的变量纳入之前的回归模型[①]。在这样做之前,我们必须决定 Pclass 变量在回归模型中应该如何表示。如上所述,该变量是分类的,只能取三个不同的值。因此,似乎应该采用虚拟编码方案。在这种情况下,我们必须选择一个参考类别(如 Pclass=3),并增加两个虚拟预测变量,以编码从参考类别到其余每个类别的变化(见第 9 章)。另一方面,我们也可以决定将 Pclass 作为一个数值变量,因为这个变量的增加与票价的下降有关。按照这种策略,我们只需要包括一个额外的预测变量,其中包含作为数值变量的类别。在这里,我们选择了后一种方法,但我们鼓励读者尝试这两种编码方案,看看所得的分析结论是否会成立。为了确保变量会被 glm() 函数视为数值变量,我们可以使用 class() 函数检查变量的当前类别。

```
class(titanic$Pclass)
## [1] "integer"
```

结果是整数,这意味着该变量已经被编码为数值型,否则该类将是因子。因此,我们可以简单地将该变量添加到我们的模型中。

```
mod4 <- glm(Survived ~ Sex*Age + Pclass,
            family=binomial(link='logit'),
            data=titanic)
```

[①] 另一种方法是"从零开始",以只包含价格等级的模型为基础,再构建一系列复杂的模型。

在看系数表之前，我们可以再次将新模型与之前的模型进行比较：

```
lrtest(mod3,mod4)
## Likelihood ratio test
##
## Model 1: Survived ~ Sex + Age + Sex:Age
## Model 2: Survived ~ Sex * Age + Pclass
##   #Df LogLik Df  Chisq Pr(>Chisq)
## 1   4 -370.20
## 2   5 -317.92  1 104.55  < 2.2e-16 ***
## --
## Signif. codes:
## 0 '***' 0.001 '**' 0.01 '*' 0.05 '.' 0.1 ' ' 1
rbind(
  age.and.gender.ia        = PseudoR2(mod3, which = "Nagelkerke"),
  age.and.gender.ia.pclass = PseudoR2(mod4, which = "Nagelkerke"))
##                          Nagelkerke
## age.and.gender.ia        0.3635650
## age.and.gender.ia.pclass 0.4978743
```

显然，纳入 Pclass 变量显著提高了模型的拟合度（χ^2 检验显著），伪 R^2 值也有相当大的提高。接下来，我们检查回归系数表：

```
summary(mod4)$coefficients
##      variable Estimate Std. Error z value Pr(>|z|)
## 1 (Intercept)    4.367      0.538   8.122    0.000
## 2     Sexmale   -1.201      0.435  -2.760    0.006
## 3         Age   -0.008      0.012  -0.659    0.510
## 4      Pclass   -1.326      0.143  -9.268    0.000
## 5 Sexmale:Age   -0.048      0.015  -3.312    0.001
```

输出中的系数表示：当所有其他变量保持在基线水平时，每个变量的影响。比如，第一个系数 Sexmale，表明乘坐头等舱的新生男孩的幸存概率明显比同一舱位的新生女孩的幸存概率低。Age 变量的系数并不显著，表明年龄对乘坐头等舱的女性旅客没有影响。价格等级（Pclass 系数）显著为负，表明价格等级越低（即 Pclass 数值增加），新生女婴的幸存概率越低。最后，性别和年龄的交互系数（Sexmale:Age）仍然是显著的，表明年龄效应对两个性别的影响与以前不同。显然，系数只告诉我们故事的一部分。因此，我们想要直接可视化各种效应。但是，visreg() 函数不支持这个模型的可视化，因为它太复杂了，因此我们使用 ggplot() 直接创建一个自定义的图。为了能够实现这一点，首先我们需要创建一个数据框，其中包含所有预测变量组合的模型预测值。这可以通过使用 expand.grid() 函数来实现，该函数可以创建一个包含所有输入变量的 data.frame 对象：

```
d <- expand.grid(Age=seq(0,80),
                 Sex=c("female","male"),
                 Pclass=c(1,2,3))
```

我们将创建的数据集存储在变量 d 中。下一步是将模型预测值添加到该数据集中。我们可以像之前那样使用 predict() 函数，或者应用 modelr 包中的 add_forecasts () 函数。这个函数简化了向数据框添加预测值的过程：

```
library(modelr)
dpred <- d %>% add_predictions(model=mod4, type="response")
```

现在可以对这个新的数据框应用 ggplot() 函数（见第 5 章），以产生预测图。当然，我们必须指定哪个变量应该由图中的哪一部分来表示。在这里，我们选择将 Age 变量映射到 X 轴上，将模型预测值（pred 变量）映射到 Y 轴上，并用线条颜色表示性别。最后，我们用 facet_wrap() 函数为每个 Pclass 类别创建单独的图：

```
ggplot(dpred, aes(x=Age,y=pred,color=Sex))+
  geom_line()+
  facet_wrap( ~ Pclass)
```

图 11.8 中显示了所得到的图形。显然，价格等级和性别对幸存概率都有很大影响。与男性幸存概率与年龄关系的线相比，描述女性幸存概率与年龄关系的线更加平稳。此外，两条线都随着价格等级的提高而下降。然而，到目前为止，我们还没有调查这些影响在不同的价格等级之间是否不同。为了研究这个问题，我们必须包括年龄和价格等级之间，性别和价格等级之间，以及所有三个变量之间的交互作用。这个模型如下所示：

```
mod5 <- glm(Survived ~ Sex*Age * Pclass,
            family=binomial(link='logit'),
            data=titanic)
```

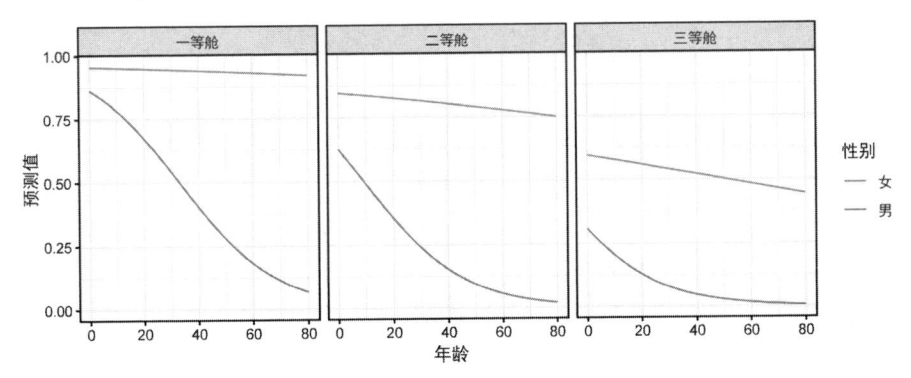

图 11.8　年龄、性别和价格等级的影响（见文前彩图）

与前一个模型相比，本模型的拟合有显著但微小的改善：

```
lrtest(mod4, mod5)
## Likelihood ratio test
##
## Model 1: Survived ~ Sex * Age + Pclass
## Model 2: Survived ~ Sex * Age * Pclass
##    #Df LogLik Df Chisq Pr(>Chisq)
## 1   5 -317.92
## 2   8 -310.43 3 14.996 0.00182 **
## --
## Signif. codes:
## 0 '***' 0.001 '**' 0.01 '*' 0.05 '.' 0.1 ' ' 1
rbind(
  age.gender.pclass    = PseudoR2(mod4, which = "Nagelkerke"),
  age.gender.pclass.ia = PseudoR2(mod5, which = "Nagelkerke"))
##                       Nagelkerke
## age.gender.pclass     0.4978743
## age.gender.pclass.ia  0.5155761
```

由于有大量的交互作用，系数表看起来非常混乱，因此我们直接绘制效果图。使用与图 11.8 类似的方法，但为两个模型（mod4 和 mod5）添加预测值，以便对两个模型进行直接比较。因此，我们必须调用 add_predictions()两次，每次都使用 var=参数来指定结果变量的名称。

```
dpred2 <- d %>%
  add_predictions(var = "mod4", model=mod4, type="response") %>%
  add_predictions(var = "mod5", model=mod5, type="response")
```

接下来，我们使用 gather()函数（见第 4 章）将包含模型预测的两列 mod4 和 mod5 收集到一个变量中，以便 ggplot()可以直接将其映射到图形美学上。这一次，我们使用颜色来区分两个模型，而不是性别，并使用 facet_grid()为每个性别和价格等级创建单独的图形：

```
dpred2 %>%
  gather(model, pred, mod4, mod5) %>%
  ggplot(aes(x=Age,y=pred,color=model))+
    geom_line()+facet_grid(Sex ~ Pclass)
```

图 11.9 中显示的结果表明，几乎在所有情况下，预测结果都很相似。两个模型之间唯一明显的区别是三等舱的女性乘客。在这个群体中，随着年龄的增长，幸存概率下降得更加明显，这与简单模型的预期一致。

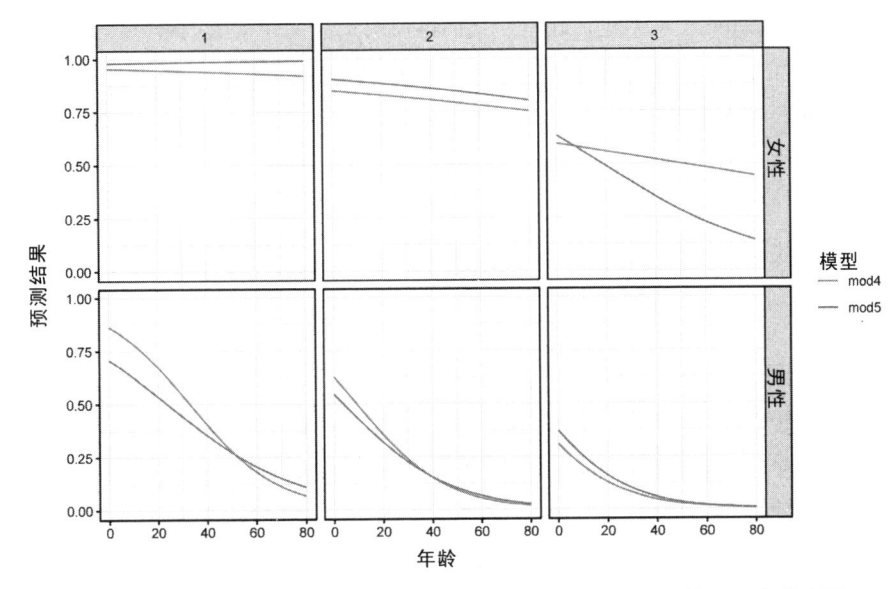

图 11.9　有（蓝色）和没有（红色）三方交互的模型预测比较（见文前彩图）

11.3　Logistic 回归进行分类

　　统计分析的一个重要目标是使用统计模型来预测未来的数据。到目前为止，我们已经分析了完整的数据集，并试图找到与这些数据最匹配的模型。我们对回归分析使用了"预测"这个词，但是这个词存在一定的误导性，因为所有的数据都是已知的。真正的预测似乎是指一个模型能够用于探索未观察到的数据，而这些数据根本没有被用来实际拟合模型。例如，我们可能会分析一项研究的数据，将所构建的模型与现有的数据集进行拟合，然后继续在第二项研究中收集数据，看看该模型对新数据集的预测效果如何。另一种方法是简单地将一个给定的数据集分成两部分（一个"训练集"和一个"保留（测试）集"），只分析其中一部分（训练集），并尝试"预测"另一部分（测试集）。如果适合于训练集的模型能够有效地预测测试集的数据，那么我们可以期望所构建的模型可以有效预测完全未观察到的数据。这种方法在实践中是非常有用的，比如说预测一个具有某些特征的病人是否会从某种治疗中受益。这种样本外的预测经常出现在机器学习中，而逻辑回归可以被看作是一种简单的监督学习方法。

　　因此，建模的第一步是将数据集分成多个部分，创建训练集和测试集。有不同的方法可以有效地做到这一点。最简单的方法是从数据集中随机抽取部分行。这种方法通常效果很好，但会意外地导致数据集在预测变量的覆盖面上有很大的不同。为了确保数据集具有可比性，可以使用更先进的分层抽样方法。使用 caret 包中的

createDataPartition()函数来实现。这里，我们将使用一个简单的随机样本来创建训练集和测试集。首先我们删除目标列中有缺失数据的行，然后将这个完整的数据集存储在 titanic.complete 变量中。

```
titanic.complete <- na.omit(titanic, cols=c("Survived", "Age",
                                            "Sex", "Pclass"))
```

接下来，我们计算两个子数据集的相对大小。

```
ntotal <- nrow(titanic.complete)
ntrain <- floor(0.75*ntotal)
ntest <- ntotal-ntrain
```

在这里，我们选择使用 75% 的数据（ntrain=535）来拟合模型，并在剩下 25% 的数据上进行预测（ntest=179）。接下来，我们为训练集选择随机的行索引。

```
train.ix <- sample.int(n=ntotal, size = ntrain, replace = F)
```

sample.int()函数对 1 到 ntotal 之间的整数进行随机抽样，参数 replace=F 确保我们不会得到两次相同的索引。在这个操作之后，train.ix 向量就包含了原始数据集中行号对应的随机整数。我们现在使用这个索引向量将数据集分成两部分，一部分包含所有索引，另一部分包含除这些索引以外的所有内容。

```
titanic.train <- titanic.complete[ train.ix,]
titanic.test <- titanic.complete[-train.ix,]
```

表达式 titanic.complete[-train.ix,]为选择所有不在索引向量 train.ix 中的行。

现在我们可以对训练数据集拟合逻辑回归模型了。使用上一节构建的模型，其中包括乘客的性别、年龄和机票的价格等级：

```
mod.train <- glm(Survived ~ Sex*Age * Pclass,
                 family=binomial(link='logit'),
                 data=titanic.train)
```

我们可以用与上面相同的方法研究得到的模型。回归系数将与之前的分析有所偏差，因为我们现在使用的是一个精简的数据集，但我们预计主要结论能够成立。这种分析的新颖之处在于，我们现在可以对存储在数据集 titanic.test 中的未观测数据点进行预测：

```
titanic.test.pred <- add_predictions(data = titanic.test,
                                     model= mod.train,
                                     var = "pred.probability",
                                     type = "response")
```

modelr 包的 add_predictions()函数生成了一个新的变量 pred.probability，其中包含

预测的幸存概率，并考虑了拟合模型时使用的变量。这些预测被添加到测试集，并存储在一个新的对象中。这里最关键的一点是，从模型中产生的预测完全独立于测试集。因此，我们可以将模型的预测与测试集中的乘客幸存的实际结果进行比较。然而，我们的逻辑回归模型的预测结果是一个概率。因此，我们必须建立一个规则，以确定在一定的幸存概率下，预测乘客是否幸存。最简单的方法是预测那些概率低于 0.5（或 50%）的乘客将不会幸存，而那些较高预测概率的乘客将幸存[①]：

```
titanic.test.pred <- titanic.test.pred %>%
  mutate(pred.Survived =
           case_when(pred.probability>0.5 ~ 1,
                                    T ~ 0))
```

在这里，我们创建了一个新的变量 pred.survived，当概率大于 0.5 时，变量值为 1；当概率小于等于 0.5 时，变量值为 0。一旦这个变量创建完成，我们就可以很容易地计算出模型正确预测结果的概率，也就是说，当模型预测乘客会幸存时，乘客幸存的概率是多少，以此类推。为了量化这一点，我们可以对 survived 变量（包含实际结果）和 pred.survived（包含模型对乘客是否会幸存的最佳预测）进行交叉分析。这种特定类型的交叉频率表被称为混淆矩阵，一般来说，其形式如下：

		预测值	
		否	是
观察值	否	真阴性（TN）	假阳性（FP）
	是	假阴性（FN）	真阳性（TP）

表中提供了四种不同的结果：模型预测乘客幸存，实际上确实幸存（真阳性，TP）；模型预测乘客死亡，但实际幸存（假阳性，FP）；模型预测乘客死亡，实际死亡（真阴性，TN），模型预测乘客幸存，实际死亡（假阴性，FN）。我们可以使用其他方法生成这个表（见第 6 章），例如使用 table()函数：

```
with(titanic.test.pred,
     table(Survived, pred.Survived))
##         pred.Survived
## Survived   0    1
##        0 102   11
##        1 244    2
```

在这里，我们使用了 with()函数，该函数显示了数据框 titanic.test.pred 中的变量名称，这样我们就可以避免使用$操作符来显示引用它们。根据这个表格，我们可以

[①] 在这里，我们使用一个阈值来确定乘客的预测幸存状态。

计算不同的指标，来描述模型预测的精确度。例如，我们可以根据 TP 和 TN 来计算正确分类的百分比：

$$正确率 = \frac{TP+TN}{N} = \frac{42+102}{179} = 0.80$$

计算结果为 0.8，这表明大约 80% 的样本被正确预测了，说明我们构建的模型预测性能非常好。caret 包中的 confusionMatrix() 函数可以提供其他类型混淆矩阵的概述。该函数有一个特定的格式，要求提供两个因子变量，一个包含预测值，另一个包含真实值。在逻辑回归模型中，变量只有两个可能的值，为方便起见，我们将其表示为 0 和 1。confusionMatrix() 函数不接受这样的变量，因为它也适用于多类别的分类变量。因此，我们必须将二分类整数变量转化为因子（详见第 4 章）。

```
library(caret)
predicted <- factor(titanic.test.pred$pred.Survived,
                    labels=c("died", "survived"))
survived <- factor(titanic.test.pred$Survived,
                   labels=c("died", "survived"))
confusionMatrix(predicted, survived)
## Confusion Matrix and Statistics
##
##           Reference
## Prediction died survived
##   died      102       24
##   survived   11       42
##
##                Accuracy : 0.8045
##                  95% CI : (0.7387, 0.8599)
##     No Information Rate : 0.6313
##     P-Value [Acc > NIR] : 3.806e-07
##
##                   Kappa : 0.562
##
##  cnemar's Test P-Value : 0.04252
##
##             Sensitivity : 0.9027
##             Specificity : 0.6364
##          Pos Pred Value : 0.8095
##          Neg Pred Value : 0.7925
##              Prevalence : 0.6313
##          Detection Rate : 0.5698
##    Detection Prevalence : 0.7039
```

```
##      Balanced Accuracy : 0.7695
##
##       'Positive' Class : died
##
```

这个函数的输出不仅包含上面计算的混淆矩阵，还包含灵敏度（TP 率，即被模型正确预测幸存乘客的比例）和特异性（TN 率，即被模型正确预测死亡乘客的比例）及其他总结性指标，还有一个显著性检验，检验模型的预测效果是否明显优于总是预测大多数类别（在这种情况下是男性）的朴素模型。这种朴素引用分类器被称为"无信息率分类器"。利用 help(confusionMatrix)命令，获得该函数的帮助文档，即可以找到所有功能的详细介绍。

如上所述，混淆矩阵是基于一个阈值来预测某个人的幸存概率的，这个阈值是基于建模的概率（上述案例中是 0.5）。接受者操作特征（Receiver Operating Characteristic, ROC）曲线通过可视化分类性能随不同阈值的变化，扩展了这一点。ROC 曲线将绘制所有可能的阈值对应的 FP 和 TP。在实践中，我们可以通过使用 plotRoc 包来制作这个图：

```
library(plotROC)
ggplot(titanic.test.pred, aes(d=Survived, m=pred.probability))+
  geom_roc()
```

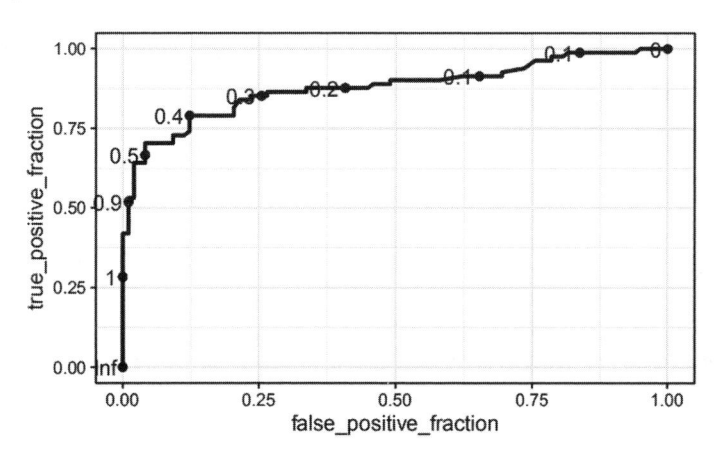

该包提供了一个新的 geom_roc()函数，扩展了 ggplot2 的绘图能力。数据被映射到图形美学（d=），预测概率 pred.probability 被映射到图形美学（m=）。ROC 曲线显示了 FP 和 TP 之间的权衡。每当阈值概率增加时，我们将不可避免地减少 FP 的数量（因为被归类的"positive"较少），但同时，TP 的数量也会减少。一个完美的预测模型应该在左上角有数值，即没有 FP 被分类且所有的 TP 都被保留了。另一方面，一个完全随机的预测模型，会产生一条从左下角到右上角的对角线。因此，一个分类模型

的质量可以用 ROC 曲线下面积（记为 AUC）来衡量。plotROC 包有一个 calc_auc() 函数，它可以应用于一个包含 ROC 曲线的 ggplot 对象：

```
p <- ggplot(titanic.test.pred, aes(d=Survived,
                                   m=pred.probability))+
  geom_roc()
calc_auc(p)[["AUC"]]
## [1] 0.8289756
```

在这里，我们重新计算了前面代码段中的图形，并将得到的 ggplot 对象存储在变量 p 中。接下来，我们将 calc_auc()函数应用于该 plot 对象，以产生所需的指标。

到目前为止，我们提出的方法有一个明显的局限性，即完整的分析是基于将数据集随机拆分为训练集和测试集。这意味着我们最终的 AUC 标准将取决于这种分割所带来的随机变化。换句话说，如果我们用不同的随机拆分重新进行分析，AUC 会有所不同。解释这个问题的一个方法是在不同的分割上多次重复计算 AUC，并计算 AUC 的不确定性区间，例如，考虑重复数百次模拟产生的 AUC 分布的下限和上限 5%的量值。解决这个问题的另一个方法是使用交叉验证法。这种方法的工作原理是将数据集随机分割成 k 个同样大的部分（如 $k=10$）。在接下来的步骤中，重复上面讨论的程序 k 次。然后在由 $k-1$ 个子数据集组成的训练集上估计回归模型，并在最后的第 k 个部分上评估预测结果。这个过程重复进行，直到每个子集都被排除（并被预测）了一次。结果是一个包含 k 个预测精度的向量（如正确分类百分比或 AUC），我们可以计算这些数值的平均值，以获得预期精度的测量。这是一个计算密集型的操作，因为该模型必须被多次拟合。下面的代码段显示了如何将交叉验证工作流程整合到一个基于管道的工作流程中：

```
library(broom)
library(modelr)
library(purrr)
titanic.complete %>% crossv_kfold(k=10) %>%
  mutate(mod=map(train, ~ glm(Survived ~ Sex*Age * Pclass,
                              family=binomial(link='logit'),
                              data=.))) %>%
  mutate(predicted = map2(mod, test,
                          ~ augment(.x, newdata = .y,
                                    type.predict="response"))) %>%
  mutate(perc.correct=map(predicted, function(df) {
    df %>% mutate(pred=.fitted>0.5,
                  correct=(Survived==pred)) %>%
    pull(correct) %>% sum(na.rm=T)/(dim(df)[1])
  })) %>% unnest(perc.correct) %>% pull(perc.correct) ->
```

```
  perc.correct
perc.correct
## [1] 0.7916667 0.8055556 0.8055556 0.8194444 0.8028169
## [6] 0.7746479 0.8169014 0.7887324 0.8028169 0.7746479
```

我们使用 modelr 包、broom 包和 purrr 包来创建这个过程。来自 modelr 包的 crossv_kfold(k=10)函数用于将数据集 titanic.complete 拆分为 10 个相等的部分，并将它们存储在 train 列中。接下来，我们使用 mutate()和 map()（来自 purrr 包）的组合来使模型适合所有训练集，然后使用 broom 包中的 augment()函数根据拟合的模型生成预测。最后，我们计算性能度量（在本例中为正确分类百分比 perc.correct），并将其从数据框中提取到一个单独的变量中。还可以进一步计算其他类型的性能度量，例如，计算平均预测性能或其标准差：

```
summary(perc.correct)
##   Min. 1st Qu. Median   Mean 3rd Qu.   Max.
## 0.7746 0.7895 0.8028 0.7983 0.8056 0.8194
```

对这个结果可解释为，我们的模型平均对 79.8%的未知样本进行了正确分类。

最后一个示例说明了 tidyverse 中的包如何巧妙地集成，以一种极其紧凑的方式表达相当复杂的工作流。这种紧凑是以可读性为代价的。你可能难以理解这个复杂的示例，对 tidyverse 函数这种高级用法的完整讨论超出了本书的范围，但我们鼓励大家阅读 Wickham 的优秀著作，以便掌握更多技能。

11.4 本章小结

在本章中，我们介绍了逻辑回归，它可以被视为普通线性回归的扩展，但是它的因变量是二分类的。要正确地应用和解释逻辑回归模型的结果，关键是要理解线性模型是在对数尺度上进行拟合的，对数尺度是观察二分类因变量各个类别发生概率的非线性变换。我们逐步引入了更复杂的逻辑回归模型，从只包含单一预测变量的最简单模型开始，到包含多个变量和交互作用的模型结束。为了确定拟合优度，选择最佳拟合模型，我们引入似然比检验和伪 R^2 值。本章详细描述了在这种情况下如何解释回归系数，并介绍了在将非线性变换应用于概率尺度时的注意事项。本章的最后还介绍了 Logistic 回归作为一种分类算法，经常用于机器学习领域，以评估模型样本外的预测精度。

【核心概念】

条件概率：在已经观察到另一个事件 B 的情况下，观察到一个事件 A 的概率，表示为 P(A|B)。

混淆矩阵：预测结果与真实结果（假阴性、真阴性、假阳性和真阳性）的权衡表。

交叉验证：将数据集反复分割成不同的训练集和测试集，以评估平均样本外的预测精度。

搁置集/测试集：部分数据不用于模型拟合，但用于评估模型的预测是否适合其余部分（训练集）。

似然比检验：用于比较两个用极大似然法拟合的嵌套模型。

Logit 变换：从对数概率到概率尺度的转换。

对数概率：两个事件发生概率的对数，也就是事件 A 相对于事件 B 的可能性有多大。

伪 R^2：衡量逻辑回归模型拟合度的指标，其含义类似于决定系数 R^2。

ROC 曲线：接收者操作特征曲线（ROC），显示真阳性与假阳性的比例与决策阈值之间关系的曲线；用于评估分类算法的性能。

【提问】

1. 为什么普通最小二乘法不能用于拟合逻辑回归模型？
2. 如何比较两个逻辑回归模型，以找出拟合度更好的模型？
3. 在解释逻辑回归模型对结果概率的影响时，有哪些困难？
4. 使用交叉验证的优点是什么？

【本章使用的函数示例】

base

```
mod <- glm(Survived ~ Age, family=binomial(link='logit'),
        data=titanic) summary(mod)
```

- 单一预测变量的简单逻辑回归。

```
predict(mod, newdata=data.frame(Age=c(60,70)), type="response")
```

- 根据模型计算预测的概率。

visreg

```
visreg(mod, scale="response")
```

- 可视化逻辑回归模型。

DescTools
```
PseudoR2(mod, which="all")
```
- 计算逻辑回归模型的伪 R^2 值（效应量）。

lmtest
```
lrtest(mod, mod2)
```
- 用似然比检验对两个模型进行比较。

第 12 章

多层次和纵向分析

在本章中，将会使用以下 R 包：

- emmeans：估计边际效应。
- tidyverse：提供数据管理（dplyr、tidyr）和绘图（ggplot2）函数。
- lme4：拟合线性混合效应模型。
- lmerTest：对混合模型的组级系数进行显著性检验。
- astatur：本书的配套 R 包，包含本章使用的数据集。

必须安装和加载这些软件包才能运行必须先安装和加载上面提到的包才能运行本章提供的代码。可以使用下列命令进行 R 包的安装：

```
packages=c("emmeans", "tidyverse", "lme4"
           "lmerTest", "devtools")
install.packages(packages)
devtools::install_github("ihrke/astatur")
```

【学习成果】

- 理解考虑数据中分层结构的重要性。
- 理解部分集合的概念，即作为群体之间共享信息的一种方式。
- 能够在以宽格式和长格式表示的嵌套数据之间进行转换。
- 理解固定效应和随机效应之间的区别。
- 能够在 R 中进行线性混合模型分析。

在前面的章节中，我们学习了如何在独立测量或案例中分析数据。然而，在某些场景中，我们经常会收集到存在相关性的数据，例如，当重复地测量同一个人或案例的数据时，或者当数据中存在分层结构时。我们可以反复测量婴儿的体重，以评估他们的成长是否符合预期的轨迹。或者我们可以测量某人在阅读相关书籍前后对统计数据分析的知识储量。这些情况都是纵向测量的例子。分析上述例子，可以发现数据集中存在一种结构，即不同的测量结果来自同一个对象。例如，新生儿的出生体重有明显的变化。因此，每个新生儿都会遵循其各自的生长曲线。在分析中把不同婴儿的数据混在一起，很可能会产生误导性的结果。

这种纵向结构是嵌套数据的一种特殊情况。这类数据集的典型特征是，单个数据点聚集在一起：知道一个数据点就知道了同一集群中其他数据点的信息。例如，知道一个婴儿出生时的体重会使预测他 5 个月时的体重更加准确。数据有时以其他方式嵌套，而不是重复测量的结果。例如，我们可以考虑分析来自不同学校的学生成绩。虽然肯定有一些学生独有的特征可以预测他们的表现（如学习能力），但也可能存在一些学校特有的变量可以预测学生的表现。例如，位于经济发展较低地区的学校，与位于高学历家庭密集地区的学校相比，学生在标准化全国测试中的平均得分可能更低。

或者考虑参加冬奥会滑雪项目的运动员。虽然每个运动员都有机会赢得比赛，但通过调查他们是否来自训练条件相差很大的北欧国家或非洲国家，可以预测其平均成绩。数据还可以嵌套在更深的结构和多个层次上。以美国选举系统的结构为例，其中个人选票是在不同的县里统计的，这些县分布在 50 个州中。众所周知，各州在支持共和党（红色）或民主党（蓝色）政策方面差异很大。然而，即使在"深红"的州，也有个别县可能倾向于民主投票，因此可以通过考虑整个结构来预测个人投票。

上述例子都有一个共同点，即它们被组织在不同的层次上，其中较低层次的实体嵌套在较高层次的实体中。图 12.1 描述了美国选举系统的嵌套结构，个人选民（第 1 层）嵌套在县（第 2 层）中，而县又在州（第 3 层）中。这种结构对应的模型被称为"多层"模型或"层次"模型。

> **注意！**
> 多层回归模型有很多标签。它们有时被称为随机效应模型、分层回归模型、多级模型，或在不同领域和背景中的混合效应模型。此外，本文中描述的嵌套数据集也被称为相关、结构化或依赖数据。

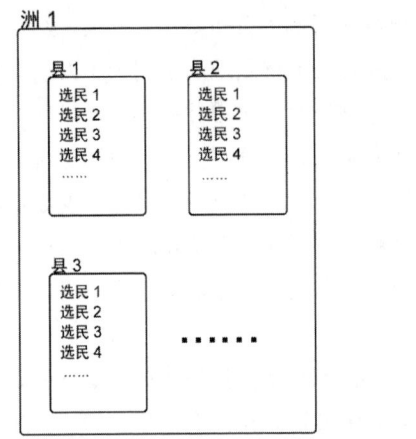

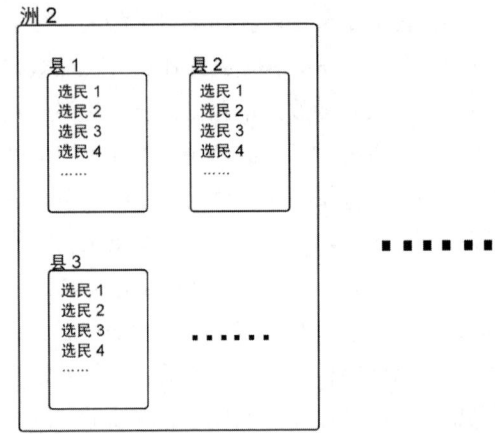

图 12.1　美国选举系统的嵌套结构

12.1　嵌套数据结构的表示

如何表示这种多层次数据集中的"嵌套性"，以便进行统计分析？有两种不同的方法来表示嵌套数据的典型表格形式，即"宽"和"长"格式。在宽格式中，嵌套的测量值被编码为不同的列。例如，在 astatur 包的 diet 数据集中，我们收集了同一个人的两次体重，一次是在他们进行特定饮食之前，一次是在他们进行特定饮食之后。如果将节食前的体重存储在变量 pre.weight 中，将节食后的体重存储在 post.weight 中，我们就建立了一个宽格式的嵌套数据集：

```
head(diet)
## # A tibble: 6 x 6
##    person gender   age diet  pre.weight post.weight
##    <fct>  <fct>  <dbl> <fct>      <dbl>       <dbl>
## 1  1      0         22 1             58        54.2
## 2  2      0         46 1             60        54
## 3  3      0         55 1             64        63.3
## 4  4      0         33 1             64        61.1
## 5  5      0         50 1             65        62.2
## 6  6      0         50 1             66        64
```

这种方法的优势在于其简单性。在表中为每个数据集保留一行，很容易比较或关联来自同一人的测量结果。此外，这种方法还可以很容易地在单独的列中存储关于每个主体的额外信息。然而，如果有更多的重复测量，每次重复测量多个变量，或者多层嵌套（如美国选举系统的例子），情况就变得不那么清楚了。例如，考虑 astatur 包中的 depression 数据集，这个数据集包含了一个基于网络的抑郁症治疗干预的结果。

本研究中的抑郁症状是根据贝克抑郁症量表（BDI）来评估的，并报告了每个治疗疗程的情况，这些疗程分布在几个星期内。BDI 的数值越高，表明抑郁症状越严重。该数据集包含 85 名患者的数据，每名患者完成了 2~11 次治疗。

为了说明复杂数据集的宽格式问题，我们提供了 depression 数据集的"宽"版本 depression.wide。因为随着时间的推移，有许多重复测量的 BDI，所以在数据集中有许多列：每个人的一次重复 BDI 测量对应一个列。我们可以通过选择所有以"BDI"开头的变量来查看这些变量的前几行：

```
depression.wide %>%
  select(ID, starts_with("BDI")) %>%
  head
## # A tibble: 6 x 12
## # Groups: ID [6]
##    ID  BDI1  BDI2  BDI3  BDI4  BDI5  BDI6  BDI7  BDI8
##   <fct> <dbl> <dbl> <dbl> <dbl> <dbl> <dbl> <dbl> <dbl>
## 1  1     22    18    15    15    12    12     8     7
## 2  2     27    13    10    13     5     3     0    NA
## 3  3     18    19    15     1    NA    NA    NA    NA
## 4  4     23    19    20    15     9    10    16    14
## 5  6     13    18    13    10    11    17    18    18
## 6  7   14.7    11     8    NA    NA    NA    NA    NA
## # ... with 3 more variables: BDI9 <dbl>, BDI10 <dbl>,
## #   BDI11 <dbl>
```

一个很明显的问题是，并不是所有的患者完成 BDI 问卷的次数都相同。因此，许多受试者在部分列中会存在缺失数据（NA）的情况，这将使分析变得更加复杂。第二，治疗过程是在数周内进行的，因此连续治疗过程之间的时间间隔并不总是相同的。结合这些情况考虑，我们必须在数据集中添加一组列，其中包含自第一次治疗以来已经过了多少周的信息：

```
depression.wide %>%
  select(ID, starts_with("week")) %>%
  head
## # A tibble: 6 x 12
## # Groups: ID [6]
##   ID week1 week2 week3 week4 week5 week6 week7 week8
##  <fct> <int> <int> <int> <int> <int> <int> <int> <int>
## 1  1    0    1     2     3     4     5     8     9
## 2  2    0    1     2     6     7     8    12    NA
## 3  3    0    1     2     6    NA    NA    NA    NA
## 4  4    0    2     3     4     6     7     8     9
## 5  6    0    2     3     4     5     8     9    10
## 6  7    0    4     7    NA    NA    NA    NA    NA
```

```
## # ... with 3 more variables: week9 <int>, week10 <int>,
## #   week11 <int>
```

显然，这种格式对于更复杂的数据集来说是非常困难的。一个好的解决方案是使用长格式。在这里，每个人可以接收多个行，每个重复测量都有一个行，我们只需引入变量来编码当前重复的索引。depression 数据集的长格式表示存储在对象 depression 中：

```
depression %>%
    select(ID, female,session, week, BDI) %>% head(10)
## # A tibble: 10 x 5
##    ID female session week   BDI
##    <fct>  <int>   <int> <int> <dbl>
## 1   1      1       1     0    22
## 2   1      1       2     1    18
## 3   1      1       3     2    15
## 4   1      1       4     3    15
## 5   1      1       5     4    12
## 6   1      1       6     5    12
## 7   1      1       7     8     8
## 8   1      1       8     9     7
## 9   2      1       1     0    27
## 10  2      1       2     1    13
```

结果得到了一个更干净、更容易使用的数据集，并且可以纳入复杂的结构。这种格式的缺点是不便于存储具有较高层次的数据。例如，在 depression 数据集中，我们收集了每个病人的性别（所有病人都把自己归为"male"（男性）或"female"（女性））。一个病人的性别在相隔几周的重复测量之间极少发生变化，因此在实践中可以将性别视为每个病人的一个恒定属性。由于我们将每个患者的数据存储在多行中，所以必须重复使用性别变量，就像重复使用其他变量的测量一样。当在一个数据框中存储州级、县级和个人选民级信息时，这种情况会更加明显。尽管有缺点，但长矩阵仍然为存储分层数据集提供了便利，因此实现多层次模型的函数通常需要在 R 中以长格式存储数据集。

在宽格式和长格式之间转换

很多时候，数据集是以宽格式存储的。然而，使用 R 及 dplyr 包和 tidyr 包，在长格式和宽格式之间来回转换是比较容易的（简单的例子见 4.2.6 节）。我们先考虑一个相对简单的 diet 数据集，这个数据集包含了对一个人体重的重复测量，一次是在节食前（pre.Weight），一次是在节食后（post.weight）。这个数据集目前是宽格式的。我们可以使用 dplyr 包的 gather()函数轻松地将其转换为长格式：

```
diet.long <- diet %>%
  gather(pre.post, weight, pre.weight, post.weight)
head(diet.long)
## # A tibble: 6 x 6
##   person gender   age diet  pre.post    weight
##   <fct>  <fct>  <dbl> <fct> <chr>        <dbl>
## 1 1      0         22 1     pre.weight      58
## 2 2      0         46 1     pre.weight      60
## 3 3      0         55 1     pre.weight      64
## 4 4      0         33 1     pre.weight      64
## 5 5      0         50 1     pre.weight      65
## 6 6      0         50 1     pre.weight      66
```

gather()函数中前两个参数给出了需要收集的变量名及其值所在的列名称。最后两个参数表示应该"收集"哪些列并将其放入列对中。输出结果中有一个叫作 pre.post 的列，用于指示 weight 列中的值最初来自 pre.weight 还是 post.weight 列。在 gather()调用中没有提到的其他列将根据需要重复，以填充所有行。当使用对应的 spread()函数时，还原为宽格式也同样容易：

```
diet.long %>% spread(pre.post, weight)
```

在这里，我们只需指定要展开的变量名称和其值所在的列。这种在宽格式和长格式之间来回转换的简单过程，在某些情况下可能会变得非常复杂。当处理复杂数据集时，我们需要进行仔细思考。回顾一下前面的 depression.wide 数据集，其中包含两组对应的变量（week1，BDI1）、（week2，BDI2），等等。它们包含每次重复治疗中对应的周号和 BDI 值。因此，我们的目标数据集应该包含三列：一列包含样本索引，一列包含周数，一列包含 BDI（就像在 depression 数据集中看到的那样）。在这种情况下，简单的 gather()和 spread()函数是不够的。tidyr 包提供了另一组更灵活的数据转换函数：pivot_longer()和 pivot_wider()。这两个函数包含的参数相当复杂，你可以通过查看它们的帮助页面（help(pivot_longer)）来验证。要想熟练应用这些函数，需要一些时间来适应。下面的代码展示了如何使用 pivot_longer()函数将 depression.wide 数据集转换为长格式：

```
depression.wide %>%
  pivot_longer(cols=starts_with("week") | starts_with("BDI"),
               names_to = c(".value", "session"),
               names_pattern="(BDI|week)([0-9+])",
               values_drop_na=T) %>%
head()
## # A tibble: 6 x 10
```

```
## # Groups: ID [1]
## ID    female age   married job   AUDIT motivation session
## <fct> <int>  <int> <int>   <int> <int> <int>      <chr>
## 1 1   1      26    0       1     4     100        1
## 2 1   1      26    0       1     4     100        2
## 3 1   1      26    0       1     4     100        3
## 4 1   1      26    0       1     4     100        4
## 5 1   1      26    0       1     4     100        5
## 6 1   1      26    0       1     4     100        6
## # ... with 2 more variables: week <int>, BDI <dbl>
```

函数的第一个参数 cols=指定了我们想要聚集到较长列对中的所有列。在这里，我们使用 dplyr 包的 starts_with()函数来选择以"week"或"BDI"开头的所有列。竖线"|"翻译为"或"，其作用是将两个函数调用绑定在一起，以便选择满足其中任何一个条件的所有列名。接下来，我们必须指定 names_to=的参数值，它包含了输出列的名称。特殊值.value 表示列的名称是从原始列名（week 或 BDI）中提取的，第二个列将被称为 session。下一步是指定 names_pattern=的参数值，本例中指定其值为一个正则表达式，这是一个来自计算机科学的流行概念，用于描述动态字符串模式。此模式应用于 cols=参数选择的每个列名，并提取括号中子模式指定的组，与新列匹配。这里，第一个子模式（BDI|week）指定列名的一部分必须包含 BDI 或 week。第二部分（[0-9]+）表示我们需要一个或多个数字。结合起来，该模式将进行匹配，如 BDI1、BDI11、week9，等等。最后一个参数 values_drop_na=指示函数删除所提取列中存在缺失值的行。在 depression 数据集中，有很多这样的数据，因为不是所有病人都参加了全部的治疗。由于这些存在缺失值的行不包含任何有用信息，因此可以放心地将其全部删除。将长格式转换回宽格式的工作原理与此类似：

```
depression %>%
gather(var,val, week,BDI) %>%
pivot_wider(names_from=c("var","session"),
            values_from=c("val"),
            names_sep="") %>%
head()
## # A tibble: 6 x 29
## ID    female age   married job   AUDIT motivation week1
## <fct> <int>  <int> <int>   <int> <int> <int>      <dbl>
## 1 1   1      26    0       1     4     100        0
## 2 2   1      34    0       1     7     100        0
## 3 3   1      29    1       1     6     90         0
## 4 4   0      26    1       1     6     100        0
## 5 6   1      35    1       1     6     100        0
## 6 7   0      35    0       0     2     100        0
```

```
## # ... with 21 more variables: week2 <dbl>, week3 <dbl>,
## #   week4 <dbl>, week5 <dbl>, week6 <dbl>, week7 <dbl>,
## #   week8 <dbl>, week9 <dbl>, week10 <dbl>, week11 <dbl>,
## #   BDI1 <dbl>, BDI2 <dbl>, BDI3 <dbl>, BDI4 <dbl>,
## #   BDI5 <dbl>, BDI6 <dbl>, BDI7 <dbl>, BDI8 <dbl>,
## #   BDI9 <dbl>, BDI10 <dbl>, BDI11 <dbl>
```

在这里，我们必须使用一个中间步骤，首先应用 gather() 将 week 和 BDI 列收集到一个新的 var 和 val 列中，该列包含列名（即 week、BDI）和相应的值。基于这个中间结果，我们应用 pivot_wider() 并从中提取 var 和 session 这两列的名称来构造新列的列名。我们还可以指示该函数从新创建的 val 列中获取数值，并将列的名称合在一起且不使用分隔符（names_sep=""）。

12.2 完全、部分和无聚集

接下来，我们将使用长格式的 depression 数据集来讲述多层次模型的应用。首先来看看 BDI 捕捉到的抑郁症状是如何随着时间的推移在几个样本上发展的。通过下面的代码，我们生成了图 12.2 A：

```
library(astatur)
show.IDs=sample(unique(depression$ID), 5)
depression %>%
filter(ID %in% show.IDs) -> d.5subj
d.5subj %>%
ggplot(aes(x=week,y=BDI,color=ID))+
geom_point()+geom_line(aes(group=ID))
```

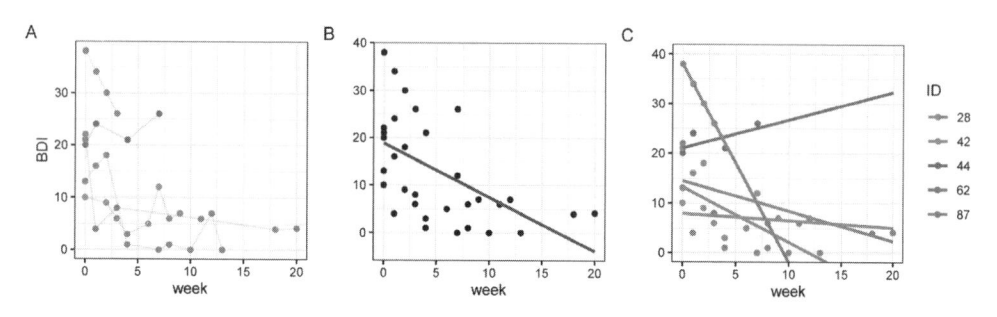

图 12.2　原始数据、完全混合回归和单个（完全不混合）的回归线（见文前彩图）

在这个代码示例中，我们使用 sample() 函数从 depression 数据集的 ID 列中随机抽取 5 个不同样本的标识符，这些标识符是由 unique() 函数提取的 ID 变量的唯一值。接下来，我们通过过滤掉这些随机选择的标识符来减少 depression 数据集的冗余信息，并绘制临床结果 BDI 与周数 week 的函数图。如图 12.2 A 所示，随着时间的推移，在不同样本上 BDI 的数值有很大的不同。对于一些患者来说，随着时间的推移，他们的症状有了显著的改善，而对于另一些患者，症状保持不变，甚至变得更糟。现在，我们所做的第一个工作是进行周数 week 和 BDI 评分之间的线性回归分析，这里将忽略数据所在的主体：

$$E[Y_i] = \beta_0 + \beta_1 X_i + \varepsilon_i \tag{12.1}$$

其中 X_i 是第 i 次测量时对应的周数。在 R 中可以用下列命令估计这个模型：

```
mod <- lm(BDI ~ week, data=d.5subj)
coef(mod)
## (Intercept)    week
##    18.83813  -1.13799
```

输出结果中 week 变量的系数估计值是负的（$\beta_{week} \approx -1.14$），这表明平均而言，这些受试者的抑郁症状在治疗期间似乎有所下降，相应的回归线显示在图 12.2B 中。这种完全忽略重复度量的方法被称为完全混合或原始回归，因为所有数据点都被扔到一个集合中，其相关性结构被忽略。第二种方法是为这五个受试者分别计算完全独立的回归模型：

$$E[Y_{i,j}] = \beta_{0,i} + \beta_{1,i} X_{i,j} + \varepsilon_{i,j} \tag{12.2}$$

其中 i 代表受试者，j 代表受试者的测量值。注意，在这个模型中，每个患者 i 都有自己的截距和斜率系数 $\beta_{0,i}$ 和 $\beta_{1,i}$。该模型在 R 中的实现方式如下：

```
d.5subj %>% nest(data=-ID) %>%
  mutate(coef.week = map(data,
                ~ coef(lm(BDI ~ week, data=.x))[2])) %>%
  unnest(coef.week) %>% select(ID,coef.week)
## # A tibble: 5 x 2
##   ID      coef.week
##   <fct>       <dbl>
## 1 28          -1.11
## 2 42          -0.142
## 3 44           0.567
## 4 62          -4.00
## 5 87          -0.604
```

在上述代码中，我们利用了 tidyr 包的 nest() 函数，它允许我们将所有剩余的列（用 "-ID" 减去 ID 列之后）压缩到新列 data 的一个单元格中。接下来，我们在 map() 函数中调用 lm() 为每个子数据集（每个 ID 对应一个数据集）拟合一个线性回归模型，map() 的作用是将 lm() 函数应用于数据列中的每个元素。我们在同一个调用中还使用了

coef()函数，因为我们对 week 与 BDI 之间的关系感兴趣。最后，使用配套的 unnest() 函数来压缩这个嵌套数据集，并选择感兴趣的 ID 和 coef.week 列。结果显示在图 12.2C 中，从图中可以看出，治疗效果在病人之间有相当大的差异。62 号受试者的 BDI 值每周减少 4 点，治疗效果明显，而 44 号受试者的症状没有改善，甚至随着时间的推移还在恶化。

在这个例子中分别拟合单个模型的方法，也被称为完全不混合方法，因为个体之间没有信息共享。复杂但灵活的管道结构，即对每个样本的子数据集进行单独的线性模型拟合，在数学上与拟合一个单一的线性回归模型是相同的，该模型将 week 变量、ID 变量及相互作用（week:ID）作为预测因子：

```
mod.id=lm(BDI ~ week + ID + week:ID, data=d.5subj)
```

通过这种表达方式，为每个样本估计一个单独的截距和 week 变量的回归系数，就像上面的例子一样。请注意，这个模型没有实现多层次意义上的随机截距和随机斜率估计，而是简单地估计每个样本完全独立的回归系数。我们可以使用 emmeans 包中的 emtrends()函数从这个模型中提取每个样本的回归系数：

```
library(emmeans)
emtrends(mod.id, "ID", var="week")
## ID week.trend SE df lower.CL upper.CL
## 28 -1.111 0.348 23 -1.83 -0.391
## 42 -0.142 0.572 23 -1.32 1.042
## 44  0.567 0.867 23 -1.23 2.360
## 62 -4.000 1.820 23 -7.77 -0.234
## 87 -0.604 0.223 23 -1.06 -0.143
##
## Confidence level used: 0.95
```

这个函数计算每个样本（由 ID 指定）的 week 变量（由 var="week"指定）的边际效应。在本例中，有必要使用这个函数，因为直接使用 coef()函数检查模型系数并不能获得每个样本的效应，因为它们都是相对于基线类别而言的。

这样看来，我们似乎可以用一个简单的回归模型，不需要任何扩展就可以得到所有不同的回归线。请注意，为每个样本引入单独的变量及它们与感兴趣变量的相互作用意味着统计能力的显著降低。正如本例所显示的，使用这种方法相当于为每个样本拟合单独的回归模型。depression 数据集中的每个样本都贡献了 2~11 个数据点。因此，这也是有效的样本量，每个样本的斜率和截距的估计将是高度可变的。另一方面，我们前面讨论的完全混合方法可以使用所有可用的数据点，因此具有相当强的统计能力。然而，这种能力的提高是以降低灵活性为代价的，因为对所有样本估计单一回归线的"一刀切"方法会产生不好的拟合：即对许多病人来说，R^2 很低。总之，完全不混合方法和完全混合方法都有严重的缺点，不应该在实践中使用。

线性混合效应模型，或简单的"混合模型"，提供了一种介于完全混合法和完全不混合法之间的解决方案，因此通常被称为部分混合法。其思想是约束个别回归系数，同时结合来自群体层面的信息，以获取个别系数（截距、斜率）的估计。这可以通过假设个体回归系数来自正态分布的总体来有效实现。让我们更具体地介绍这个想法。首先，重复上述方法，用完全不混合方法计算所有个体 week 变量的回归系数：

```
library(broom)
coefs.nopooling <- depression %>% nest(data=-ID) %>%
  mutate(model=map(data, ~ lm(BDI ~ week, data=.x)),
         tidied=map(model, tidy)) %>%
  unnest(tidied) %>%
  select(ID,coef=term, value=estimate)
head(coefs.nopooling)
## # A tibble: 6 x 3
## ID coef value
## <fct> <chr> <dbl>
## 1 1 (Intercept) 19.6
## 2 1 week -1.50
## 3 2 (Intercept) 19.0
## 4 2 week -1.73
## 5 3 (Intercept) 20.2
## 6 3 week -3.10
```

数据框 coefs.nopooling 现在包含了用完全无混合方法拟合的每个个体 week 变量的回归系数。因此，coefs.nopooling 有 85 行截距和另外 85 行回归系数。我们可以通过绘制系数的直方图来查看概要信息：

```
coefs.nopooling %>%
  ggplot(aes(x=value))+
  geom_histogram()+
  facet_wrap(~coef, scales="free")
```

结果图显示在图 12.3（上面两幅图）中。可以看到不同个体的截距和回归系数存在着相当大的差异。平均截距约为 20.01，也就是说，个体 BDI 分数的平均值约为 20.01。同样，尽管 week 变量的回归系数平均值为-0.96，但也显示出了强烈的变化。

然而，请注意，其中一些估计是基于极少的数据点的。例如，16 号和 41 号患者只参加了两次治疗，而 25 号和 33 号患者参加了 11 次治疗。因此，我们应该更多地依赖后两个样本来建立回归模型，并且在解释前两个样本的结果时要非常谨慎。幸运的是，线性混合模型中实施的部分混合方法为这个问题提供了一个解决方案。在这些模型中，个体估计值被假设为来自"组级"分布。该模型估计的组级参数优化了个体级参数的可能性，以提供对个体数据点的良好拟合。因此，单个回归系数通常被称为"随机效应"，因为它们本身被建模为来自一个概率分布的随机变量。

因此，数据点较少的样本对这些群体水平估计的影响小于数据点较多的样本。考虑到基于较大样本量的估计更可靠，我们可以将该模型表示为：

$$\begin{aligned} Y_{i,j} &= \beta_0 + \beta_1 X_{i,j} + u_i + v_i X_{i,j} + \varepsilon_{i,j} \\ &= (\beta_0 + u_i) + (\beta_1 + v_i) X_{i,j} + \varepsilon_{i,j} \end{aligned} \quad (12.3)$$

$$u_i \sim \text{Normal}(0, \sigma_u)$$
$$v_i \sim \text{Normal}(0, \sigma_v)$$

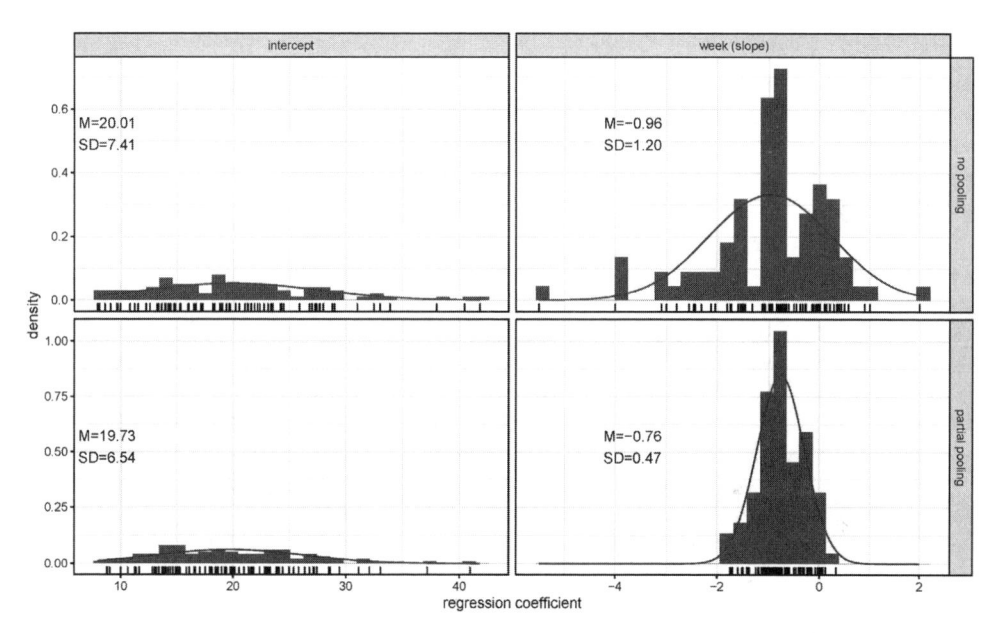

图 12.3 完全不混合方法和部分混合方法对 depression 数据回归系数的单个估计值

这里，u_i 是随机截距效应，其值与每个患者的截距与组水平截距 β_0 的偏离程度有关。v_i 是随机斜率，即每个患者的斜率与组水平斜率的偏差。将这两个分量分别建模为服从均值为 0，方差为 σ_u 和 σ_v 的正态分布。建模方式如下：

```
library(lme4)
mod <- lmer(BDI ~ week + (1+week|ID), data=depression)
summary(mod)
## Linear mixed model fit by REML ['lmerMod']
## Formula: BDI ~ week + (1 + week | ID)
## Data: depression
## Control:
## lmerControl(optimizer = "Nelder_Mead", optCtrl = list(maxfun = 10000))
##
```

```
## REML criterion at convergence: 3405.8
## 
## Scaled residuals:
##     Min      1Q  Median      3Q     Max
## -2.7947 -0.5219 -0.0360  0.4724  3.8391
## 
## Random effects:
##  Groups   Name        Variance Std.Dev. Corr
##  ID       (Intercept) 47.4892  6.8912
##           week         0.3706  0.6088   -0.03
##  Residual             14.5193  3.8104
## Number of obs: 553, groups: ID, 85
## 
## Fixed effects:
##              Estimate Std. Error t value
## (Intercept) 19.72814    0.79603  24.783
## week        -0.75944    0.08597  -8.834
## 
## Correlation of Fixed Effects:
##      (Intr)
## week -0.174
```

我们使用了 lme4 包，该包提供了一个灵活的框架，用于描述和估计实现部分混合的多层次模型。拟合模型的主要函数为 lmer()，接下来使用在前几章介绍过的公式语法的扩展版本来指定模型：它以表达式 BDI~week 开始，这意味着 BDI 将被建模为 week 的函数。模型中新颖的"随机"部分指定了数据嵌套的方式，即(1+week|ID)。这个表达式表示截距（由 1 指定）和 week 变量的回归系数都嵌套在每个个体中（由竖线|和 ID 变量表示）。对所建模型对象应用 summary()函数，将得到一个关于拟合模型的简短概要，其中包括随机效应和固定效应的信息。

> **注意！**
>
> 在本章中，我们重点介绍用于拟合线性混合回归模型的 lme4 包。还有其他几个 R 包可以达到同样的目的，其中效果最好的可能是 nlme 包。这两个包都很全面，支持许多不同模型。lme4 包的主要优势在于它实现了更大类的广义混合模型，例如，nlme 中没有的逻辑混合回归模型。另一方面，nlme 包允许对随机效应的方差-协方差矩阵进行更详细的说明，这在 lme4 包中受到一定的限制。这两个软件包在指定随机效应的方式上有所不同，所以用一个软件包建立的模型不能直接用另一个软件包进行估计。

固定效应是平均截距和斜率系数，混合模型允许各个系数在其周围波动。这些波动将由随机效应输出中的标准差来概括。在这里可以看到，平均截距估计为 19.7 左右；也就是说，大多数患者在 BDI 为 20 左右时开始治疗，这是边缘/中度抑郁症状。然而，每个样本的截距分布在这个平均值附近，标准差为 6.9，即大约三分之二（平均值 ± 1 个标准差）的患者初始 BDI 值在 13 至 27 之间。同样，在 BDI 量表上，每周的平均改善约为 0.76 分（效果是负向的，因为随着时间的推移，患者的病情会好转）。然而，这一效应在所有受试者中的标准差为 0.61。因此，对于大约三分之二的病人来说，他们的 BDI 改善了 0.15 至 1.37 分。我们可以用 fixef() 和 ranef() 函数从模型对象中提取固定和随机效应。

```
fixef(mod)
ranef(mod)
```

ranef()函数返回对每个患者平均值的偏差：即每个患者的回归系数与固定效应估计值的距离。为了提取单个系数，我们可以将个体偏差加到固定效应估计值中，或者使用 coef() 函数提取每个个体的最终回归系数：

```
coef(mod)$ID %>%
  head()
##   (Intercept)         week
## 1    18.67760  -1.25135949
## 2    17.94225  -1.49903627
## 3    17.07060  -1.59711811
## 4    20.54891  -0.99016214
## 6    14.66901   0.05132706
## 7    15.05243  -0.90992455
```

在输出的数据框中，每一行都包含每个个体的截距和 week 变量的回归系数。图 12.3（下行）更详细地展示了这些系数的分布，并且提供了从多层次模型中提取的回归系数的柱状图。很明显，这些系数的分布要比完全不混合方法的分布窄得多（图 12.3（上行））。这种众所周知的现象被称为收缩效应，是混合模型的一个重要特征。收缩效应是由单个估计值引起的，这些估计值在单独拟合时可能被视为极端值，但在群体的背景下它们出现的可能性很低。我们可以在图 12.4 中看到这个作用的例子。在这里，我们可以比较完全不混合估计值与混合模型得到的典型受试者（左）和极端受试者（右）的估计值的偏离程度。在图 12.4 左边，我们看到，对于两个具有回归系数的受试者来说，这两个估计值几乎是相同的（虚线和实线重叠），这两个受试者的回归系数在整个组中是具有代表性的。然而，在图 12.4 右边，这两个估计值有很大的差异。虽然 91 号患者的完全不混合估计值显示了一个强烈的正向趋势（即随着时间的推移，抑郁症状的恶化），但来自混合模型的估计值认为这个患者的症状没有恶化，并且维持稳定的可能性更大。我们还看到，这种极端的效应只有三个数据点来确定（对于 76

号患者，甚至只有两个），因此，推荐使用混合模型来得出更保守的估计。

> **注意！**
>
> 与其他方法（如重复测量方差分析）相比，使用混合模型有很多优势。一个重要的优点是，混合模型可以包括不完整的数据集：即在一个或多个变量中存在缺失数据的数据集。虽然大多数方法要求删除存在缺失值的行甚至是变量，但混合模型可以适应这种情况，只是会对测量次数较少的对象给予较低的权重。这适用于不平衡的数据集（即获取的观测值数量不同的样本组成的数据集）。此外，混合模型通常不需要不符合实际的球形假设，允许更灵活的数据结构。

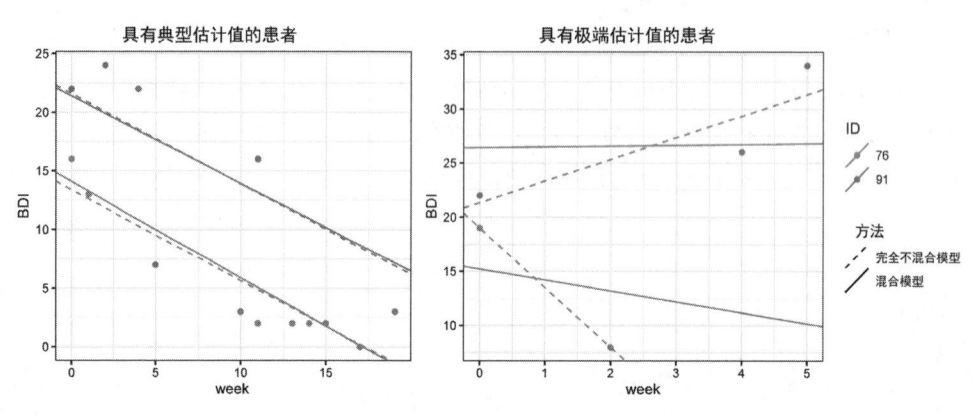

图 12.4　在个体估计值为极端值时，混合模型和完全不混合模型的估计值出现差异（见文前彩图）

12.3　线性混合模型的显著性检验

很多时候，我们对确定回归系数是否与 0 有显著性差异感兴趣。在标准线性回归的情况下，我们习惯于在对模型对象应用 summary() 函数时自动获得这些显著性检验结果。在线性混合模型中，当使用 lme4 软件包时，这些检验结果并不容易得到。其原因是确定这些检验适合的自由度可能比较困难。由于检验的嵌套结构，一些参数受到组级参数的制约，因此不能算作完全自由参数[①]。因此，lme4 软件包的开发者选择不为其估计的模型提供 P 值。

但是，有几种方法可以克服这个问题。一种方法是使用引导法，这是一种基于模拟的方法，不需要参数假设也可以达到很高的精度。lme4 包使用 confint() 函数实现引导以计算置信区间（注意，执行此命令可能需要大约半分钟，这取决于计算机的计

---

① 完整的争论更加复杂，并在 R 社区引发了一场热烈而持续的辩论。

算资源）：

```
ci.boot <- confint(mod, method="boot", nsim=1000)
ci.boot
##                     2.5 %     97.5 %
## .sig01          5.6123288  8.0585244
## .sig02         -0.3052069  0.2915734
## .sig03          0.4638327  0.7627553
## .sigma          3.5594176  4.0796425
## (Intercept)    18.1848103 21.2715491
## week           -0.9286685 -0.5839003
```

其输出结果是一个矩阵，包含每个参数估计的置信区间的上界和下界，这有助于我们确定效应是否显著。例如，运行 confint(mod,level=0.9) 将得到 90%的置信区间。用于检验的参数是组间方差：.sig01 是患者间截距的标准差，.sig03 是 week 变量回归系数的标准差，.sig02 代表二者的相关度。从中我们可以得出结论，例如，截距和 week 系数的方差与 0 有明显的不同（边界不包括 0），因此，将它们纳入模型很可能是一个好主意（关于随机效应结构的其他显著性检验方法，见 12.4 节）。confint()函数还为我们提供了残差标准差（.sigma），以及固定效应（Intercept）和 week 变量的置信区间。最后两个可能是最有趣的，因为它们允许我们检验系数是否明显偏离 0。目前得到的分析结论是，截距和 week 的系数都是显著的，因为它们的置信区间不包括 0（见第 7 章）。

基于模拟的方法，如自助法，使用起来有些麻烦，因为它们严重依赖计算量大的重采样程序。因此，lme4 软件包也实现了基于近似的方法，执行时间要短得多：

```
ci.wald <- confint (mod,method="wald")
ci.prof <- confint (mod,method="profile")
```

虽然使用这些程序比较方便，但通常不建议使用，因为在某些情况下，它们可能会产生不正确的结论。在所给的例子中，这三种方法为截距和 week 系数提供了几乎相同的解决方案。图 12.5 显示了使用三种程序估计的边界。所有的方法都认为截距是正的，而且与 0 有显著的不同，week 的系数是负的，而且是显著的。

自助法依靠的是计算置信区间。我们也可以使用不同的近似方法直接计算 P 值。在 R 中，有两种常用的方法：Satterthwaite 和 Kenward-Roger 近似法。这两种方法可以通过 lmerTest 包来实现，但是 Kenward-Roger 检验需要使用 pbkrtest 包来执行。lmerTest 包是作为 lme4 的替代品而设计的：它提供了对完整的 lmer()函数的访问，但丰富了 lme4 的 P 值和显著性检验的输出结果。因此，在实践中，通常只需要加载 lmerTest 包就足够了。事实上，加载 lmerTest 包将隐含地在后台加载 lme4 包，并向用户隐藏 lme4 的功能。

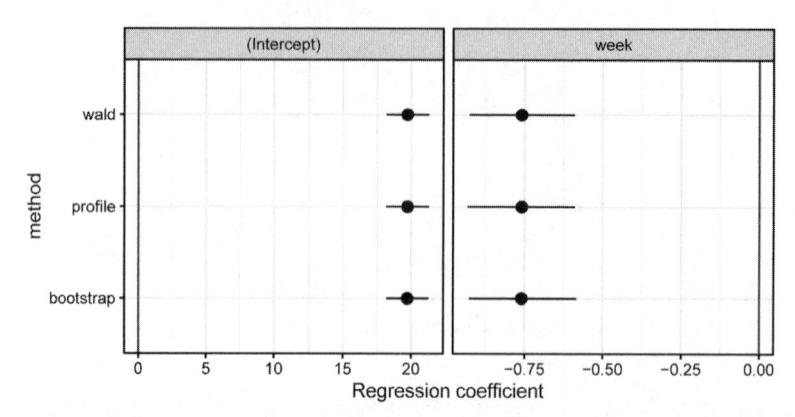

图 12.5 基于 Wald、profile（轮廓似然法）和 bootstrap（自助法）方法的 depression 模型的置信区间

这听起来可能令人困惑，但是我们必须知道这一点。因此，我们将详细说明这些软件包是如何相互作用的。首先，可以按如下方式加载 lmerTest 包：

```
library(lmerTest)
```

拟合混合模型需要使用 lmer() 函数。我们可以通过使用 base-R 中的 find() 函数来确定某个函数所属的软件包：

```
find("lmer")
##[1] "package : lmerTest" "package : lme4"
```

输出结果表明，在 lmerTest 和 lme4 包中都有一个叫作 lmer() 的函数，并且输出结果中的软件包的顺序表明了优先顺序：在本例中，lmerTest 包中的 lmer() 函数将被优先考虑，因为它是排在第一位的，因此它掩盖了对 lme4 包中底层 lmer() 函数的访问。即使再次明确加载 lme4，也不会让我们访问原始函数：

```
library(lme4)
find("lmer")
## [1] "package:lmerTest" "package:lme4"
```

因此，如果我们希望在加载 lmerTest 包后使用常规的 lme4 函数，唯一的方法是主动停用 lmerTest 包：

```
detach("package:lmerTest")
```

也就是说，在大多数情况下，只需加载和使用 lmerTest 包就足够了，它能很好地处理底层 lme4 函数。一旦 lmerTest 包被加载，我们就可以使用 summary() 函数获取系数的 P 值了：

```
library(lmerTest)
```

```
mod=lmer(BDI ~ week + (1+week|ID), data=depression)
summary(mod)
## Linear mixed model fit by REML. t-tests use
##   Satterthwaite's method [lmerModLmerTest]
## Formula: BDI ~ week + (1 + week | ID)
##    Data: depression
##
## REML criterion at convergence: 3405.8
##
## Scaled residuals:
##     Min      1Q  Median      3Q     Max
## -2.7948 -0.5220 -0.0360  0.4724  3.8392
##
## Random effects:
##  Groups   Name        Variance Std.Dev. Corr
##  ID       (Intercept) 47.4943  6.8916
##           week         0.3707  0.6089   -0.03
##  Residual             14.5184  3.8103
## Number of obs: 553, groups: ID, 85
##
## Fixed effects:
##             Estimate Std. Error       df t value Pr(>|t|)
## (Intercept) 19.72818    0.79607 82.13025  24.782  < 2e-16
## week        -0.75946    0.08598 58.26743  -8.833 2.41e-12
##
## (Intercept) ***
## week ***
## ---
## Signif. codes:
## 0 '***' 0.001 '**' 0.01 '*' 0.05 '.' 0.1 ' ' 1
##
## Correlation of Fixed Effects:
##      (Intr)
## week -0.174
## convergence code: 0
## Model failed to converge with max|grad| = 0.00369301 (tol = 0.002, component 1)
```

输出结果中包含的新内容是在靠近输出底部的"固定效应"表中，其中包含了 P 值。结果表明截距和 week 变量对应的系数都与 0 有明显不同。该函数默认使用的近似方法是 Satterthwaite 方法。我们也可以采用 Kenward-Roger 的近似方法：

```
summary(mod, ddf="Kenward-Roger")$coefficients
##              Estimate Std. Error       df  t value
## (Intercept) 19.7281819 0.79630307 83.87328 24.774715
## week        -0.7594613 0.08637692 69.67337 -8.792411
```

```
##                  Pr(>|t|)
## (Intercept) 2.417735e-40
## week        6.596683e-13
```

这个命令只有在已经安装了 pbkrtest 包的情况下才会起作用。在这里，我们通过在 summary()函数后追加$coefficients 来挑选出固定效应的系数表。如果我们把这个表和之前用 Satterthwaite 近似法生成的表进行比较，我们会发现这两种方法在计算自由度（df 列）和计算 P 值（Pr(>|t|)列）方面存在差异。在目前的案例中，两种方法的结论是一样的，因为固定效应很强。然而，在一些情况下，两种方法会得出不同的结论。在这些情况下，最好是使用之前介绍的自助法。

混合固定和随机效应

混合模型之所以被称为"混合"，是因为它允许在群体和个人层面上对协变量的影响进行建模。这意味着可以利用所有层面的信息来帮助进行预测。例如，我们可以使用学校、班级和学生层面的预测因素来预测个别学生的表现。在抑郁症例子中，我们使用了从第一节课开始到现在的时间跨度信息作为课时层面的协变量，但是到目前为止，还没有包括任何关于个人的信息。引入这种效应是非常简单的，就像需要在一个标准的线性模型中增加某些预测变量。例如，我们怀疑性别可能会影响症状的严重程度或治疗效果，因为抑郁症的性别差异是众所周知的。我们也可能选择在这个层面上其他合理的与抑郁症状有关的预测因素，如年龄或婚姻状况。

```
 data=depression)
fixef(mod2)
## (Intercept)      week       female        age       married
## 22.2744165 -0.7621659  3.5901823 -0.1311738 -0.7796848
```

结果显示，正如预期的那样，在开始治疗前，女性的 BDI（female 的系数为正值）比男性高，而老年人和已婚者的基线 BDI 略微降低。值得注意的是，这些预测因素对每个患者来说都是恒定的（即默认某人的婚姻状况在治疗期间不太可能发生变化），因此是患者层面的预测因素。另一方面，week 变量对每个疗程（和每个患者）都有不同的值，因此是一个疗程级别的预测因子。在构建模型的语法中，这种差异并不明显（除了使用随机效应符号）。但它在数据集中有定义，详细检查数据集很容易发现，例如，age 变量对每个人都是常数。

我们可以用与上述同样的方法检验每个系数的显著性（使用 lmerTest 包的 summary()函数）。然而，考虑到存在许多预测因子，首先检验患者层面的各个预测因子是否有影响也是有用的。我们可以使用 anova()函数进行这样的综合检验：

```
anova(mod, mod2)
```

```
## Data: depression
## Models:
## mod: BDI ~ week + (1 + week | ID)
## mod2: BDI ~ week + female + age + married + (1 + week | ID)
##      npar    AIC    BIC  logLik deviance  Chisq Df
## mod     6 3416.1 3442.0 -1702.0   3404.1
## mod2    9 3411.7 3450.5 -1696.8   3393.7 10.394  3
##      Pr(>Chisq)
## mod
## mod2     0.0155 *
## ---
## Signif. codes:
## 0 '***' 0.001 '**' 0.01 '*' 0.05 '.' 0.1 ' ' 1
```

这个函数的名称有误导性，因为它将运行似然比检验，而不是像其名称所指的传统方差分析那样进行 F 检验。χ^2 检验的显著 P 值表明，包括患者水平预测因子的模型明显优于没有这些因子的简单模型。现在我们可以更深入地研究单个预测因子的影响，例如，使用逐步消除方法。通过这种方法，每个单一的变量都要从模型中逐个剔除，然后用 F 检验将这个缩小的模型与完整的模型进行比较。这个方法可以通过 step() 函数来实现，由于它是基于与系数 t 检验相同的近似，因此可以指定使用哪种近似方法：

```
step(mod2, ddf="Kenward-Roger")
## Backward reduced random-effect table:
##
##                         Eliminated npar  logLik    AIC
## <none>                               9 -1696.8 3411.6
## week in (1 + week | ID)           0    7 -1745.1 3504.3
## LRT Df Pr(>Chisq)
## <none>
## week in (1 + week | ID) 96.651  2 < 2.2e-16 ***
## ---
## Signif. codes:
## 0 '***' 0.001 '**' 0.01 '*' 0.05 '.' 0.1 ' ' 1
##
## Backward reduced fixed-effect table:
## Degrees of freedom method: Kenward-Roger
##
##         Eliminated Sum Sq  Mean Sq NumDF  DenDF F value
## married          1   3.69     3.69     1 80.638  0.2544
## week             0 1128.94 1128.94     1 69.713 77.7789
## female           0  61.22    61.22     1 81.687  4.2174
## age              0  60.94    60.94     1 82.099  4.1983
## Pr(>F)
```

```
## married 0.61536
## week 5.864e-13 ***
## female 0.04321 *
## age 0.04366 *
## --
## Signif. codes:
## 0 '***' 0.001 '**' 0.01 '*' 0.05 '.' 0.1 ' ' 1
##
## Model found:
## BDI ~ week + female + age + (1 + week | ID)
```

结果输出分为两部分,一部分描述从模型中删除随机效应的结果(这里只有一个这样的效应,即 week),另一部分显示删除每个固定效应的结果。在这里,我们看到变量 week、female 和 age 对 BDI 变量的影响是显著的(根据 Pr(>F) 列中的 P 值来判断)。在 Eliminated 列中,我们可以看到每个变量被消除的顺序(Eliminated=0 表示该变量被保留)。在本例中,只有 married 变量从模型中被删除了,因此我们可以更新模型来排除这个变量。

上述混合固定和随机效应的方法非常灵活,包括添加交互项,既包括同一层面上的变量,也包括跨层面的变量。例如,我们想要找出治疗对男性和女性的影响是否不同;也就是说,与女性相比,男性的 week 系数的斜率是更陡峭还是更平缓。这个检验的实现方法很简单:

```
mod3 <- lmer(BDI ~ week+ female:week + female + age + (1+week|ID),
             data=depression)
fixef(mod3)
##  (Intercept)         week       female          age  week:female
##  22.17195095  -0.80489867   3.45062697  -0.13705364   0.06129918
```

该增强模型的 week:female 系数显示,在男性(week=-0.80)群体中观察到的 BDI 分数的降低,对女性来说可能会略微减少。然而,这种影响似乎很小,因此我们应该检验它是否显著。可以通过将包含交互项的模型与不包含交互项的模型进行比较来实现这个目的:

```
anova(mod2,mod3)
## refitting model(s) with ML (instead of REML)
## Data: depression
## Models:
## mod2: BDI ~ week + female + age + (1 + week | ID)
## mod3: BDI ~ week + female:week + female + age + (1 + week | ID)
##      npar  AIC    BIC   logLik  deviance Chisq Df
## mod2    8 3410.0 3444.5 -1697.0  3394.0
## mod3    9 3411.9 3450.7 -1696.9  3393.9 0.1164  1
```

```
##        Pr(>Chisq)
## mod2
## mod3    0.7329
```

$\chi^2(1) = 0.12, p = 0.73$ 表明似然比检验是不显著的,因此我们可以断定这种效应似乎不存在于数据中。这种构建逐步复杂模型的方法可以帮助我们理解嵌套数据集中的关系。

12.4 纵向混合模型的模型比较

使用上文介绍的模型系数的显著性检验和逐步选择方法是非常有帮助的。然而,更一般的做法是将任意两个嵌套模型相互比较。嵌套模型是指其中一个模型(较简单的模型)是另一个(较复杂的)模型的特例,不应与之前定义的嵌套数据集概念相混淆。检验更复杂的模型是否能充分解释数据中更多的方差被认为是有意义的。我们已经展示了如何使用 lmerTest 软件包中 anova() 函数提供的似然比检验来比较复杂模型。

在使用混合模型时经常出现一个情况是需要确定最适合解释数据的随机结构。在一些罕见的情况下,包括数据集嵌套结构的信息可能是不必要的,甚至是无益的,而且加入这种信息后,拟合度会下降。一种典型的情况是,当组内差异与组间差异一样大或更大时,添加关于组的信息是没有任何帮助的。我们可以通过比较有随机效应的模型和没有随机效应的基线模型来检验添加随机效应结构是否合理:

```
mod1 <- lmer(BDI ~ week + (1|ID), depression)
mod2 <- lmer(BDI ~ week + (1+week|ID), depression)
anova(mod1,mod0,mod2)
## Data: depression
## Models:
## mod0: BDI ~ week
## mod1: BDI ~ week + (1 | ID)
## mod2: BDI ~ week + (1 + week | ID)
##      npar AIC BIC logLik deviance Chisq Df
## mod0 3 3960.1 3973.0 -1977.0 3954.1
## mod1 4 3509.0 3526.3 -1750.5 3501.0 453.055 1
## mod2 6 3416.1 3442.0 -1702.0 3404.1 96.917 2
##      Pr(>Chisq)
## mod0
## mod1 < 2.2e-16 ***
## mod2 < 2.2e-16 ***
## --
## Signif. codes:
```

0 '***' 0.001 '**' 0.01 '*' 0.05 '.' 0.1 ' ' 1

在本例中，我们创建并比较了三个模型。第一个模型 mod0，是在第 7 章中构建的一个简单的回归模型，如图 12.6 所示（见式（12.1））。第二个模型 mod1，是在模型公式中包含了每个个体的随机截距，用 (1|ID) 表示。在数学上，我们将这个模型表示为：

$$\begin{aligned} Y_{ij} &= \beta_0 + \beta_1 X_{i,j} + u_i + \varepsilon_{i,j} \\ &= (\beta_0 + u_i) + \beta_1 + X_{i,j} + \varepsilon_{i,j} \\ u_i &\sim \text{Normal}(0, \sigma_u) \end{aligned} \quad (12.4)$$

其中 u_i 表示个体级对组级截距的偏差（随机截距）。其结果是一个模型，能估计每个个体的回归线，但所有的线都需要有相同的斜率（见图 12.6，中间）。用于比较的最终模型 mod2 包含随机截距和随机斜率，如模型中 1+week|ID 项描述的那样（见式（12.3））。如图 12.6 所示，该模型允许不同患者的截距和斜率变化。参考 anova(mod1,mod0,mod2)的比较结果，$\chi^2(1) = 453.1$，$p < 0.001$ 表明随机截距结构明显优于简单回归模型；$\chi^2(1) = 96.9$，$p < 0.001$ 表明随机斜率模型又明显由于随机截距模型。

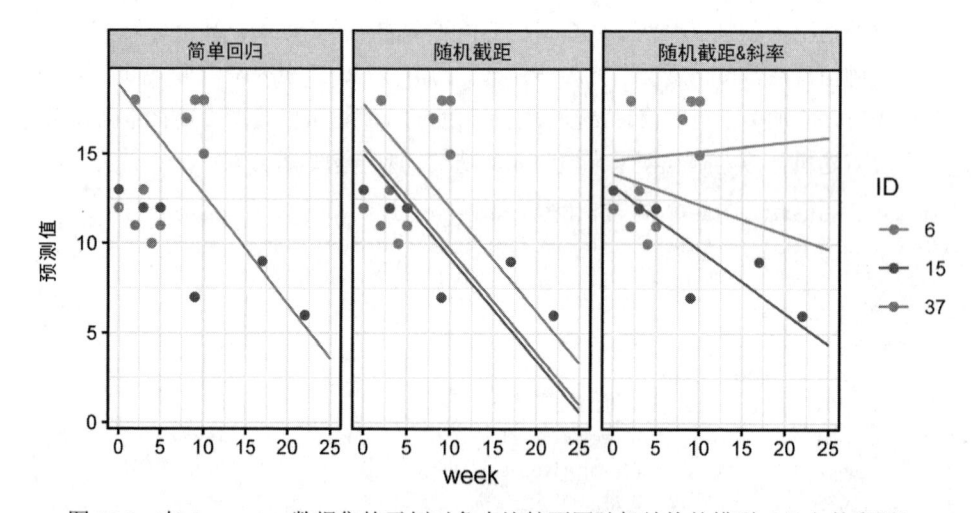

图 12.6 在 depression 数据集的示例对象中比较不同随机结构的模型（见文前彩图）

与没有随机效应的简单回归模型相比，量化随机截距可解释变化量的另一种方法是使用类内相关系数（ICC）。这个系数可以被解释为由随机截距定义的分组所解释的变异比例。当分组是完全随机的（即分组变量不解释任何方差），ICC 将接近 0。当分组完美地解释了数据（即一组中的所有数值都接近于相同），ICC 将接近 1。然而，这种直观的解释只适用于随机截距模型，如式（12.4）中给出的模型。对于更复杂的模型，ICC 很难解释，我们不建议使用它，而是推荐使用 performance 软件包中的 icc() 函数来计算 ICC：

```
library(performance)
icc(mod1)
## # Intraclass Correlation Coefficient
##
## Adjusted    ICC: 0.718
## Conditional ICC: 0.637
```

icc()函数计算了调整后的 ICC 和条件性 ICC。两者的区别在于，条件性 ICC 考虑了固定效应方差，而调整后的 ICC 只依赖于随机效应。通常情况下，当分析随机效应所隐含的分组结构是否重要时，更适用于使用调整后的 ICC。在本例中，调整后的 ICC 为 0.718，表明大约 72%的方差是由随机截距解释的。

> **注意!**
> 上面讨论的图 12.6（中间）显示的随机截距模型（见式（12.4））类似于重复测量方差分析。事实上，重复测量方差分析是具有随机截距的线性混合效应模型的一个特例。通常，随机截距模型足以解释因变量的大部分变化；也就是说，并不总是需要包括随机斜率。

此外，还可以使用模型选择方法来比较模型中不同层次的不同功能结构。让我们再次以 depression 数据集为例。到目前为止，我们假设症状减轻遵循线性趋势，也就是说，治疗会使得病人的 BDI 分数每周减少相同的数量。这一假设可能只适用于考虑短期范围，并且肯定是过于简化了，因为 BDI 分数不可能无限线性下降。人们经常发现，治疗方法最初会对患者的心理健康产生强烈的影响，但随着时间的推移，患者的改善力度会逐渐减弱。我们可以在 depression 数据集中考虑这个问题，允许症状改善的表现存在多样性。对变量之间的非线性依赖关系进行建模的一种方法是使用多项式回归。在 R 中，多项式回归是通过 poly()函数实现的，它可以构建复杂的模型：

```
mod.linear <- lmer(BDI ~ poly(week,1)+(1+week|ID), depression)
mod.quadratic <- lmer(BDI ~ poly(week,2)+(1+week|ID), depression)
mod.cubic <- lmer(BDI ~ poly(week,3)+(1+week|ID), depression)
```

通过在 poly()函数的第二个参数中指定递增的数字，我们可以创建线性（poly(week,1)）、二次（poly(week,2)）和三次（poly(week,3)）的函数形状，而且可以将指数提高到更高的程度。但是这三个模型中哪一个最能描述我们的数据呢？可以使用 anova()函数，用似然比检验来进行成对的比较：

```
anova(mod.linear,mod.quadratic, mod.cubic)
```

```
## Data: depression
## Models:
## mod.linear: BDI ~ poly(week, 1) + (1 + week | ID)
## mod.quadratic: BDI ~ poly(week, 2) + (1 + week | ID)
## mod.cubic: BDI ~ poly(week, 3) + (1 + week | ID)
##                npar    AIC    BIC  logLik deviance   Chisq
## mod.linear        6 3416.1 3442.0 -1702.0   3404.1
## mod.quadratic     7 3396.9 3427.1 -1691.4   3382.9 21.2314
## mod.cubic         8 3397.7 3432.2 -1690.8   3381.7  1.2081
## Df Pr(>Chisq)
## mod.linear
## mod.quadratic  1 4.07e-06 ***
## mod.cubic      1 0.2717
## --
## Signif. codes:
## 0 '***' 0.001 '**' 0.01 '*' 0.05 '.' 0.1 ' ' 1
```

该分析的输出将随着复杂性的增加对模型进行两两比较。似然比检验显示在 Chisq 列。根据 $\chi^2(1) = 21.2, p < 0.001$，可以知道二次模型的拟合度明显好于线性模型。但三次模型的表现并不优于二次模型，因为 $\chi^2(1) = 0.27, p = 0.27$。除了这个显著性检验，我们还得到了两个基于信息理论的模型选择标准，AIC 和贝叶斯信息准则（Bayesian Information Criterion，BIC）。当使用这些标准来选择最佳模型时，较低的分数表示有更好的模型。在本例中，这两个标准一致认为二次模型似乎对我们的数据给出了更好的解释。

我们可以将三个模型的拟合情况可视化，以便对这些结果有一个直观的了解。下面的代码（结果显示在图 12.7 中）分别用三个模型进行了预测，并将它们与随机挑选的一组患者的单个数据点绘制在一起：

```
library(modelr)
show.IDs <- sample(levels(depression$ID), 30)
depression.ex <- depression %>% filter(ID %in% show.IDs)
expand_grid(ID=show.IDs, week=0:30) %>%
  add_predictions(mod.linear, var = "linear") %>%
  add_predictions(mod.quadratic, var = "quadratic") %>%
  add_predictions(mod.cubic, var = "cubic") %>%
  gather(model,prediction, linear, quadratic,cubic) %>%
  ggplot(aes(week,prediction))+
    geom_point(aes(y=BDI), data=depression.ex)+
    geom_line(aes(y=BDI), data=depression.ex)+
    geom_line(aes(group=interaction(ID,model),color=model))+
facet_wrap(~ID, ncol=10)
```

在这里，我们首先使用 sample() 函数随机挑选一些样本，并创建一个子数据集

depression.ex，其中只包含这些患者的数据。我们继续使用 model 包中的 add_predictions()函数，根据选定的患者和 expand_grid() 函数创建的周数范围创建预测值。在创建了这个包含预测的数据框架后，我们使用 gather()函数将其从宽格式转为更适合绘图的长格式（见 12.1.1 节）。然后我们使用 ggplot()绘制预测线，并使用 geom_point()添加各个数据点。facet_wrap()函数允许我们将来自不同患者的数据分散到多个小图中，这样可以方便地比较三个模型，并以不同颜色绘制。从图中可以看到，对于大多数样本来说，二次和三次模型的拟合效果几乎是相同的。除此之外，我们还看到在预测中加入非线性结构要优于纯线性模型，因为它能更好地捕捉到 BDI 分数在数周内的轨迹。然而，我们也发现当预测范围扩展得太大时，二次和三次模型显示出不符合实际的行为。也就是说，曲线会在一段时间后上升。这是由于二次函数的性质，迫使曲线上升后达到最小值。因此，可能有必要探索其他函数形式，如指数曲线，以避免这个问题。

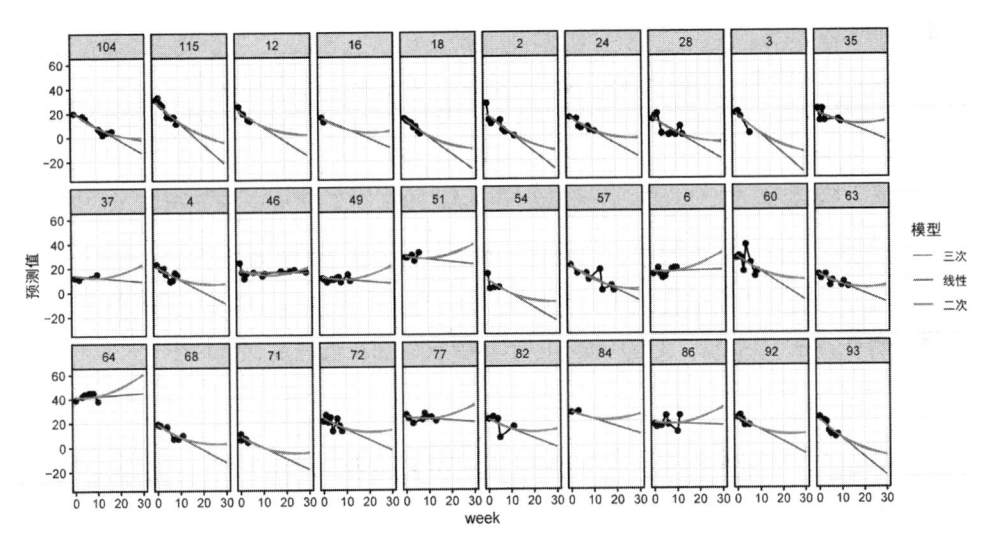

图 12.7 比较线性、二次和三次模型对 depression 数据集的预测结果（见文前彩图）

12.5 本章小结

很多时候，数据的结构是这样的：观测值在不同的层次上聚类。线性混合模型是一组统计模型的集合，使我们能够考虑到这种结构，从而减少误差方差。与其他方法相比，这些模型有一系列的优势：它们可以处理不平衡的数据，可以考虑缺失的数据，具有灵活的结构，并为研究复杂的数据集提供了一个直观的界面。在 R 中，有大量的工具可用于拟合和分析此类模型。这些工具包括计算置信区间和 P 值的各种方法，通过 F 和似然比检验选择模型，以及逐步选择变量。

【核心概念】

自助法：基于重复重采样的模拟方法用于计算具有最小假设的置信区间。

完全混合：忽略数据集的嵌套结构，假设所有数据都来自同一个源。

固定效应：群体层面的协变量对每个个体来说都是不变的。

长格式：一种将重复测量值存储在多行中的数据格式。

完全不混合方法：在每个层级拟合单个回归模型的方法。

部分混合：是一种多层次的方法，其中来自群体的信息可以通过个体层面来估计。

随机效应：个体层面的协变量在个体内部是不同的。

收缩效应：与完全不混合估计相比，个别回归系数被"收缩"到混合模型中系数分布的平均值。

宽格式：一种将重复或嵌套的测量值存储在单独列中的数据格式。

【提问】

1. 为什么多层次回归模型优于对每个个体层次的简单回归模型？
2. 在线性混合模型的背景下，"收缩"一词是什么意思？它的作用是什么？
3. 哪些方法可用于检验个别预测因子是否应包括在线性混合模型中？

【本章使用的函数示例】

base
```
mod <- lm(BDI ~ week + ID + week:ID, data=depression)
emtrends(mod.id, "ID", var="week")
```
- 使用完全不混合方法拟合一个具有个体斜率和截距的模型，并提取个体斜率的估计值。

lme4
```
mod <- lmer(BDI ~ week + (1+week|ID), data=depression)
```
- 拟合一个带有随机截距和随机斜率的模型。
```
fixef(mod)
ranef(mod)
coef(mod)
```

- 提取固定效应、随机效应和个体回归系数。

```
ci.boot <- confint(mod, method="boot", nsim=1000)
ci.wald <- confint(mod, method="Wald")
ci.prof <- confint(mod, method="profile")
```

- 根据自助法、Wald 近似和轮廓似然方法计算置信区间。

lmerTest

```
summary(mod)
summary(mod, ddf="Kenward-Roger")
```

- 根据 Satterthwaite 和 Kenward Roger 近似计算单个系数的显著性检验。

```
mod2 <- lmer(BDI ~ week + female + age + married + (1+week|ID),
data=depression)
mod3 <- lmer(BDI ~ week+ female:week + female + age + (1+week|ID),
data=depression)
anova(mod, mod2, mod3)
```

- 包括额外的预测因素和相互作用,并将模型与似然比检验进行比较。

```
mod1=lmer(BDI ~ week + (1|ID), depression)
```

- 拟合一个随机效应模型。

第 13 章

因子分析

在本章中，将会使用以下 R 包：

- astatur：本书的配套 R 包，包含本章使用的数据集。
- tidyverse：提供数据管理（dplyr、tidyr 等）的功能。
- psych：提供因子分析函数。

必须安装和加载这些软件包才能运行必须先安装和加载上面提到的包才能运行本章提供的代码。可以使用下列命令来进行 R 包的安装：

```
packages <- c("tidyverse", "psych",
              "devtools")
install.packages(packages)
devtools::install_github("ihrke/astatur")
```

【学习成果】

- 理解因子分析的目的。
- 掌握因子分析的步骤。
- 知道主成分分析和其他因素提取方法的区别。
- 学会使用 R 进行因子分析。
- 获得估计和生成的因子分数并进行可靠性测试。

在这一章中，我们将解释探索性因子分析（Exploratory Factor Analysis，EFA），或者普通因子分析，这种技术在社会科学实践中经常被用于简化数据。虽然本章中只关注 EFA，但我们将在第 14 章中介绍确认性因子分析（Confirmatory Factor Analysis，CFA），它将作为结构方程模型的一个特殊案例。本章还将解释因子分析和主成分分析（Principal Component Analysis，PCA，另一种用于简化数据的统计技术）之间的主要区别。在介绍了因子分析的细节内容（提取、载荷、旋转等）之后，我们将说明如何使用 R 对现实生活中的数据集进行因子分析。在社会科学的许多应用中，经常将简化数据集中包含的变量作为后续回归分析的因变量或自变量，因此本章还将讲解利用因子（或成分）进行其他分析之前的必要程序，如计算因子得分、可靠性检验等。

13.1 什么是因子分析？

因子分析是一种统计技术，用于寻找一组维数较低的基本因子，这些因子解释了一组维数较大的观察变量之间的协方差或相关性。因子的替代术语是未观察到的变量、假设变量、潜变量和结构，而观察变量的替代术语是项、指标、显变量和测量变量。从概念上讲，每个因子都对应于一组观察变量的线性组合，这些观察变量是高度相关的。为了进一步解释因子分析的概念，让我们使用一个假设的例子。假设一个随机抽样的人对一个环境心理学家发放的调查问卷中的以下陈述做出了回答（从 1 分表示完全不同意，到 5 分表示完全同意）。

Var1：我的大多数朋友认为我应该使用环保产品。

Var2：我的大多数邻居认为我应该使用环保产品。

Var3：我的大多数同事认为我应该使用环保产品。

Var4：我觉得在道德上有义务购买环保产品。

Var5：我觉得在道德上有义务回收家庭废品。

Var6：我觉得有道德义务购买用可回收成分制造的产品。

在这个例子中，每个陈述的答复将代表研究者数据集中的观察变量（由 Var1 到 Var6 表示）。再假设我们发现 Var1、Var2 和 Var3 是高度相关的，Var4、Var5 和 Var6 是相关的（见图 13.1）。现在可以定义两个未观察到的、假设的概念，例如，社会规范和个人规范，它们分别是对 Var1 到 Var3 和 Var4 到 Var6 回应的基础，因此会导致它们之间的高相关性。在这种假设下，出于实践和理论的原因，使用假设的因子而不是原始的可变分数可能有助于后续分析工作。

	Var1	Var2	Var3	Var4	Var5	Var6
Var1	0.6844					
Var2	0.8219	0.8115				
Var3	0.7391	0.8555	0.7392			
Var4	0.2295	0.1975	0.2194	0.3440		
Var5	0.1645	0.1658	0.1906	0.5492	0.3677	
Var6	0.1315	0.1331	0.1631	0.3826	0.4427	0.2275

图 13.1　初始相关矩阵

图 13.2 对上述因子模型进行了可视化，其中 SOCIAL NORMS（社会规范）和 PERSONAL NORMS（个人规范）是假设的两个因子，用于解释所有六个观察变量的变化（Var1 到 Var6）。请注意，在这个例子中没有假定这两个因子之间的相关性（也就是说，假定这两个因素是相互正交的）。如果假设因子之间有相关性，我们就会画一条曲线把两个因子联系在一起。然而，这两个因子不可能完全解释这六个观察变量的所有变异，就像回归模型永远不会产生完美的拟合。因此，我们用一个误差项来捕捉每个项目中除因子之外的其他原因所产生的方差（图 13.2 右边的小 e1、e2 等）。也许会让你感到惊讶，因子分析也可以简单地以回归方程的形式呈现。为了说明这个想法，我们将 Var1,…,Var6 改写为 $Y_1,…,Y_6$，两个因子改写为 X_1 和 X_2。这意味着我们将（未知）因素视为独立因素，观察到的变量得分作为因变量，如图 13.2 所示。由此得到的方程类似于一个多元回归方程，该方程的因变量可以是六个观测变量中的任意一个，自变量为两个预测因子，表达式如下：

$$Y_{ji} = \beta_{0j} + \beta_{1j}X_{1i} + \beta_{2j}X_{2i} + \varepsilon_{ji} \tag{13.1}$$

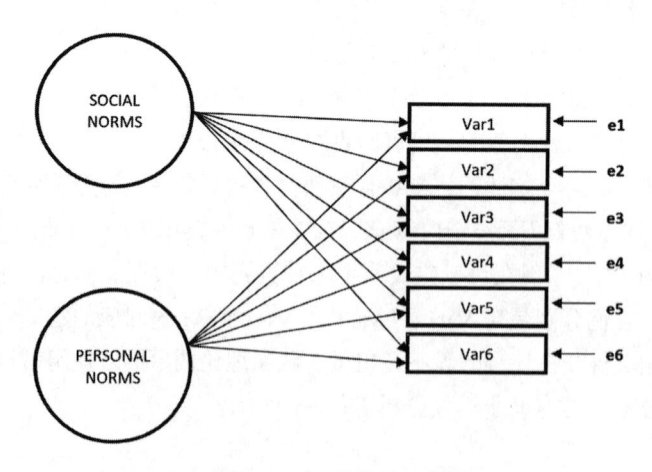

图 13.2　因子模型示意图

由于我们通常在因子分析中使用标准化变量，截距为 0，因此方程可以改写为：

$$Y_{ji} = \beta_{1j}X_{1i} + \beta_{2j}X_{2i} + \varepsilon_{ji} \tag{13.2}$$

注意，索引 j 和 i 表示第 j 个变量和第 i 个测量值，则 $Y_{2,4}$ 表示问题 2（Var2）的第四个受访者的测量值。我们现在可以看到，因子 X_1 和 X_2 在变量 j 上是不变的，但在每个受访者 i 上是变化的。式（13.2）也显示了如何估计每个观察变量的值，两个因子对每个观察变量的影响是由回归系数和误差项各自对应的权重决定的。回归系数和误差项在因子分析领域有它们对应的名称（载荷和唯一性），后续也将对这部分内容做介绍。

因子分析的用处是什么？

上述因子分析的定义表明，该方法有许多用途。首先，我们可以使用因子分析将大量的变量聚集到有意义的、可管理的、反映了原始变量中大部分信息的因子上。这些因子反映了原始变量中包含的大部分信息。其次，因子分析被用来检查一组变量的维度。在这里，研究者感兴趣的是，有多少个因子可以对原始数据集进行最合适的描述。然后，最佳的因子数量将对应于数据集的维度。如果数据集中有一个以上的维度，那么因子分析可以揭示出各维度下包含的变量。第三，因子分析被用来评估一些多维尺度的心理测量特性。第四，与此相关的是，因子分析被用于量表开发的早期阶段。刚才提到的因子分析的用途在某种程度上是重叠的，因为因子分析可以在一个研究中实现多个目的。

13.2　因子分析过程

不管分析的目的是什么，因子分析过程包括四个主要步骤：(1) 确定因子的数量；(2) 提取因子；(3) 因子旋转；(4) 提炼和解释因子。图 13.3 将因子分析描述为一个循环过程。其原因是，在实践中许多研究人员总是在四个主要步骤之间来回操作的，试图找到最佳因子。

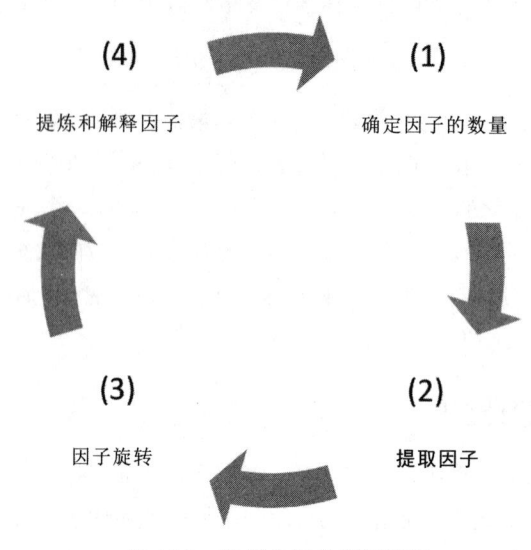

图 13.3　因子分析的循环过程

13.2.1　确定因子的数量

作为因子分析过程的第一步，我们必须决定要保留多少个因子。不幸的是，在多变量统计文献中，对这个问题没有明确的答案。然而，在决定因子的数量时，有一些辅助工具：特征值、碎石检验、平行分析和理论敏感性。

特征值规则

在 PCA（因子分析的一个变种）中，一般建议保留特征值大于 1 的因子。这个标准背后的思想是，因子应该至少解释一个观察变量所贡献的方差，这种情况在相关矩阵的对角线上用 1 表示。由于在因子分析中，我们在因子分析（主轴因子法或迭代主轴因子法）的对角线上插入的相关性（小于 1，详见下文）不是 1，所以特征值大于 1 的规则应相应调整。其中一个规则是选择大于初始相关性平均值的特征值。

碎石检验

碎石检验是指检查因子提取后产生的曲线，其中 Y 轴上包含特征值，X 轴上包含因子。碎石检验的原理是，具有最高特征值的因子携带了最多的信息，而位于曲线尾部的因子主要代表随机误差方差（不重要的特征值），因此，应该选择在曲线开始变平之前的因子来解决问题。

平行分析

平行分析是指估计与原始模型相同的因子模型，但使用的是模拟数据而不是真实数据。要做到这一点，模拟数据必须在变量数量和观测值方面与原始数据相似。从这种模拟数据集获得的特征值随后将被平均化（例如，在不同的随机生成的数据集上重复该程序 25 次后），并与原始数据的对应部分进行对比。如果来自原始数据的一个因子的特征值被证明大于来自模拟数据特征值的平均值，则该因子就可以被保留。有些人建议使用随机数据集特征值分布的 95%分位数，而不是依赖随机数据集的平均值。否则，该因子将被认为不比随机因子更重要，则将被丢弃。尽管平行分析被普遍认为是决定因子数量的最佳方法，但正如 Fabrigar 和 Wegener 所指出的，在许多情况下其有效性是未经检验的。因此，我们建议将平行分析与其他方法一起使用。

理论上的敏感性

尽管因子分析具有探索性，但研究者在研究要保留的因子数量时仍应采用理论敏感性（学科知识和常识）方法。在全民教育中，可以考虑包含不同因子的解决方案（两个因子、三个因子等）。最重要的一点是，所选择的因子解决方案应该在理论上或概念上有意义。仅仅依靠统计标准来判断，在某些情况下可能会产生误导。

13.2.2 因子提取

因子提取是因子分析过程的第二步。这一步将会使用一个相关矩阵，矩阵中的每个元素都是观察变量之间的相关性（见图 13.1）。在一个原始的相关矩阵中，对角线元素总是 1，因为一个变量总是与自己完全相关的。然而，在因子分析的背景下，相关矩阵中的对角线元素可以根据分析目的来调整。从数学的角度上来看，相关矩阵对角线上的值本质上是不同因子提取方法之间的唯一区别①。主要的因子提取方法有主轴因子法（Principal Axis，PA）、迭代主轴因子法（Iterated Principal Axis，IPA）、PCA 和最大似然因子（Maximum-Likelihood，ML）。在本章中，我们将重点介绍 PA、IPA 和 PCA，我们将在第 14 章回顾 CFA 时介绍 ML。

PA 提取法是将公共因素方差（也称为共性）的估计值插入初始相关矩阵的对角线上，而不是 1（见图 13.1）。该值是通过估计每个变量与矩阵中其他所有变量的平方倍数相关（SMC）得到的，这些变量是通过对剩余变量进行回归得到的。PA 在对角线上使用共性的原因是，它假定变量中的一些方差是由其他一些来源引起的，因此最好从分析中去除。除了 PCA，所有的因子分析方法都有这个假设。这也是所有的因子分析提取方法（PA、IPA 和 ML）与 PCA 方法的主要区别。PCA 方法在相关矩阵的对角线上使用 1，而其他测量方法则使用共性。因此，我们可以断言，PCA 分析的是方差（对角线上是 1），而 PA、IPA 和 ML 方法分析的是协方差（对角线上是共性）。

---

① 除了极大似然提取法是操纵对角线外的元素而不是对角线上的值，其他所有的方法都是如此。

此外，唯一方差在理论上可进一步分为特定的或系统的方差成分和测量误差（随机方差）。例如，一部分的特定方差可能是由有偏见的措辞引起的，这种措辞将持续地影响一个人的回答（即如果我们在第二个时间点重复填写问卷，措辞的影响将持续存在）。然而，这种影响是针对该问题而言的，有偏见的措辞不一定会影响对问卷中其他问题的回答。另一方面，测量误差方差可能是由模棱两可的措辞引起的，同一个人在两个时间点上会有不同的解释，这取决于这个人的心理状态，也可能是由于其他瞬时的环境因素造成的。尽管存在这种概念上的差异，但在实践中，因子分析并不区分特定方差和测量误差方差，它们在计算中同时包含在唯一方差中。

估计并在相关矩阵的对角线上插入共性是因子提取的第一个任务。下一个任务是计算这个相关矩阵的特征值和特征向量，然后用来计算因子载荷。特征向量是权重（w）的集合，它产生具有最大可能特征值的因子，而特征值（e）是由这些因子捕获的方差。提取因子的过程如下：

1. 从初始相关矩阵（对角线上有共性）反复计算一系列特征向量及其对应的特征值，直到解收敛（即附加向量几乎与最后一个相同）；最后一个向量和它的特征值是第一个因子的基础。P. Kline 解释了特征向量和特征值是如何手工计算的，但是统计软件（如 R）为我们实现了这些计算。
2. 然后从最初的相关矩阵中减去第一个因子所解释的共同方差，产生一个残差矩阵（即现在的对角线小于最初矩阵中的对角线）。
3. 重复步骤 1 来计算第二个因子，但这次是基于残差矩阵而不是初始相关矩阵。
4. 第二个因子所解释的方差也从残差矩阵中减去，形成另一个缩小的残差矩阵。
5. 为了提取更多的因子，基于这个缩小的残差矩阵，重复步骤 1。
6. 以此类推。

根据图 13.1 中的相关矩阵，R 可以使用 PA 提取方法计算出必要的特征向量和特征值。例如，图 13.4 显示了具有最大特征值的前两个因子对应的特征向量。每个因子都会计算特征向量和特征值。然而，在一般情况下，通常的做法是只关注那些捕获最大方差的因子。图 13.4 还显示了用于计算因子载荷的公式。这里，一个变量的每个特征向量都要乘以因子特征值的平方根，以获得该变量的因子载荷。

从图 13.4 可以看出，两个特征值之和（2.576 + 1.030 = 3.606）是这两个因素共同解释的方差总量（共性）。这个数字最好不要大于初始相关矩阵（见图 13.1）的对角线之和。然而，在目前的例子中，初始矩阵的对角线之和（3.1743）要比特征值之和小一些。造成这种常见差异的原因是，我们在初始矩阵的对角线上插入的作为共性估计值的 SMC（Squared Multiple Correlation）并不完全准确。由于这种情况在使用主因子时经常发生，研究者们更愿意使用迭代程序，即 IPA 方法。当 PA 以一组估计的共性开始并完成因子提取过程（上述步骤 1~6）时，IPA 在每次迭代中用因子提取过程中出现的新估计值（h^2）以替换这些估计的共性，直到两个共性（最后插入的和最后估计的）之间的差异达到最小。简而言之，PA 只运行一次因子提取过程，而 IPA 则要运行多次（通常约 50 次迭代）。

Eigenvectors (w)	
Factor 1	Factor 2
0.5127617	−0.1951717
0.5592738	−0.2552949
0.5344650	−0.1897104
0.2399653	0.5371445
0.2218162	0.5926331
0.1784647	0.4701110

$l = w\sqrt{e}$
= $0.513\sqrt{2.576}$ = $-0.196\sqrt{1.030}$
= $0.560\sqrt{2.576}$ = $-0.255\sqrt{1.030}$
etc.

Eigenvalues (e)	
Factor 1	2.575541
Factor 2	1.030058

	Factor loadings (l)	
	Factor1	Factor2
Var1	0.8229093	−0.1980738
Var2	0.8975704	−0.2590631
Var3	0.8577443	−0.1925387
Var4	0.3850864	0.5451761
Var5	0.3559512	0.6014738
Var6	0.2863748	0.4771296

图 13.4　特征向量（左上）、特征值（左下）和非旋转因子载荷（右下）概览

无论选择哪一种因子提取方法，除非因子是相关的，否则因子载荷将反映观察到的变量和它们各自的因子之间的相关关系。当使用一种斜向旋转（如迫近最大方差斜交旋转法，简称"promax"，或直接斜交旋转法，简称"oblimin"）对因子解进行旋转时，可以假定因子是相关的，详细内容见下文讲解。因此，如果我们将这些相关性平方化，则结果将显示每个因子对每个观察变量方差解释量。例如，从上面的 PA 方法来看，Var5 对因子 1 的载荷是 0.3560。将其平方约为 0.1267。这意味着，因子 1 解释了 Var5 中 12.67% 的方差。此外，我们还看到，Var5 对因子 2 的载荷是 0.6015。将其平方约为 0.3618，意味着因子 2 解释了 Var5 中 36.18% 的方差。将 12.67 和 36.18 相加，我们发现 Var5 中 48.85% 的方差是由因子 1 和因子 2 共同解释的，用 h^2 表示。因此，我们可以计算出为唯一方差，即 100 − 48.85 = 51.15%，其包括了特定、可测量误差的方差：

$$h_i^2 = \sum_{j=1}^{M} l_{ij}^2 \tag{13.3}$$

在 R 输出结果中，标题为 u^2 的列下是计算所得的唯一方差。

13.2.3 因子旋转

在确定了因子的数量之后，如图 13.5 所示，因子分析过程中的下一个任务是旋转初始因子解（实轴），以获得一个更容易解释的因子解（虚轴）。一个容易解释的因子解是与一个输出有关的，这个输出包含一个因子载荷矩阵，该矩阵变量在一个因子上的载荷最大（接近 1），在其余因子上的载荷最小（接近 0），这种情况在文献中通常被称为"简单结构"，最早由 Thurstone 提出。

在未旋转的解决方案中，如图 13.4 所示，并在图 13.5 中进一步显示，其中三个变量（Var4、Var5 和 Var6）在两个因子上的载荷都比较大。事实上，在因子分析中经常使用未旋转的解决方案。从几何上看，与 Var4、Var5 和 Var6 到因子 2 之间的距离（d_2）相比，它们到因子 1 之间的距离（d_1）并不显著。然而，在旋转之后，这个距离（$d_2 - d_1$）将变得更加明显，因为 Var4、Var5 和 Var6 更接近于因子 2，离因子 1 更远。在对初始因子解旋转之后，将会得到新的坐标，表明 Var4、Var5 和 Var6 对因子 2 的载荷更强，而对因子 1 的载荷更弱。顺便说一下，Var1、Var2 和 Var3 在因子 1 和因子 2 上的强载荷和弱载荷并没有很大的变化。从几何学上看，变量之间或因子之间越接近，相关度就越高，反之亦然。

本例中的新坐标是利用一种最广泛使用的正交旋转技术，即 varimax 旋转来估计的。varimax 使每个因子的平方载荷的方差最大化，从而使载荷极化（或高或低），这样将更容易识别具有特定变量的因子。如图 13.5 所示，varimax 使因子 1 和因子 2 的轴线之间的角度保持在 90°，这表明两个因子之间的相关性为 0。如果没有这个限制，旋转的轴线可以直接穿过图 13.5 中的变量群。

应该进一步指出，旋转并不影响（增加或减少）因子所解释的总方差。但是，所解释的总方差会在各因素之间有不同的分布（即特征值的变化）。假设两个因子共同解释了 75%的方差，其中 48%和 27%的方差分别归于第一个和第二个因子。旋转之后，这两个因子仍然可以解释 75%的方差，但是现在可能变成总方差的 44%和 31%分别归于第一个和第二个因子。与此相关，因子解释的每个变量的总变异量（即共性）也将保持不变，但因子载荷在旋转后将发生变化。除了 varimax，还有其他几种正交旋转技术，如 quartimax、equamax 和 parsimax，这些技术在社会科学研究中不太常见。

作为正交旋转的一个替代方法，可以使用斜向旋转。斜交旋转的思想是，在旋转时将放宽因子轴之间 90°角的限制（见图 13.6）。社会科学家们普遍支持这种放宽行为，因为衡量行为现象的因素（潜变量）在一定程度上是相关的，这更符合现实。因此，人们普遍采用斜交旋转，以便在估计因子模型时考虑到这种相关性。在因子确实不相关或只是弱相关的情况下，斜向旋转会产生一个与正交旋转类似的解决方案。

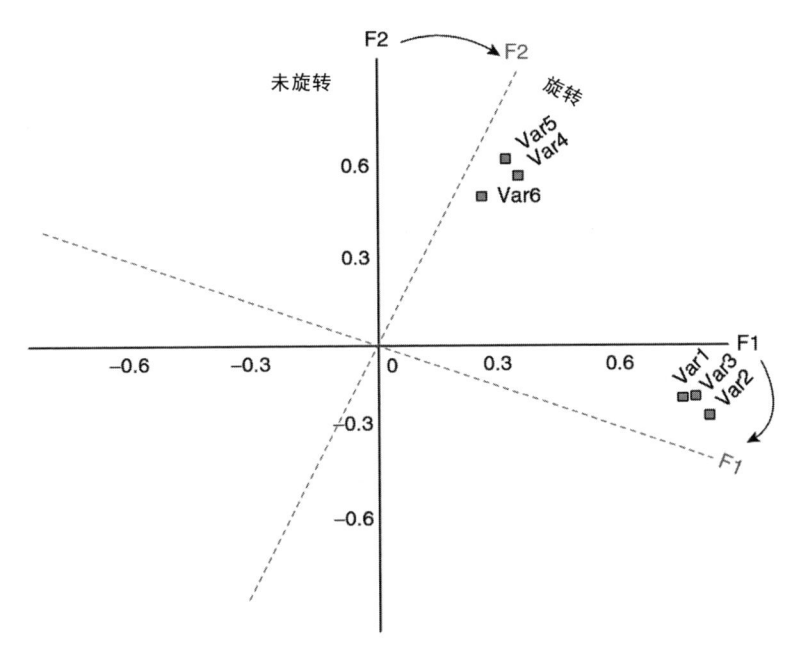

图 13.5 正交旋转的几何表示

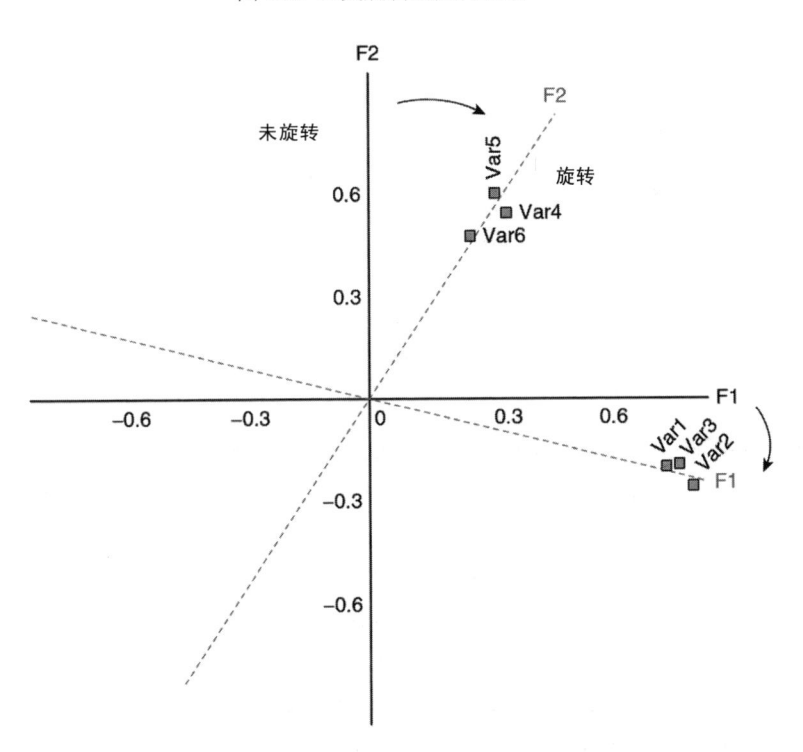

图 13.6 斜交旋转的几何表示法

最常见的斜交旋转技术是 promax。promax 从正交旋转（varimax）开始，将载荷提高到一个特定的幂次（2、3 或 4），然后对解决方案进行旋转，以允许各因子之间存在关联。将 varimax 载荷提高到给定的幂次会使所有产生的载荷更接近于 0，但效果在不同的原始值中是不同的，例如，$0.87^3 ≈ 0.66$ 和 $0.25^3 ≈ 0.016$。这里的目标是获得一个包含最佳结构的因子解决方案，即使用尽可能低幂次的载荷，以使得因子之间的相关度最低。一般不建议使用大于 4 的幂值。除了 promax，还有其他几种斜向旋转方法，其中包括 oblimin、oblimax 和 quartimin，这些方法在文献中不太常用。

13.2.4 提炼和解释因子

在因子旋转后，下一步是使用定量标准和定性准则来完善和解释它们。定性准则是指在理论和（或）概念的基础上检查得到的因子解，其取决于应用因子分析的具体情形。一个常见的定量标准是因子载荷。因子载荷是一个衡量观察变量和因子之间关系强度的数值。在正交旋转中，因子载荷直接对应于双变量（简单回归）模型中的标准化系数（或相关性）。然而，在斜交旋转中，因子载荷对应于多元回归模型中的偏标准化系数（或偏相关关系）。这是因为在斜交中，观察到的变量和一个因子之间的载荷是在控制了其他因素后估计的，如图 13.7 所示。

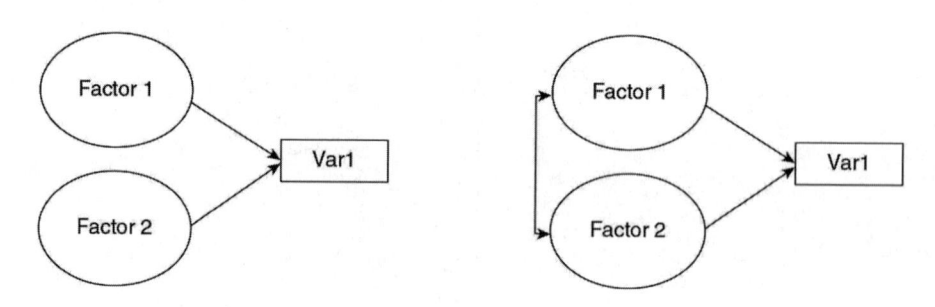

图 13.7　正交（左）和斜交（右）旋转得到的因子解

根据上述解释，由正交或斜交旋转产生的因子载荷矩阵将是不同的。在正交情况下（见图 13.7），例如，我们可以将因子 1 上 Var1 的 0.8 载荷解释为"因子 1 每增加一个单位，Var1 就会平均增加 0.8"。在斜交情况下，这种解释会略有变化，我们会说"在控制因子 2 不变的情况下，因子 1 每增加一个单位，Var1 将平均增加 0.8"。

除了载荷矩阵，斜交旋转法还会产生另外两个矩阵：因子相关矩阵和因子结构矩阵。因子相关矩阵显示了因子之间的相关关系。因子结构矩阵包含了观测变量与因子的零阶相关载荷。由于这些载荷值没有经过调整，所以解释它们没有什么意义。因此，我们应该检查和报告来自因子载荷矩阵的结果，而不是来自因子结构矩阵的结果。

基于文献中发现的普遍共识,在检验因子模式矩阵时,无论使用的是正交旋转还是斜交旋转,建议使用 0.4 作为一个阈值来区分实际显著和非显著载荷。这意味着,低于 0.4 的载荷表明观察到的变量和一个因子之间的关系很弱。另一方面,在 PCA 中阈值应该被设定为 0.7。原因是因子分析中的载荷通常比 PCA 低,因为在因子分析中对角线上的数值低于 1。

在一个解中,对所有因子的载荷较弱的变量(即低于 0.4 或 0.7 的阈值)通常应从分析中删除。这条规则也适用于在一个以上因子上载荷过强的变量,因为这种情况会对判别因子的有效性造成困难。移除观察到的变量必须按顺序进行,也就是说在删除每个变量后,应该重新估计和检查因子模型。然后才可能移除另一个变量。只有在尝试了不同的提取方法和旋转技术之后,才可以考虑删除变量。

我们进一步建议,删除(以及纳入)变量应以研究者的理论推理为指导。研究人员应该检查在一个因子上有很大影响的变量是否可以由该因子来表示。载荷的符号也是需要检查的。我们建议将因子上载荷为负的变量反过来,以使其含义更容易解释。在检查每个变量的内容和在不同因子上的载荷时,研究人员可以开始给因子贴标签,作为解释因子解的一种方式。这些标签通常来源于相关理论及常识。

给因子贴上标签就完成了循环因子分析过程。然而,许多社会科学家希望在进一步的分析中使用得出的因子。也就是说,所得出的因子经常被用作统计模型中的预测因素(有时也用作结果)。要做到这一点,必须给这些因素一个度量标准,并评估它们的可靠性。

13.3 综合评分和信度检验

计算一个因子的度量(或综合得分)有两种主要方式:估计因子得分和生成因子得分(即总分)。估计的因子分数是标准化的加权值,显示每个个体在因子上的得分。如图 13.8 所示,一个个体的估计因子得分是通过将标准化的因子得分系数(权重)和其在所有变量上的标准化得分(即 z-cores)的乘积相加来计算的,这个过程与多元回归分析中用于预测的过程类似。

因此,上述方法在文献中被称为估计因子分数的回归方法。这里我们只介绍回归法。然而,除了回归法,还有 Bartlett 法和 Anderson-Rubin 法,本书不对这些方法进行介绍。从技术上讲,因子得分系数(权重)是通过将样本相关矩阵的倒数与因子载荷矩阵相乘来计算的。估计因子得分的优点是它代表了加载在因子上的所有变量,而它的缺点是得到的分数不是唯一的值(即因子不确定性),因此不容易应用于不同的研究。鉴于这种情况,有人建议在使用估计的因子分数作为后续分析中的变量之前,先检查因子决定性系数。根据 Gorsuch 的说法，如果因子得分要作为观察变量的替代，这个系数的值至少应该是 0.90。由于因子旋转和共性估计的问题，因子解不是唯一的。

因子得分系数

Variable	Factor1	Factor2
Var1	0.20845	0.04980
Var2	0.53094	-0.01758
Var3	0.26327	0.08672
Var4	0.01966	0.33599
Var5	0.00944	0.38687
Var6	0.00627	0.23817

标准化得分

z_Var1	z_Var2	z_Var3	z_Var4	z_Var5	z_Var6
0.96042 38	0.9582161	1.0439712	0.72305588	0.76442534	0.04416852

$$Y_i = \beta_1 X_{1i} + \beta_2 X_{2i} + \ldots + \beta_k X_{ki}$$

个体 1 在因子 1 上的得分

=0.20845 × 0.96042 + 0.53094 × 0.95821 + 0.26327 × 1.04397
 +0.1966 × 0.72305 + 0.00944 × 0.76442 + 0.00627 × 0.04416
= 1.005

个体 1 在因子 2 上的得分

=0.04980 × 0.96042 + (−0.01758) × 0.95821 + 0.08672 × 1.04397
 +0.33599 × 0.72305 + 0.38687 × 0.76442 + 0.23817 × 0.04416
=0.6707

图 13.8　估计的因子得分

　　生成的因子得分是每个个体的未经加权的原始值，它是通过对那些在某个因子上载荷最强的变量进行加总或平均得到的。与它们的标准化和加权对应相反，生成的因子得分排除了那些在计算中因子载荷较弱的变量。虽然这可以被看作是一个缺点，但生成的因子得分的主要优势是它们在不同的研究中更具可复制性。

　　任何生成的因子得分的信度都需要检验，这将作为在后续分析中使用它之前的最后一步。一个量表的信度可用 1 减去误差方差的比例来估计。
克朗巴哈系数 α 的表达式如下：

$$\alpha = \left(\frac{K}{K-1}\right)\left(\frac{S_T^2 - \sum_{i=1}^{K} S_i^2}{S_T^2}\right), \tag{13.4}$$

　　其中，K 是变量的数量；S_i^2 是每个变量的方差；S_T^2 是方差的总分，通常被计算出来以评估生成的因子得分的信度，它的范围在 0 和 1 之间。0.7 以上的 α 通常被认为是令人满意的，这意味着这个量表的 70%是可靠的，或者说 30%的方差是由误差造成的。

13.4 R 语言实例

在本节中,我们将使用本书附带的 astatur 包中的真实数据集 workout3,然后用 R 来估计一个探索性因子模型。workout3 数据集是在 2014 年从挪威一个中等城市的训练中心的会员那里收集的。我们要求会员们用一个顺序量表(1 表示完全不重要,6 表示非常重要)来表明以下每个因素对锻炼的重要性:

Var1:帮助管理压力。

Var2:释放紧张情绪。

Var3:精神放松。

Var4:有一个好身体。

Var5:改善外表。

Var6:看起来更有吸引力。

在进一步操作之前,我们需要像以前那样在 R 中加载数据集,并处理变量中的缺失值,这样就有完整的数据可以使用了。我们将过滤掉所有包含缺失值的行,只保留完整的行(观测值),并将其保存在一个新对象中,我们称之为 workout3_comp。我们通过使用 dplyr 包中的 filter ()函数来做到这一点:

```
library(dplyr)
workout3_comp <- filter(workout3,
                        complete.cases(workout3))
```

这一步只是为了减少数据,即提取少量的因子,它们可以捕获矩阵中包含上述六个变量的大部分协方差。我们通过遵循图 13.3 中展示的因子分析过程的四个主要步骤来实现这一点。

13.4.1 确定因子的数量

在估计因子模型之前,必须先确定要提取的因子数量。为此,可以利用前面介绍过的平行分析。我们可以通过使用 psych 包中的 fa.parallel()函数在 R 中进行平行分析(带有碎石图)。作为 fa.parallel()函数的第一个参数,我们写入数据集的名称,指定因子提取方法(即 PA)为 fm=" PA ",并通过添加 fa="fa"参数获得所选提取方法的特征值,即因子分析而不是 PCA,如下所示。我们还添加了参数 SMC=TRUE,这样估计就可以从初始矩阵对角线上的 SMC 开始。我们也可以使用相关矩阵而不是原始数据集作为输入,并使用以下命令运行 PCA 的平行分析:

```
fa.parallel(workout3_comp, fa="pc")
```

图 13.9 是碎石图,我们看到在曲线平缓之前有两个明显的因子。平行分析的结果

也包含在这个图中：平行分析线（即虚线）在到达第三个因素之前与因素分析线（即粗线）交叉。碎石图表明，我们应该保留前两个因子。平行分析命令还产生了数字结果（存储在对象 paranalysis 中），我们可以通过 print (paranalysis)命令来访问它：

```
print(paranalysis)
## Call: fa.parallel(x = workout3_comp, fm = "pa", fa = "fa", SMC = "TRUE")
## Parallel analysis suggests that the number of factors = 2 and the number
of components = NA
##
## Eigen Values of
##
## eigen values of factors
## [1] 2.34 2.28 0.00 -0.07 -0.08 -0.12
##
## eigen values of simulated factors
## [1] 0.26 0.15 0.06 -0.03 -0.10 -0.19
##
## eigen values of components
## [1] 2.61 2.56 0.32 0.23 0.16 0.12
##
## eigen values of simulated components
## [1] NA
```

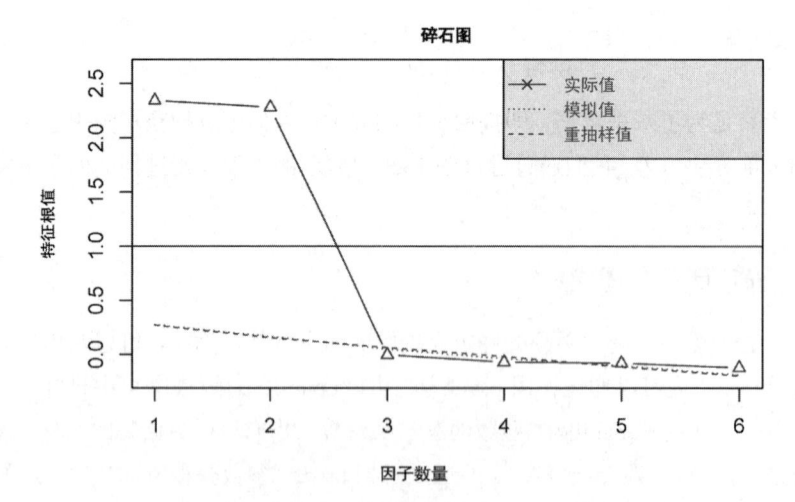

图 13.9　采用碎石图进行平行分析（见文前彩图）

另一个用来决定因子数量的标准是识别那些特征值大于初始相关矩阵中使用 SMC 平均值的因子。我们可以很容易地获得这些 SMC 值，然后用下面的命令取其平均值。这里需要使用 dplyr 包中的 smc()函数和 base-R 中的 mean()函数：

```
squaredmc <- smc(workout3_comp)
```

```
squaredmc
##      Var1      Var2      Var3      Var4      Var5      Var6
## 0.7020417 0.7899923 0.7098107 0.6124627 0.7871944 0.7465444
mean(squaredmc)
## [1] 0.7246744
```

从上面的输出中可以看到，平均 SMC 约为 0.725。当我们检查平行分析的特征值时，我们发现其中只有两个超过了 0.725。这一发现支持了提取两个因子的方案。除了上述标准提供的定量证据，我们还可以用理论推理来证明双因子解决方案的合理性。观察前三个变量（Var1 到 Var3）的含义，我们发现它们都是关于放松情绪的，而剩下的三个变量（Var4 到 Var6）则围绕着外貌。

13.4.2 用旋转法提取因子

R 中的 psych 包为我们提供了基于两种最常见的提取方法估计因子模型的可能性，即通过 fa()函数的 PA 法和通过 principal ()函数的 PCA 法。此外，psych 包允许我们通过 fa()函数使用其他几种提取方法。这些方法是 ml、minres、uls、ols、wls、gls、minchi、minrank、old.min 和 alpha。在本章中，我们选择使用 PA 来估计因子模型，因为在大多数应用中，它被认为优于 PCA。

当涉及 fa()函数的应用时，首先我们要写出数据集或相关矩阵的名称。接下来，再键入我们想要提取的因子数量。因为在上一节中我们得出了两个因子，所以用 nfactors=2 来指定。由于我们还想使用 PA 作为提取方法，则需要用 fm="pa"来声明。如果不这样做，那么因子模型将根据默认的方法即 minres 来估计。最后，必须说明是否要旋转因子解。fa()函数使用 oblimin 作为默认的旋转技术。如果想使用 varimax，则需要指定参数 rotate="varimax "。如果想计算未经旋转的因子解，那么可以输入 rotate="none"来代替。fa()函数提供了其他几种旋转技术，如 quartimax、equamax、promax，等等。关于这些技术的完整概述，见 fa()函数的帮助文件。

旋转有助于使因子载荷进一步极化。我们选择 varimax 的原因是两个因子代表两种不同的现象（放松情绪和外貌），因此我们不假设因子之间有很强的相关性。记住 fa()函数使用迭代 PA 来估计因子模型是很重要的。如果我们想用没有迭代的 PA 来估计这个因子模型，那么就必须在 fa()函数中添加参数 max.iter=0。为了能够看到这个解决方案中的因子载荷，我们将在估计后输入 print(fmodel1$loadings, cutoff=0)。请注意，fa()函数使用的参数是 min.err=0.001。也就是说，估计会反复进行，直到共性的变化小于 0.001。这可能是 fa()的结果与其他统计软件（如 Stata、SPSS 等）估计的相同因子模型有偏差的原因，尽管这个偏差微不足道的。

```
fmodel1 <- fa(workout3_comp,
              nfactors = 2,
              fm="pa",
              rotate = "varimax")
```

在估计了因子模型并将相关结果保存在对象 fmodel1 中之后，我们可以开始通过使用相关的命令来逐步查询我们想要看到的结果，如下所示。这种逐步查询的方法很方便，因为从因子分析中获取所有的估计结果可能需要一次性消化过多的信息。如果我们想得到因子分析的完整结果，那么可以输入 print(fmodel1)。当要求从估计的模型中获得特定的结果时，首先写出估计结果所存储的对象的名称（即 fmodel1），然后继续输入$符号，最后键入特定输出所存储的对象的名称（如 n.obs）。为了能够看到所有包含来自因子估计的不同信息位的对象，我们可以应用 base-R 中的 attributes()函数，使用命令 attributes(fmodel1)。而使用下列命令可以查询用于估计因子模型的观测样本数量：

```
print(fmodel1$n.obs)
## [1] 194
```

输出结果表示在因子模型的估计中总共有 194 个观测值。接下来，我们可以查看因子载荷的概况及因子解的特征值：

```
print(fmodel1$loadings, digits=4, cutoff=0)
##
## Loadings:
##      PA1     PA2
## Var1 0.8662 -0.0287
## Var2 0.9522 -0.0480
## Var3 0.8689  0.0465
## Var4 0.0575  0.7990
## Var5 0.0093  0.9550
## Var6 -0.0382 0.8943
##
##                 PA1    PA2
## SS loadings    2.4168 2.3554
## Proportion Var 0.4028 0.3926
## Cumulative Var 0.4028 0.7954
```

正如输出结果所示，前三个变量（Var1 到 Var3）在因子 1 上的载荷很强，在因子 2 上的载荷很弱，而其余的变量（Var4 到 Var6）在因子 2 上的载荷很强，在因子 1 上的载荷很弱。如果我们想进一步以几何方式显示变量和因子之间的关系，则可以使用 psych 包中的 fa.plot ()函数。

图 13.10 证实了对上述因子载荷的解释。顺便提一下，旋转并不改变解释的总方

差。总方差将等于各变量的共性之和。我们不使用 SMC，因为它通常不能提供最佳估计值，而是使用估计后得到的共性来计算总方差。可以通过下面的命令获得变量的共性并取其总和：

```
comm <- fmodel1$communality
comm
##       Var1      Var2      Var3      Var4      Var5      Var6
## 0.7511719 0.9088973 0.7572130 0.6417337 0.9120803 0.8011432
sum(comm)
## [1] 4.772239
```

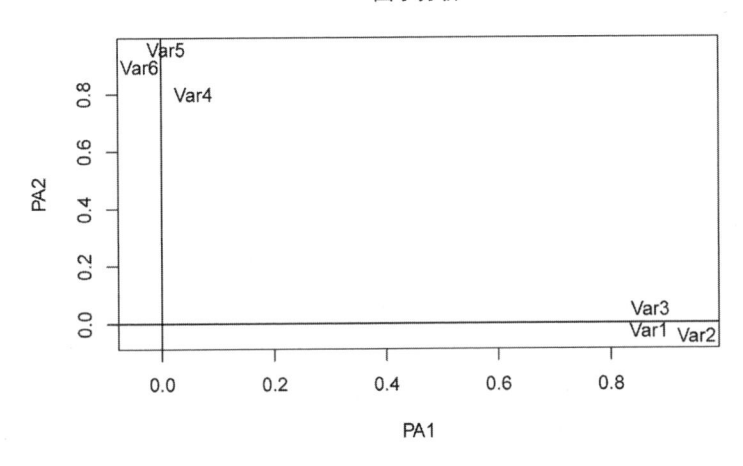

图 13.10　旋转后的因子载荷图

在这里我们观察到，变量的共性之和约为 4.77。请记住，如果我们使用 PCA，则总方差将是 6。为了能够找出两个因子各自解释总方差的份额，我们用因子解的特征值除以总方差。因此，我们可以看到，因子 1（2.42/4.77）和因子 2（2.36/4.77）分别解释了大约 50% 的方差。

就上面的因子载荷矩阵（由 fmodel1$ loadings 生成）而言，我们建议分别从纵向和横向上对其进行解释。纵向解释矩阵时，我们找出一个因子和所有观察到的变量之间的相关性[①]。例如，Var1 在因子 1 上的载荷是 0.8662。这意味着近 75%（0.8662^2）的 Var1 的方差是由因子 1 解释的；以同样的方式解释其余的载荷。当横向解释这个矩阵时，我们得到了变量的共性。例如，可以看到 Var3 在因子 1 和因子 2 上的载荷分别为 0.8689 和 0.0465。将这两个值平方相加，就可以得到因子 1 和因子 2 共同解释

---

① 请注意，在正交旋转中，载荷只是相关的。

的 Var3 的总方差比例（大约 75%）。剩下的（约 25%）代表了唯一方差（即未解释的方差）。尽管我们可以从因子载荷中手动计算出变量共性（h^2）和唯一方差（u^2），但使用下面的命令可以更快地计算出这些数据：

```
cbind(h2=fmodel1$communality, u2=fmodel1$uniquenesses)
##              h2          u2
## Var1  0.7511719  0.24882811
## Var2  0.9088973  0.09110270
## Var3  0.7572130  0.24278697
## Var4  0.6417337  0.35826630
## Var5  0.9120803  0.08791973
## Var6  0.8011432  0.19885679
```

由于所有的载荷都明显高于所定的阈值 0.4，同时也没有任何变量在两个因子上有同样强的载荷，我们将沿用当前的因子解决方案。因子分析过程的最后一步是对我们决定保留的因子进行标记。正如前面提到的，在研究了变量的含义和载荷后，我们选择将因子 1 标记为"放松"，因子 2 标记为"外貌"。如果因子分析的目的只是检查因子结构（哪些变量可以被哪些因子所强调），那么分析工作可以停止在这一步。但是许多社会科学研究在后续分析中需要使用因子，为此我们需要为这两个假设提供一个衡量标准。如你所知，我们可以在估计的因子得分和生成的因子得分之间进行选择。由于载荷明显是两极化的，所以我们选择生成的因子得分。这可以通过对表示每个因子的变量求和或求平均值来实现。我们将选择取平均值，以保持因子指标与原始观测变量处于同一尺度。如果我们想得到估计的因子得分，那么只需键入 fmodel1$scores，这适用于使用 fa() 和 principal() 函数的情况，因为这两个函数都使用回归作为计算因子得分的默认方法。为此，我们将使用 psych 包中的 scoreItems() 函数。这个函数需要一个关于哪些变量同类的描述。我们把这个描述指定为 itemlist 变量：

```
itemlist <- list(relaxation=c("Var1","Var2","Var3"),
                 appearance=c("Var4","Var5","Var6"))
summateds <- scoreItems(itemlist, workout3_comp,
                        min=1, max=6, totals = FALSE)
factordata <- as.data.frame(summateds$scores)
```

现在，我们可以将这两个新生成的因子得分添加到现有的主数据集 workout3_comp 中。通过在第 4 章中讨论的 dplyr 包中的 bind_cols() 函数可以实现这一点：

```
workout3_comp <- bind_cols(workout3_comp, factordata)
names(workout3_comp)
## [1] "Var1" "Var2" "Var3" "Var4"
## [5] "Var5" "Var6" "relaxation" "appearance"
```

接下来，我们还需要根据克朗巴哈系数 α 来检验这些总和量表的信度。我们通过使用 psych 包中的 alpha() 函数来实现这一点。分别对前三个变量（对应因子 1）和后三个变量（对应因子 2）运行这个函数。在其他情况下，我们可能必须显式地指定哪些变量属于哪个因子，或者对数据框中的变量进行排序，以匹配因子的序列。

```
relaxation <- data.frame(workout3_comp[,1:3])
alpha(relaxation)$total$std.alpha
## [1] 0.9234774
appearance <- data.frame(workout3_comp[,4:6])
alpha(appearance)$total$std.alpha
## [1] 0.9124331
```

这里我们只输出总系数。你也可以检查信度检验的输出结果。例如，直接输入 alpha(appearance)。正如上述输出结果所示，这两个克朗巴哈系数是令人满意的，因为他们明显高于建议的最小水平 0.7。

13.5 本章小结

探索性因子分析是一种有用的统计技术，在社会科学中有着广泛的用途。了解 EFA 为学习 CFA 打下了很好的基础，CFA 是结构方程模型的一个特例，是第 14 章的主要内容。我们还了解到，与线性回归等传统技术相比，因子分析是一种更加主观的统计技术，因为必须做出许多分析决定，而这些选择取决于所得到的解决方案对研究者是否"有意义"。因此，因子分析的这一特点需要分析者的主观因素，以试图确定最佳因子解。在这一章中，我们还介绍了 R 语言中 psych 包的一些与因子分析相关的函数。事实上，它还提供了一些额外的函数，只要输入 help (psych) 就可以查询到。

【核心概念】

共性：每个变量与相关矩阵中所有其他变量的平方倍数相关。
克朗巴哈系数：衡量可靠性的标准。
特征值：一个因子所捕获或解释的方差量。
特征向量：产生具有最大特征值的因子的权重集。
因子提取：用来解释相关矩阵中方差的一种方法。
因子载荷：观察到的变量和因子之间的相关关系（双变量或部分）。
因子得分：为每个观察样本计算的因子值。
斜交旋转：一种因子旋转技术，在提取因子时允许因子之间存在相关性。

正交旋转：一种因子旋转技术，在提取因子时假定因子之间没有相关性。
平行分析：一种基于模拟随机数据集来决定保留因子数量的技术。
promax：一种斜交旋转技术。
信度：变量或观察变量之间的一致性。
唯一性：未被因子捕获或解释的方差量。
varimax：一种正交旋转技术。

【提问】

1. 主成分和主因子提取方法之间有什么区别？
2. 轮换因子的理由是什么？
3. 如何确定要保留的因子数量？
4. 什么是因子得分？
5. 解释克朗巴哈系数是用来做什么的，以及如何使用它。

【本章使用的函数示例】

psych
```
paranalysis <- fa.parallel(workout3_comp,
    fm="pa", fa="fa", SMC="TRUE")
print(paranalysis)
```
- 因子分析的平行分析与碎石检验。
```
paranalysis2 <- fa.parallel(workout3_comp, fa="pc")
print(paranalysis2)
```
- 用碎石检验进行 PCA 的平行分析。
```
smc(workout3_comp)
```
- 数据集中变量的 SMC。
```
fmodel1 <- fa(workout3_comp, nfactors = 2, fm="pa",
              rotate = "varimax")
```
- 主（轴）因子分析与 varimax 旋转。
```
fmodel2 <- principal(workout3_komp, nfactors = 2,
                     rotate = "varimax")
```
- 带 varimax 旋转的 PCA。
```
print(fmodel1$loadings, digits=4, cutoff=0)
```
- 输出因子载荷和特征值。
```
sum(fmodel1$communality)
```

- 共性总和。

```
cbind(h2=fmodel1$communality, u2=fmodel1$uniquenesses)
```

- 给出共性和唯一方差。

```
fmodel1$scores
```

- 给出因子得分。

```
itemlist <- list(relaxation=c("Var1","Var2","Var3"),
appearance=c("Var4","Var5","Var6"))
```

- 创建两个列表,每个列表包括三个方向。

```
summatedsc <- scoreItems(itemlist, workout3_comp,
                         min=1, max=6, totals = FALSE)
```

- 取上述列表中指定变量的平均值。

```
factordata <- as.data.frame(summatedsc$scores)
```

- 将总分数放在一个数据框中。

```
relaxation <- data.frame(workout3_comp[,1:3])
alpha(relaxation)$total$std.alpha
```

- 计算"放松"因子的克朗巴哈系数。

第 14 章

结构方程模型

在本章中,将会使用以下 R 包:
- astatur:本书的配套 R 包,包含本章使用的数据集。
- lavaan:提供用于估计结构方程模型的函数。

必须先安装和加载上面提到的包才能运行本章提供的代码。可以使用下列命令来进行 R 包的安装:

```
packages <- c("lavaan", "devtools")
install.packages(packages)
devtools::install_github("ihrke/astatur")
```

【学习成果】

- 理解结构方程模型的应用场景。
- 通过确认性因子分析方法解释结构方程模型。
- 学习设定、识别和估计结构方程模型。
- 学习评估结构方程模型的测量和结构部分。
- 学习使用 R 语言来构造结构方程模型。

本章首先解释了结构方程模型（Structural Equation Modelling，SEM）的定义，然后介绍了几种 SEM 的类型，包括 CFA。CFA 模型是一种非常常用的结构方程模型，因此本章将借助简单的 CFA 模型来解释模型设定、模型识别、模型估计、模型拟合度量和模型评价与修正等问题。在此过程中，我们还将 CFA 与前一章中讨论的 EFA 进行比较。然后，我们使用 R 语言来构建一个潜在路径模型（也称为"完全结构模型"）。在本章中，我们更关注对模型参数的解释，而不是估计过程的技术细节。

14.1 什么是结构方程模型？

在前几章中，我们介绍了一些比较传统的统计技术（线性回归、逻辑回归、多层次回归等），用于研究一个或多个独立（外生）变量和一个单一因果（内生）变量之间的关系。上述模型中的自变量和因变量是直接观察到的变量，如收入、身高、体重、受教育年限等。按照这个推理，我们可以把这些传统的统计方法称为"单方程模型"，方程的左边（因变量）和右边（独立变量）都是可以观察到的变量。

与其他传统方法一样，在社会科学领域里，SEM 也可以用来完成解释和（或）预测的工作。相较于单方程模型，SEM 主要优势在于，它允许同时指定和估计多个自变量和多个因变量之间的关系。此外，传统方法如回归分析只允许使用观察变量，而 SEM 可以包括潜在的、未观察到的独立变量和因变量。因此，在严格意义上，我们可以将 SEM 称为一种联立多方程模型，包括方程两边的潜在变量，如图 14.1 所示。SEM 也被称为潜变量建模、协方差结构分析和线性结构关系（Linear Structural Relationships，LISREL）。从更广泛的意义上看，SEM 作为一个框架，允许将观察到的、潜在变量作为独立和（或）因果变量来建模。但是本章主要在 SEM 的严格定义下来对其进行介绍。

正如我们在图 14.1 中看到的，在 SEM 框架中，潜变量用大圆圈表示，而观察变量用矩形表示。单向箭头（→）代表直接效应，而双向箭头（↔）代表协方差或相关性。误差用小圆圈表示。图 14.1 中的图形被称为 LISREL。LISREL 是由 Jöreskog 和 Sörbom 开发的 SEM 程序，通常用于图形符号描绘和数学公式指定所有类型的结构方程模型。由于大多数文献都使用 LISREL，所以掌握它的用法是很有帮助的。图 14.1（左侧）还显示了 SEM 中不同类型的变量和系数的命名规则。本章后面也将更详细地解释所有这些术语，但建议大家把这个图放在手边以供参考。

KSI（ξ）：外生变量（潜在自变量）。
ETA(η)：内生变量（潜在因变量）。
x：外生变量指标。
y：内生变量指标。
DELTA（δ）：x 指标的测量误差。
EPSILON（ε）：y 指标的测量误差。
PHI（φ）：外生变量之间的相关性。
GAMMA（γ）：一个外生变量和一个内生变量之间的相关系数。
BETA（β）：两个内生变量之间的相关系数。
ZETA（ζ）：内生变量中无法解释的方差。
LAMBDA（λ）：指标和潜变量之间的相关系数（载荷）。

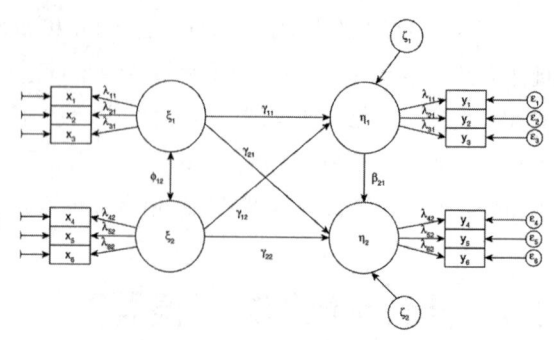

例如：对于外生变量，λ_{42} 表示 x_4 在第二个外生变量上的载荷。对于内生变量，λ_{21} 表示 y_2 在第一个内生变量上的载荷。
φ_{12} 表示第一个外生变量和第二个外生变量之间的相关性。
γ_{21} 表示第一个外生变量对第二个内生变量的影响。
γ_{12} 表示第二个外生变量对第一个内生变量的影响。
β_{21} 表示第一个内生变量对第二个内生变量的影响。

图 14.1　采用 LISREL（线性结构关系）符号的结构方程模型

结构方程模型的类型

SEM 可以用来估计许多不同种类的模型，包括那些包含潜变量的模型。这种灵活性是因为专业计算机软件的进步。SEM 可以估计模型种类如下：

1. 确认性因子分析（Confirmatory Factor Analysis，CFA）是用来评估一个假设的潜在因子结构的，其中包含一组指标和一个或多个潜变量。例如，我们可以使用 CFA 来判断著名的"五大"人格特征因素结构（外向性、宜人性、尽责性、神经质和开放性）是否会出现在特定的数据集中。

2. 潜在路径分析（Latent Path Analysis，LPA），在文献中也被称为"结构回归模型"、"完全 SEM"或"组合 SEM"，不仅可以用于检验因子结构，也可以用于检验潜在变量之间假设的结构关系。例如，我们可以检查客户满意度是否是一个反映"对产品的满意度"和"推荐产品的意愿"的二维结构，以及评估前一个维度是否影响后一个维度。

3. 潜在平均分析（Latent Mean Analysis，LMA）是用来检验两个或更多组之间在潜变量上的平均差异的。LMA 和 LPA 一样，也会包括 CFA 作为分析的一部分。我们可以用 LMA 来检验男性和女性在潜变量（如"外向型"人格特质）上的平均分是否不同。LMA 可以被看作是传统方差分析的直接潜变量。如果我们进一步比较男性和女性在一个以上变量上的得分，那么这将相当于多元方差分析（Multivariate Analysis of Variance，MANOVA）。

4. 潜在变化（增长分析）用于检验潜变量是否随时间发生变化。它的分析过程中也涉及 CFA。例如，我们可以尝试找出一个特定的组织干预措施（如一个新的奖励计划）是否成功地提高了员工的工作满意度（潜变量），这可能是在两个不同的时间点测量的。

5. 潜在类别分析（Latent Class Analysis，LCA）是一种基于模型的方法，根据个体对一组观察变量的反应，将个体聚类成组（即潜在类）。LCA 也包括 CFA。例如，在 LCA 中，我们可能会发现有两个潜在类（质量敏感型和价格敏感型客户）从一个特定的数据集中出现。LCA 不一定在所有标准的 SEM 软件中都能找到。在 R 中，有几个专门为 LCA 开发的软件包。

上述种类清单当然还可以扩展。然而，前两项（CFA 和 LPA）是社会科学中最常用的 SEM 方法。此外，我们相信，学习 CFA 和 LPA 将为理解其余更高级的 SEM 技术奠定良好的基础。因此，我们将在本章中重点讨论 CFA 和 LPA。

我们强烈建议大家通过 CFA 开始学习 SEM。原因之一是，与传统的统计方法（回归、方差分析等）相比，所有类型 SEM 包含的 CFA 部分使 SEM 成为一种独特的统计技术。第二个原因是，理解 CFA 是充分开发和估计更复杂结构方程模型的一个重要前提，因为 SEM 中遇到的问题通常来自不完善的 CFA。第三个原因是，对于 CFA 和其他 SEM 技术来说，我们必须解决的所有技术问题（识别、估计等）基本上都是相同的。最后，标准的 CFA 是一个相对简单的 SEM 案例，可以帮助我们更容易理解一些复杂的问题。

14.2 确认性因子分析

CFA 是第 13 章介绍的 EFA 的一个替代方案或扩展。CFA 和 EFA 都属于共同因子模型系列，它将指标的方差划分为共同（共享）方差和包括测量误差的唯一方差。换句话说，在 CFA 中，指标的测量误差（不可靠）在模型估计过程中被移除。与传统技术（如回归）相比，CFA 的这一具体特征（嵌入在 SEM 中）有助于使结构方程模型的估计值偏差更小，因为后者完全没有测量误差。这也是 SEM 技术在社会科学研究中日益普及和应用的主要原因。

如果 EFA 和 CFA 一样消除了测量误差，那么我们为什么需要 CFA 呢？这个问题的答案是，CFA 是一种确认性的统计技术，它先验地对要估计的因子模型施加了限制，而 EFA 是一种内在的探索性技术。在 CFA 中，我们事先指定了因子的数量和指标因子载荷的模式，以及其他模型参数。例如，那些与因子的独立性、协方差和指标误差方差有关的参数。模型设定只是整个 CFA 或 SEM 过程的第一步，接下来是模型识别、模型估计、模型评估和模型修正。

现在让我们用一个现实生活中的数据例子来解释这五个步骤。使用的数据集的名称是 values，它包含在本书附带的 astatur 软件包中。这些数据是从对 1004 名挪威人的调查中获得的。在这项调查中，受访者被要求在一个从 1 到 5（1 表示完全不重要，5 表示非常重要）的顺序量表上指出以下每个将个人价值作为生活中指导原则的重要性：受到他人尊重（x_1，变量名为 respected）、安全感（x_2，变量名为 secure）、成就感（x_3，变量名为 accomplish）、自我实现（x_4，变量名为 self_fulfil）和自尊（x_5，变量名为 self_respect）。在这里，我们把顺序数据当作连续数据来处理，因此可以拟合一个标准的线性模型。然而，如果我们想为顺序数据拟合一个模型，则需要使用一个不同的估计器（WLSWM），而不是 R 中 lavaan 包中的默认 ML。

14.2.1 模型设定

基于相关理论，我们为数据集 values 指定了一个二维的因子结构。这个因子结构包括两个个人价值类型（因子）：集体主义价值（由 x_1 和 x_2 共同决定，变量名为"Collectiv"）和个人主义价值（由 x_3、x_4 和 x_5 共同决定，变量名为"Individual"）。我们进一步假设这两个因子之间存在相关性。我们的模型没有选择其他规范，图 14.2 描述了这一模型。

使用前面介绍的 LISREL 表示方法（见图 14.1），我们可以很容易地将图形描述的模型（见图 14.2）转化为如下的回归方程：

$$x_1 = \lambda_{11}\xi_1 + \delta_1 \tag{14.1}$$

$$x_2 = \lambda_{21}\xi_1 + \delta_2 \tag{14.2}$$

$$x_3 = \lambda_{32}\xi_2 + \delta_3 \tag{14.3}$$

$$x_4 = \lambda_{42}\xi_2 + \delta_4 \tag{14.4}$$

$$x_5 = \lambda_{52}\xi_2 + \delta_5 \tag{14.5}$$

因此，需要估计五个回归模型，同时还需要考虑两个因子之间的相关性。这就是为什么说 SEM 是一种联立多方程模型的原因。列出这些方程有助于我们理解 SEM 是如何进行计算的。然而，在实践中，SEM 软件使用一个紧凑的矩阵表达式进行计算，该表达式一次包含了所有的回归方程，并确保快速和有效的计算。例如，我们的模型与五个回归模型可以用一个单一的矩阵方程表示如下：

$$x = \lambda_x \xi + \delta \tag{14.6}$$

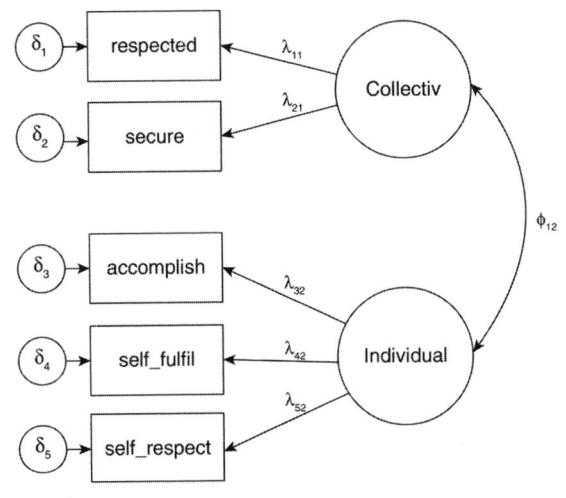

图 14.2 values 数据集的 CFA 模型的图形表示

这个矩阵方程表明，在原始数据集中，具有 $x_1,\cdots,x_6$ 分量的向量 x 的值，是潜变量向量（ξ）上变量的因子载荷矩阵（λ_x）和潜变量的得分向量的乘积，加上误差项的向量（δ；Bowen and Guo, 2012），表达式如下：

$$\begin{bmatrix} x_1 \\ x_2 \\ x_3 \\ x_4 \\ x_5 \end{bmatrix} = \begin{bmatrix} \lambda_{11} & 0 \\ \lambda_{21} & 0 \\ 0 & \lambda_{32} \\ 0 & \lambda_{42} \\ 0 & \lambda_{52} \end{bmatrix} \begin{bmatrix} \xi_1 \\ \xi_2 \end{bmatrix} + \begin{bmatrix} \delta_1 \\ \delta_2 \\ \delta_3 \\ \delta_4 \\ \delta_5 \end{bmatrix} \tag{14.7}$$

在式（14.7）中，须表示 x_1 和 x_2 没有加载在因子 2（个人主义价值）上，x_3、x_4 和 x_5 没有加载在因子 1（集体主义价值）上。矩阵表示提供了一种紧凑的方式来指定相当复杂的模型，对理解和计算都有帮助。然而，在本章的其余部分，我们将避免对这些细节进行过于技术性的讨论，而将重点放在更概念性的理解上。

14.2.2 模型识别

为了允许在 CFA 或 SEM 中进行参数估计和模型检验，自由估计的参数（未知数）的数量不能超过样本方差-协方差矩阵（用 S 表示）中元素（已知）的数量。已知数量（k）与未知数量（u）之差等于模型的自由度（$df = k - u$），当 $df < 0$ 时，则认为模型识别不当；当 $df = 0$ 时，则认为模型被完美识别；当 $df > 0$ 时，则认为模型被过度识别。由于我们不能估计未识别模型的参数，而且不能检验完美识别模型的拟合优度，因为这种拟合在默认情况下是完美的，因此我们选择了过度识别。

> **注意！**
>
> 在本章中，我们使用 lavaan 包估计 CFA 和结构方程模型。lavaan 有两个独立的函数，cfa()用于估计 CFA 模型，sem()用于估计潜在路径或完全结构方程模型。尽管这两个函数目前几乎相同，但将来可能会根据包的开发人员不同而有所改变。我们将遵循这一区别，并相应地使用 cfa()和 sem()分别估计 CFA 和完全结构方程模型。

现在让我们检查图 14.2 中的模型。由公式 $(p+1)/2$ 可以得到已知的数量（k），其中 P 表示指标的数量。因为我们有五个指标，所以模型的 $k = 5(5+1)/2 = 15$。未知量（待估计参数）有 3 个因子载荷（λ_{21}、λ_{42}、λ_{52}），5 个误差方差（δ_1、δ_2、δ_3、δ_4 和 δ_5），1 个协方差（φ_{12}），2 个因子方差（φ_{11} 和 φ_{22}），因此 $u = 11$。则 $df = 15 - 11 = 4 > 0$。虽然 $df > 0$ 规则在大多数情况下适用于 CFA 和 SEM，但是在经验性欠识别的情况下，这一规则将不是判断模型可识别性的充分标准。当样本方差-协方差矩阵中的协方差等于 0 时，通常会出现经验性欠识别（详细内容见 Brown，2015）。也就是说，我们认为模型是可识别的，这对于估计参数和测试模型拟合度是必要的。R 通过 lavaan 包，在其估计输出中自动提供 df（见图 14.3）。

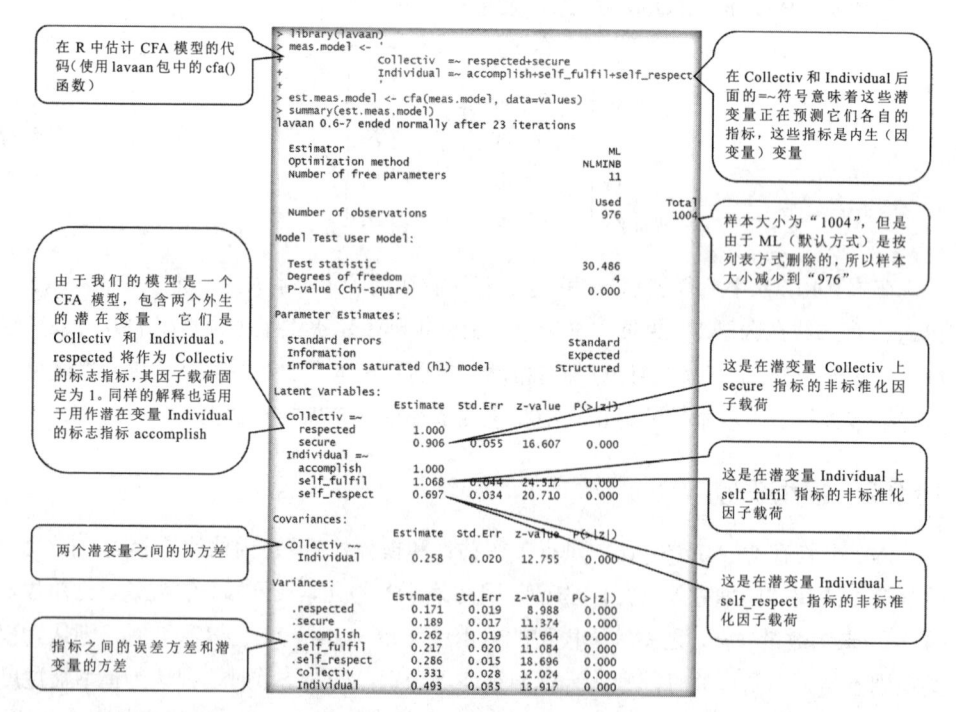

图 14.3 用极大似然法（ML，非标准化解决方案）估计的验证性因子分析（CFA）的 R 语言输出结果

除了 $df > 0$ 这个条件，潜变量还必须为模型识别分配一个度量，因为它们在估计之前没有任何度量。为潜变量分配度量的方法主要有两种。第一种方法是将"标志"（参考）指标的度量传递给潜在变量。在 R 的 lavaan 包中，第一个指标被默认选择为标志指标，并且其非标准化因子载荷固定为 1。

在本例的模型中，潜变量 collectiv 和 individual 的标志指标分别是 respected 和 accomplish（见图 14.3）。这两个指标都是用一个序数量表（从 1 到 5）来衡量的，这也将是这两个潜变量的度量。这并不意味着潜变量本身就是有顺序的。潜变量将被假定服从均值为 0 的正态分布。关于潜变量的度量，我们可以说潜变量的方差是对应的标志指标方差的一部分。第二种方法是将潜变量的方差固定为 1，这意味着潜变量被标准化了，同时允许所有未标准化的因子载荷被自由估计。这种方法提供了半标准化的系数，这些系数通常对研究者来说意义不大，因为它们表示 X（潜变量）增加一个标准差引起的 Y（即指标）在其原始单位中的变化。标志指标方法提供了非标准化和完全标准化的估计值，在社会科学研究中经常被使用。这可能也是为什么标志指标方法是 R 中 lavaan 包的默认程序的原因。

当在将变量固定为特定值时，我们可以在 CFA 或 SEM 中使用三种类型的参数。固定参数是指被固定在一个特定值上的参数（载荷、方差等）。自由参数是一个需要被估计的未知元素。最后，约束参数是一个未知的参数，但它被限制为等于模型中的一个或多个参数。固定参数和约束参数之间的区别在于前者不能被估计，而后者可以被估计，但对多个参数（如因子负荷）而言二者是相等的。

14.2.3 参数估计

CFA 和 SEM 的目标是获得模型每个参数（因子负荷、因子方差等）的估计，以产生一个预测的方差-协方差矩阵（由 Σ 表示），使其尽可能接近样本方差-协方差矩阵（S）。另外，普通最小二乘回归（见第 7 章）的目标也是最小化预测值（Σ）和观察样本值（S）之间的差异。这种最小化是使用一个用于拟合的目标函数（F）来衡量的。每一种估计方法都有自己的拟合函数。在 CFA 和 SEM 中最常用的估计方法是 ML，它采用的拟合函数是：

$$F_{ML} = \ln|S| - \ln|\Sigma| + \text{trace}(S\Sigma^{-1}) - p,$$

其中 $\ln|S|$ 是 S 行列式的自然对数，$\ln|\Sigma|$ 是 Σ 行列式的自然对数，Σ^{-1} 是 Σ 的倒数，P 是指标的个数。

当 $F_{ML} = 0$ 时，模型能很好地拟合数据。然而，当模型被过度识别时，S 和 Σ 之间总是存在一定程度的不匹配。ML 使用一个迭代过程来试图找到使这个差异最小化的估计值。差异越小，该模型对数据的拟合效果越好。

R（lavaan）提供了许多不同的估计方法，其完整的列表可以通过 help(lavoptions, package="lavaan") 获得。在图 14.4 中，我们提供了一个最常见的估计方法（标准版本和稳健版本）的概述，这些方法取决于数据类型（连续和有序），以及缺失数据。lavaan 包的函数（cfa()和 sem()）的默认估计方法是 ML。然而，研究人员通常对连续数据选择 MLR，对有序数据选择 WLSMV。尽管如此，如果有序数据有很多级别（至少 5 个）并且近似正态分布，使用 ML 分析协方差矩阵不会导致拟合度、参数估计或标准误差的严重偏差，因此可以安全使用。

我们用 ML 来估计例子模型，并在图 14.3 中提供了 R 的输出结果。

14.2.4 模型评估

模型评估需要对参数估计值进行解释，并对模型拟合度进行评估。

解释参数估计值

根据标准化解来解释和报告 CFA、SEM 结果是比较常见的。因此，除了图 14.3 中给出的非标准化解，我们还可以通过在初始（SEM）估计之后在 summary()函数中加入 standardized=TRUE 参数来打印模型的标准化解。图 14.5 提供了当前例子模型的标准化解。

数据 \ 估计方法	标准化	稳 健
连续数据	● 极大似然估计法 estimator = "ML" ● 广义最小二乘法 　　estimator = "GLS"	● 具有稳健标准误差的 ML 和一个 Satorra-Bentler 标度检验 estimator = "MLM" ● 具有稳健(Huber-White)标准误差和渐近等于 Yuan-Bentler 统计量的比例检验统计量的 ML estimator = "MLR" ● 自助法 se="bootstrap"
有序（二进制）数据	● 对角加权最小二乘法 estimator = "DWLS"	● 均值和方差修正加权最小二乘法 estimator = "WLSMV"
缺失数据	● 完全信息最大似然法（fiml） missing = "ML"	

注：lavaan 0.5 版本可以处理二进制和序数（但不是分类）内生变量。

图 14.4　结构方程模型估计方法概述

现在让我们来解释一下图 14.5 中名为 Std.all 一栏中的标准化因子载荷。你可以看到，没有一个因子载荷是固定为 1 的，相反，它们都是自由估计的。原因是，当我们要求得到完全标准化的解决方案时，潜变量的方差被固定为 1，就像使用因子方差法给潜变量分配指标的情况。在因子方差法中，我们只对潜变量进行标准化处理，而在这里，我们对潜变量和指标都进行标准化处理，从而得到完全标准化估计。

```
> summary(est.meas.model, standardized=TRUE)
lavaan 0.6-7 ended normally after 23 iterations

  Estimator                                         ML
  Optimization method                           NLMINB
  Number of free parameters                         11

                                                  Used       Total
  Number of observations                           976        1004

Model Test User Model:

  Test statistic                                30.486
  Degrees of freedom                                 4
  P-value (Chi-square)                           0.000

Parameter Estimates:

  Standard errors                             Standard
  Information                                 Expected
  Information saturated (h1) model          Structured

Latent Variables:
                   Estimate  Std.Err  z-value  P(>|z|)   std.lv  std.all
  Collectiv =~
    respected         1.000                                0.576    0.812
    secure            0.906    0.055   16.607    0.000     0.521    0.768
  Individual =~
    accomplish        1.000                                0.702    0.808
    self_fulfil       1.068    0.044   24.517    0.000     0.749    0.849
    self_respect      0.697    0.034   20.710    0.000     0.489    0.675

Covariances:
                   Estimate  Std.Err  z-value  P(>|z|)   std.lv  std.all
  Collectiv ~~
    Individual        0.258    0.020   12.755    0.000     0.638    0.638

Variances:
                   Estimate  Std.Err  z-value  P(>|z|)   std.lv  std.all
   .respected        0.171    0.019    8.988    0.000     0.171    0.340
   .secure           0.189    0.017   11.374    0.000     0.189    0.410
   .accomplish       0.262    0.019   13.664    0.000     0.262    0.347
   .self_fulfil      0.217    0.020   11.084    0.000     0.217    0.279
   .self_respect     0.286    0.015   18.696    0.000     0.286    0.545
    Collectiv        0.331    0.028   12.024    0.000     1.000    1.000
    Individual       0.493    0.035   13.917    0.000     1.000    1.000
```

图 14.5　用极大似然法估计的确认性因子分析的 R（lavaan）输出（标准化解）结果

例如，指标 respected 对潜变量 collectiv 的标准化载荷为 0.812。只要模型中没有交叉负载的指标，0.812 的标准化因子载荷就可以解释为指标与潜变量之间的相关性。对于负载在一个以上潜变量上的指标，标准化载荷类似于多元回归中的标准化系数。这等于说，在保持其他潜变量不变的情况下，用一个潜变量在预测指标。因此，0.812 的平方因子载荷为 0.659，表明指标 respected 近 66% 的方差是由潜变量 collectiv 解释的。我们可以用同样的方式解释其余的标准化载荷。在 CFA 和 SEM 中，我们一般会选择标准化因子载荷等于或高于 0.4。在图 14.5 中，我们观察到所有的标准化载荷都明显高于 0.4 的阈值，这为我们的模型提供了支持。

顺便说一下，一个潜变量所解释的指标方差量也可以被视为指标可靠性的一个衡量标准。通过在 R 中输入以下命令，你可以获得指标可靠性的完整概览：

```
inspect(est.meas.model, what="rsquare")
##  respected    secure accomplish self_fulfil
##      0.660     0.590      0.653       0.721
## self_respect
##        0.455
```

在图 14.5 标题为 Std.all 的列中，我们还观察到每个指标中未被其潜变量解释的方差量。例如，在 Variances 列下的 .respected：表明指标 respected 中有 34% 的方差没有被潜变量 Collectiv 解释。这证实了我们上面的解释，即该指标 66% 的方差被解释。

在考察了指标信度之后，我们可以进一步考察因子/量表信度。因子/量表信度是指指标构成的量表总变异量中真实得分所占的比例。为了检验量表的可靠性，我们将计算并报告 Raykov 可靠性系数（Raykov's Reliability Coefficient，RRC），这个指标通常被认为比克朗巴哈系数更准确。我们在软件包 astatur 中提供了一个名为 relicoef() 的函数，该函数使用 RRC 的公式计算 CFA/SEM 因子的可靠性系数：

$$\text{RRC} = \frac{\left(\sum \lambda_i\right)^2 \varphi}{\left(\sum \lambda_i\right)^2 \varphi + \sum \theta_{ii}}, \tag{14.8}$$

其中，λ_i 是未标准化的载荷，φ 是因子方差，θ_{ii} 是未标准化的误差方差。在这个公式的扩展中，对于具有相关误差的因子（至少有一个误差协方差），该公式为：

$$\text{RRC} = \frac{\left(\sum \lambda_i\right)^2 \varphi}{\left(\sum \lambda_i\right)^2 \varphi + \sum \theta_{ii} + 2\theta_i}, \tag{14.9}$$

其中 θ_i 是未标准化的误差协方差。

两个潜变量的可靠性系数（称为 omega，ω）计算如下。从 relicoef(est.meas.model) 的结果来看，Collective 和 Individual 的可靠性系数分别为 0.770 和 0.831，都高于 0.7，这应该是 CFA/SEM 的因子/量表的最低可靠性水平：

```
relicoef(est.meas.model)
##        Latent         RRC
## 1  Collectiv 0.7696239
## 2 Individual 0.8311486
```

除了指标可靠性和量表可靠性，我们还应该在 CFA/SEM 中考察潜变量的构造有效性。当收敛效度和判别效度都得到证明时，一个潜变量就可以说是有效的。收敛效度是指反映同一潜变量的一组指标呈正相关的程度。当一个潜变量与它的相应指标的平均相关性（标准化载荷）达到 0.7 时，收敛效度就成立了。将这一平均相关性进行平方（0.7^2），我们就可以得到潜变量提取的平均方差（AVE，这里是 0.5），这意味着潜变量应该解释（至少）其相关指标中平均 50%的方差。

判别效度是指潜变量的独特性。与模型中其他指标的相关性相比，潜变量与其指标之间的相关性越高，潜变量就越独特。正如我们刚才所看到的，AVE 是潜变量与其指标之间相关性的一个函数。此外，两个不同潜变量之间的平方相关表明了潜变量与其他指标的方差有多大。因此，我们应该期望每个潜在变量的 AVE 大于它们之间的平方相关，以建立判别效度。

计算每个潜变量的 AVE，以及潜变量之间的平方相关可能是一项烦琐的工作。但是有一个叫作 condisc() 的函数，我们在本书附带的 astatur 包中包含了这个函数。这个函数可以在 SEM 估计之后，将其应用于估计的模型对象（见下面的代码）。根据这些结果，我们可以声称收敛效度是存在的，因为两个 AVE 值都高于建议的最低水平，即 0.5。此外，由于 AVE（0.625 和 0.610）明显大于两个潜变量之间的平方相关（0.407），因此也可以说存在着判别效度：

```
condisc(est.meas.model)
## $Squared_Factor_Correlation
##            Cllctv  Indvdl
## Collectiv  1.000
## Individual 0.407  1.000
## 
## $Average_Variance_Extracted
## Collectiv Individual
##    0.625     0.610
```

模型拟合指数

模型拟合度是指模型对样本方差-协方差矩阵的预测程度。我们衡量模型拟合度的方法是比较模型预测的方差-协方差矩阵（Σ）和样本方差-协方差矩阵（S）。Σ 和 S 之间的差异越小，模型就越适合数据。文献中提出了许多种模型拟合指数，每种指数基本上都以不同的方式衡量两个矩阵（Σ、S）之间的差异。在下文中，我们将处理一些最常使用的模型拟合指数，这些指数也是由 R（lavaan）提供的：卡方检验（χ^2）、标准化残差均方根（Standardized Root Mean Square Residual，SRMR）、近似值均方根误差（Root Mean Square Error of Approximation，RMSEA）、比较拟合指数（Comparative Fit Index，CFI）、Tucker-Lewis 指数（Tucker–Lewis Index，TLI）。

卡方检验

χ^2 检验的工作原理很像用于比较多元回归中嵌套模型的 F 检验。由于我们假设的 CFA 和结构方程模型（Hypothesized Model，HM）的目的是重现 S，评估 HM 模型性能的一种方法是将模型的对数似然（Log-Likelihood，LL）与已经重现 S 的模型进行比较。其中一个模型是饱和模型（Saturated Model，SM），它可以完美地拟合数据（即 $df=0$）。一个 SM 只包括方差和协方差/相关性。两种模型（HM 和 SM）比较的 χ^2 检验将评估以下情况：

H_0：HM 的拟合度不比 SM 差（即 $\Sigma = S$），H_1：HM 的拟合度比 SM 差（即 $\Sigma \neq S$）。

在已经估计过 HM 之后，我们知道它的对数似然（LL_{HM}）是 -4708.866（见图 14.6）。

```
> summary(est.meas.model, fit.measures=TRUE, estimates=FALSE)
lavaan 0.6-7 ended normally after 23 iterations

  Estimator                                         ML
  Optimization method                           NLMINB
  Number of free parameters                         11

                                                Used       Total
  Number of observations                         976        1004

Model Test User Model:

  Test statistic                                30.486
  Degrees of freedom                                 4
  P-value (Chi-square)                           0.000

Model Test Baseline Model:

  Test statistic                              1886.339
  Degrees of freedom                                10
  P-value                                        0.000

User Model versus Baseline Model:

  Comparative Fit Index (CFI)                    0.986
  Tucker-Lewis Index (TLI)                       0.965

Loglikelihood and Information Criteria:

  Loglikelihood user model (H0)              -4708.866
  Loglikelihood unrestricted model (H1)             NA

  Akaike (AIC)                                9439.732
  Bayesian (BIC)                              9493.450
  Sample-size adjusted Bayesian (BIC)         9458.514

Root Mean Square Error of Approximation:

  RMSEA                                          0.082
  90 Percent confidence interval - lower         0.057
  90 Percent confidence interval - upper         0.111
  P-value RMSEA <= 0.05                          0.021

Standardized Root Mean Square Residual:

  SRMR                                           0.028
```

图 14.6 基于拟合测度的最大似然估计的 R 输出

我们可以使用以下代码估计 SM：

```
saturated.mod <- '
  Collectiv =~ 0*respected+0*secure
  Individual =~ 0*accomplish+0*self_fulfil+0*self_respect
# Covariance:
  respected ~~ secure
  respected ~~ accomplish
  respected ~~ self_fulfil
  respected ~~ self_respect
  secure ~~ accomplish
  secure ~~ self_fulfil
  secure ~~ self_respect
  accomplish ~~ self_fulfil
  accomplish ~~ self_respect
  self_fulfil ~~ self_respect
# Means
  respected ~ 1
  secure ~ 1
  accomplish ~ 1 self_fulfil ~ 1
```

```
  self_respect ~ 1
est.saturated.mod <- cfa(saturated.mod, data=values)
summary(est.saturated.mod, fit.measures=TRUE)
```

上面的代码将产生一个对数似然 $LL_{SM} = -4693.623$。$LL_{HM} - LL_{SM}$ 之间的差异是 -15.243。将这一差值乘以-2，得出 χ^2 值为 30.486。此外，我们知道 HM 模型的 $df = 4$，SM 模型的 $df = 0$。然后，我们可以通过在 R 中输入 pchisq(30.486,df=4,lower.tail= FALSE) 来得到错误拒绝零假设的概率，计算所得的 P 值为 0.000。这意味着我们拒绝 HM 的拟合度不比 SM 差的零假设。因此得出结论，我们的 HM 的拟合度比 SM 差。通常情况下，我们希望有一个不显著的 χ^2，以便能够声称（claim）一个 CFA/结构方程模型对数据的拟合度很好。这些结果与图 14.6 中显示的 R（lavaan）输出结果相同。你只要在 SEM 估计之后输入 summary(est.meas.model,fit.meas=TRUE)，就可以得到 χ^2 检验结果及 R（lavaan）提供的其余默认拟合指数。

在文献中有一个普遍的共识，即 χ^2 检验对样本量高度敏感，因为在大样本中，χ^2 检验总是具有统计意义的。这是因为即使是非常小的差异，在大样本中也会变得具有统计学意义。

另一方面，小的样本可能掩盖了 CFA/SEM 中较差的拟合度，并产生较不精确的参数估计。因此，建议检查接下来讨论的其他模型拟合指数。

标准化均方根残差

预测方差矩阵和样本方差矩阵之间的差异就是残差方差矩阵。在 R（lavaan）中，我们可以在估计完结构方程模型后，通过输入 inspect(est.meas.model,what="resid") 来查看这个（未标准化的）残差矩阵。残差矩阵表明了我们假设的模型在预测方面的表现情况。量化残差矩阵的一种综合方法是取其所有元素（即方差和协方差）的平均值。这个统计量被称为"均方根残差"（Root Mean Square Residual，RMR）。然而，RMR 是基于 Σ 和 S 的协方差（即原始单位）计算的。由于 CFA/SEM 中往往有不同度量单位的指标，因此很难解释给定的 RMR，这就排除了跨数据集的比较。

克服这些缺点的方法之一是取残差矩阵中所有元素的平均值，这是通过减去预测和样本相关（而不是协方差）矩阵得出的。由此产生的度量被称为 SRMR。它显示了 Σ 和 S 的相关性之间的平均差异。这个指标可以用于 CFA/SEM 的比较。SRMR 越小，模型就越好。SRMR 的范围从 0（最佳拟合）到 1（最差拟合）。在 CFA/SEM 中，SRMR < 0.1 通常与可接受的拟合度有关。当我们查看图 14.6 中示例模型的 SRMR 时，它证实了示例模型良好的拟合度。

近似值的均方根误差

相对于绝对拟合指数，如 χ^2 和 SRMR，近似均方根误差（Root Mean Square Error

of Approximation，RMSEA）考虑了模型的复杂度和样本量，因为它对有太多参数无法估计的模型加以惩罚项（即 df 较低），相应地更倾向于简单的模型（即 df 较高的模型）。更具体地说，RMSEA 通过传达模型中每个自由度的拟合差异（$\Sigma - S$）来补偿模型复杂度的影响，计算公式如下：

$$\text{RMSEA} = \sqrt{\frac{d}{df_{HM}}}, \text{ 其中} d = \frac{(\chi^2 - df_{HM})}{N_{HM}} \tag{14.10}$$

让我们把这个公式应用到示例模型中。由于 $d = (30.486 - 4) / 976 \approx 0.027$，因此：

$$\text{RMSEA} = \sqrt{\frac{0.027}{4}} \approx 0.082 \tag{14.11}$$

从这个公式中可以看出，当我们减少 df（即在示例模型中包括更多的参数来衡量），RMSEA 值就会增加。高的 RMSEA 值是模型拟合不良的标志。RMSEA≥0.10 表明模型拟合不良。如图 14.6 所示，示例模型的 RMSEA 值约为 0.082，顺便说一下，这与我们在式（14.11）中计算的值相同。由于 RMSEA<0.10，则可以声称模型的拟合度是可以接受的。

比较拟合指数

在进行 χ^2 检验时，我们主要是将 HM 与具有完全拟合的 SM 进行比较。在这里，我们将 HM 与基线模型（Baseline Model，BM，最差的拟合）进行比较，以便找出 HM 相对于 BM 拟合度的改进。lavaan 默认 BM 是一个假设指标之间的协方差/相关性为零的模型。

正如我们已经估算了 HM，我们知道 df 和 χ^2 的值分别为 4 和 30.49（见图 14.3）。我们也可以通过输入下列命令来估计 BM：

```
baseline.mod <- '
    Collectiv =~ 0*respected+0*secure
    Individual =~ 0*accomplish+0*self_fulfil+0*self_respect
# Means
  respected ~ 1
  secure ~ 1
  accomplish ~ 1
  self_fulfil ~ 1
 self_respect ~ 1
'
est.baseline.mod <- cfa(baseline.mod, data=values)
summary(est.baseline.mod, fit.measures=TRUE)
```

在 R 中，得到 $df = 10$，$\chi^2 = 1886.34$。使用下面的公式，我们可以得到估计的比较拟合指数（Comparative Fit Index，CFI）：

$$\text{CFI} = 1 - \frac{\left(\chi^2 - df_{\text{HM}}\right)}{\left(\chi^2 - df_{\text{BM}}\right)} \tag{14.12}$$

让我们把这个公式应用于示例模型：

$$\text{CFI} = 1 - \frac{(30.49 - 4)}{(1886.34 - 10)} \approx 0.986 \tag{14.13}$$

请注意，这个数值（0.986）与图 14.6 中 R（lavaan）提供的 CFI 相同。CFI 的范围一般在 0 到 1 之间。CFI≥0.90 一般与可接受的模型拟合有关。CFI 值约为 0.986，表明我们的模型比假设指标之间没有关联的最差拟合模型的表现好 98.6%。因此，基于 0.986 的 CFI 值，我们可以声称示例模型拟合度是可以接受的（事实上，可以说是非常好的）。

Tucker-Lewis 指数

Tucker-Lewis 指数（TLI）是将 HM 与 BM 进行比较的另一种方式，定义如下：

$$\text{TLI} = \frac{\left(\chi^2 / df_{\text{HM}}\right) - \left(\chi^2 / df_{\text{BM}}\right)}{\left(\chi^2 / df_{\text{BM}}\right) - 1} \tag{14.14}$$

同样，将这个公式应用于我们的模型，可以得到：

$$\text{TLI} = \frac{(30.49 / 4) - (1886.34 / 10)}{(1886.34 / 10) - 1} \approx 0.965 \tag{14.15}$$

如式（14.14）所示，TLI 对模型的复杂度加上了惩罚，因为需要估计的参数越多，则 df_{HM} 的值就越小，这将导致（χ^2 / df_{HM}）越大，使得 TLI 越小。请注意，式（14.15）中计算的值与图 14.6 中 R（lavaan）计算的 TLI 相同。TLI≥0.90 通常与可接受的模型拟合有关。根据 TLI 的值（0.965），可以得出结论：示例模型拟合度很好。

14.2.5 模型修正

模型修正是指以探索性的方式改变一个拟合不佳的初始 CFA/结构方程模型的规格。研究人员在软件计算的修正指数（Modification Indices，MIs）的帮助下重新指定初始模型。如果自由估计一个固定或有约束的参数，那么 MIs 表示模型的 χ^2 预测值下降。MIs 就像成本效益分析一样，让一个参数自由估计的成本是 $1\,df$，而效益就是得到的 χ^2 值在减小。

查明效益是否大于成本的一种方法是考虑 χ^2 的减少量。如果这个减少量远远大于 3.84，那么我们就可以说效益大于成本。3.84 这个值是 $df=1$ 的临界 χ^2 值。因此，对于每一个大于 3.84 的修正指数，我们都会通过大幅减少 χ^2 来显著提高模型的拟合度。

由于示例模型的拟合度并不差，因此没有必要试图改善其拟合度，但出于教学目的，我们仍将在此以示例模型为例，说明如何去使用 MIs。在 R（lavaan）中，可以在结构方程模型估计后输入以下代码来获得模型的 MIs：

```
modindices(est.meas.model, minimum.value=3.84)
##           lhs op rhs mi epc sepc.lv
## 15 Collectiv =~ self_fulfil 21.568 -0.330 -0.190
## 16 Collectiv =~ self_respect 15.798 0.220 0.127
## 24    secure ~~ self_fulfil 10.401 -0.036 -0.036
## 25    secure ~~ self_respect 4.495 0.021 0.021
## 26 accomplish ~~ self_fulfil 15.797 0.127 0.127
## 27 accomplish ~~ self_respect 21.568 -0.081 -0.081
##     sepc.all sepc.nox
## 15   -0.215   -0.215
## 16    0.175    0.175
## 24   -0.177   -0.177
## 25    0.089    0.089
## 26    0.532    0.532
## 27   -0.295   -0.295
```

我们看到，accomplish 指标与 self_respect 指标误差之间的 MI 为 21.568。这意味着，对于 1 df，χ^2 将减少 21.568，这比 3.84 大得多。我们可以通过输入以下命令来决定在模型中包含的相关性：

```
meas.model2 <- '
        Collectiv =~ respected+secure
        Individual =~ accomplish+self_fulfil+self_respect
        accomplish ~~ self_respect
'
est.meas.model2 <- cfa(meas.model2, data=values)
```

为了查看修正后的模型拟合情况，我们只需输入以下命令获取模型拟合指数（就像前面所做的那样）：

```
summary(est.meas.model2, fit.measures=TRUE, estimates=FALSE)
## lavaan 0.6-7 ended normally after 26 iterations
##
##   Estimator                    ML
##   Optimization method       NLMINB
##   Number of free parameters    12
##
##                      Used Total
##   Number of observations 976 1004
```

```
## 
## Model Test User Model:
## 
##   Test statistic             6.701
##   Degrees of freedom             3
##   P-value (Chi-square)       0.082
## 
## Model Test Baseline Model:
## 
##   Test statistic          1886.339
##   Degrees of freedom            10
##   P-value                    0.000
## 
## User Model versus Baseline Model:
## 
##   Comparative Fit Index (CFI) 0.998
##   Tucker-Lewis Index (TLI) 0.993
## 
## Loglikelihood and Information Criteria:
## 
##   Loglikelihood user model (H0) -4696.973
##   Loglikelihood unrestricted model (H1) -4693.623
## 
##   Akaike (AIC) 9417.947
##   Bayesian (BIC) 9476.548
##   Sample-size adjusted Bayesian (BIC) 9438.436
## 
## Root Mean Square Error of Approximation:
## 
##   RMSEA 0.036
##   90 Percent confidence interval -lower 0.000
##   90 Percent confidence interval -upper 0.072
##   P-value RMSEA <= 0.05 0.693
## 
##Standardized Root Mean Square Residual:
## 
##    SRMR 0.012
```

我们可以看到，包含建议的相关性确实改善了所有的模型拟合指数（例如，RMSEA 从 0.082 下降到 0.036）。

基于 MI 的模型修正应该辅以理论支持，这种方法已经被证明可以增加发现真实模型的概率。第二个建议是每次修改一个，从最大的开始，因为单个更改可能会影响解决方案的其他部分。最后，由于修正极有可能只适用于特定的数据集，因此修改后的模型应尽可能用独立样本复制。

> **注意！**
>
> 我们可以通过使用带有相关参数的 summary() 函数，用 cfa() 或 sem() 获得 CFA/SEM 估计的所有主要结果。我们也可以通过使用不同的函数来逐步获得结果。本章末尾提供了这两种方法的示例。

14.3 潜在路径分析

我们在上一节中已经介绍了使用 CFA 的 SEM 过程。在这样做的时候，我们从理论/概念的角度解释了 SEM 问题（从识别到修正），并给出了使用 R（lavaan）的方法。由于我们在 14.2 节讨论 CFA 时处理的 SEM 问题能够直接适用于任何类型的 SEM，所以本节没有必要再次处理这些问题。相反，我们将介绍一个使用潜在路径分析（Latent Path Analysis，LPA）的 SEM 应用实例，这可能是社会科学中最常用的技术。

LPA 被用来检查因子结构及检验假设的结构关系。因子结构涉及指标和潜变量之间的关系，而结构关系涉及潜变量之间的联系。前者被称为测量部分，而后者被称为结构部分。它们共同构成了 LPA。

本节将首先介绍用来建立 LPA 模型的现实生活数据集。该数据集名为 workout2，包含在本书附带的 astatur 软件包中。它是在 2014 年从挪威的一个中等城市的健身中心的成员那里收集的。成员被要求用顺序量表（1=非常差，6=非常好）来描述他们作为一个人的某些特征（表 14.1 的 x_1 和 x_2）。成员还被要求使用类似的量表（1=完全不重要，6=非常重要）来指出各种因素（表 14.1 中的 $y_1, \cdots, y_9$）对工作的重要性。

表 14.1 模型的指标和潜变量的概述

指标	潜变量
x_1：face，好看的外貌	Attractive（有吸引力的）
x_2：sexy，性感	
y_1：body，身体健康	Appearance（外貌）
y_2：appear，改善我的外表	
y_3：attract，看起来更有吸引力	
y_4：muscle，锻炼肌肉	Muscle（肌肉）
y_5：strength，变得更强壮	
y_6：endur，增强耐力	
y_7：lweight，减肥	Weight（体重）
y_8：calories，燃烧卡路里	
y_9：cweight，控制体重	

14.3.1 LPA 模型的定义

基于相关的进化心理学理论，我们提出以下假设：

H_1：一个人认为自己越有吸引力，就越想通过健身来改善她/他的身体外观（即 Attractive→Appearance）。

H_2：一个人越是想通过锻炼来改善自己的身体外观，她/他就越想通过锻炼来增加肌肉（即 Appearance→Muscle）。

H_3：一个人越想通过健身来改善自己的身体外观，她/他就越想通过健身来减轻体重（即 Appearance→Weight）。

H_4：一个人认为自己越有吸引力，就越会间接让她/他想通过更多地锻炼来增加肌肉（即 Attractive→Appearance→Muscle）。

H_5：一个人认为自己越有吸引力，就越会间接让她/他想通过更多地锻炼来减肥（即 Attractive→Appearance→Weight）。

在基于 SEM 的出版物中，将这些假设放在一个路径图中是很常见的（见图 14.7），这样方便理解各种关系，并为这些假设的基于方程的公式提供基础。

使用前面介绍的 LISREL 方法（见图 14.1），我们可以将图形模型（见图 14.7）转化为回归方程，如表 14.2 所示。正如你所看到的，我们给出了测量和结构部分的方程。结构模型可以用一个单一的矩阵方程表示，如下：

$$\eta = \beta\eta + \Gamma\xi + \zeta \tag{14.16}$$

14.3.2 测量部分

LPA 模型的估计分两步进行，首先建立一个有效和可靠的心理测量模型。随后，我们检验结构模型。LPA 模型的测量部分包括四个潜在变量（Attractive、Appearance、Muscle 和 Weight）中的每一个变量与图 14.7 展示的各个指标之间的关系。因此，可以使用 cfa() 函数估计测量模型（本质上是一个标准的 CFA），然后在 R 中使用下面的代码查看其拟合指数：

```
meas.lpa.mod <- '
            Attractive =~ face + sexy
            Appearance =~ body + appear + attract
            Muscle =~ muscle + strength + endur
            Weight =~ lweight + calories + cweight
            '
est.meas.lpa.mod <- cfa(meas.lpa.mod, data=workout2)
summary(est.meas.lpa.mod, fit.measures=TRUE, standardized=TRUE)
```

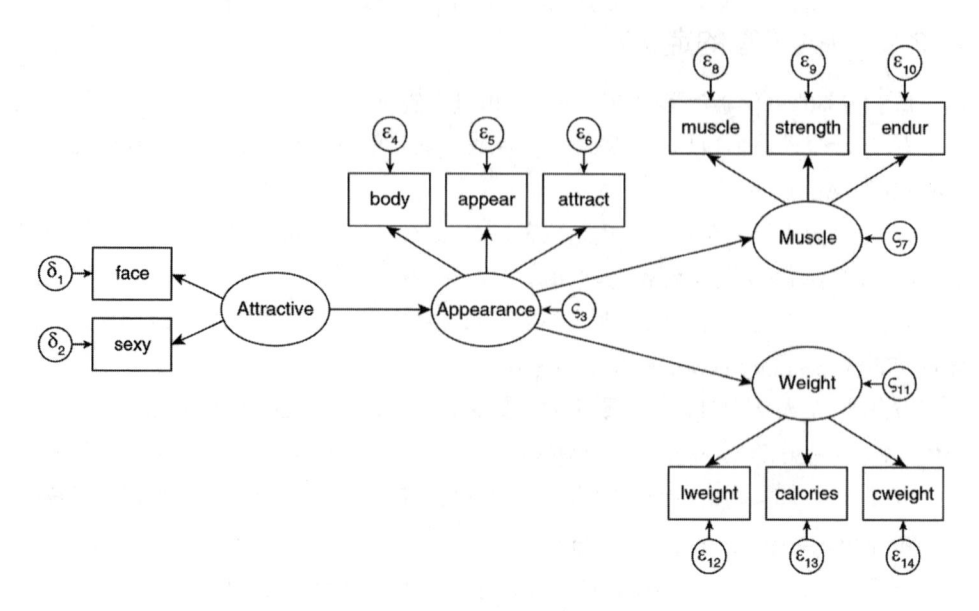

图 14.7　潜在路径分析模型的图形表示

表 14.2　测量和结构模型的方程式

测量部分		结构部分	
Attractive	$x_1 = \lambda_{11}\xi_1 + \delta_1$	Appearance←Attractive	$\eta_1 = \gamma_{11}\xi_1 + \zeta_3$
	$x_2 = \lambda_{21}\xi_1 + \delta_2$		
Appearance	$y_1 = \lambda_{11}\eta_1 + \varepsilon_4$	Muscle←Appearance	$\eta_2 = \beta_{21}\eta_1 + \zeta_7$
	$y_2 = \lambda_{21}\eta_1 + \varepsilon_5$		
	$y_3 = \lambda_{31}\eta_1 + \varepsilon_6$		
Muscle	$y_4 = \lambda_{42}\eta_2 + \varepsilon_8$	Weight←Appearance	$\eta_3 = \beta_{31}\eta_1 + \zeta_{11}$
	$y_5 = \lambda_{52}\eta_2 + \varepsilon_9$		
	$y_6 = \lambda_{62}\eta_2 + \varepsilon_{10}$		
Weight	$y_7 = \lambda_{73}\eta_3 + \varepsilon_{12}$		
	$y_8 = \lambda_{83}\eta_3 + \varepsilon_{13}$		
	$y_9 = \lambda_{93}\eta_3 + \varepsilon_{14}$		

这里我们不展示测量模型估计得到的结果（因子负荷、误差方差等）。相反，我们只提供模型的拟合指数，因为我们的首要目的是获得测量模型的良好拟合，然后再检查其心理测量特性。从图 14.8 A 可以看出，几个模型拟合指数的结果（RMSEA>0.1，TLI<0.9，等等）是不大好的。为了提高测量模型的拟合度，我们通过输入 modindices(est.meas.lpa.mod, minimum.value=3.84) 来获得 MIs，并发现将两对不同指标（muscle 和 endur，lweigh 和 body）的误差方差相关可以提高模型的拟合度。我们

通过增加 muscle 和 endur 的误差方差之间的第一个相关性来估计模型，然后通过增加 lweigh 和 body 的误差方差之间的第二个相关性来估计扩展模型。对测量模型进行这一修正后，我们用下面的代码重新估计修正后的模型：

```
meas.lpa.mod2 <- '
                Attractive =~ face + sexy
                Appearance =~ body + appear + attract
                Muscle =~ muscle + strength + endur
                Weight =~ lweight + calories + cweight
                muscle ~~ endur
                lweight ~~ body
                '
est.meas.lpa.mod2 <- cfa(meas.lpa.mod2, data=workout2)
summary(est.meas.lpa.mod2, fit.measures=TRUE, standardized=TRUE)
```

正如在图 14.8 B 中看到的，修正后的模型拟合指数提高到了可以接受的水平。对于这个例子，修正后的模型的 RMSEA 值为 0.107。然而，在现实中，我们希望 RMSEA 能够低于 0.10。

由于我们已经为修正后的测量模型建立了一个可接受的拟合，则可以继续研究心理测量特性（有效性和可靠性）。因此，我们将展示修正后的模型的估计结果（即图 14.8 B）。为了节省篇幅，这里只展示了我们最感兴趣的部分结果（即未标准化和标准化的载荷）。从图 14.9 中可以看出，所有的标准化载荷都高于 0.4 的最低可接受水平，而且它们都具有统计学意义。

A）修正前

```
Model Test Baseline Model:

  Test statistic                              1308.679
  Degrees of freedom                                55
  P-value                                        0.000

User Model versus Baseline Model:

  Comparative Fit Index (CFI)                    0.906
  Tucker-Lewis Index (TLI)                       0.864

Loglikelihood and Information Criteria:

  Loglikelihood user model (H0)              -3037.463
  Loglikelihood unrestricted model (H1)             NA

  Akaike (AIC)                                6130.926
  Bayesian (BIC)                              6221.397
  Sample-size adjusted Bayesian (BIC)         6132.709

Root Mean Square Error of Approximation:

  RMSEA                                          0.129
  90 Percent confidence interval - lower         0.108
  90 Percent confidence interval - upper         0.150
  P-value RMSEA <= 0.05                          0.000

Standardized Root Mean Square Residual:

  SRMR                                           0.082
```

B）修正后

```
Model Test Baseline Model:

  Test statistic                              1308.679
  Degrees of freedom                                55
  P-value                                        0.000

User Model versus Baseline Model:

  Comparative Fit Index (CFI)                    0.938
  Tucker-Lewis Index (TLI)                       0.905

Loglikelihood and Information Criteria:

  Loglikelihood user model (H0)              -3016.260
  Loglikelihood unrestricted model (H1)             NA

  Akaike (AIC)                                6092.520
  Bayesian (BIC)                              6189.454
  Sample-size adjusted Bayesian (BIC)         6094.431

Root Mean Square Error of Approximation:

  RMSEA                                          0.107
  90 Percent confidence interval - lower         0.085
  90 Percent confidence interval - upper         0.130
  P-value RMSEA <= 0.05                          0.000

Standardized Root Mean Square Residual:

  SRMR                                           0.074
```

图 14.8　潜在路径分析模型测量部分的拟合指数

```
$ summary(est.meas.lpa.mod2, standardized=TRUE)
lavaan 0.6-7 ended normally after 49 iterations

  Estimator                                         ML
  Optimization method                           NLMINB
  Number of free parameters                         30

                                                  Used       Total
  Number of observations                           187         246

Model Test User Model:

  Test statistic                               113.576
  Degrees of freedom                                36
  P-value (Chi-square)                           0.000

Parameter Estimates:

  Standard errors                             Standard
  Information                                 Expected
  Information saturated (h1) model          Structured

Latent variables:
                   Estimate  Std.Err  z-value  P(>|z|)   std.lv  std.all
  Attractive =~
    face              1.000                                0.710    0.724
    sexy              1.418    0.376    3.769    0.000     1.007    0.922
  Appearance =~
    body              1.000                                1.222    0.814
    appear            1.322    0.078   16.924    0.000     1.615    0.964
    attract           1.252    0.081   15.505    0.000     1.530    0.892
  Muscle =~
    muscle            1.000                                1.505    0.955
    strength          0.530    0.093    5.673    0.000     0.798    0.673
    endur             0.510    0.076    6.737    0.000     0.768    0.728
  Weight =~
    lweight           1.000                                1.489    0.851
    calories          0.995    0.060   16.463    0.000     1.482    0.911
    cweight           0.977    0.062   15.875    0.000     1.454    0.885
```

图 14.9　修改后的测量模型的结果

更重要的是检查这个修正后的模型的收敛效度和判别效度,使用 astatur 包中的 condisc() 函数就能轻松完成这项工作,并将产生下面的输出结果。这说明模型表现出了收敛效度和判别效度。就收敛效度而言,所有的 AVE(Average_Variance_ Extracted,平均方差提取值)都高于建议的 0.5 水平;当涉及判别效度时,所有的 AVE 都比潜变量之间的平方相关性要大得多。

```
condisc(est.meas.lpa.mod2)
## $Squared_Factor_Correlation
##                Attrct   Apprnc   Muscle   Weight
## Attractive     1.000
## Appearance     0.063    1.000
## Muscle         0.013    0.208    1.000
## Weight         0.001    0.213    0.069    1.000
##
## $Average_Variance_Extracted
##    Attractive   Appearance   Muscle   Weight
##       0.688        0.796      0.631    0.779
```

最后,我们检验一下修正后的测量模型潜变量的量表可靠性。为了计算可靠性系数,我们只需使用 astatur 包的 relicoe() 函数,就能得出以下结果。结果表明,所有的信度系数都明显高于建议的 0.7 的阈值。

```
relicoef(est.meas.lpa.mod2)
##      Latent         RRC
## 1  Attractive    0.8227873
## 2  Appearance    0.9517422
```

```
## 3 Muscle     0.9815475
## 4 Weight    0.9124226
```

14.3.3 结构部分

鉴于我们已经建立了一个健全的测量模型，现在可以继续评估模型的结构部分了。因此我们需要估计完整的 LPA 模型，即需要用假设的潜变量之间的关系来扩展修正的测量模型，然后用下面的 R 代码来估计图 14.7 中显示的完整 LPA 模型（加上误差方差之间的相关性），最后得到图 14.10 中的输出：

```
full.lpa.mod <- '
            #Measurement model (latent variables)
            Attractive =~ face + sexy Appearance =~ body + appear + attract
            Muscle =~ muscle + strength + endur
            Weight =~ lweight + calories + cweight
            muscle ~~ endur
            lweight ~~ body
            Muscle ~~ 0*Weight #set covariance to 0
            #Structural model (regressions)
            Appearance ~ Attractive
            Muscle ~ Appearance
            Weight ~ Appearance
            '
est.full.lpa.mod <- sem(full.lpa.mod, data=workout2)
summary(est.full.lpa.mod, fit.measures=TRUE, standardized=TRUE)
```

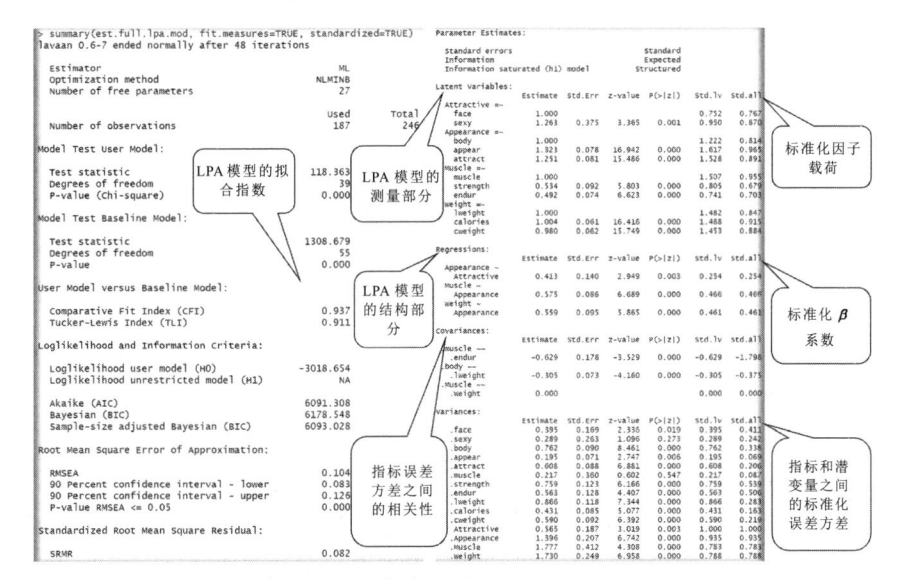

图 14.10　潜在路径分析模型的估计结果

第一步是检验 LPA 模型的拟合度。由于样本量的敏感性，我们对模型拟合的评价不以 χ^2 检验为基础。从图 14.10 中可以看出，RMSEA 刚好处于可接受的边缘。鉴于 CFI 和 TLI 都在 0.9 以上，SRMR 小于 0.1，我们将得出结论，LPA 模型的拟合度是令人满意的。如果我们想继续检查和解释估计，第一步是必要条件。

对结构部分的评估与检验线性回归分析的统计模型类似（见第 7 章和第 8 章）。首先，需要考虑路径系数的 3S（Sign（符号）、Significance（显著性）和 Size（大小））。路径系数是帮助评估结构部分假设关系的估计值。这些路径系数通常以标准化的形式呈现（如图 14.10），这相当于线性回归中的标准化回归系数。标准化系数的范围通常在-1 和 1 之间（但不拘泥于这个区间）。路径系数越接近±1，关系就越强（正/负）。当然，路径系数越接近于 0，关系就越弱。标准化 β 系数等于或小于 0.09 表示影响较小，系数在 0.1 和 0.2 之间表示影响中等，大于 0.2 的系数表示影响较大（见第 8 章）。

> **注意！**
>
> lavaan 标准输出中的 P 值是基于非标准化的估计的。如果你想获得标准化评估的 P 值，可以使用命令：standardizedsolution(est.full.lpa.mod)。

再看图 14.10 中模型的标准化 β 系数，我们发现所有系数的符号都与假设的方向相同。也就是说，Attractive 对 Appearance 有很大的正向影响，而 Appearance 对 Muscle 和 Weight 都有很大的正向影响。最后，所有的系数在 $\alpha = 0.01$ 时都有统计学上的显著性。所有这些发现为我们的前三个研究假设（H_1、H_2 和 H_3）提供了明确的支持。此外，我们还可以获得模型的因变量（内生变量）的 R^2 值。这可以通过输入以下命令来完成：

```
inspect(est.full.lpa.mod, what="rsquare")
##     face        sexy        body       appear      attract
##    0.589       0.758       0.662       0.931       0.794
##   muscle    strength       endur      lweight     calories
##    0.913       0.461       0.494       0.717       0.837
##  cweight  Appearance      Muscle       Weight
##    0.781       0.065       0.217       0.212
```

在这里，我们看到，Attractive 单独解释了 Appearance（6.5%）的方差，而 Appearance 分别解释了 Muscle 和 Weight 的方差（21.7%和 21.2%）。

回到最后两个假设（H_4 和 H_5），我们需要估计 Attractive（通过 Appearance）对 Muscle 和 Weight 的间接影响。为了在 R 中实现这一点，首先给所有的路径系数贴上标签（如 a、b_1 和 b_2）后，然后使用这些标签来创建新的参数（如 ind1 和 ind2），通过使用 := 操作符，产生图 14.11 中的结果（包括未标准化和标准化）。在这里，我们观察到 Attractive 对 Muscle 和 Weight 都有一定的积极的间接影响，而且这些间接影响在 0.01 水平上具有统计学意义，为 H_4 和 H_5 提供了支持。默认情况下，这些新创建的参数的标准误差是使用 Delta 方法估计的。然而，与其他 CFA 和结构方程模型一样，自助标准误差也可以通过在函数 cfa() 或 sem() 中添加 se = "bootstrap" 参数来估计。

```
full.lpa.mod2 <- '
                #Measurement model (latent variables)
                  Attractive =~ face + sexy
                  Appearance =~ body + appear + attract
                  Muscle =~ muscle + strength + endur
                  Weight =~ lweight + calories + cweight
                  muscle ~~ endur
                  lweight ~~ body
                  Muscle ~~ 0*Weight #set covariance to 0
                #Structural model (regressions)
                  Appearance ~ a*Attractive
                  Muscle ~ b1*Appearance
                  Weight ~ b2*Appearance
                   #Indirect effects
                    #of Attraction on Muscle
                    ind1 := a*b1
                    #of Attraction on Weight
                    ind2 := a*b2
                    '
est.full.lpa.mod2 <- sem(full.lpa.mod2, data=workout2)
summary(est.full.lpa.mod2, standardized=TRUE)
```

```
Defined Parameters:
                  Estimate  Std.Err  z-value  P(>|z|)  Std.lv  Std.all
       ab1          0.238    0.086    2.753    0.006   0.119   0.119
       ab2          0.231    0.086    2.702    0.007   0.117   0.117
```

图 14.11　间接效应（其余估计值省略）

14.4　本章小结

在本章中，我们通过讲解 SEM 最常用的两种技术（CFA 和 LPA），对 SEM 做了一个简单的介绍。然而，在更广泛的意义上，SEM 应该被看作是一个统计框架（而不是一个单一的技术），它可以取代大多数传统的统计技术（回归、方差分析、逻辑回归等），以及它们的扩展（看似无关的回归、MANOVA、多项逻辑回归等）。换句话说，SEM 可以用来估计任何模型，该模型包括任意数量的、仅观察到的、仅具有潜在性质的自变量和因变量，以及这些变量的组合。通过 R 中强大的 lavaan 包，这些都是可以实现的。

【核心概念】

确定性因子分析：CFA，检验指标和潜变量之间关系的模型。
收敛效度：反映同一潜在变量的一组指标正相关的程度。
判别效度：一个潜变量与它的指标相对于另一个潜变量的指标的相关程度。
内生变量：一个结果变量。
外生变量：一个预测变量。
可靠性指标：一个指标的方差被一个潜在的变量所解释的数量。
标志变量：对潜变量进行回归的测量变量。
间接效应：一个变量（通过另一个变量）对一个因变量的影响。
恰好识别的模型：与 $df = 0$ 相关的模型。
潜变量：预测指标变量的未测量变量。
测量误差：表示指标变量方差的不可靠部分。
测量模型：包括潜在变量及其指标之间的关系。
过拟合模型：与 $df > 0$ 有关的模型。
量表可靠性：在由指标形成的量表的总变化中，归因于真实分数（即潜变量）的比例。
结构模型：包括潜在变量之间的关系。
欠拟合模型：与 $df < 0$ 的模型有关。

【提问】

1. 解释评估 CFA 及潜在路径分析性能的标准。

2. 尝试建立和估计替代的 CFA 模型，以替代本章早期使用相同数据集估计的模型。

3. 解释为什么结构方程模型可以用来替代传统的分析，如 t 检验、方差分析和线性回归。

4. 使用 sem() 函数估计一个标准回归模型，并将其结果与使用 lm() 函数估计同一模型得到的结果进行比较。

5. 在你的领域中寻找并评估一篇应用了 CFA 或 LPA 模型的文章。

【本章使用的函数示例】

lavaan

```
meas.model <- '
            Collectiv =~ respected+secure
            Individual =~ accomplish+self_fulfil+self_respect
            '
est.meas.model <- cfa(meas.model, data=values)
```

- 使用 cfa() 函数定义和评估一个 CFA 模型。

```
full.lpa.mod <- '
            #Measurement model (latent variables)
            Attractive =~ face + sexy
            Appearance =~ body + appear + attract
            Muscle =~ muscle + strength + endur
            Weight =~ lweight + calories + cweight
            muscle ~~ endur
            lweight ~~ body
            Muscle ~~ 0*Weight #set covariance to 0
            #Structural model (regressions)
            Appearance ~ Attractive
            Muscle ~ Appearance
            Weight ~ Appearance
            '
est.full.lpa.mod <- sem(full.lpa.mod, data=workout2)
```

- 使用 sem() 函数定义和估计全结构方程模型。

```
full.lpa.mod2 <- '
            #Measurement model (latent variables)
            Attractive =~ face + sexy
            Appearance =~ body + appear + attract
            Muscle =~ muscle + strength + endur
            Weight =~ lweight + calories + cweight
            muscle ~~ endur
            lweight ~~ body
            Muscle ~~ 0*Weight #set covariance to 0
            #Structural model (regressions)
            Appearance ~ a*Attractive
            Muscle ~ b1*Appearance
            Weight ~ b2*Appearance
            #Indirect effects
            #of Attraction on Muscle
            ind1 := a*b1
            #of Attraction on Weight
            ind2 := a*b2
            '
```

```
est.full.lpa.mod2 <- sem(full.lpa.mod2, data=workout2)
```
- 使用 sem() 函数定义和估计中介模型。
```
summary(est.full.lpa.mod, standardized=TRUE, ci=TRUE,
        fit.measures=TRUE, modindices=TRUE, rsquare=TRUE)
```
- 提供使用 cfa() 或 sem() 估计模型的详细结果。
```
parameterestimates(est.full.lpa.mod)
```
- 为非标准化估计提供置信区间。
```
standardizedsolution(est.full.lpa.mod)
```
- 为标准化估计提供置信区间。
```
fitmeasures(est.full.lpa.mod)
```
- 提供拟合度量。
```
modindices(est.full.lpa.mod, sort.=TRUE, minimum.value = 3.84)
```
- 按 MIs > 3.84 降序。
```
inspect(est.full.lpa.mod, what="rsquare")
```
- 提供 R^2 值。

astatur
```
condisc(est.meas.lpa.mod2)
```
- 检验收敛效度和判别效度。
```
relicoef(est.meas.lpa.mod2)
```
- 提供可靠性系数。

第 15 章
贝叶斯统计

在本章中，将会使用以下 R 包：
- brms：使用 Stan 拟合各种贝叶斯回归模型。
- bayesplot：可视化贝叶斯分析结果。
- BayesFactor：可实现多种回归模型的 Bayes 系数计算。
- astatur：本书的配套 R 包，包含本章使用的数据集。

必须先安装和加载上面提到的包才能运行本章提供的代码。可以使用下列命令来进行 R 包的安装：

```
packagelist=c("brms", "bayesplot",
              "BayesFactor")
install.packages(packagelist)
```

【学习成果】

- 理解经典频率论和贝叶斯方法的异同。
- 了解贝叶斯数据分析的基本步骤：模型选择、先验选取、模型拟合、拟合诊断、汇总后验分布。
- 学会使用 brms 运行基本的贝叶斯回归模型。
- 了解贝叶斯模型选择先验分布的策略。

在自然科学、社会科学和健康科学领域，贝叶斯数据分析是一种广泛使用的技术。贝叶斯方法越来越受欢迎的一个原因是人们对经典的、频率论的方法越来越失望，这些方法经常被误用，并且常常产生不可复制的结果。以显著性阈值（α 水平）为例，该值表示当原假设 H_0 为真时，拒绝该假设的概率（即出现第Ⅰ类错误的概率）。这是一个必须在任何频率分析之前设置的参数（按照惯例，几乎总是设置为 $\alpha = 0.05$）。当 P 值低于该阈值时，通常拒绝原假设。P 值是在 H_0 为真的情况下，观测数据与实际观测数据一样极端甚至更极端的情况出现的概率。从数学术角度来看，P 值是一个条件概率 $P(D \geqslant x | H_0)$，我们使用给定的假设数据发生的概率来推断假设本身发生的概率。而研究人员通常更感兴趣的是给定观测数据的假设（原假设或备择假设）的概率，即 $P(H | D)$。

> **注意！**
>
> 要理解似然 $P(D | H)$ 和后验概率 $P(H | D)$ 之间的区别可能很有挑战性，或者更一般地说，对于两个事件 A 和 B 区别概率 $P(A | B)$ 和 $P(B | A)$ 是比较困难的。这两种概率看起来比较相似，接下来，给出一个例子来帮助读者理解它们之间的区别。在挪威，一名妇女一生患上乳腺癌的概率约为 8.6%，即 $P(癌症 | 女性患者) = 0.086$。而男性患乳腺癌的情况比较罕见，概率约为 0.1%。因此，当我们知道一个患者被诊断为乳腺癌时，这个患者是女性的条件概率是 99.9%，$P(女性患者 | 癌症) = 0.999$。

这个"反概率"可以通过贝叶斯定理计算得到：

$$P(H | D) = \frac{P(D | H) P(H)}{P(D)}$$

这是一个非常简单的数学公式，任何一个学习概率论的一年级学生都可以用几行字证明它，它是由英国科学家、长老会牧师托马斯·贝叶斯（图 15.1）首先描述的。尽管这个定理很简单，但它对统计数据分析有着深远的影响，这也是用创始人名字对这个公式进行命名的原因。

当用实际数据和复杂的随机模型代替通用符号 H 和 G 时，解决贝叶斯定理的数学方法会变得非常复杂，甚至无法获得解析解。因此，在强大的计算机和复杂的优化算法广泛使用之前，贝叶斯分析法的实际应用范围极为有限。这可能是频率论统计方法流行的主要原因之一，它依赖于逼近和解析可解模型，在大多数领域占据主导地位数十余年。如今，即使是台式电脑和笔记本电脑都拥有强大的计算能力，大家也开始享受贝叶斯方法提供的灵活性和优雅性。

图 15.1　托马斯·贝叶斯

贝叶斯数据分析有许多优点。因为它是基于概率理论的，所以它为统计推断提供了一个全面而连贯的框架。这意味着所有的贝叶斯方法都是从相同的基本原则出发的，即用户可以使用这个框架为数据集建立定制模型，而不局限于标准的、现成的模型。例如，我们可以很容易地应用于具有不同概率分布的数据，这样就不会局限于服从正态分布的数据，或者找到适当的变换来使数据近似服从正态分布。

贝叶斯方法的另一个重要优势是，它们允许我们量化支持原假设的证据，例如：使用贝叶斯因子（Bayes Factor，BF）。这在频率论统计方法中是不可能的，我们唯一能希望实现的就是拒绝原假设，永远不要接受它。然而，在许多科学研究中，越来越多的证据支持这种效应的缺失。例如，假设我们想证明性别对某人的认知能力没有影响，这个事实可能看起来很明显，但却经常受到质疑。通过贝叶斯统计，我们可以收集数据，直到积累了足够的证据来接受原假设或备择假设。

考虑从经典统计学转换到贝叶斯统计学的另一个重要原因是，许多用于频率论的工具有严重的缺陷，包括 P 值和置信区间。这些缺点既是理论上的，也是应用上的。例如，已经证明即使是数据分析专家也经常会错误地解释 P 值。事实上，对 P 值的误解是一个非常普遍的现象，以至于它有了一个专门的维基百科网站[①]。类似的论点也适用于置信区间。即使在应用统计学教科书中，也经常读到 95%的置信区间是包含 95%概率的真实总体值的区间。这种解释虽然看起来符合逻辑，但却是错误的。正确的定义是，当完全相同的研究被重复多次时，有 95%的置信区间是包含真实值的，这

---

① 可查看"链接地址"文档。

似乎是反直觉的，以至于它经常被误解。相比之下，与置信区间等价的贝叶斯区间（即可信区间），有一个简单而直观的解释就是概率。

15.1 贝叶斯数据分析

贝叶斯分析包括贝叶斯定理在模型和数据集上的应用。模型的精确设计是非常灵活的，可以为每个应用程序进行定制。当然，也有可能创建我们在本书中讨论的所有回归模型的贝叶斯变体，从而为每一个频率分析提供并行的贝叶斯分析。

通常情况下，贝叶斯数据分析包括以下 4 个步骤，这些步骤往往是反复进行的。

1. 为数据设计（或选择）一个模型。
2. 为模型的所有参数指定一个先验分布。
3. 基于模型和数据集计算模型参数的后验概率。
4. 总结和可视化后验分布。

可以说，为数据选择或开发一个合适的模型是最重要的一步。在前几章中，我们介绍了一系列标准模型（如普通回归和逻辑回归），这些模型也都可以直接用于贝叶斯分析中。然而，我们可以更进一步，创建定制的模型，以展现不同变量之间的复杂关系和广泛的概率分布。一旦确定了模型结构，下一步就是为模型参数选择一个先验分布。这意味着我们必须在实际进行数据分析之前先验地说明模型参数的哪些值是可能的，哪些是不可能的。从频率论的观点来看，这可能是不现实的，但它是贝叶斯分析的一个重要部分，有许多用处，但也带来一些挑战。指定先验分布的必要性经常被批评为贝叶斯分析的一个缺点，因为它带有某种主观因素，这些批评者认为这种主观因素在统计分析中没有地位。

然而，这种批评可以通过选择一个非信息性的先验分布来轻松规避。在这种情况下，我们简单地指定参数的每个可能值都是等可能的先验，这是一个被称为经验贝叶斯学派所提倡的选择。另一方面，有些认同主观贝叶斯学派的人强调，在几乎所有情况下，我们对参数都有一些先验知识。有时这种知识是极其模糊的，但几乎总是有一些我们可以完全肯定排除的数值。比方说，我们分析挪威特隆赫姆地区的住房价格（数据集 flats）。在拟合前几章数据的回归模型中，我们包括了不同变量对这些房价影响的参数编码，以及一个截距，对于中心化的预测因素，可以认为是平均预期房价。因此，在为这个参数提供先验时，我们可以利用常识，即房价极不可能低于 10 万美元或高于 100 万美元，因此可以指定一个在这些界限之外概率最小的先验分布。

尽管如此，选择这些约束还是带有主观因素的，因此人们可能会说，对这种偶然选择的敏感分析是没有价值的。对这种批评有两个明显的论点。首先，任何正统的贝叶斯分析都包括一个敏感性分析，即调查分析结果对先验选择的敏感程度（即对不同的合理先验重新进行分析并比较结果）。第二个论点是，先验分布通常只在数据稀少时对分析结果有较大影响。当有足够数量的数据时，对于所有合理的先验选择，分析都会得出相同的结论。从某种意义上说，贝叶斯分析总是在先验和数据信息（以似然性来量化）之间进行权衡，而后验分布将包含这两者。

一旦指定了模型并选择了先验，就可以用贝叶斯定理计算后验分布了。这是数学上最困难的一步，其复杂性取决于模型结构。然而，近年来基于随机抽样的复杂近似算法的发展，被称为马尔可夫链蒙特卡洛（Markovchain Monte Carlo，MCMC）和哈密尔顿蒙特卡洛（Hamiltonian Monte Carlo，HMC）方法可以使这一步骤几乎完全自动化。因此，除了必须确保该算法成功地找到了一个有效的解决方案，在实际中不必太担心贝叶斯定理的应用。我们可以使用一系列的诊断标准来确认这一点，并在模型拟合过程中计算出这些标准（见 15.3.1 节）。

最后，一旦计算出参数的后验分布，我们必须对其进行检查、总结和可视化，以便能够对假设做出结论。后验分布是所有模型参数联合空间上的一个函数，给出每个参数值组合的概率。现代工具以模拟后验样本的形式返回这种分布，即从后验分布中抽取大量样本。然后，这些样本被用来近似后验分布。我们可以使用第 5 章和第 6 章中介绍的工具来总结和可视化这些样本。例如，可以通过计算后验均值和后验分位数来总结模型参数的期望值和方差，或者使用箱线图或直方图等图形描述。

15.2 用 R 实现贝叶斯数据分析

在本章中，我们将提供一个贝叶斯数据分析的小"预告"，并展示 R 中的一些实用工具。我们将致力于提供一个通俗易懂的介绍，用贝叶斯方法分析前几章中使用过的一些相同的数据集，并指出其中的优势和挑战。

如上所述，之所以要写这部分内容，是因为 MCMC 和 HMC 方法可以有效地根据后验分布生成样本。我们很难评估这些方法对于贝叶斯数据分析处理广泛现实世界问题的重要性。在实践中，当把这些算法应用于模型和数据集时，它们会从参数的后验概率分布中生成样本链。这些链通常以矩阵或数据框对象的形式出现，其中包含每个参数的样本向量。有许多专门的软件包被设计来适应这些模型，如 BUGS、JAGS 和 Stan。所有这些程序都是独立于 R 的软件包，但它们可以通过专门的软件包从 R 内部访问。在本章中，我们将重点讨论 Stan，它是一个现代化的软件包，是一个充满活力和能力的研究小组设计的。

Stan 是一个完全独立于 R 的独立程序，它提供了自己专门的编程语言，可以用来指定无限种统计模型。Stan 以这样的模型规范为输入，计算出一个巨大的后验样本矩阵。这个矩阵通常包含数百万个元素，如果不进一步处理，则信息量很小。Stan 本身并没有提供任何功能来汇总或处理这些样本，而是依靠 R 来实现的。rstan 包是 Stan 程序和 R 之间的接口，允许用户从 R 中直接访问后验样本。例如，我们经常想使用标准模型，如普通线性回归。在这种情况下，重写一个模型是不必要的，并且已经开发了几个基于 R 公式的二级包来实现更简单的接口。其结果是如图 15.2 所示的包的层次结构：brms 包或 rstanarm 包提供了易于使用的函数，这些函数内部使用 rstan，以及一个自动生成的 Stan 程序来使用 Stan 生成后验样本。最后，这些包被读取并翻译成 R 数据结构并公开给用户。

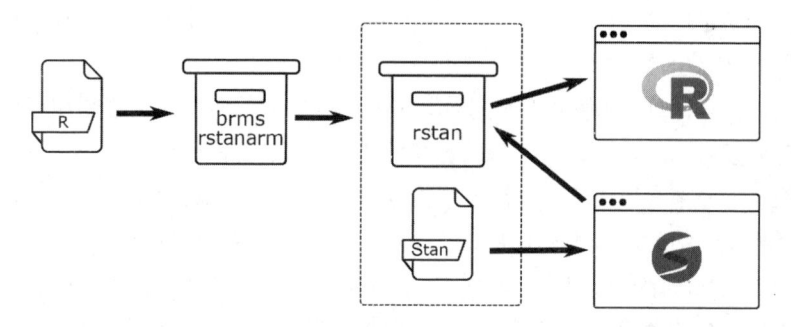

图 15.2　不同 R 软件包和 Stan 软件之间的工作流程

在本章中，我们将重点介绍 brms 包（"Bayesian Regression Models using Stan"的缩写），它可以指定各种各样的回归模型，包括本书讨论的所有模型。我们在表 15.1 中简要介绍了其他可用于贝叶斯数据分析的 R 包[①]。

表 15.1　用于贝叶斯数据分析的 R 包选择

R 包	参考资料	概述
brms	Birkner（2017）	（广义）线性（混合）模型的软件包。基于 Stan 和 rstan，但提供了一个简化的、基于公式的界面
rstanarm	Stan 开发团队（2016）	提供许多常用回归模型的实现。基于 Stan 和 rstan，但提供了一个简化的、基于公式的界面
rstan	rstan 开发团队（2018）	对 Stan 的直接、低层次访问。提供对 Stan 所有功能的完全控制，但需要用专门的语言对模型进行编程（与 R 不同）

---

① 请参考"CRAN Task View on Bayesian Inference"（关于贝叶斯推断的 CRAN 任务视图），以获得更完整和最新的可用软件包列表，可查看"链接地址"文档。

续表

R 包	参考资料	概　　述
BayesFactor	Morey 和 Rouder（2018）	实现了某种程度上减少回归模型的选择。不依赖 Stan，而专注于贝叶斯系数的计算。
BEST	Kruschke 和 Meredith（2018）	Kruschke 贝叶斯 t 检验的实现

15.3　R 语言实例

brms 包使用与 R 函数（如 lm()和 glm()）相同的基于公式的语法来指定回归模型。我们在第 7 章中对这种语法进行了介绍。假设我们想将一个公寓的价格建模为公寓面积的线性函数，可以简单地写成 price~size。因此，从经典回归分析到贝叶斯分析很简单，只需在函数调用中将 lm()替换为 brm()（"Bayesian Regression Model"的缩写）。

```
library(brms)
flats2 <- mutate(flats, price=flat_price/1000,
                 size=floor_size-mean(floor_size))
mod=brm(price ~ size, data=flats2)
```

在实际拟合模型之前，我们首先将 price 变量（将原始数据单位（1 美元）转化为 1000 美元，即 price=plat_price/1000，以避免较大的回归系数）进行转换，并将 size 变量集中在一起，使模型的截距具有可解释性。在使用 Stan 模型拟合数据之前，简单的基于公式的语法 price~size 在内部被转换为 Stan 模型（用 Stan 编程语言编写）[①]。然而，整个过程对用户是隐藏的，用户将直接访问拟合的模型对象。

在运行此代码时，你可能会注意到一些与运行标准分析不同的变化。首先，与使用 lm()函数拟合相同的模型相比，运行此代码将花费相当多的时间（20~30 秒）。运行时间增加的原因是 Stan 需要将模型转换成机器可读的代码（这一步称为编译），而近似算法将需要一些时间从后验分布生成样本。这最后一步所需的时间取决于我们希望创建的样本数量（参数 iter=）和我们要求的独立链的数量（参数 chains=）。如果我们不指定这些参数，brms 将为这些参数选择合理的默认值。本例中我们使用了四条独立的链，并从每条链中抽取了 2000 个样本，总共得到了 8000 个后验样本。

lm()适用的另一个场景是，当用户被大量含糊的输出消息轰炸，例如：

```
SAMPLING FOR MODEL 'c7e9311cb323d3a3f73ca189b' NOW (CHAIN 4).
Chain 4:
```

[①] 理解自动生成的 Stan 代码是有意义的，我们可以通过拟合模型对象 mod 访问该代码，如下：mod$model。

```
Chain 4: Gradient evaluation took 2.1e-05 seconds
Chain 4: 1000 transitions using 10 leapfrog steps per transition
Chain 4: would take 0.21 seconds.
Chain 4: Adjust your expectations accordingly!
Chain 4:
Chain 4:
Chain 4: Iteration:   1 / 2000 [  0%]  (Warmup)
Chain 4: Iteration: 200 / 2000 [ 10%]  (Warmup)
...
```

这些信息是由 Stan 程序生成的,对于查看算法在生成样本过程中的进展程度很有用。对于非常复杂的模型,生成样本可能需要相当长的时间,有一个程序进度的状态指示器是非常有用的。如上所述,我们可以指定希望产生的后验样本数量,如果认为后验样本量太少,那么我们可以随时"补充"。如何知道样本量是否足够?一种方法是认识到这些算法有一个随机因素。这意味着,每次运行模型拟合程序,结果都会略有不同。通过增加后验样本的数量,可以尽可能地减少这种运行误差。对于简单的模型,这种误差通常可以忽略不计;也就是说,每次的估计结果几乎都是一样的,但是我们仍然可以多次运行模型并比较结果,以了解这种估计误差的大小。我们还可以通过指定 chain+和(或)iter=来轻松增加后验样本的数量:

```
mod <- brm (price~size, data=flats2,
            iter=5000, chains=8)
```

在这个例子中,我们已经产生了 5000×8=40000 个样本。对于这样一个简单的模型,这有点像用大锤子打苍蝇,因为即使是 500 个后验样本也足够给出一个相当好的估计。

15.3.1 模型诊断

在继续解释贝叶斯模型拟合的输出结果之前,我们必须进行模型诊断,以确保负责从后验分布中取样的算法实际上已经收敛并提供了无偏的样本。通常情况下,我们检查 $\hat{R}$ 值,通过比较多个独立链是否收敛到相同的后验分布来提供收敛诊断。当链很好地收敛时, $\hat{R}$ 的值接近 1。通常,截断值 1.05 被用来诊断收敛性问题。我们可以使用 rhat()函数来评估这些诊断,即使这些值也包含在 summary()输出中(见下文):

```
   rhat (mod)
## b Intercept       b size        sigma           lp_
##   0.9997201    1.0010434    1.0003570     1.0010030
```

在示例模型中,没有一个 $\hat{R}$ 值超过 1.05,因此我们无法诊断问题。上面的输出显示,模型中估计的每个自由参数都计算了一个 $\hat{R}$ 值。对于具有许多参数的大型模型,我们可以使用 bayesplot 包中的 mcmc_rhat()函数。

诊断潜在问题的另一种方法是检查每个参数的有效样本大小（用 n_{eff} 表示）。这个值估计了后验样本的独立性。当后验样本高度相关时，有效样本量会远远低于记录的样本量。我们通常计算算法产生的有效样本与实际样本大小的比值，即实际有效样本的比例 n_{eff}/n。这个数量可以通过 neff_ratio()函数为每个参数计算：

```
neff_ratio (mod)
## b_Intercept    b_size      sigma       lp__
## 0.9862707   0.9293504   1.0630232   0.4275425
```

示例模型似乎很好，因为数值相当高。如果 ESS 非常低，那么我们可能需要增加后验样本的数量，以便得到足够的独立样本进行分析。同样，在有许多参数和许多诊断值的情况下，使用 mcmc_neff()生成诊断图是有好处的。

最后一种经常用于判断收敛性的方法是基于对生成样本的痕迹的目视检查。通过使用 bayesplot 包中的 mcmc_trace()函数来绘制每个链产生的样本（不同颜色的阴影），每个参数都是按照它们产生的顺序排列的：

```
library (bayesplot)
mcmc_trace(mod)
```

要理解这些图需要多次实践，但通常情况下，这些图应该类似于图 15.3，这种形状在文献中经常被描述为"毛毛虫"。来自不同链条的"毛毛虫"应该躺在彼此的上面，我们应该无法发现任何偏差。通常，使用这些轨迹图可以很容易地发现收敛不足的情况。一旦建立了链的收敛性，我们就可以继续并解释模型拟合的结果。

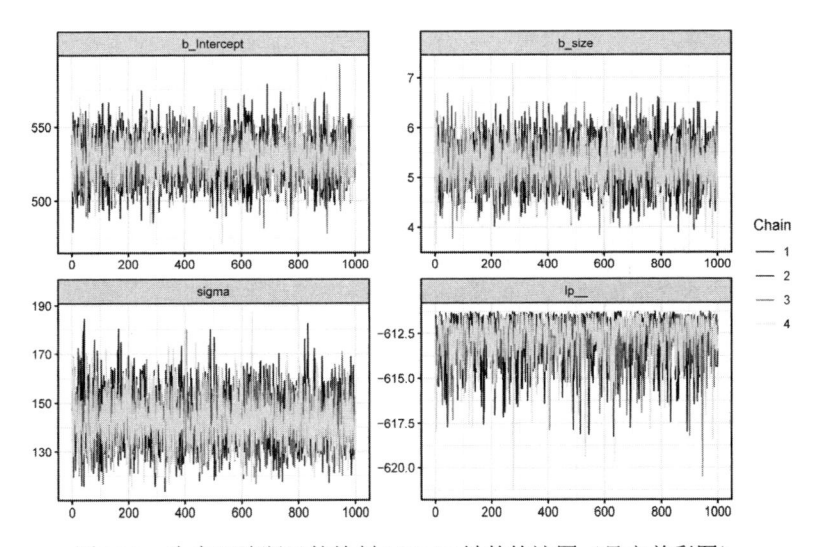

图 15.3　为实现诊断目的绘制 MCMC 链的轨迹图（见文前彩图）

15.3.2 回归系数的贝叶斯估计

brm()函数的输出结果是一个模型对象,它包含了后验样本矩阵[①],以及与模型拟合相关的其他参数和诊断信息。我们可以使用与 lm()对象相同的方法从该对象提取信息,即对其应用一组函数。例如,我们可以使用 summary()函数来快速了解模型拟合情况:

```
summary(mod)
##  Family: Gaussian
##   Links: mu = identity; sigma = identity
##  Formula: price ~ size
##   Data: flats2 (Number of observations: 95)
##  Samples: 4 chains, each with iter = 2000; warmup = 1000; thin = 1;
##          total post-warmup samples = 4000
##
## Population-Level Effects:
##           Estimate  Est.Error  l-95% CI    u-95% CI   Rhat
## Intercept  529.04      14.42    500.49      557.52    1.00
## size         5.28       0.45      4.41        6.18    1.00
##           Bulk_ESS   Tail_ESS
## Intercept    3968       2881
## size         3782       3035
##
## Family Specific Parameters:
##        Estimate  Est.Error  l-95% CI  u-95% CI  Rhat  Bulk_ESS
## sigma   143.05      10.41    124.14    164.78   1.00      4434
##         Tail_ESS
## sigma       2800
##
## Samples were drawn using sampling(NUTS). For each parameter, Bulk_ESS
## and Tail_ESS are effective sample size measures, and Rhat is the potential
## scale reduction factor on split chains (at convergence, Rhat = 1).
```

输出结果看起来和以前差不多(除了缺乏显著性检验)。简单模型的 price~size 有两个参数,截距和回归线的斜率与公寓面积的增加有关。我们可以直接将这些结果与频率分析进行比较。下面的代码使用 lm()对同一个模型进行拟合,分别从贝叶斯模型和经典模型中提取系数,并对计算得到的系数进行比较:

```
mod.lm <- lm(price ~ size, data=flats2)
lm.coef <- coef(mod.lm)
brms.coef <- fixef(mod)[,1]
```

[①] 隐藏在字段 mod$fit@sim 中。

```
names(lm.coef) <- names(brms.coef) # use same names for display
bind_rows(lm=lm.coef,brm=brms.coef,
          abs.diff=abs(lm.coef-brms.coef),.id="method") %>%
    column_to_rownames("method") -> tab
tab %>% round(digits=1)
##              Intercept size
## lm               529.4  5.3
## brm              529.0  5.3
## abs.diff           0.3  0.0
```

输出结果表明, 两种方法的估计值相当相似, 但不完全相同。记住, 这些系数代表每个 1000 美元, 我们可以看到实际差异相当小。此外, 还可以使用 bayes_R2() 函数计算 R^2 的贝叶斯版本。

```
bayes_R2(mod)
##      Estimate  Est.Error       Q2.5      Q97.5
## R2  0.5949443 0.04127289  0.5013376  0.6625653
```

贝叶斯 R^2 的期望值(在输出的 Estimate 列中给出)类似于频率值, 即 $R^2_{lm} = 0.60$。然而, 在贝叶斯的背景下, 从后验样本导出的每一个分析都有一个概率分布, 这意味着我们可以很容易地计算出贝叶斯 R^2 值的可信区间 $R^2_{bayes} = 0.59[0.50, 0.66]$。我们可以从这个分析中得出结论, 真实的 R^2 值有 95% 的频率落在这个区间中。

乍一看, 贝叶斯分析与经典分析非常相似。然而, 底层贝叶斯模型比频率模型包含更多关于参数值的信息。brm() 函数返回的模型对象隐藏了后验样本, 为用户提供了一个简单可读的概述。我们可以使用 as.data.frame() 函数从模型对象中提取完整的后验样本矩阵:

```
mod.mat <- as.data.frame(mod)
colnames(mod.mat)
## [1] "b_Intercept" "b_size" "sigma" "lp__"
dim(mod.mat)
## [1] 4000    4
```

colnames() 和 dim() 函数显示了变量的名称(矩阵的列)和矩阵的维度(第一个数字表示抽取的样本数量, 第二个数字表示抽取的变量个数)。这里, 矩阵包含了四个变量的 4000 个样本。这四个变量包括回归系数, 即截距(b_Intercept)和 size 变量的斜率(b_size), 还包括回归线周围数据点的残差标准差(sigma)。最后一个变量 lp__ 可以忽略。因此, 在变量 mod.mat 中有一个最可能的参数值的大样本, 我们可以使用一系列数据可视化(第 5 章)和描述性技术(第 6 章)来更好地理解这个分布。第一步可能是为三个感兴趣的变量创建的直方图:

```
mod.mat %>% select(-lp__) %>%
```

```
gather(variable, sample) %>%
ggplot(aes(x=sample)) +
geom_histogram() +
facet_wrap(~ variable, scales="free")
```

在这里，我们首先去掉了多余的变量 lp__，用 gather() 函数将所有的变量收集在一个列中进行绘制，最后用 ggplot()和 geom_histogram()生成了一个直方图（图 15.4 显示了生成的直方图）。我们可以看到，后验样本的行为与任何其他数据集一样，我们可以使用完全相同的技术（即使用 ggplot()）对它们进行分析和可视化。然而，我们也可以使用 bayesplot 中专门的绘图函数来可视化后验样本。这个包中所有可视化后验样本的函数都以前缀 mcmc_（指的是 MCMC 算法）开始，并可以立即调用一个用于可视化的样本矩阵。你可以尝试运行下面的代码（这里没有显示图），它将为后验分布产生一些不同的可视化：

```
library(bayesplot)
params=c("b_Intercept", "b_size", "sigma")
mcmc_intervals(mod.mat, pars=params)
mcmc_hist(mod.mat, pars=params)
mcmc_areas(mod.mat, pars=params)
mcmc_dens(mod.mat, pars=params)
mcmc_violin(mod.mat, pars=params)
mcmc_pairs(as.array(mod), pars=params)
```

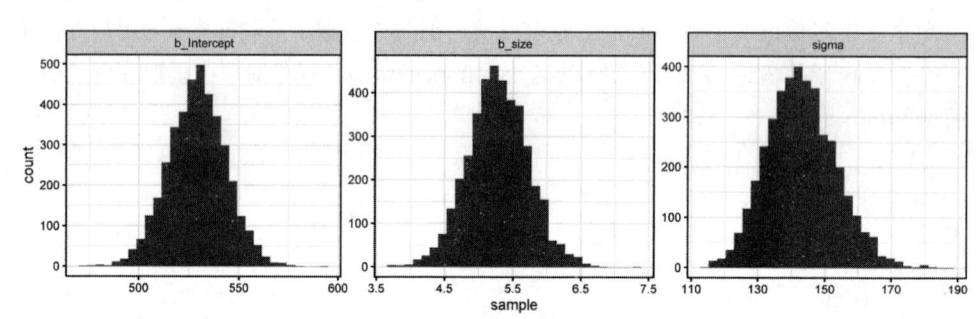

图 15.4 price~size 模型三个参数的直方图：截距、size 变量的斜率和残差标准差

让我们再深入了解一下后验分布，试着理解这些数字所代表的含义。我们用贝叶斯分析计算的是后验分布 $P(参数|数据)$，即已知数据考虑模型参数取值的概率。后验样本矩阵代表这个分布，因此图 15.4 中直方图的 Y 轴代表实际（"总体"）参数取 X 轴上每个值的概率。因此我们可以计算出最有可能的参数值的估计值（无论是这个分布的众数、中位数还是平均值）、实际参数值的不确定性（使用标准差或四分位差等度量值），以及尾部概率（参数大于 x 的可能性有多大？）。虽然频率分析只返回参数的点估计值和标准误差，但贝叶斯分析可以提供一个完整的分布，用户可以根据自己

的意愿进行总结和分析。计算某些有趣数值区间的概率往往是特别有趣的。例如，我们可能对每平方米的价格在 4000 美元到 6000 美元之间的概率感兴趣。使用后验样本，我们可以很容易地计算出这个概率。首先，我们创建一个变量（称为 in.interval），每当后验分布的样本在该区间内时，该变量的值为 1，不在该区间内时为 0。一旦这个值被计算出来，任何样本落在这个区间内的概率就是新变量的平均值：

```
in.interval <- with(mod.mat, b_size>4 & b_size<6)
mean(in.interval)
## [1] 0.94775
```

以同样的方式，我们可以计算尾部概率，例如，一个参数值大于零的概率。这个概率可以被解释为一种"贝叶斯 P 值"，尽管概念上的解释是不同的（因为它只涉及手头的数据，而不是同一研究的假设性重复）。虽然使用上述方法来计算后验概率是完全可以接受的，但 brms 提供了一个专门的函数 hypothesis()，它可以进一步简化计算：

```
hypothesis(mod, "size>0")
## Hypothesis Tests for class b:
##    Hypothesis Estimate Est.Error CI.Lower CI.Upper
## 1 (size) > 0     5.27      0.45     4.52     6.01
## Evid.Ratio Post.Prob Star
##        Inf        1    *
## ---
## 'CI': 90%-CI for one-sided and 95%-CI for two-sided
##   hypotheses.
## '*': For one-sided hypotheses, the posterior probability
## exceeds 95%; ## for two-sided hypotheses, the value tested against lies
## outside the 95%-CI.
## Posterior probabilities of point hypotheses assume equal
## prior probabilities.
```

输出结果表明，没有一个后验样本为零，因此模型是确定的（后验概率 Post.Prob=1），size 变量的回归系数大于零。该函数可以同时检验多个假设，这对于比较多个群体是很有用的。例如，让我们扩展之前的模型，并引入一个预测器对每个公寓的位置进行编码。这样，模型就变成了 price~size+location。变量 location 是一个分类变量，有四个类别分别是位于市中心（centre）的公寓和位于市中心南部（south）、西部（west）或东部（east）的公寓。当把这个变量纳入模型时，brm()函数会生成一组虚拟的预测变量，就像 lm()函数一样，市中心的公寓（location=centre）被当作基线类别。

```
mod2 <- brm(price ~ size + location, data=flats2) summary(mod2)
```

```
##                    Estimate      Est.Error        Q2.5        Q97.5
## Intercept         575.838291    23.3881367    529.809690    620.858315
## size                5.283626     0.4339417      4.418838      6.126881
## locationsouth    -183.216545    51.2782419   -283.619549    -83.645164
## locationwest      -80.279845    46.6361464   -171.045699      9.991070
## locationeast      -46.530804    31.5864728   -109.153193     16.687607
```

该模型的系数表包含了五个回归系数的信息。现在可以用 hypothesis() 函数来比较所有不同的地点。由于采用了虚拟编码，截距值是市中心公寓的（平均）价格。此外，系数 b_locationsouth 描述了市中心和南部公寓价格的差异，b_locationwest 描述了市中心和西部公寓的价格差异。最后，系数 b_locationeast 描述了市中心和东部公寓的价格差异。为了检验每一个非中心公寓的价格是否低于市中心公寓，我们只需要检验这些系数是否为负数。但是，我们是否也可以将非中心区的公寓相互比较呢？可以通过在函数中添加 locationsouth<locationwest 等形式的对比条件来轻松实现。

```
hypothesis(mod2, c("locationsouth<0",
                   "locationwest<0", "locationeast<0",
                   "locationsouth<locationwest",
                   "locationsouth<locationeast", "locationwest
<locationeast"))
## Hypothesis Tests for class b:
##       Hypothesis         Estimate    Est.Error    CI.Lower
## 1 (locationsouth) < 0     -183.22      51.28       -268.66
## 2 (locationwest) < 0       -80.28      46.64       -157.67
## 3 (locationeast) < 0       -46.53      31.59        -98.85
## 4 (locationsouth)-(... < 0 -102.94     60.61       -202.53
## 5 (locationsouth)-(... < 0 -136.69
## 6 (locationwest)-(l... < 0  -33.75
##      CI.Upper Evid.Ratio Post.Prob Star
## 1     -98.41    3999.00     1.00    *
## 2      -4.05      25.32     0.96    *
## 3       6.92      13.49     0.93
## 4      -4.13      21.60     0.96    *
## 5     -52.33     284.71     1.00    *
## 6      39.77       3.20     0.76
## --
## 'CI': 90%-CI for one-sided and 95%-CI for two-sided hypotheses.
## '*': For one-sided hypotheses, the posterior probability exceeds 95%;
## for two-sided hypotheses, the value tested against lies outside the 95%-CI.
## Posterior probabilities of point hypotheses assume equal prior
probabilities.
```

尽管我们同时检验了多个假设，但是在这里不需要对多重比较使用任何调整，如 Bonferroni 调整。这是因为所有这些比较都依赖于相同的拟合模型，只是从不同角度观察后验分布。由于我们在贝叶斯分析中关注的不是错误率，而是后验概率，所以我们不必关心由于多重检验而可能增加的错误率。

15.3.3 贝叶斯模型的选择

正如前几章所描述的那样，我们可能对找到以最佳方式描述数据的模型感兴趣。一种方法是比较各模型的 R^2 值。当在模型中加入 location 变量时，解释方差的比例是否增加？因为我们得到了每个模型 R^2 值的分布，则可以通过计算判断对于更复杂的模型，R^2 值是否有变化。通过使用参数 summary=F 调用 bayes_R2() 函数，我们可以从模型中提取 R^2 的分布：

```
bayes_R2(mod, summary=F)
```

该命令从第一个模型的 R^2 分布中得到 4000 个样本。对第二个模型运行相同的代码，我们可以比较这两个分布，如使用 bayesplot 包中的 mcmc_areas() 函数（见图 15.5）：

```
mod1.R2 <- as.vector(bayes_R2(mod, summary=F))
mod2.R2 <- as.vector(bayes_R2(mod2, summary=F))
mod.R2 <- data.frame(mod1.R2, mod2.R2)
mcmc_areas(mod.R2)
```

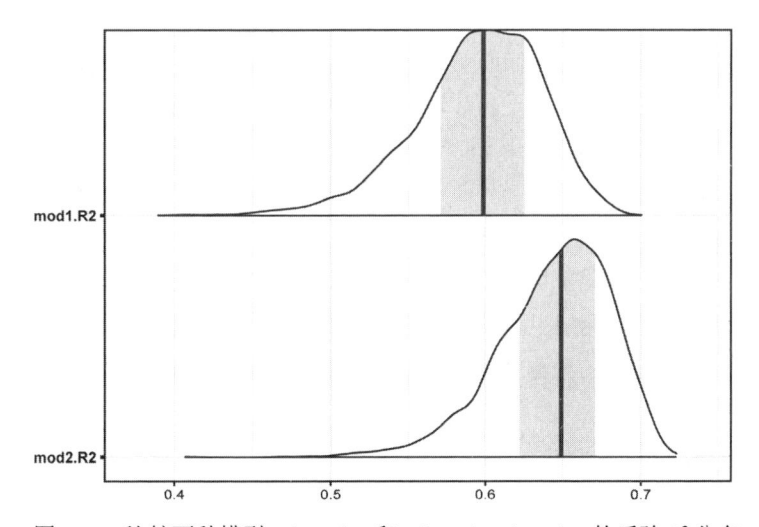

图 15.5 比较两种模型 price~size 和 price~size+location 的后验 R^2 分布

不出所料，相对于第一个模型，第二个模型的 R^2 值有所增加，但两个分布之间也有一些重叠。

同样，我们可以使用 hypothesis() 函数来量化重叠部分：

```
hypothesis(mod.R2, "mod2.R2>mod1.R2")
```

```
## Hypothesis Tests for class :
##                Hypothesis Estimate Est.Error CI.Lower
## 1 (mod2.R2)-(mod1.R2) > 0     0.05      0.05    -0.03
## CI.Upper Evid.Ratio Post.Prob Star
## 1 0.14        5.27      0.84
## ---
## 'CI': 90%-CI for one-sided and 95%-CI for two-sided
## hypotheses.
## '*': For one-sided hypotheses, the posterior probability
## exceeds 95%;
## for two-sided hypotheses, the value tested against lies
## outside the 95%-CI.
## Posterior probabilities of point hypotheses assume equal
## prior probabilities.
```

结果表明，真实 R^2 增加的概率为 0.84，模型 $2R^2$ 增加的可能性为 5.27。虽然这种方法为评估模型的拟合度提供了一种有趣的思路，但它并不是进行模型比较的好方法。原因是，即使更简单的模型是正确的，更复杂的模型必然会提供更好的拟合，因此我们将不得不对复杂度进行惩罚。在前几章中，我们用 F 或似然比检验来检验模型拟合度的变化是否具有统计意义。通过贝叶斯模型，我们有更好的策略来选择最佳模型。贝叶斯模型选择是一个活跃且快速发展的研究领域，对于哪种模型选择策略是最佳的，专家们的意见不一。我们简要讨论两种不同的方法，即评估模型的样本外预测准确性（使用交叉验证）和基于贝叶斯系数（两个模型的边际概率之比）的方法。第一类方法更倾向于能够预测未用于拟合模型的数据，这个观点在第 11 章讨论交叉验证的训练集和测试集时讨论过。目前贝叶斯模型的技术水平是基于"留一交叉验证"。这种方法的原理就像它的名字一样：

模型在缩小的数据集上进行拟合，依次将每个数据点省略一次。然后对遗漏的数据点进行预测，并将预测结果与实际数据点进行比较。对所有不同的保留数据集进行平均，就可以得到最终的预测精度。brms 包通过使用 loo() 函数可以实现 LOOCV 方法：

```
loo1 <- loo(mod)
loo2 <- loo(mod2) loo_compare(loo1,loo2)
## elpd_diff se_diff
## mod2   0.0 0.0
## mod   -1.4 4.2
```

这里对两个模型计算了两个 loo 对象。然后用 loo_compare()函数来比较这两个模型。最好的模型是位于第一行的模型（在本例中是模型 2）。下一行反映了预期预测精度的差异（elpdf_diff）。由于模型 1 的值为负值，因此其预测性能比模型 2 差。另一方面，与标准误差（se_diff）相比，这个效应的大小相对较小，因此我们不能完全确定这是一个强效应。我们还可以使用 model_weights()函数计算模型权重，它提供了每个模型最佳的相对概率：

```
model_weights(mod,mod2)
##       mod       mod2
## 0.2643438 0.7356562
```

模型 2 显然具有更高的概率，因此应该根据这个标准来选择。使用 LOOCV 进行模型选择的好处是，它可以同时比较多个模型。

另一方面，贝叶斯系数在本质上是有限的，一次只能比较两个模型。贝叶斯系数是两个概率的比值，其含义是在已知数据的情况下，最有可能选择的模型的概率（即它是一个概率比）。

在数学上，贝叶斯系数的定义为：

$$\mathrm{BF} = \frac{\Pr(D|M_1)}{\Pr(D|M_2)} = \frac{\int \Pr(\theta_1|M_1)\Pr(D|\theta_1,M_1)d\theta_1}{\int \Pr(\theta_2|M_2)\Pr(D|\theta_2,M_2)d\theta_2}$$

我们用符号 M_1 和 M_2 来表示这两个模型（例如，M_1:price~size 和 M_2:price~size+location），θ_1 和 θ_2 为其参数（在本例中，θ_1={intercept（截距）、size（变量名）、sigma（残差标准差）和 θ_2={intercept,size,locationsouth,locationwest,locationeast, sigma}）。该公式指定贝叶斯系数对每个模型的参数值的所有可能组合进行积分，并按其概率加权。这是实现对复杂性惩罚的一种自然而优雅的方式，此外贝叶斯系数还有许多吸引人的特性。贝叶斯系数也可以理解为比值，它告诉我们一个模型与另一个模型相比有多大的可能性被选择。与任何比值一样，这里的值为 1 意味着两个模型被选择的可能性相等，而低于 1 的值表示倾向于模型 2，大于 1 的值表示倾向于模型 1。表 15.2 列出了不同量级贝叶斯系数的常用解释。

表 15.2　贝叶斯系数值的解释

贝叶斯系数	含　义
>100	是支持模型 1 的决定性证据
30~100	是支持模型 1 的非常有力的证据
10~30	是支持模型 1 的有力证据
3~10	有相当多的证据支持模型 1
1~3	是支持模型 1 的一般证据
$\frac{1}{3}$~1	没有证据支持两种模型中的任何一个

续表

贝叶斯系数	含 义
$\frac{1}{10} \sim \frac{1}{3}$	有相当多的证据支持模型 2
$\frac{1}{10} \sim \frac{1}{30}$	是支持模型 2 的有力证据
$\frac{1}{100} \sim \frac{1}{30}$	是支持模型 2 的非常有力的证据
$< \frac{1}{100}$	是支持模型 2 的决定性证据

在许多应用问题中，贝叶斯系数可能难以计算，因为公式中有高维积分。最近，Gronau 等人开发了一种称为桥抽样的方法，可用于计算各种模型的贝叶斯系数。这种方法可以利用 bridgesampling 包来实现，而 brm() 提供了一个基于该包的 bayes_factor() 函数。要使用这种方法，有必要在模型拟合过程中在 brm() 函数中加入一个额外的参数 save_all_pars=T，或者使用 update() 函数来加入这些参数。作者给出的建议是，使用至少 10 倍于其他情况下被认为足够的迭代次数。我们可以使用 update() 函数来更新模型对象，使其包含所有参数并进行更多的迭代：

```
mod1.all <- update(mod, iter=20000, chains=4, save_all_pars=T)
mod2.all <- update(mod2, iter=20000, chains=4, save_all_pars=T)
```

一旦以这种方式重新估计了模型，我们就可以将它们用作 bayes_factor() 函数的输入：

```
bayes_factor(mod2.all,mod1.all)
## Iteration: 1
## Iteration: 2
## Iteration: 3
## Iteration: 4
## Iteration: 5
## Iteration: 6
## Iteration: 7
## Estimated Bayes factor in favour of mod2.all over mod1.all:
## 182401352683.07074
```

结果表明，与模型 1 相比，模型 2 具有压倒性的证据。桥抽样仍是一种实验性的方法，仍处于发展中。还有其他更成熟的方法来计算特定模型的贝叶斯系数。其中许多都可以通过 BayesFactor 包来实现。这个包支持的模型种类比 brms 支持的模型种类少，但它足以计算常用模型的贝叶斯系数。对这个优秀 R 包功能的完整描述超出了本章的范围，但是这里简单地提供了计算两个模型贝叶斯系数的示例代码：

```
library(BayesFactor)
bf1 <- lmBF(price ~ size, data=flats2)
bf2 <- lmBF(price ~ size + location, data=flats2)
bf2/bf1
## Bayes factor analysis
## --------------
## [1] size + location : 7.005256 ±1.04%
##
## Against denominator:
## price ~ size
## --
## Bayes factor type: BFlinearModel, JZS
```

结果表明，贝叶斯系数仍然倾向于模型 2，但比 bayes_factor()的影响要小得多。原因在于先验分布的选择：brms 包默认对参数设置非信息性的先验，BayesFactor 包对参数设置一个更严格的先验，使可能的效应范围限制于通常观察到的效应。这一差异说明了贝叶斯系数对先验分布的强烈依赖性，这一事实甚至被贝叶斯分析的支持者用来批评贝叶斯系数。因为贝叶斯系数整合了所有可用的参数值，一个弱的先验分布会自动导致模型的概率降低，从而显著影响贝叶斯系数。

15.3.4 模型检验

统计建模中一个重要但经常被忽视的工作是评估模型与模型的绝对拟合度。这不仅需要从一系列测试模型中选择最适合数据的模型，而且还需要验证该模型是否能完美拟合数据。

即使得到一个明显优于其他模型的模型，它仍然可能无法完美拟合数据。在本章中建立的模型实际上是一个非常好的例子，接下来我们就会看到这种对数据糟糕的匹配。

如何量化模型与数据的绝对拟合度呢？一个很好的方法是使用后验预测检查：使用后验参数估计从模型中生成随机的"假"数据集，并将这些假数据与真实的观察数据集进行比较。如果生成的"假"数据看起来与真实数据集相似，就说明模型能很好地拟合数据。如果生成的数据和真实数据之间有相当大的偏差，那么就需要改进模型。在 brms 中，我们可以使用 posterior_predict()函数，它可以生成这些"假"数据集。该函数接受一个拟合的模型对象，我们可以使用参数 nsamples=指定希望生成的随机数据集的数量。在下列代码示例中，我们将从 price~size 模型中生成 100 个数据集：

```
ppred.mod1 <- posterior_predict(mod, nsamples=100)
price.real <- as.vector(flats2$price)
```

此外，我们还从数据集中提取了实际的公寓价格（保存在变量 price.real 中）进行比较。下一步使用 bayesplot 包中专门的绘图函数，这些函数可以将"假"数据和真实数据之间的差异可视化。这些函数的前缀是 ppc_*()（用于后验预测检查），它们将产生不同的可视化效果（见图 15.6）：

```
ppc_dens_overlay(price.real,ppred.mod1)
ppc_intervals(price.real,ppred.mod1)
```

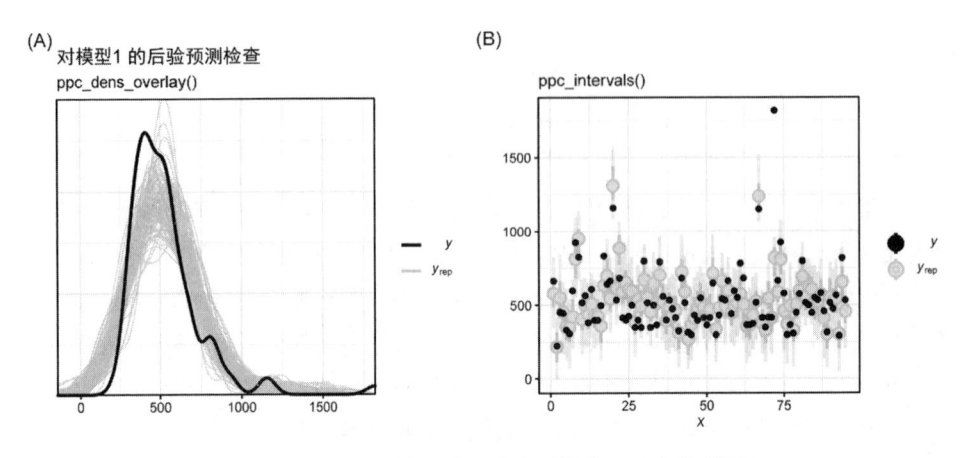

图 15.6　price~size 模型的后验预测检查（见文前彩图）

仔细观察这两幅图，我们可以看到模型生成的数据集（y_{rep}，蓝色曲线）与真实数据（y，黑色曲线）有很大的不同。首先，图 15.6 A 表明，经验分布的众数实际上超出了所有预测曲线，而且我们还看到，与生成的数据相比，真实数据的右尾更长，前缘更陡峭。在图 15.6 B 中，我们可以看到单个数据点（黑点）和生成数据中单个数据点下降的 95%区间（蓝色点范围）。黑色数据点不属于预测区间的情况非常常见，而且明显多于区间构造所预测的 5%。这个模型的拟合效果不好，也许并不令人惊讶。我们在第 6 章中已经知道，价格通常不遵循正态分布，而是偏斜的。原因是，最便宜的公寓通常有一种最低价格，而对于位于绝佳位置的家具齐全的公寓，价格几乎没有上限。然而，我们的模型假设数据是正态分布的，这就是为什么所有随机生成的数据集（蓝色曲线）都是正态分布的原因。现在我们已经发现了这个问题，接下来可以考虑如何获得一个更好的拟合替代方案，这样推断就会得到改善。一种方法是对结果变量使用非正态分布。由于价格是右偏的，一个自然的选择是对数正态分布。我们可以在 brms 中使用参数 family=lognormal()来构建这个模型：

```
mod3 <- brm(price ~ size,
            data=flats2, family=lognormal())
```

使用 family=lognormal() 方法，该模型会"记住"应用的转换，并帮助我们将预测值"转换"回价格尺度，以进行假设检验和可视化。

让我们对这个改进后的模型进行另一个后验预测检查：

```
ppred.mod3 <- posterior_predict(mod3, nsamples=100)
ppc_dens_overlay(price.real, ppred.mod3)
```

结果如图 15.7 所示。

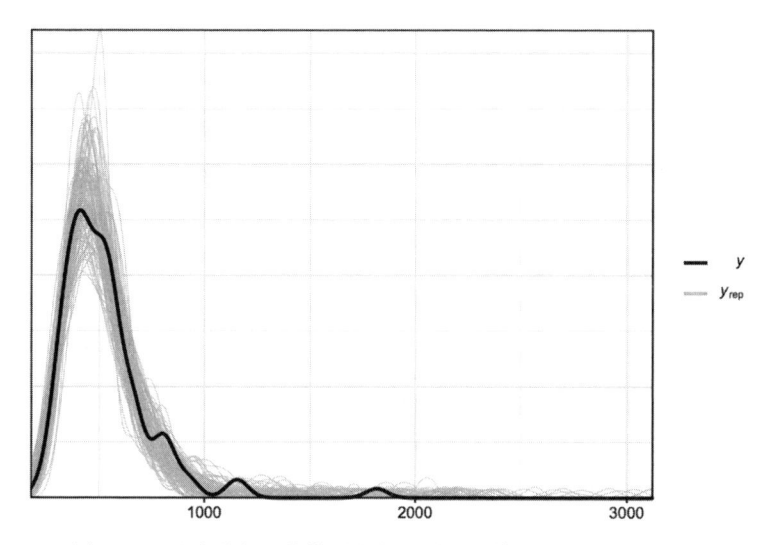

图 15.7　对改进之后的模型进行后验预测检查（见文前彩图）

显然，对数正态模型在捕捉数据中的右偏方面做得更好。为了确认这个模型更适合数据，我们可以看一下上面讨论的模型选择标准。例如，我们可以用 LOOCV 的方法对它们进行比较：

```
loo1 <- loo(mod)
loo3 <- loo(mod3)
loo_compare(loo1,loo3)
##       elpd_diff se_diff
## mod3   0.0       0.0
## mod  -35.9      23.2
```

正如预期的那样，对数正态模型优于标准模型。

15.3.5　先验分布的选择

到此为止，我们一直避免讨论为贝叶斯分析选择先验分布这一重要内容。这种选择可能很困难，这取决于研究领域和分析目的。回顾贝叶斯定理，参数的后验分布与先验和似然的乘积成正比。因此，在贝叶斯方法中，这两个部分的权重相同。似然可以被看作是数据集本身捕获的信息，而先验分布则捕获其他来源的信息。因此，先验分布总是会在某种程度上影响后验分布，因此需要对先验进行仔细地选择和论证。

通常情况下，先验可以用来提高统计能力或将有用的信息纳入分析。例如，可以使用试点研究的数据来告知我们对先验的选择，或者可以使用其他类似研究（甚至是荟萃分析）的效应大小来对参数值范围进行合理约束。这样一来，我们通常可以为具体应用中的先验选择提供充分的理由。有时，我们甚至可能会遇到使用序贯方法的情况：从一个非信息性的先验开始，并从初始研究中计算后验分布。如果我们选择重复这个初始研究，那么可以考虑使用这个后验作为下一次分析新数据的"新先验"（"今天的后验是明天的先验"）。当然，对不同先验分布重新进行分析通常是有用的，这种方法被称为"敏感性分析"。brms 包（和 Stan）在没有指定其他先验时，对回归系数使用平稳的、非信息性的先验分布。我们可以使用 prior_summary() 函数检查用于拟合特定 brms 模型的先验：

```
prior_summary(mod)
##                       prior     class    coef    group   resp    dpar
## 1                                  b
## 2                                  b    size
## 3  student_t(3, 498.3, 148.3)  Intercept
## 4  student_t(3, 0, 148.3)      sigma
##    nlpar   bound
## 1
## 2
## 3
## 4
```

输出结果总结了这个模型的三个参数的先验分布。虽然回归系数（class="b"）上没有先验（这表明其是一个非信息性先验），但截距和残差标准差得到了默认先验。我们可以尝试改变 size 变量回归系数的先验。例如，每平方米的价格似乎极不可能超过 10,000 美元。对于在当前分析中使用的公寓，我们假设每平方米的价格是 1000 美元或 1000 万美元的可能性是相等的。为了假设每平方米价格在一定范围内，我们可以设置一个平均值为 0，标准差为 5、10 或 100 单位（千美元）的正态分布：

```
mod.1 <- update(mod,
                prior=c(set_prior("normal(0,5)", class="b")),
                sample_prior=T)
mod.2 <- update(mod,
                prior=c(set_prior("normal(0,10)", class="b")),
                sample_prior=T)
mod.3 <- update(mod,
```

```
                prior=c(set_prior("normal(0,100)", class="b")),
                sample_prior=T)
```

我们通过使用 update()函数对模型进行三次拟合,每次都使用 prior=参数指定不同的先验。我们还设置了 sample_prior=T 参数,这样就可以在下面的图中直观地看到先验和后验分布之间的差异了。在看这些图之前,让我们快速检查一下回归系数,以及它们是如何受先验选择的影响的:

```
data.frame(
        mod.1=fixef(mod.1)["size",],
        mod.2=fixef(mod.2)["size",],
        mod.3=fixef(mod.3)["size",]
)
##              mod.1           mod.2           mod.3
## Estimate  5.2301174       5.2618202       5.2654194
## Est.Error 0.4488636       0.4511578       0.4435744
## Q2.5      4.3097032       4.4109263       4.4098802
## Q97.5     6.1240119       6.1508745       6.1339569
```

可以看到,先验对回归系数没有任何明显的影响。这是一个对合理的先验选择具有鲁棒性的模型。现在让我们对它进行扩展,假设使用一个标准差只有 500 美元(1000美元的 0.5 个单位)的正态分布。这个选择表明,我们不认为每平方米的价格将高于1000 美元到 1500 美元(这与实际情况完全不符):

```
mod.4 <- update(mod,
                prior=c(set_prior("normal(0,0.5)", class="b")),
                sample_prior=T)
```

对这个不现实的模型检验回归系数,可以看出估计值受到了相当大的影响:

```
fixef(mod.4)["size",]
## Estimate      Est.Error       Q2.5        Q97.5
## 2.4533161     0.4249529       1.5975117   3.2749332
```

这一发现的原因是,参数的后验分布(也就是作为回归模型参数的回归系数)总是在先验和似然之间平衡。如果先验与似然相差甚远,则得到的后验将偏向于先验。我们可以通过对 hypothesis()对象应用 plot()函数来可视化先验和后验的区别:

```
plot(hypothesis(mod.4,"size>0"))
```

这个命令的结果显示在图 15.8 中。当先验较窄时(见图 15.8 B),后验分布(深蓝色)会向先验偏移,但当先验足够宽时,后验分布不会向先验偏移。这也反映了先验选择的一般规则:选择的先验越精确(越窄),它对后验的影响就越大。因此,应该谨慎选择比最初设想的宽一点的先验分布。

对于选择合适的先验，很难给出一般性的建议。有时，特别是当模型中的变量是标准化的时候，我们可以使用一般的先验方法来限制效应的作用范围。此外，我们建议遵循 Stan 开发团队提供的关于选择先验分布的准则[①]。

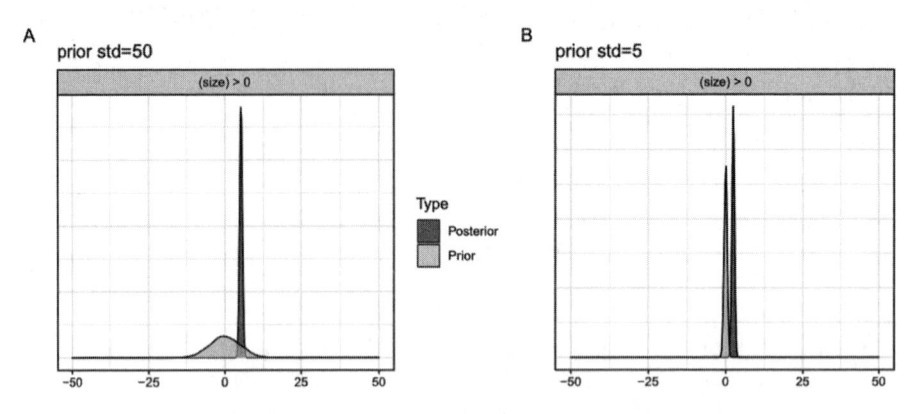

图 15.8　先验对 size 回归系数的后验分布的影响

15.4　本章小结

在本章中，我们试图以前几章中开发的方法为起点来介绍贝叶斯数据分析。本章提供了一个非正式的和表面的概述，并重点比较贝叶斯和频率论方法。贝叶斯方法最重要的优势在于它提供了一个一致的理论框架，支持灵活的模型构建和可靠的推论。该方法理论基础的一个重要结果是，所有结果都有一个简单直观的解释，即模型参数值的概率。在频率论中经常会出现许多问题，例如，错误的解释、顺序设计的问题或多重比较问题，根本不适用于贝叶斯分析。

为了让读者轻松掌握贝叶斯方法，我们重新分析了以前使用的数据集，并展示了与经典模型相对应的贝叶斯模型。使用交叉验证、贝叶斯系数和后验预测检查解决了模型选择和模型拟合评估的重要问题。最后，我们讨论了为模型参数选择先验分布的不同方法的含义。尽管我们试图触及贝叶斯统计学最重要的方面，但不可避免的是，在本章有限的篇幅中，许多重要的内容只能简略介绍。因此，我们希望感兴趣的读者可以参考更多优秀的书籍，以帮助建立对贝叶斯方法的全面理解。可以说，关于贝叶斯统计理论最全面的教科书是《Bayesian Data Analysis》，它对该理论进行了相当技术性但非常彻底的阐述。对于关注不同种类回归模型的更实用的角度，《Doing Bayesian Data Analysis》一书提供了一个很好的资源。在《Statistical Rethinking》一书中，对这

---

① 可查看"链接地址"文档。

个内容进行了独特但易于理解的阐述,这本书中的例子并没有使用本章中首选的 brms 包。然而,感谢所罗门·库尔兹,在他的网站上可以看到使用 brms 工具对 McElreath 书中所有例子的重新实现[①]。

【核心概念】

贝叶斯系数:贝叶斯系数是两个模型的边际概率之比;通俗地说,贝叶斯系数量化了一个贝叶斯模型与另一个模型相比被选择的可能性有多高。

贝叶斯理论:概率论的重要发现,说明后验概率与先验概率乘以似然成正比。

经验贝叶斯:一种方法,选择大部分非信息性的先验分布,试图"让数据自己说话"。

MCMC/HMC:马尔可夫链蒙特卡洛(MCMC)和哈密尔顿蒙特卡洛(HMC)是两类随机抽样算法,用于从贝叶斯模型的后验分布中高效抽样。

后验分布:数据被纳入模型后的概率分布。

后验样本:现代算法不是以分析方式计算后验分布(即作为一个封闭式公式)的,而是从这个分布中产生样本。

后验预测检验:一旦一个模型被成功地拟合到一个数据集上,就可以使用后验预测检查,看看模型预测的数据是否与实际数据相似(即判断模型是否能完美拟合数据)。

先验分布:在数据被观察之前,模型参数的概率分布。

敏感性分析:检验选择不同先验分布时贝叶斯分析结果的稳健性。

Stan:实现 MCMC 和 HMC 算法的软件,从指定模型的后验分布中采样。

主观贝叶斯法:主观贝叶斯法是一种方法。在这种方法中,先验分布来自先前的知识,并承认这种选择的主观性质。

【提问】

1. 与经典的频率论方法相比,使用贝叶斯数据分析的优势是什么?
2. 为什么要进行先验和后验预测检查?
3. 在贝叶斯框架下,存在哪些模型比较的方法?
4. 为什么在拟合贝叶斯模型时要进行收敛性诊断?

---

① 可查看"链接地址"文档。

【本章使用的函数示例】

brms

```
mod=brm(price ~ size, data=flats2)
summary(mod)
```
- 估计一个简单的贝叶斯线性回归模型。

```
bayes_R2(mod)
```
- 贝叶斯模型的效应大小。

```
hypothesis(mod, "size>0")
```
- 计算出系数大于零的概率。

```
loo1 <- loo(mod)
loo2 <- loo(mod2)
loo_compare(loo1,loo2)
```
- 用 LOO 准则比较两个模型。

```
ppred.mod1 <- posterior_predict(mod, nsamples=100)
ppc_dens_overlay(price.real, ppred.mod1)
```
- 进行后验预测检查。

bayesplot

```
mcmc_intervals(mod.mat,
               pars=c("b_Intercept", "b_size", "sigma"))
visreg(mod, scale="response")
```
- 绘制模型系数的后验平均值和置信区间。

BayesFactor

```
bf1 <- lmBF(price ~ size, data=flats2)
bf2 <- lmBF(price ~ size + location, data=flats2)
bf2/bf1
```
- 计算不同的贝叶斯系数。